全面推进乡村振兴
——理论与实践

北京师范大学中国乡村振兴与发展研究中心
北京师范大学中国扶贫研究院

人民出版社

前　言

实施乡村振兴战略，是以习近平同志为核心的党中央确立的重大战略，是以习近平同志为核心的党中央从党和国家事业发展全局出发作出的重大决策。习近平总书记强调：民族要复兴，乡村必振兴。农业农村农民问题是关系国计民生的根本性问题。没有农业农村的现代化，就没有国家的现代化。农业强不强、农村美不美、农民富不富，决定着亿万农民的获得感和幸福感，决定着我国社会主义现代化的质量。全面建设社会主义现代化国家，实现中华民族伟大复兴，最艰巨最繁重的任务在农村。全面推进乡村振兴，加快农业农村现代化，是需要全党高度重视的一个关系大局的重大问题，是全面建设社会主义现代化国家的重大历史任务，是解决人民日益增长的美好生活需要和不平衡不充分的发展之间矛盾的必然要求，是实现"两个一百年"奋斗目标的必然要求，是实现全体人民共同富裕的必然要求。必须立足国情农情，切实增强责任感使命感紧迫感，举全党全国全社会之力，以更大的决心、更明确的目标、更有力的举措推动乡村振兴，推动农业全面升级、农村全面进步、农民全面发展，谱写新时代乡村全面振兴新篇章。

乡村振兴战略是国家层面的大战略，推进乡村振兴是全国自上而下统一部署的全面行动。因此，在推进乡村振兴的工作实践中，必须把握好全面推进乡村振兴的总体部署和政策要求，把握好全面推进乡村振兴的顶层设计，用顶层设计指导乡村振兴的伟大实践。

为了帮助工作在乡村振兴各条战线和各个领域的同志，特别是工作在县乡两级的同志和广大村干部，学习领会掌握全面推进乡村振兴的战略部署和政策要求，明确全面推进乡村振兴的实践着力重点，特编写这部《全面推进乡村振兴——理论与实践》，期望以此贡献我们微薄的推进乡村振兴的热情和力量。

编写这本书，我们期望达到的目的是：帮助参与乡村振兴工作的广大党员干部学习领会掌握全面推进乡村振兴的战略部署，学习领会掌握全面推进乡村振兴的政策要求，学习领会掌握全面推进乡村振兴的着力重点，学习领会掌握全面推进乡村振兴的鲜活案例和经验，以更好地做好当地的乡村振兴工作。为此，在编写过程中，我们力求使本书做到"三性"，即可信性、可用性、可读性。可信性——就是在归纳整理表述全面推进乡村振兴的战略部署和政策安排等顶层设计时，力求在吃透有关文件精神的基础上做到精准、精确、全面，有文件和学理依据，对实际工作具有引领性和指导性；可用性——就是针对乡村振兴的实践性强、工作在乡村振兴第一线的同志重在把握"怎么干"等基本特点，力求做到归纳整理表述的政策要求可遵循、典型经验可学用、实践模式可复制，达到可学可用能用的效果；可读性——就是针对读者对象中广大的村干部文化程度可能不是很高这一实际情况，力求在文字表述上通俗易懂，用通俗的语言、专栏、案例等进行表述和阐释，便于基层党员干部阅读和理解。

学习领会习近平总书记提出的乡村振兴是包括产业振兴、人才振兴、文化振兴、生态振兴、组织振兴的全面振兴的重要论述，本书的内容主线以"五大振兴"为支柱，结构上由8章组成。第1章主要阐释全面推进乡村振兴的总体部署和政策要求，旨在展现全面推进乡村振兴的顶层设计；第2章集中讨论乡村产业振兴，旨在阐释产业振兴在乡村振兴中的地位和作用、乡村产业振兴的基本方向和要求、全面推进乡村产业振兴的路径和模式等基本问题；第3章集中讨论乡村人才振兴，旨在阐释人才振兴在乡村振兴中的地位和作用、乡村人才振兴的基本方向和要求、全面推进乡村人才振兴的路径和模式等基本问题；第4章集中讨论乡村文化振兴，旨在阐释文化振兴在乡村振兴中的地位和作用、乡村文化振兴的基本方向和要求、全面推进乡村文化振兴的路径和模式等基本问题；第5章集中讨论乡村生态振兴，旨在阐释生态振兴在乡村振兴中的地位和作用、乡村生态振兴的基本方向和要求、全面推进乡村生态振兴的路径和模式等基本问题；第6章集中讨论乡村组织振兴，旨在阐释组织振兴在乡村振兴中的地位和作用、乡村组织振兴的基本方向和要求、全面推进乡村组织振兴的路径和模式等基本问题；第7章集中讨论实现巩固拓展脱贫攻坚成果同乡村振兴的有效衔接，旨在阐释脱贫地区如何有效巩固拓展脱贫攻坚成果、如何实现同乡村振兴有效衔接等基本问题；第8章主要阐释全面推进乡村振兴的政策支持和领导保障，旨在展现全面推进乡村振兴的体制机制安排、支持政策体系和党的全面领导等重要方面。

为了编写好这本书，编写组成员在已经具备的扎实的乡村振兴理论和政策积累基础上，又集中认真全面学习了党和国家有关乡村振兴的重要文献、法律法规和政策文件，并在撰写过程中坚持不断学习、及时学习、经常学习，从而使本书的编写过程成为编写组成员全面深入学习乡村振兴理论和政策的过程，成为推动编撰人员乡村振兴理论和政策水平不断提高的过程。

总之，全面推进乡村振兴的战略已经确立，号角已经吹响，方向已经明确，蓝图已经绘就，任务已经确定，行动已经展开。让我们在以习近平同志为核心的党中央坚强领导下，以习近平新时代中国特色社会主义思想为指导，全面贯彻落实习近平总书记关于乡村振兴的重要论述，团结一心，奋力拼搏，为全面实施乡村振兴战略、全面推进乡村振兴、加快农业农村现代化而不懈奋斗，持续谱写全面推进乡村振兴新篇章。

目　录

第1章 全面推进乡村振兴的
总体部署和要求

实施乡村振兴战略，是以习近平同志为核心的党中央确立的新的重大战略，是以习近平同志为核心的党中央从党和国家事业发展全局作出的重大战略决策。乡村振兴战略是一项国家层面的大战略，推进乡村振兴是全国自上而下统一部署的全面行动。因此，在乡村振兴的工作实践中，必须把握好全面推进乡村振兴的战略部署，把握好全面推进乡村振兴的政策安排，把握好全面推进乡村振兴的顶层设计，把握好全面推进乡村振兴的总体要求，用顶层设计指导全面推进乡村振兴的伟大实践，确保全面推进乡村振兴的各项工作始终沿着正确航道前行。

一、实施乡村振兴战略的根本遵循

实施乡村振兴战略，坚持走中国特色社会主义乡村振兴道路，加快推进农业农村现代化，是习近平经济思想的重要内容，是习近平新时代中国特色社会主义思想的组成部分。

党的十九大以来，习近平总书记从党和国家事业发展全局的战略高度，对实施乡村振兴战略发表了一系列重要讲话，作出了一系列重要指示，提出了一系列乡村振兴的新理念、新论断、新观点，为全面推进乡村振兴提供了根本指导和行动指南。习近平总书记亲自谋划、亲自部署、亲自组织实施乡村振兴战略，亲自挂帅、亲自指导、亲自推动全国范围的乡村振兴伟大实践。深入学习领会习近平总书记关于乡村振兴的重要论述，是全面实施乡村振兴战略、全面推进乡村振兴的重要要求，是做好全面实施乡村振兴战略、全面推进乡村振兴工作的根本保障。我们要以习近平总书记关于乡村振兴的重要论述为指导，自觉地用习近平总书记关于乡村振兴的重要论述武装头脑和指导乡村振兴实践，全面实施乡村振兴战略，全面推进乡村振兴，加快实现农业农村现代化。

深入学习和深刻领会习近平总书记关于乡村振兴的重要论述，如《中央农村工作会议在北京举行 习近平作重要讲话》（《人民日报》2017年12月30日、2020年12月30日、2013年12月25日）；《习近平在中共中央政治局第八次集体学习时强调 把乡村振兴战略作为新时代"三农"工作总抓手促进农业全面升级农村全面进步农民全面发展》（《人民日报》2018年9月23日）；《习近平参加十三届全国人大一次会议山东代表团的审议》（《人民日报》2018年3月9日）；《习近平参加十三届全国人大二次会议河南代表团的审议》（《人民日报》2019年3月9日）。要认真学习和把握好以下几个方面。

第一，实施乡村振兴战略是实现党的奋斗目标的必然要求。实施乡村振兴战略，是党的十九大作出的重大决策部署，是决胜全面建成小康社会、全面建设社会主义现代化国家的重大历史任务。农业农村农民问题是关系国计民生的根本性问题。没有农业农村的现代化，就没有国家的现代化。农业强不强、农村美不美、农民富不富，决定着亿万农民的获得感和幸福感，决定着我国全面小康社会的成色和社会主义现代化的质量。必须看到，全面建设社会主义现代化国家，实现中华民族伟大复兴，最艰巨最繁重的任务在农村，最广泛最深厚的基础在农村，最大的潜力和后劲也在农村。从中华民族伟大复兴战略全局看，民族要复兴，乡村必振兴。历史和现实都告诉我们，农为邦本，本固邦宁。要坚持用大历史观来看待农业农村农民问题，只有深刻理解了"三农"问题，才能更好理解我们这个党、这个国家、这个民族。全面推进乡村振兴，加快农业农村现代化，是需要全党高度重视的一个关系大局的重大问题，是解决人民日益增长的美好生活需要和不平衡不充分的发展之间矛盾的必然要求，是实现"两个一百年"奋斗目标的必然要求，是实现全体人民共同富裕的必然要求。

第二，实施乡村振兴战略是新时代"三农"工作的总抓手。实施乡村振兴战略，是我们党"三农"工作一系列方针政策的继承和发展，是中国特色社会主义进入新时代做好"三农"工作的总抓手。实施乡村振兴战略，总目标是实现农业农村现代化，总方针是坚持农业农村优先发展，总要求是产业兴旺、生态宜居、乡风文明、治理有效、生活富裕，制度保障是建立健全城乡融合发展体制机制和政策体系。要坚持把解决好"三农"问题作为全党工作重中之重，立足国情农情，切实增强责任感使命感紧迫感，举全党全国全社会之力，以更大的决心、更明确的目标、更有力的举措推动乡村振兴，推动农业全面升级、农村全面进步、农民全面发展，谱写新时代乡村全面振兴新篇章。要在资金投入、要素配置、公共服务、干部配备等方面采取有力举措，加快补齐农业农村发展短板，不断缩小城乡差距，让农业成为有奔头的产业，让农民成为有吸引力的职业，让农村成为安居乐业的家园。要推动农业农村经济适应市场需求变化、加快优化升级、促进产业融合，加快推进农村生态文明建设、建设农村美丽家园，弘扬社会主义核心价值观、保护和传承农村优秀传统文化、加强农村公共文化建设、提高乡村社会文明程度，推进乡村治理能力和水平现代化、让农村既充满活力又和谐有序，不断满足广大农民群众日益增长的美好生活需要，促进农业高质高效、乡村宜居宜业、农民富裕富足。

第三，坚持走中国特色社会主义乡村振兴道路。走中国特色社会主义乡村振兴道路，一是必须重塑城乡关系，走城乡融合发展之路。要坚持以工补农、以城带乡，把公共基础设施建设的重点放在农村，推动农村基础设施建设提档升级，优先发展农村教育事业，促进农村劳动力转移就业和农民增收，加强农村社会保障体系建设，推进健康乡村建设，持续改善农村人居环境，逐步建立健全全民覆盖、普惠共享、城乡一体的基本公共服务体系，让符合条件的农业转移人口在城市落户定居，推动新型工业化、信息化、城镇化、农业现代化同步发展，加快形成工农互促、城乡互补、全面融合、共同繁荣的新型工农城乡关系。二是必须巩固和完善农村基本经营制度，走共同富裕之路。要坚持农村土地集体所有，坚持家庭经营基础性地位，坚持稳定土地承包关系，壮大集体经济，建立符合市场经济要求的集体经济运行机制，确保集体资产保值增值，确保农民受益。三是必须深化农业供给侧结构性改革，走质量兴农之路。坚持质量兴农、绿色兴农，实施质量兴农战略，加快推进农业由增产导向转向提质导向，夯实农业生产能力基础，确保国家粮食安全，构建农村一二三产业融合发展体系，积极培育新型农业经营主体，促进小农户和现代农业发展有机衔接，推进"互联网＋现代农业"加快构建现代农业产业体系、生产体系、经营体系，不断提高农业创新力、竞争力和全要素生产率，加快实现由农业大国向农业强国转变。四是必须坚持人与自然和谐共生，走乡村绿色发展之路。以绿色发展引领生态振兴，统筹山水林田湖草沙系统治理，加强农村突出环境问题综合治理，建立市场化多元化生态补偿机制，增加农业生态产品和服务供给，实现百姓富、生态美的统一。五是必须传承发展提升农耕文明，走乡村文化兴盛之路。坚持物质文明和精神文明一齐抓，弘扬和践行社会主义核心价值观，加强农村思想道德建设，传承发展提升农村优秀传统文化，加强农村公共文化建设，开展移风易俗行动，提升农民精神风貌，培育文明乡风、良好家风、淳朴民风，不断提高乡村社会文明程度。六是必须创新乡村治理体系，走乡村善治之路。建立健全党委领导、政府负责、社会协同、公众参与、法治保障的现代乡村社会治理体制，健全自治、法治、德治相结合的乡村治理体系，加强农村基层基础工作，加强农村基层党组织建设，深化村民自治实践，严肃查处侵犯农民利益的"微腐败"，建设平安乡村，确保乡村社会充满活力、和谐有序。七是必须打好精准脱贫攻坚战，走中国特色减贫之路。坚持精准扶贫、精准脱贫，把提高脱贫质量放在首位，注重扶贫同扶志、扶智相结合，瞄准贫困人口精准帮扶，聚焦深度贫困地区集中发力，激发贫困人口内生动力，强化脱贫攻坚责任和监督，开展扶贫领域腐败和作风问题专项治理，采取更加有力的举措、更加集中的支持、更加精细的工作，坚决打好精准脱贫这场对全面建成小康社会具有决定意义的攻坚战。

第四，乡村振兴是包括产业振兴、人才振兴、文化振兴、生态振兴、组织振兴的全面振兴。实施乡村振兴战略是一篇大文章，要统筹谋划，科学推进。要推动乡村产业振兴，紧紧围绕发展现代农业，围绕农村一二三产业融合发展，构建乡村产业体系，实现产业兴旺，把产业发展落到促进农民增收上来，全力以赴消除农村贫困，推动乡村生活富裕。要发展现代农业，确保国家粮食安全，调整优化农业结构，加快构建现代农业产业体系、生产体系、经营体系，推进农业由增产导向转向提质导向，提高农业创新力、竞争力、全要素生产率，提高农业质量、效益、整体素质。要推动乡村人才振兴，把人力资本开发放在首要位置，强化乡村振兴人才支撑，加快培育新型农业经营主体，让愿意留在乡村、建设家乡的人留得安心，让愿意上山下乡、回报乡村的人更有信心，激励各类人才在农村广阔天地大施所能、大展才华、大显身手，打造一支强大的乡村振兴人才队伍，在乡村形成人才、土地、资金、产业汇聚的良性循环。要推动乡村文化振兴，加强农村思想道德建设和公共文化建设，以社会主义核心价值观为引领，深入挖掘优秀传统农耕文化蕴含的思想观念、人文精神、道德规范，培育挖掘乡土文化人才，弘扬主旋律和社会正气，培育文明乡风、良好家风、淳朴民风，改善农民精神风貌，提高乡村社会文明程度，焕发乡村文明新气象。要推动乡村生态振兴，坚持绿色发展，加强农村突出环境问题综合治理，扎实实施农村人居环境整治行动计划，推进农村"厕所革命"，完善农村生活设施，打造农民安居乐业的美丽家园，让良好生态成为乡村振兴支撑点。要推动乡村组织振兴，打造千千万万个坚强的农村基层党组织，培养千千万万名优秀的农村基层党组织书记，深化村民自治实践，发展农民合作经济组织，建立健全党委领导、政府负责、社会协同、公众参与、法治保障的现代乡村社会治理体制，确保乡村社会充满活力、安定有序。

第五，确保重要农产品特别是粮食供给是实施乡村振兴战略的首要任务。我国是一个人口众多的大国，解决好吃饭问题始终是治国理政的头等大事。要坚持以我为主、立足国内、确保产能、适度进口、科技支撑的国家粮食安全战略。中国人的饭碗任何时候都要牢牢端在自己手上，我们的饭碗应该主要装中国粮。一个国家只有立足粮食基本自给，才能掌握粮食安全主动权，进而才能掌控经济社会发展这个大局。要牢牢把住粮食安全主动权，粮食生产年年要抓紧。要进一步明确粮食安全的工作重点，合理配置资源，集中力量确保谷物基本自给、口粮绝对安全。要严防死守18亿亩耕地红线，采取"长牙齿"的硬措施，落实最严格的耕地保护制度。要建设高标准农田，真正实现旱涝保收、高产稳产。要坚持农业科技自立自强，加快推进农业关键核心技术攻关。要调动农民种粮积极性，稳定和加强种粮农民补贴，坚持完善最低收购价政策，扩大完全成本和收入保险范围，让农民种粮有利可图、让主产区抓粮有积极性。要搞好粮食储备调节，提升收储调控能力，调动市场主体收储粮食的积极性，有效利用社会仓储设施进行储粮。地方各级党委和政府要扛起粮食安全的政治责任，实行党政同责，"米袋子"省长要负责，书记也要负责，树立大局意识，增加粮食生产投入，自觉承担维护国家粮食安全责任。要高度重视节约粮食，坚持不懈制止餐饮浪费，节约粮食要从娃娃抓起、从餐桌抓起，让节约粮食在全社会蔚然成风。

第六，乡村振兴要汇聚更强大的力量来推进。全面实施乡村振兴战略深度、广度、难度都不亚于脱贫攻坚，必须以更有力的举措、汇聚更强大的力量来推进。一是要加快发展乡村产业，顺应产业发展规律，立足当地特色资源，推动乡村产业发展壮大，优化产业布局，完善利益联结机制，让农民更多分享产业增值收益。二是要加强社会主义精神文明建设，加强农村思想道德建设,弘扬和践行社会主义核心价值观,普及科学知识,推进农村移风易俗,推动形成文明乡风、良好家风、淳朴民风。三是要加强农村生态文明建设,保持战略定力,以钉钉子精神推进农业面源污染防治,加强土壤污染、地下水超采、水土流失等治理和修复。四是要深化农村改革,加快推进农村重点领域和关键环节改革,激发农村资源要素活力,完善农业支持保护制度,尊重基层和群众创造,推动改革不断取得新突破。五是要实施乡村建设行动,继续把公共基础设施建设的重点放在农村,在推进城乡基本公共服务均等化上持续发力,注重加强普惠性、兜底性、基础性民生建设。要接续推进农村人居环境整治提升行动,重点抓好改厕和污水、垃圾处理。要合理确定村庄布局分类,注重保护传统村落和乡村特色风貌,加强分类指导。六是要推动城乡融合发展见实效,健全城乡融合发展体制机制,促进农业转移人口市民化。要把县域作为城乡融合发展的重要切入点,赋予县级更多资源整合使用的自主权,强化县城综合服务能力。七是要加强和改进乡村治理,加快构建党组织领导的乡村治理体系,深入推进平安乡村建设,创新乡村治理方式,提高乡村善治水平。

第七,乡村振兴要遵循规律、规划先行、精准施策、分类推进。实施乡村振兴战略是一项长期的历史性任务,首先要按规律办事。在我们这样一个拥有 14 亿多人口的大国,实现乡村振兴是前无古人、后无来者的伟大创举,没有现成的、可照抄照搬的经验。要科学规划,科学把握各地差异和特点,注重地域特色,体现乡土风情,特别要保护好传统村落、民族村寨、传统建筑,不搞一刀切,不搞统一模式,不搞层层加码。要充分尊重广大农民意愿,调动广大农民积极性、主动性、创造性,把广大农民对美好生活的向往化为推动乡村振兴的动力,把维护广大农民根本利益、促进广大农民共同富裕作为出发点和落脚点。在实施乡村振兴战略中,要注意处理好以下关系。一是长期目标和短期目标的关系,要遵循乡村建设规律,坚持科学规划、注重质量、从容建设,一件事情接着一件事情办,一年接着一年干,切忌贪大求快、刮风搞运动,防止走弯路、翻烧饼。二是顶层设计和基层探索的关系，党中央已经明确了乡村振兴的顶层设计，各地要制定符合自身实际的实施方案，科学把握乡村的差异性，因村制宜，发挥亿万农民的主体作用和首创精神，善于总结基层的实践创造。三是充分发挥市场决定性作用和更好发挥政府作用的关系，要进一步解放思想，推进新一轮农村改革，发挥政府在规划引导、政策支持、市场监管、法治保障等方面的积极作用。四是增强群众获得感和适应发展阶段的关系，要围绕农民群众最关心最直接最现实的利益问题，加快补齐农村发展和民生短板，让亿万农民有更多实实在在的获得感、幸福感、安全感，同时要形成可持续发展的长效机制，坚持尽力而为、量力而行，不能提脱离实际的目标，更不能搞形式主义和"形象工程"。

第八，实施乡村振兴战略必须加强党的全面领导。办好农村的事情，实现乡村振兴，关键在党，必须加强党对"三农"工作的领导，切实提高党把方向、谋大局、定政策、促改革的能力和定力，确保党始终总揽全局、协调各方，提高新时代党领导农村工作的能力和水平。要加强党对"三农"工作的全面领导，各级党委要扛起政治责任，落实农业农村优先发展的方针，把农业农村优先发展的要求落到实处，在干部配备上优先考虑，在要素配置上优先满足，在公共财政投入上优先保障，在公共服务上优先安排，以更大力度推动乡村振兴。要强化乡村振兴规划引领，部署若干重大工程、重大计划、重大行动。要健全党委统一领导、政府负责、党委农村工作部门统筹协调的农村工作领导体制。要建立实施乡村振兴战略领导责任制，实行中央统筹、省负总责、市县抓落实的工作机制。党政一把手是第一责任人，五级书记抓乡村振兴。县委书记要把主要精力放在"三农"工作上，当好乡村振兴的"一线总指挥"。要选优配强乡镇领导班子、村"两委"成员特别是村党支部书记，把乡村党组织建设好，把领导班子建设强。要突出抓基层、强基础、固基本的工作导向，推动各类资源向基层下沉，为基层干事创业创造更好条件。要加强"三农"工作干部队伍的培养、配备、管理、使用，建设一支政治过硬、本领过硬、作风过硬的乡村振兴干部队伍，选派一批优秀干部到乡村振兴一线岗位，把乡村振兴作为培养锻炼干部的广阔舞台。要吸引各类人才在乡村振兴中建功立业，形成人才向农村基层一线流动的用人导向，汇聚起全党上下、社会各方的全面推进乡村振兴的强大力量。

二、全面深刻把握党中央乡村振兴战略部署

党的十九大确立乡村振兴战略以来，党中央作出了一系列重大决定，出台了一系列重要文件，如《中共中央国务院关于实施乡村振兴战略的意见》《中共中央国务院关于全面推进乡村振兴加快农业农村现代化的意见》《中共中央国务院关于建立健全城乡融合发展体制机制和政策体系的意见》《中共中央国务院关于坚持农业农村优先发展做好"三农"工作的若干意见》《中共中央国务院关于实现巩固拓展脱贫攻坚成果同乡村振兴有效衔接的意见》《乡村振兴战略规划》等，对全面实施乡村振兴战略、全面推进乡村振兴、加快农业农村现代化作出具体部署。全面推进乡村振兴，要全面深刻领会和把握党中央的战略部署精神，结合各地实际，切切实实把党中央的战略部署落到实处。

全面深刻领会和把握党中央对实施乡村振兴战略的总体部署精神，需要认真学习和把握好以下方面。

1.党的十九大对乡村振兴的部署

党的十九大在党和国家事业发展的历史上第一次提出乡村振兴战略。习近平总书记在党的十九大报告中明确指出[1]：坚定实施科教兴国战略、

---

[1]　《党的十九大报告辅导读本》，人民出版社 2017 年版。

人才强国战略、创新驱动发展战略、乡村振兴战略、区域协调发展战略、可持续发展战略、军民融合发展战略。

党的十九大报告明确提出：实施乡村振兴战略。农业农村农民问题是关系国计民生的根本性问题，必须始终把解决好"三农"问题作为全党工作重中之重。要坚持农业农村优先发展，按照产业兴旺、生态宜居、乡风文明、治理有效、生活富裕的总要求，建立健全城乡融合发展体制机制和政策体系，加快推进农业农村现代化。巩固和完善农村基本经营制度，深化农村土地制度改革，完善承包地"三权"分置制度。保持土地承包关系稳定并长久不变，第二轮土地承包到期后再延长三十年。深化农村集体产权制度改革，保障农民财产权益，壮大集体经济。确保国家粮食安全，把中国人的饭碗牢牢端在自己手中。构建现代农业产业体系、生产体系、经营体系，完善农业支持保护制度，发展多种形式适度规模经营，培育新型农业经营主体，健全农业社会化服务体系，实现小农户和现代农业发展有机衔接。促进农村一二三产业融合发展，支持和鼓励农民就业创业，拓宽增收渠道。加强农村基层基础工作，健全自治、法治、德治相结合的乡村治理体系。培养造就一支懂农业、爱农村、爱农民的"三农"工作队伍。

2.党的十九届五中全会对乡村振兴的部署

党的十九届五中全会通过了《中共中央关于制定国民经济和社会发展第十四个五年规划和二〇三五年远景目标的建议》。《建议》明确提出 [①]：优先发展农业农村，全面推进乡村振兴。坚持把解决好"三农"问题作为全党工作重中之重，走中国特色社会主义乡村振兴道路，全面实施乡村振兴战略，强化以工补农、以城带乡，推动形成工农互促、城乡互补、协调

[①] 《〈中共中央关于制定国民经济和社会发展第十四个五年规划和二〇三五年远景目标的建议〉辅导读本》，人民出版社 2020 年版。

发展、共同繁荣的新型工农城乡关系，加快农业农村现代化。

——提高农业质量效益和竞争力。适应确保国计民生要求，以保障国家粮食安全为底线，健全农业支持保护制度。坚持最严格的耕地保护制度，深入实施藏粮于地、藏粮于技战略，加大农业水利设施建设力度，实施高标准农田建设工程，强化农业科技和装备支撑，提高农业良种化水平，健全动物防疫和农作物病虫害防治体系，建设智慧农业。强化绿色导向、标准引领和质量安全监管，建设农业现代化示范区。推动农业供给侧结构性改革，优化农业生产结构和区域布局，加强粮食生产功能区、重要农产品生产保护区和特色农产品优势区建设，推进优质粮食工程。完善粮食主产区利益补偿机制。保障粮、棉、油、糖、肉等重要农产品供给安全，提升收储调控能力。开展粮食节约行动。发展县域经济，推动农村一二三产业融合发展，丰富乡村经济业态，拓展农民增收空间。

——实施乡村建设行动。把乡村建设摆在社会主义现代化建设的重要位置。强化县城综合服务能力，把乡镇建成服务农民的区域中心。统筹县域城镇和村庄规划建设，保护传统村落和乡村风貌。完善乡村水、电、路、气、通信、广播电视、物流等基础设施，提升农房建设质量。因地制宜推进农村改厕、生活垃圾处理和污水治理，实施河湖水系综合整治，改善农村人居环境。提高农民科技文化素质，推动乡村人才振兴。

——深化农村改革。健全城乡融合发展机制，推动城乡要素平等交换、双向流动，增强农业农村发展活力。落实第二轮土地承包到期后再延长三十年政策，加快培育农民合作社、家庭农场等新型农业经营主体，健全农业专业化社会化服务体系，发展多种形式适度规模经营，实现小农户和现代农业有机衔接。健全城乡统一的建设用地市场，积极探索实施农村集体经营性建设用地入市制度。建立土地征收公共利益用地认定机制，缩小土地征收范围。探索宅基地所有权、资格权、使用权分置实现形式。保障进城落户农民土地承包权、宅基地使用权、集体收益分配权，鼓励依法自愿有偿转让。深化农村集体产权制度改革，发展新型农村集体经济。健全农村金融服务体系，发展农业保险。

——实现巩固拓展脱贫攻坚成果同乡村振兴有效衔接。建立农村低收入人口和欠发达地区帮扶机制，保持财政投入力度总体稳定，接续推进脱贫地区发展。健全防止返贫监测和帮扶机制，做好易地扶贫搬迁后续帮扶工作，加强扶贫项目资金资产管理和监督，推动特色产业可持续发展。健全农村社会保障和救助制度。在西部地区脱贫县中集中支持一批乡村振兴重点帮扶县，增强其巩固脱贫成果及内生发展能力。坚持和完善东西部协作和对口支援、社会力量参与帮扶等机制。

3. 中央发布的国家乡村振兴战略规划对乡村振兴的部署

2018 年 9 月，中共中央、国务院印发《乡村振兴战略规划（2018—2022年）》[1]。这是党的十九大确立乡村振兴战略后的第一个国家级乡村振兴五年规划，在顶层设计上进一步对实施乡村振兴战略作出了全面具体详细的规划安排。《规划》在内容结构上包括 11 篇 37 章，具体从规划背景、总体要求、构建乡村振兴新格局、加快农业现代化步伐、发展壮大乡村产业、建设生态宜居的美丽乡村、繁荣发展乡村文化、健全现代乡村治理体系、保障和改善农村民生、完善城乡融合发展政策体系、规划实施等方面，对实施乡村振兴战略提出了任务和要求。《规划》围绕农业农村现代化的总目标，坚持农业农村优先发展的总方针，按照分三个阶段实施乡村振兴战略的部署，设定了阶段性目标，明确了五年的重点任务，提出了 22 项具体指标，其中约束性指标 3 项、预期性指标 19 项，首次建立了乡村振兴指标体系。《规划》坚持乡村全面振兴，围绕推动乡村产业、人才、文化、生态和组织振兴，抓重点、补短板、强弱项，对加快农业现代化步伐、发展壮大乡村产业、建设生态宜居的美丽乡村、繁荣发展乡村文

---

[1] 《乡村振兴战略规划（2018—2022 年）》，中国政府网 2018 年 9 月 26 日。

化、健全现代乡村治理体系、保障和改善农村民生等作了明确安排，部署了 82 项重大工程、重大计划、重大行动。

《规划》按照产业兴旺、生态宜居、乡风文明、治理有效、生活富裕的总要求，明确了乡村振兴的阶段性重点任务。主要是：

第一，构建乡村振兴新格局。《规划》提出：坚持乡村振兴和新型城镇化双轮驱动，统筹城乡国土空间开发格局，优化乡村生产生活生态空间，分类推进乡村振兴，打造各具特色的现代版"富春山居图"。

第二，加快农业现代化步伐。《规划》提出：坚持质量兴农、品牌强农，深化农业供给侧结构性改革，构建现代农业产业体系、生产体系、经营体系，推动农业发展质量变革、效率变革、动力变革，持续提高农业创新力、竞争力和全要素生产率。

第三，发展壮大乡村产业。《规划》提出：以完善利益联结机制为核心，以制度、技术和商业模式创新为动力，推进农村一二三产业交叉融合，加快发展根植于农业农村、由当地农民主办、彰显地域特色和乡村价值的产业体系，推动乡村产业全面振兴。

第四，建设生态宜居的美丽乡村。《规划》提出：牢固树立和践行绿水青山就是金山银山的理念，坚持尊重自然、顺应自然、保护自然，统筹山水林田湖草系统治理，加快转变生产生活方式，推动乡村生态振兴，建设生活环境整洁优美、生态系统稳定健康、人与自然和谐共生的生态宜居美丽乡村。

第五，繁荣发展乡村文化。《规划》提出：坚持以社会主义核心价值观为引领，以传承发展中华优秀传统文化为核心，以乡村公共文化服务体系建设为载体，培育文明乡风、良好家风、淳朴民风，推动乡村文化振兴，建设邻里守望、诚信重礼、勤俭节约的文明乡村。

第六，保障和改善农村民生。《规划》提出：坚持人人尽责、人人享有，围绕农民群众最关心最直接最现实的利益问题，加快补齐农村民生短板，提高农村美好生活保障水平，让农民群众有更多实实在在的获得感、幸福感、安全感。

第七，健全现代乡村治理体系。《规划》提出：把夯实基层基础作为固本之策，建立健全党委领导、政府负责、社会协同、公众参与、法治保障的现代乡村社会治理体制，推动乡村组织振兴，打造充满活力、和谐有序的善治乡村。

4.中央一号文件对乡村振兴的部署

党的十九大以来，从 2018 年到 2021 年，党中央连续 4 年每年都用一号文件部署乡村振兴及"三农"工作，提出了一系列全面推进乡村振兴的改革举措和政策措施[①]。

文件强调：全面推进乡村振兴，要以习近平新时代中国特色社会主义思想为指导，全面贯彻党的十九大精神，统筹推进"五位一体"总体布局，协调推进"四个全面"战略布局，坚定不移贯彻新发展理念，坚持稳中求进工作总基调，坚持加强党对"三农"工作的全面领导，坚持农业农村优先发展，坚持农业现代化与农村现代化一体设计、一并推进，坚持创新驱动发展，以推动高质量发展为主题，落实加快构建新发展格局要求，按照产业兴旺、生态宜居、乡风文明、治理有效、生活富裕的总要求，建立健全城乡融合发展体制机制和政策体系，巩固和完善农村基本经营制度，深入推进农业供给侧结构性改革，充分发挥农业产品供给、生态屏障、文化传承等功能，把乡村建设摆在社会主义现代化建设的重要位置，全面推进

---

① 《中共中央国务院关于实施乡村振兴战略的意见》，中国政府网 2018 年 2 月 4 日；《中共中央国务院关于坚持农业农村优先发展做好"三农"工作的若干意见》，中国政府网 2019 年 2 月 19 日；《中共中央国务院关于抓好"三农"领域重点工作确保如期实现全面小康的意见》，中国政府网 2020 年 2 月 5 日；《中共中央国务院关于全面推进乡村振兴加快农业农村现代化的意见》，中国政府网 2021 年 2 月 21 日。

乡村产业、人才、文化、生态、组织振兴，统筹推进农村经济建设、政治建设、文化建设、社会建设、生态文明建设和党的建设，走中国特色社会主义乡村振兴道路，加快农业农村现代化，加快推进乡村治理体系和治理能力现代化，加快形成工农互促、城乡互补、协调发展、共同繁荣的新型工农城乡关系，促进农业高质高效、乡村宜居宜业、农民富裕富足，让农业成为有奔头的产业，让农民成为有吸引力的职业，让农村成为安居乐业的美丽家园。

文件强调：全面推进乡村振兴，要坚持农业农村优先发展，把实现乡村振兴作为全党的共同意志、共同行动，做到认识统一、步调一致，在干部配备上优先考虑，在要素配置上优先满足，在资金投入上优先保障，在公共服务上优先安排，加快补齐农业农村短板；要坚持农民主体地位，充分尊重农民意愿，切实发挥农民在乡村振兴中的主体作用，调动亿万农民的积极性、主动性、创造性，把维护农民群众根本利益、促进农民共同富裕作为出发点和落脚点，促进农民持续增收，不断提升农民的获得感、幸福感、安全感；要坚持乡村全面振兴，准确把握乡村振兴的科学内涵，挖掘乡村多种功能和价值，统筹谋划农村经济建设、政治建设、文化建设、社会建设、生态文明建设和党的建设，注重协同性、关联性，整体部署，协调推进；要坚持城乡融合发展，坚决破除体制机制弊端，使市场在资源配置中起决定性作用，更好发挥政府作用，推动城乡要素自由流动、平等交换，推动新型工业化、信息化、城镇化、农业现代化同步发展，加快形成工农互促、城乡互补、全面融合、共同繁荣的新型工农城乡关系；要坚持人与自然和谐共生，牢固树立和践行绿水青山就是金山银山的理念，落实节约优先、保护优先、自然恢复为主的方针，统筹山水林田湖草系统治理，严守生态保护红线，以绿色发展引领乡村振兴；要坚持因地制宜、循序渐进，科学把握乡村的差异性和发展走势分化特征，做好顶层设计，注重规划先行、突出重点、分类施策、典型引路。既尽力而为，又量力而行，不搞层层加码，不搞一刀切，不搞形式主义，久久为功，扎实推进；

要坚持和加强党对乡村振兴的领导，各级党委和政府要提高对实施乡村振兴战略重大意义的认识，真正把实施乡村振兴战略摆在优先位置，把党管农村工作的要求落到实处。

其中，2021 年中央一号文件，从实现巩固拓展脱贫攻坚成果同乡村振兴有效衔接、加快推进农业现代化、大力实施乡村建设行动三个方面，具体部署了全面推进乡村振兴加快农业农村现代化的各项工作[①]。

——实现巩固拓展脱贫攻坚成果同乡村振兴有效衔接方面，主要工作：一是设立衔接过渡期。对摆脱贫困的县，从脱贫之日起设立 5 年过渡期。过渡期内保持现有主要帮扶政策总体稳定，并逐项分类优化调整，合理把握节奏、力度和时限，逐步实现由集中资源支持脱贫攻坚向全面推进乡村振兴平稳过渡，推动"三农"工作重心历史性转移。二是持续巩固拓展脱贫攻坚成果。健全防止返贫动态监测和帮扶机制，对易返贫致贫人口及时发现、及时帮扶，守住防止规模性返贫底线。三是接续推进脱贫地区乡村振兴。实施脱贫地区特色种养业提升行动，广泛开展农产品产销对接活动，持续做好有组织劳务输出工作，对符合条件的就业困难人员进行就业援助。在农业农村基础设施建设领域推广以工代赈方式，吸纳更多脱贫人口和低收入人口就地就近就业。在脱贫地区重点建设一批区域性和跨区域重大基础设施工程。在西部地区脱贫县中确定一批国家乡村振兴重点帮扶县集中支持。四是加强农村低收入人口常态化帮扶。对有劳动能力的低收入人口，坚持开发式帮扶，帮助其提高内生发展能力，发展产业、参与就业，依靠双手勤劳致富。对脱贫人口中丧失劳动能力且无法通过产业就业获得稳定收入的人口，以现有社会保障体系为基础，按规定纳入农村低保或特困人员救助供养范围，并按困难类型及时给予专项救助、临时救助。

---

① 《中共中央国务院关于全面推进乡村振兴加快农业农村现代化的意见》，中国政府网 2021 年 2 月 21 日。

——加快推进农业现代化方面，主要工作是：第一，提升粮食和重要农产品供给保障能力。地方各级党委和政府要切实扛起粮食安全政治责任，实行粮食安全党政同责。完善粮食安全省长责任制和"菜篮子"市长负责制，确保粮、棉、油、糖、肉等供给安全。"十四五"时期各省（区、市）要稳定粮食播种面积、提高单产水平。加强粮食生产功能区和重要农产品生产保护区建设，建设国家粮食安全产业带。稳定种粮农民补贴，坚持并完善稻谷、小麦最低收购价政策，完善玉米、大豆生产者补贴政策，健全产粮大县支持政策体系。深入推进农业结构调整，推动品种培优、品质提升、品牌打造和标准化生产。扩大稻谷、小麦、玉米三大粮食作物完全成本保险和收入保险试点范围，支持有条件的省份降低产粮大县三大粮食作物农业保险保费县级补贴比例。加快构建现代养殖体系，保护生猪基础产能，健全生猪产业平稳有序发展长效机制，积极发展牛羊产业，继续实施奶业振兴行动，推进水产绿色健康养殖。

第二，打好种业翻身仗。加快实施农业生物育种重大科技项目，深入实施农作物和畜禽良种联合攻关，实施新一轮畜禽遗传改良计划和现代种业提升工程，支持种业龙头企业建立健全商业化育种体系，研究重大品种研发与推广后补助政策，促进育繁推一体化发展。

第三，坚决守住 18 亿亩耕地红线。落实最严格的耕地保护制度，严禁违规占用耕地和违背自然规律绿化造林、挖湖造景，严格控制非农建设占用耕地，深入推进农村乱占耕地建房专项整治行动，坚决遏制耕地"非农化"、防止"非粮化"。永久基本农田重点用于粮食特别是口粮生产，一般耕地主要用于粮食和棉、油、糖、蔬菜等农产品及饲草饲料生产。严格控制耕地转为林地、园地等其他类型农用地，确保耕地数量不减少、质量有提高。实施新一轮高标准农田建设规划，提高建设标准和质量，中央和地方共同加大粮食主产区高标准农田建设投入，2021 年建设 1 亿亩旱涝保收、高产稳产高标准农田。在高标准农田建设中增加的耕地作为占补平衡补充耕地指标在省域内调剂，所得收益用于高标准农田建设。加强耕地保护督察和执法监督，开展"十三五"时期省级政府耕地保护责任目标考核。

第四，强化现代农业科技和物质装备支撑。实施大中型灌区续建配套和现代化改造，到2025年全部完成现有病险水库除险加固。深入开展乡村振兴科技支撑行动。加大购置补贴力度，开展农机作业补贴。

第五，构建现代乡村产业体系。依托乡村特色优势资源，打造农业全产业链，把产业链主体留在县城，让农民更多分享产业增值收益。立足县域布局特色农产品产地初加工和精深加工，建设现代农业产业园、农业产业强镇、优势特色产业集群。推进农村一二三产业融合发展示范园和科技示范园区建设。把农业现代化示范区作为推进农业现代化的重要抓手，以县（市、区）为单位开展创建，到2025年创建500个左右示范区。创建现代林业产业示范区。组织开展"万企兴万村"行动。

第六，推进农业绿色发展。推广保护性耕作模式，健全耕地休耕轮作制度。持续推进化肥农药减量增效，推广农作物病虫害绿色防控产品和技术。加强畜禽粪污资源化利用，全面实施秸秆综合利用和农膜、农药包装物回收行动。在长江经济带、黄河流域建设一批农业面源污染综合治理示范县。支持国家农业绿色发展先行区建设。试行食用农产品达标合格证制度，推进国家农产品质量安全县创建。推进以长江为重点的渔政执法能力建设，确保十年禁渔令有效落实。强化河湖长制，实行林长制。

第七，推进现代农业经营体系建设。突出抓好家庭农场和农民合作社两类经营主体，鼓励发展多种形式适度规模经营。实施家庭农场培育计划，把农业规模经营户培育成有活力的家庭农场。推进农民合作社质量提升，加大对运行规范的农民合作社扶持力度。发展壮大农业专业化社会化服务组织，将先进适用的品种、投入品、技术、装备导入小农户。支持农业产业化龙头企业创新发展、做大做强。深化供销合作社综合改革，开展生产、供销、信用"三位一体"综合合作试点。培育高素质农民，吸引城市各方面人才到农村创业创新。

　　——大力实施乡村建设行动方面，主要工作是：一要加快推进村庄规划工作。2021 年基本完成县级国土空间规划编制，明确村庄布局分类。积极有序推进"多规合一"实用性村庄规划编制，对有条件、有需求的村庄尽快实现村庄规划全覆盖。对暂时没有编制规划的村庄，严格按照县乡两级国土空间规划中确定的用途管制和建设管理要求进行建设。健全农房建设质量安全法律法规和监管体制，3 年内完成安全隐患排查整治。继续实施农村危房改造和地震高烈度设防地区农房抗震改造。乡村建设是为农民而建，要因地制宜、稳扎稳打，不刮风搞运动。严格规范村庄撤并，不得违背农民意愿、强迫农民上楼。

　　二要加强乡村公共基础设施建设。继续把公共基础设施建设的重点放在农村，着力推进往村覆盖、往户延伸。实施农村道路畅通工程，有序实施较大人口规模自然村（组）通硬化路，加强农村资源路、产业路、旅游路和村内主干道建设，推进农村公路建设项目更多向进村入户倾斜。继续通过中央车购税补助地方资金、成品油税费改革转移支付、地方政府债券等渠道，按规定支持农村道路发展。实施农村供水保障工程，加强中小型水库等稳定水源工程建设和水源保护，实施规模化供水工程建设和小型工程标准化改造，有条件的地区推进城乡供水一体化，到 2025 年农村自来水普及率达到 88%。实施乡村清洁能源建设工程，加大农村电网建设力度，推进燃气下乡，发展农村生物质能源，加强煤炭清洁化利用。实施数字乡村建设发展工程，推动农村千兆光网、第五代移动通信（5G）、移动物联网与城市同步规划建设。发展智慧农业，建立农业农村大数据体系，推动新一代信息技术与农业生产经营深度融合。加强村级客运站点、文化体育、公共照明等服务设施建设。

　　三要实施农村人居环境整治提升五年行动。分类有序推进农村厕所革命，加强中西部地区农村户用厕所改造。统筹农村改厕和污水、黑臭水体治理，因地制宜建设污水处理设施。健全农村生活垃圾收运处置体系，推进源头分类减量、资源化处理利用，建设一批有机废弃物综合处置利用设施。深入推进村庄清洁和绿化行动。开展美丽宜居村庄和美丽庭院示范创建活动。

四要提升农村基本公共服务水平。强化农村基本公共服务供给县乡村统筹，逐步实现标准统一、制度并轨。提高农村教育质量，多渠道增加农村普惠性学前教育资源供给，继续改善乡镇寄宿制学校办学条件，保留并办好必要的乡村小规模学校，在县城和中心镇新建改扩建一批高中和中等职业学校。推进县域内义务教育学校校长教师交流轮岗，支持建设城乡学校共同体。面向农民就业创业需求，发展职业技术教育与技能培训，建设一批产教融合基地。全面推进健康乡村建设，提升村卫生室标准化建设和健康管理水平，推动乡村医生向执业（助理）医师转变，采取派驻、巡诊等方式提高基层卫生服务水平。提升乡镇卫生院医疗服务能力，选建一批中心卫生院，加强县域紧密型医共体建设。完善统一的城乡居民基本医疗保险制度，合理提高政府补助标准和个人缴费标准，健全重大疾病医疗保险和救助制度。落实城乡居民基本养老保险待遇确定和正常调整机制。推进城乡低保制度统筹发展，逐步提高特困人员供养服务质量。健全县乡村衔接的三级养老服务网络，推动村级幸福院、日间照料中心等养老服务设施建设，发展农村普惠型养老服务和互助性养老。

五要全面促进农村消费。加快完善县乡村三级农村物流体系，改造提升农村寄递物流基础设施，深入推进电子商务进农村和农产品出村进城。加快实施农产品仓储保鲜冷链物流设施建设工程，推进田头小型仓储保鲜冷链设施、产地低温直销配送中心、国家骨干冷链物流基地建设。

六要加快县域内城乡融合发展。把县域作为城乡融合发展的重要切入点，加快打通城乡要素平等交换、双向流动的制度性通道。统筹县域产业、基础设施、公共服务、基本农田、生态保护、城镇开发、村落分布等空间布局，强化县城综合服务能力，把乡镇建设成为服务农民的区域中心，实现县乡村功能衔接互补。加快小城镇发展，完善基础设施和公共服务，发挥小城镇连接城市、服务乡村作用。积极推进扩权强镇，规划建设一批重点镇。推动在县域就业的农民工就地市民化，增加适应进城农民刚性需求的住房供给。鼓励地方建设返乡入乡创业园和孵化实训基地。

七要深入推进农村改革。有序开展第二轮土地承包到期后再延长三十年试点，健全土地经营权流转服务体系。积极探索实施农村集体经营性建设用地入市制度。完善盘活农村存量建设用地政策，实行负面清单管理，优先保障乡村产业发展、乡村建设用地。根据乡村休闲观光等产业分散布局的实际需要，探索灵活多样的供地新方式。加强宅基地管理，稳慎推进农村宅基地制度改革试点，探索宅基地所有权、资格权、使用权分置有效实现形式。规范开展房地一体宅基地日常登记颁证工作。规范开展城乡建设用地增减挂钩，完善审批实施程序、节余指标调剂及收益分配机制。2021 年基本完成农村集体产权制度改革阶段性任务，发展壮大新型农村集体经济。保障进城落户农民土地承包权、宅基地使用权、集体收益分配权，研究制定依法自愿有偿转让的具体办法。加强农村产权流转交易和管理信息网络平台建设，提供综合性交易服务。深入推进农业水价综合改革。继续深化农村集体林权制度改革。

三、精准理解全面推进乡村振兴的总体要求

习近平总书记关于乡村振兴的重要论述以及党中央乡村振兴战略部署，就是全面推进乡村振兴的总体要求。在全面推进乡村振兴的伟大实践中，必须把总书记关于乡村振兴的重要论述以及党中央乡村振兴战略部署精神学习领会好、贯彻落实好。

为了便于工作在乡村振兴一线的党员干部特别是广大村干部更好把握和记忆乡村振兴的总体要求，我们根据对总书记关于乡村振兴的重要论述以及党中央乡村振兴战略部署精神的反复学习理解，尝试着把全面推进乡村振兴的总体要求做如下归纳和概括，具体包括全面推进乡村振兴的总要

求、总方针、总道路、总目标、总方法、总机制、时间表、着力点、总保障等 10 个方面。

1. 全面推进乡村振兴的总要求

全面推进乡村振兴，总要求是产业兴旺、生态宜居、乡风文明、治理有效、生活富裕，即"五句话 20 个字"。

党的十九大报告提出，实施乡村振兴战略，要坚持农业农村优先发展，按照产业兴旺、生态宜居、乡风文明、治理有效、生活富裕的总要求，建立健全城乡融合发展体制机制和政策体系，加快推进农业农村现代化。

乡村振兴总要求的这"五句话 20 个字"，内容十分丰富，既包含了生产，又包含了生活；既包含了经济基础，又包含了上层建筑；既包含了物质和自然，又包含了人文和社会；既包含了物质文明，又包含了精神文明、社会文明和生态文明，涵盖了中国特色社会主义事业"五位一体"总体布局的经济建设、政治建设、文化建设、社会建设、生态文明建设以及党的建设的各个方面。

乡村振兴总要求的这"五句话 20 个字"，是一个有机体系和统一整体，共同构成了乡村振兴的内容和要求，不能割裂开，也不可拆分开。就是说，在实践中，推进乡村振兴，五个方面要一起推进、一并用力，不能只选择其中一个或某几个方面。全面实施乡村振兴战略、全面推进乡村振兴，就是要这五个方面全部推进，这是全面推进乡村振兴之"全面"的首要含义。这说明，推进乡村振兴，不能搞单打一，也不能只选择容易的去做，而是要五个方面作为一个整体地推、全面地推。这是全面推进乡村振兴的基本要求，一定要把握好这个要求。

乡村振兴总要求的这"五句话 20 个字"，系统回答了乡村振兴要振兴什么、达到什么目标等重大问题。振兴什么？振兴的内容或对象是：产业、生态、乡风、社会治理、农民收入及生活，即发展生产和产业、改善生态环境、培育良好的乡风民风、搞好社会治理、增加农民收入和改善农民生活。振兴要达到什么目标？发展生产和产业，目标要达到产业"兴旺"；改善生态环境，目标要达到生态"宜居"；培育良好的乡风民风，目标要达到乡风"文明"；搞好社会治理，目标要达到治理"有效"；增加农民收入和改善农民生活，目标要达到生活"富裕"。

乡村振兴，产业兴旺是重点。产业兴旺，就是要大力发展农村物质生产，大力发展农村经济，提高农村物质生产水平，实现农业现代化，为乡村振兴提供坚实的物质基础。如果生产发展不起来，产业培育不起来，要增加农民收入和改善农民生活就没有基础，农村其他事业的发展也难以持续。所以，乡村振兴一定要把产业兴旺作为重点，一定要抓住和抓好这个重点。由于农业是国民经济的基础，是农村面积最大、最为主要和最为重要的产业，是农村产业的主体，农村的"农"指的就是农业。发展产业，推进产业兴旺，首先要发展农业，发展现代农业，实现农业现代化，把农村的主体产业这篇大文章做好。在大力发展现代农业的基础上，要积极发展农村一二三产业融合的产业形态，促进一二三产业融合，这样可以延长农业的产业链和价值链，有效增加农业的综合效益。着力于现代农业和一二三产业融合的产业形态，是乡村振兴在推进产业兴旺方面的着力点。

乡村振兴，生态宜居是关键。良好的生态环境，既是乡村振兴要实现的重要目标，又是乡村振兴顺利推进的重要基础，同时也是农村最大优势和宝贵财富。必须尊重自然、顺应自然、保护自然，加强农村污染治理和生态环境保护，加强农村生态环境设施建设，统筹推进山水林田湖草沙系统治理，推动农业农村绿色发展，推动乡村自然资本加快增值，坚决制止和杜绝损伤甚至破坏生态环境的行为，决不能因为发展生产和培育产业而破坏生态环境，决不能把城市垃圾等污染物转移到农村，着力打造人与自然和谐共生发展新格局，让农村天蓝、山青、水秀，塑造美丽乡村新风貌，实现农村产业强、百姓富、生态美的统一。

　　乡村振兴，乡风文明是保障。乡村振兴，不仅要发展壮大产业，提升经济水平，夯实物质基础；而且要改善优化风气，提升精神文明水平，夯实思想道德基础。这两个目标一个都不能少。必须坚持物质文明和精神文明一起抓，采取多种形式提高农民综合素质和精神风貌，培育文明乡风、良好家风、淳朴民风，推进社会公德、职业道德、家庭美德、个人品德建设，推进诚信建设，强化农民的社会责任意识、规则意识、集体意识、主人翁意识，不断提高乡村社会文明程度，增强农村文化和社会凝聚力。

　　乡村振兴，治理有效是基础。农村既是农民从事生产活动的场所，也是农民生活的家园。保持农村社会和谐稳定、安定有序，为广大农民提供一个和谐安定的生产和生活环境，是乡村振兴要实现的一个重要目标。必须把夯实基层基础作为固本之策，建立健全党委领导、政府负责、社会协同、公众参与、法治保障的现代乡村社会治理体制，坚持自治、法治、德治相结合，不断完善和优化乡村治理的有效途径和模式，确保乡村社会充满活力、和谐有序。

　　乡村振兴，生活富裕是根本。增加农民收入，改善农民生活，逐步缩小城乡居民收入差距，让广大农民共享改革发展和现代化建设成果，让广大农民尽快富裕起来，这是乡村振兴的根本目的所在，是由我们党的根本宗旨决定的。推进乡村振兴，任何时候、任何情况下，都要牢牢记住这一点，都不能忘记这个根本目的。要充分认识到，发展生产和壮大产业，是增加农民收入和改善农民生活的手段，是为增加农民收入和改善农民生活这一根本目的服务的，必须紧紧围绕促进农民增收和提升农民生活水平来发展壮大农村产业。

　　增加农民收入是农业农村工作的中心任务，因而也是乡村振兴的中心任务。应当清醒地看到，不论是东部地区还是中西部地区，城乡居民收入仍然存在较大差距，收入差距仍然是城乡发展差距的集中表现。还要看到，农业和农村发展中存在着许多矛盾和问题，突出的是农民增收困难。如果农民收入上不去，不仅影响农民生活水平提高，而且影响构建新发展格局。

构建新发展格局，关键是扩大内需特别是消费需求。农村市场是国民经济的重要组成部分，农民收入上不去，农民购买力提高不了，农村市场就不能够有效扩大，这就会制约整个市场的扩大和内需的增加，制约构建新发展格局。从目前情况看，由于农村居民与城镇居民在消费上的明显差距，扩大消费需求的最大潜力在农村。必须坚持把持续较快增加农民收入作为农业农村工作的中心任务，作为全面推进乡村振兴的中心任务，千方百计增加农民收入，推动农民富裕和提高生活水平，推动内需扩大和构建新发展格局。

农民收入在构成上包括 4 个部分：经营性收入，工资性收入，补贴性收入，财产性收入。经营性收入主要来源于农民的农业生产经营活动，工资性收入主要来源于农民外出打工，补贴性收入主要来源于国家的惠农补贴政策，财产性收入主要来源于农户承包地、房产等资产的转包和出租。其中，经营性收入和工资性收入是农民收入的主体，也是农民增收的主要载体；补贴性收入和财产性收入是农民收入的补充，也是农民增收具有潜力的渠道，特别是财产性收入，在农民收入中的占比偏低，应该通过深化改革，进一步盘活农户资产，推动增加农民财产性收入。在乡村振兴实践中，推动增加农民收入，要把重点放在增加农民经营性收入和工资性收入上。

增加农民经营性收入，一方面是要增加生产，用扩大生产的方式增加收入，这就是乡村振兴要推动农村产业兴旺的意义所在。另一方面，必须解决好农村产品特别是农产品的销售问题，让农民生产出来的产品都能够销售出去，实现价值和收入。生产出来的产品再多，如果卖不出去，"卖粮难""卖菜难""卖果难""卖猪难"，不仅实现不了价值，反而会倒贴生产投入成本，无助于增加农民收入。所以，在推进乡村振兴实践中，发展生产和壮大产业，一定要把解决好农产品销售问题放在第一位，帮助农民销售产品，而不是简单地号召甚至用行政命令的办法让农民增加生产。要用开拓市场来决定生产什么和生产多少，千万不要简单地脱离市场，搞什么"万亩果园""百万亩菜园""万头猪场"等，不顾销售问题，农民生产出来的产品卖不出去，会造成很大损失，也会影响政府在农民群众中的威信。解决农产品的销售问题，要特别注意多发展"订单农业"。"订单农业"很好地解决了农产品与市场的连接问题，使生产围着市场订单来进行，就有效地避免了盲目生产。

增加农民工资性收入，一方面是要增加非农就业机会，包括外出就业和在本地就业。外出就业要提供好就业信息服务，着力做好农民工输出地和输入地的对接服务，增强农民工外出就业的稳定性，尽可能增加一年中的有效就业时间；本地就业则要加快发展县域经济，增加县域内非农就业岗位，让更多农民工不出县甚至不出乡就能实现稳定就业。另一方面要不断提高农民工的工资待遇水平。要督促和监督吸纳农民工就业的企业，严格落实按劳分配制度，不压低农民工工资，不克扣农民工工资，不拖欠农民工工资，确保农民工工资按时足额发放；要随着经济发展水平的提高不断调整"最低工资标准"，用"最低工资标准"的提高来指导和拉动农民工工资整体水平的提高。再一方面要加强农民工职业技能培训，增强农民工就业能力，提高农民工就业层次，提升农民工就业质量，用就业技能的提高来增强农民工就业的稳定性。

增加农民收入，在对象上要注重低收入人口。与中高收入人口相比，农村低收入人口往往在生产条件、生产资源、生产能力、就业能力、经营能力等方面都比较弱、比较差，难以完全依靠自身来有效发展生产和增加收入，是增加农民收入工作的难点所在。必须把增加农村低收入人口收入作为促进农民增收工作的一个重点，采取各种扶持措施，下更多更大的力气，促进农村低收入人口持续较快增加收入。

2. 全面推进乡村振兴的总目标

全面推进乡村振兴，总目标是加快实现农业农村现代化。

党的十九大报告提出，实施乡村振兴战略，要按照产业兴旺、生态宜居、乡风文明、治理有效、生活富裕的总要求，加快推进农业农村现代化。

从 2021 年起，我国即进入了全面建设社会主义现代化国家的新发展阶段。按照党中央的部署，全面建设社会主义现代化国家，在具体步骤上分两个阶段，即"两步走"。

第一步，也就是第一个阶段，从 2020 年到 2035 年，在全面建成小康社会的基础上，再奋斗 15 年，基本实现社会主义现代化。到那时，我国经济实力、科技实力将大幅跃升，跻身创新型国家前列；人民平等参与、平等发展权利得到充分保障，法治国家、法治政府、法治社会基本建成，各方面制度更加完善，国家治理体系和治理能力现代化基本实现；社会文明程度达到新的高度，国家文化软实力显著增强，中华文化影响更加广泛深入；人民生活更为宽裕，中等收入群体比例明显提高，城乡区域发展差距和居民生活水平差距显著缩小，基本公共服务均等化基本实现，全体人民共同富裕迈出坚实步伐；现代社会治理格局基本形成，社会充满活力又和谐有序；生态环境根本好转，美丽中国目标基本实现。

第二步，也就是第二个阶段，从 2035 年到本世纪中叶，在基本实现现代化的基础上，再奋斗 15 年，把我国建成富强民主文明和谐美丽的社会主义现代化强国。到那时，我国物质文明、政治文明、精神文明、社会文明、生态文明将全面提升，实现国家治理体系和治理能力现代化，成为综合国力和国际影响力领先的国家，全体人民共同富裕基本实现，我国人民将享有更加幸福安康的生活，中华民族将以更加昂扬的姿态屹立于世界民族之林。

根据党的十九届五中全会通过的《中共中央关于制定国民经济和社会发展第十四个五年规划和二〇三五年远景目标的建议》对 2035 年的展望，到 2035 年基本实现社会主义现代化时：我国经济实力、科技实力、综合国力将大幅跃升，经济总量和城乡居民人均收入将再迈上新的大台阶，关键核心技术实现重大突破，进入创新型国家前列；基本实现新型工业化、信息化、城镇化、农业现代化，建成现代化经济体系；基本实现国家治理体系和治理能力现代化，人民平等参与、平等发展权利得到充分保障，基本建成法治国家、法治政府、法治社会；建成文化强国、教育强国、人才强国、体育强国、健康中国，国民素质和社会文明程度达到新高度，国家文化软实力显著增强；广泛形成绿色生产生活方式，碳排放达峰后稳中有降，生态环境根本好转，美丽中国建设目标基本实现；形成对外开放新格局，参与国际经济合作和竞争新优势明显增强；人均国内生产总值达到中等发达国家水平，中等收入群体显著扩大，基本公共服务实现均等化，城乡区域发展差距和居民生活水平差距显著缩小；平安中国建设达到更高水平，基本实现国防和军队现代化；人民生活更加美好，人的全面发展、全体人民共同富裕取得更为明显的实质性进展。

农业农村现代化是全面建设社会主义现代化国家的重要内容。没有农业农村现代化，国家现代化是不全面、不完整、不牢固的。从目前情况看，农业农村现代化明显滞后，是现代化国家建设的一个突出短板。全面推进乡村振兴，必须紧紧瞄准农业农村现代化这个总目标，确保农业农村现代化在现代化国家建设"两步走"的时间表中不掉队，确保农业农村现代化如期实现。

3. 全面推进乡村振兴的总方针

全面推进乡村振兴，总方针是坚持农业农村优先发展。

党的十九大报告提出，实施乡村振兴战略，要坚持农业农村优先发展。

实施乡村振兴战略，就是要着力解决好城乡发展不平衡、农村发展不充分问题，逐步缩小城乡发展差距，实现城乡经济社会发展一体化。一个很显然的道理是，要不断缩小城乡发展差距，就必须加快农业农村发展，使农业农村发展在速度上快于城市，只有这样，城乡发展差距才能得到不断缩小。而要加快农业农村发展，让农业农村发展在速度上超过城市，就必须在政策上坚持农业农村优先发展。所以，农业农村优先发展是全面推进乡村振兴的重要政策保证。

如何做到农业农村优先发展？ 2019 年的中央一号文件对此提出了明确要求 [1]。这就是：坚持农业农村优先发展，要做到优先考虑"三农"干部配备、优先满足"三农"发展要素配置、优先保障"三农"资金投入、优先安排农村公共服务"四个优先"。

一是优先考虑"三农"干部配备。把优秀干部充实到"三农"战线，把精锐力量充实到基层一线，注重选拔熟悉"三农"工作的干部充实地方各级党政班子。

二是优先满足"三农"发展要素配置。坚决破除妨碍城乡要素自由流动、平等交换的体制机制壁垒，改变农村要素单向流出格局，推动资源要素向农村流动。

三是优先保障"三农"资金投入。坚持把农业农村作为财政优先保障领域和金融优先服务领域，公共财政更大力度向"三农"倾斜，县域新增贷款主要用于支持乡村振兴。地方政府债券资金要安排一定比例用于支持农村人居环境整治、村庄基础设施建设等重点领域。

四是优先安排农村公共服务。推进城乡基本公共服务标准统一、制度并轨，实现从形式上的普惠向实质上的公平转变。

中央一号文件要求，各级党委和政府以及各个工作部门，要牢固树立农业农村优先发展的政策导向，把落实"四个优先"的要求作为做好"三农"工作和推进乡村振兴的头等大事，扛在肩上、抓在手上，同政绩考核

---

[1] 《中共中央国务院关于坚持农业农村优先发展做好"三农"工作的若干意见》，中国政府网 2019 年 2 月 19 日。

联系到一起，层层落实责任。

4.全面推进乡村振兴的总道路

全面推进乡村振兴，总道路是坚持走中国特色社会主义乡村振兴道路。

我国是一个世界大国，对外开放是一项长期坚持的基本国策。推进乡村振兴，也要具有世界眼光，树立开放思维，注意研究、学习、借鉴国外特别是发达国家推动农业现代化和乡村全面发展、缩小城乡差距、实现城乡一体化的成功做法和经验。但是，对国外发展和振兴乡村的好的做法和经验，必须结合我国实际进行借鉴，而不能够简单地照抄照搬。全面推进乡村振兴，必须从我国实际出发，从农村实际出发，走中国特色社会主义乡村振兴道路。

根据习近平总书记关于乡村振兴的重要论述，中国特色社会主义乡村振兴道路包括了7个方面的深刻内涵。一是必须重塑城乡关系，走城乡融合发展之路。二是必须巩固和完善农村基本经营制度，走共同富裕之路。三是必须深化农业供给侧结构性改革，走质量兴农之路。四是必须坚持人与自然和谐共生，走乡村绿色发展之路。五是必须传承发展提升农耕文明，走乡村文化兴盛之路。六是必须创新乡村治理体系，走乡村善治之路。七是必须打好精准脱贫攻坚战，走中国特色减贫之路。

——城乡融合，就是要把农业农村发展放在国民经济和社会发展的统一体系之中，从发展规划、产业布局、要素投入、社会就业、基础设施建设、社会事业发展、基本公共服务、生态环境保护建设、体制机制、政策支持等方面，把城市和乡村作为一个有机整体，把二三产业和农业作为一个有机整体，把城市居民和农村居民作为一个有机整体，均衡地、协调地加以安排，实现城乡发展统筹。不能把农业农村隔离在国民经济和社会发展统一体系之外，不能把发展资源和要素长期地持续地向城市集中而忽视农业农村，不能使发展政策长期地持续地向城市偏斜而淡忘农业农村，要搞城乡双向大循环，不能搞农业农村单循环。要全面统筹城乡经济社会发展，持续推动以工补农、以城带乡，坚持把公共基础设施建设的重点放在农村，建立健全全民覆盖、普惠共享、城乡一体的基本公共服务体系，推动城乡经济社会均衡协调发展，推动城乡基本公共服务均等化，实现城乡经济社会一体化发展，形成工农互促、城乡互补、全面融合、共同繁荣的新型工农城乡关系。

——共同富裕，就是要让广大农民公平参与现代化进程和公平分享现代化成果，千方百计增加农民收入，逐步缩小农村内部收入差距，让每一个农村居民都能够公平地分享乡村振兴成果，不让一个村庄、一户农民在乡村振兴和共同富裕的道路上掉队。应该认识到，共同富裕不是平均富裕，也不是同步富裕，平均主义并不是社会主义，允许广大农民在共同致富的道路上有先有后、有快有慢地富裕，但是，不能使全社会的收入差距过大，也不能使农村内部、农民之间的收入差距过大，收入分配和财富占有严重不均同样也不是社会主义。在乡村振兴过程中，要大力鼓励和支持勤劳致富，让广大农民都能够通过辛勤劳动合法致富，实现生活富裕；同时，要特别关注那些特殊群体，关注那些低收入人口，把推进共同富裕的工作重点放在解决低收入人口的增收和致富上，千万不能让农村低收入人口在共同富裕的道路上掉队。要大力发展和壮大农村集体经济，建立符合市场经济要求的集体经济运行机制，确保集体资产保值增值，确保农民受益，充分发挥集体经济在引领农民共同富裕中的重要作用，把发展集体经济作为推进农村共同富裕的重要举措。

——质量兴农，就是要大力推动农业实现高质量发展。从总体情况看，尽管仍然有一些种类的农产品在数量上不能满足城乡居民生活和国民经济发展的需要，要从国际市场进口来补充，但我国农产品生产在数量上已经基本过关，已经越过了数量这个坎，农产品市场供求关系总体上是基本平衡的，我们完全有能力解决好十几亿人口的吃饭问题，农业综合生产能力已经有了坚实的基础，农产品数量短缺的时代已经不再复现，而突出的矛盾和问题则是农产品质量总体上不高，农业整体素质、效益和竞争力不高，城乡居民对农产品质量安全和食品安全的关注度越来越高，让人民群众"吃得放心"已经成为一个重大的民生问题。所以，推进乡村振兴，发展现代农业，要把重点放在提高农产品质量和农业发展质量上，实施质量兴农战略，以质量兴农，靠质量兴农，加快推进农业由增产导向转向提质导向，深入推进农业绿色化、优质化、特色化、品牌化，大力提高农产品品质和农业发展质量，推动提高农业整体质量和效益，不断提高农业创新力、竞争力和全要素生产率，实现农业高质量发展。

——绿色发展，就是要牢固树立绿水青山就是金山银山理念，坚持宁要绿水青山不要金山银山、绿水青山就是金山银山，坚持人与自然和谐共生，统筹山水林田湖草沙系统治理，牢牢守住农村生态环境底线，以绿色发展引领生态振兴。持续开展农业绿色发展行动，加强农业面源污染防治，实现投入品减量化、生产清洁化、废弃物资源化，推进有机肥替代化肥、畜禽粪污处理、农作物秸秆综合利用、废弃农膜回收、病虫害绿色防控。加强农村突出环境问题综合治理，重点抓好水污染治理、饮用水源保护、固体废弃物治理、人畜粪便污染治理和综合利用，着力解决危害农民群众身体健康、影响农业农村可持续发展的突出环境问题，大力建设和普及宜业宜居美丽乡村。

——文化兴盛，就是要在农村大力弘扬和践行社会主义核心价值观，大力发展社会主义先进文化，传承发展提升农村优秀传统文化，按照有标准、有网络、有内容、有人才的要求，加强农村公共文化建设，健全乡村公共文化服务体系，丰富农民群众文化生活，提升农村文化软实力。优秀农耕文化是中华传统优秀文化的重要组成部分，要切实保护好优秀农耕文化遗产，深入挖掘农耕文化蕴含的优秀思想观念、人文精神、道德规范，充分发挥其在凝聚人心、教化群众、淳化民风中的重要作用，推动优秀农耕文化遗产合理适度利用、不断发扬光大，把传统村落、民族村寨、传统建筑、文物古迹、农业遗迹、灌溉工程遗产等保护好，农村地区优秀戏曲曲艺、少数民族文化、民间文化等传承发展好。

——乡村善治，就是要创新乡村治理体系，建立健全党委领导、政府负责、社会协同、公众参与、法治保障的现代乡村社会治理体制，健全自治、法治、德治相结合的乡村治理体系，维护好广大农民群众的合法权益，确保乡村社会充满活力、和谐有序，确保农民安居乐业。树立依法治理理念，增强基层干部法治观念、法治为民意识，将政府涉农各项工作纳入法治化轨道，建立健全乡村调解、县市仲裁、司法保障的农村土地承包经营纠纷调处机制，强化法律在维护农民权益、规范市场运行、农业支持保护、生态环境治理、化解农村社会矛盾等方面的权威地位。加强农村群众性自治组织建设，健全和创新村党组织领导的充满活力的村民自治机制，依托村民会议、村民代表会议、村民议事会、村民理事会、村民监事会等，形成民事民议、民事民办、民事民管的多层次基层协商格局。推动乡村治理重心下移，尽可能把资源、服务、管理下放到基层。加大农村普法力度，提高农民法治素养，引导广大农民增强尊法学法守法用法意识。

——特色减贫，就是要把扶贫脱贫放在经济社会发展的突出位置，坚持精准扶贫、精准脱贫，坚持开发式扶贫，坚持东西部扶贫协作，注重扶贫同扶志、扶智相结合，注重激发贫困人口内生动力，对有劳动能力的贫困人口强化产业和就业扶持，对完全或部分丧失劳动能力的特殊贫困人口综合实施保障性扶贫政策。强化脱贫攻坚责任和监督，坚持中央统筹省负总责市县抓落实的工作机制，强化党政一把手负总责的责任制，强化县级党委作为全县脱贫攻坚总指挥部的关键作用，采用一系列超常规政策举措，构建一整套行之有效的政策体系、工作体系、制度体系。党中央确定的贫困人口全部脱贫、贫困县全部摘帽的任务，已经在2020年底全部胜利完成。我国在世界上走出了一条中国特色减贫道路，形成了中国特色反贫困理论。

5. 全面推进乡村振兴的总机制

全面推进乡村振兴，总机制是城乡融合发展的体制机制和政策体系。

党的十九大报告提出，实施乡村振兴战略，要建立健全城乡融合发展体制机制和政策体系。

城乡融合发展的体制机制和政策体系，是全面推进乡村振兴的制度保障。要加快建立健全城乡融合发展的体制机制和政策体系，为全面推进乡村振兴提供坚实的制度保障。如何建立健全城乡融合发展的体制机制和政策体系？2019年党中央发布的《中共中央国务院关于建立健全城乡融合发展体制机制和政策体系的意见》①，对建立健全城乡融合发展的体制机制和政策体系作出了明确部署和安排。

建立健全城乡融合发展体制机制和政策体系，总的要求是：以协调推进乡村振兴战略和新型城镇化战略为抓手，以缩小城乡发展差距和居民生活水平差距为目标，以完善产权制度和要素市场化配置为重点，树立城乡一盘棋理念，突出以工促农、以城带乡，坚决破除体制机制弊端，促进城乡要素自由流动、平等交换和公共资源合理配置，构建促进城乡规划布局、要素配置、产业发展、基础设施、公共服务、生态保护等相互融合和协同发展的体制机制。

建立健全城乡融合发展体制机制和政策体系，主要内容和工作是：一要建立健全有利于城乡要素合理配置的体制机制，具体包括健全农业转移人口市民化机制、建立城市人才入乡激励机制、改革完善农村承包地制度、稳慎改革农村宅基地制度、建立集体经营性建设用地入市制度、健全财政投入保障机制、完善乡村金融服务体系、建立工商资本入乡促进机制、建立科技成果入乡转化机制等，坚决破除妨碍城乡要素自由流动和平

---

① 《中共中央国务院关于建立健全城乡融合发展体制机制和政策体系的意见》，中国政府网2019年5月5日。

等交换的体制机制壁垒，促进各类要素更多向乡村流动，在乡村形成人才、土地、资金、产业、信息汇聚的良性循环，为乡村振兴注入新动能。

二要建立健全有利于城乡基本公共服务普惠共享的体制机制，具体包括建立城乡教育资源均衡配置机制、健全乡村医疗卫生服务体系、健全城乡公共文化服务体系、完善城乡统一的社会保险制度、统筹城乡社会救助体系等，推动公共服务向农村延伸、社会事业向农村覆盖，健全全民覆盖、普惠共享、城乡一体的基本公共服务体系，推进城乡基本公共服务标准统一、制度并轨，推进城乡基本公共服务均等化。

三要建立健全有利于城乡基础设施一体化发展的体制机制，具体包括建立城乡基础设施一体化规划机制、健全城乡基础设施一体化建设机制、建立城乡基础设施一体化管护机制等，把公共基础设施建设重点放在乡村，坚持先建机制、后建工程，加快推动乡村基础设施提挡升级，实现城乡基础设施统一规划、统一建设、统一管护。

四要建立健全有利于乡村经济多元化发展的体制机制，具体包括完善农业支持保护制度、建立新产业新业态培育机制、探索生态产品价值实现机制、建立乡村文化保护利用机制、搭建城乡产业协同发展平台、健全城乡统筹规划制度等，围绕发展现代农业、培育新产业新业态，完善农企利益紧密联结机制，实现乡村经济多元化和农业全产业链发展。

五要建立健全有利于农民收入持续增长的体制机制，具体包括完善促进农民工资性收入增长环境、健全农民经营性收入增长机制、建立农民财产性收入增长机制、强化农民转移性收入保障机制等，拓宽农民增收渠道，促进农民收入持续增长，持续缩小城乡居民生活水平差距。

建立健全城乡融合发展体制机制和政策体系，阶段性目标是：

——到2022年，城乡融合发展体制机制初步建立。城乡要素自由流动制度性通道基本打通，城市落户限制逐步消除，城乡统一建设用地市场基本建成，金融服务乡村振兴的能力明显提升，农村产权保护交易制度框架基本形成，基本公共服务均等化水平稳步提高，乡村治理体系不断健全，经济发达地区、都市圈和城市郊区在体制机制改革上率先取得突破。

——到 2035 年，城乡融合发展体制机制更加完善。城镇化进入成熟期，城乡发展差距和居民生活水平差距显著缩小。城乡有序流动的人口迁徙制度基本建立，城乡统一建设用地市场全面形成，城乡普惠金融服务体系全面建成，基本公共服务均等化基本实现，乡村治理体系更加完善，农业农村现代化基本实现。

——到 2050 年，城乡融合发展体制机制成熟定型。城乡全面融合，乡村全面振兴，全体人民共同富裕基本实现。

6. 全面推进乡村振兴的总方法

全面推进乡村振兴，总方法是因地制宜，分类推进。

乡村振兴的对象包括广大的农村区域和广大的乡村村庄。在推进过程中，不是选择一部分地区，也不是选择一部分村庄；不是只做典型，也不是只做样板，而是要包括全部的农村区域和全部的乡村村庄。乡村振兴，不落下一个县，不落下一个乡，不落下一个村，甚至不落下一户人家，这就是全面推进乡村振兴之"全面"的含义之一，即全面推进乡村振兴在地域范围上的含义。比如在一个县，乡村振兴要把本县域内的全部农村地区和乡村村庄都要涵盖在内，不能落下一个乡、一个村、一户人家，否则就不谓之"全面"。

由于全国各地农村自然资源、风土人情、区域优势、发展水平等存在明显差异，即使在一个县甚至一个乡，各个村庄的情况也是各有不同甚至千差万别，在地域上全面推进乡村振兴就要充分考虑这些差异，不能是一个模式，也不能是齐步走，不可搞一刀切。必须坚持因地制宜、分类推进的方法，对不同的区域、不同的村庄采取与之相适应的方式，实现在差异化基础上的全面推进。

如何分类推进？按照《乡村振兴战略规划（2018—2022 年）》的安排，

全面推进乡村振兴，需要把一个区域内的村庄按照发展现状、区位条件、资源禀赋等划分为四大类，分别采取相应的推进举措。这四类村庄是：集聚提升类，融入城镇类，特色保护类，搬迁撤并类。

第一，集聚提升类村庄。这类村庄的适用对象是：现有规模较大的中心村和其他仍将存续的一般村庄。集聚提升类村庄占乡村类型的大多数，是乡村振兴的重点。这类村庄的振兴思路是：科学确定村庄发展方向，在原有规模基础上有序推进改造提升，激活产业、优化环境、提振人气、增添活力，保护保留乡村风貌，建设宜居宜业的美丽村庄；鼓励发挥自身比较优势，强化主导产业支撑，支持农业、工贸、休闲服务等专业化村庄发展。

第二，城郊融合类村庄。这类村庄的适用对象是：城市近郊区以及县城城关镇所在地的村庄。其特点是具备成为城市后花园的优势，也具有向城市转型的条件。这类村庄的振兴思路是：综合考虑工业化、城镇化和村庄自身发展需要，加快城乡产业融合发展、基础设施互联互通、公共服务共建共享，在形态上保留乡村风貌，在治理上体现城市水平，逐步强化服务城市发展、承接城市功能外溢、满足城市消费需求能力，为城乡融合发展提供实践经验。

第三，特色保护类村庄。这类村庄的适用对象是：历史文化名村、传统村落、少数民族特色村寨、特色景观旅游名村等自然历史文化特色资源丰富的村庄，是彰显和传承中华优秀传统文化的重要载体。这类村庄的振兴思路是：统筹保护、利用与发展的关系，努力保持村庄的完整性、真实性和延续性。切实保护村庄的传统选址、格局、风貌以及自然和田园景观等整体空间形态与环境，全面保护文物古迹、历史建筑、传统民居等传统建筑；尊重原住居民生活形态和传统习惯，加快改善村庄基础设施和公共环境，合理利用村庄特色资源，发展乡村旅游和特色产业，形成特色资源保护与村庄发展的良性互促机制。

第四，搬迁撤并类村庄。这类村庄的适用对象是：位于生存条件恶劣、生态环境脆弱、自然灾害频发等地区的村庄，因重大项目建设需要搬迁的村庄，以及人口流失特别严重的村庄，可通过生产生活条件改善搬迁、生态宜居搬迁、农村集聚发展搬迁等方式，实施村庄搬迁撤并，统筹解决村民生计、生态保护等问题。拟搬迁撤并的村庄，要严格限制新建、扩建活动，统筹考虑拟迁入或新建村庄的基础设施和公共服务设施建设；坚持村庄搬迁撤并与新型城镇化、农业现代化相结合，依托适宜区域进行安置，避免新建孤立的村落式移民社区；搬迁撤并后的村庄原址，因地制宜复垦或还绿，增加乡村生产生态空间；农村居民点迁建和村庄撤并，必须尊重农民意愿并经村民会议同意，不得强制农民搬迁和集中上楼。

从全国范围看，梯次推进乡村振兴的时间节点要求是：发挥引领区示范作用，东部沿海发达地区、人口净流入城市的郊区、集体经济实力强以及其他具备条件的乡村，到2022年率先基本实现农业农村现代化；推动重点区加速发展，中小城市和小城镇周边以及广大平原、丘陵地区的乡村，涵盖我国大部分村庄，是乡村振兴的主战场，到2035年基本实现农业农村现代化；聚焦攻坚区精准发力，革命老区、民族地区、边疆地区、原集中连片特困地区的乡村，到2050年如期实现农业农村现代化。

7. 全面推进乡村振兴的时间表

全面推进乡村振兴，时间表是分步走。

根据中央一号文件和国家乡村振兴战略规划的部署，从2021年起的30年内，乡村振兴"分步走"的时间安排及要求是：

——到2022年，乡村振兴的制度框架和政策体系初步健全。国家粮食安全保障水平进一步提高，现代农业体系初步构建，农业绿色发展全面推进；农村一二三产业融合发展格局初步形成，乡村产业加快发展，农民收入水平进一步提高，脱贫攻坚成果得到进一步巩固；农村基础设施条件持续改善，城乡统一的社会保障制度体系基本建立；农村人居环境显著改善，生态宜居的美丽乡村建设扎实推进；城乡融合发展体制机制初步建立，农村基本公共服务水平进一步提升；乡村优秀传统文化得以传承和发展，农民精神文化生活需求基本得到满足；以党组织为核心的农村基层组织建设明显加强，乡村治理能力进一步提升，现代乡村治理体系初步构建。探索形成一批各具特色的乡村振兴模式和经验，乡村振兴取得阶段性成果。

——到 2025 年，农业农村现代化取得重要进展，农业基础设施现代化迈上新台阶，农村生活设施便利化初步实现，城乡基本公共服务均等化水平明显提高。农业基础更加稳固，粮食和重要农产品供应保障更加有力，农业生产结构和区域布局明显优化，农业质量效益和竞争力明显提升，现代乡村产业体系基本形成，有条件的地区率先基本实现农业现代化。脱贫攻坚成果巩固拓展，城乡居民收入差距持续缩小。农村生产生活方式绿色转型取得积极进展，化肥农药使用量持续减少，农村生态环境得到明显改善。乡村建设行动取得明显成效，乡村面貌发生显著变化，乡村发展活力充分激发，乡村文明程度得到新提升，农村发展安全保障更加有力，农民获得感、幸福感、安全感明显提高。

——到 2035 年，乡村振兴取得决定性进展，农业农村现代化基本实现。农业结构得到根本性改善，农民就业质量显著提高，相对贫困进一步缓解，共同富裕迈出坚实步伐；城乡基本公共服务均等化基本实现，城乡融合发展体制机制更加完善；乡风文明达到新高度，乡村治理体系更加完善；农村生态环境根本好转，生态宜居的美丽乡村基本实现。

——到 2050 年，乡村全面振兴，农业强、农村美、农民富全面实现。

这样的时间安排及要求，主要是针对全国总体而言的。对于经济发达地区以及城市郊区，农村发展的条件和基础都比较好，农村发展也已经达到了一定水平，完全可以从实际出发，走得更快一些，提前完成时间节点任务，率先达到时间节点目标，为其他地区提供示范和经验，引领全国的乡村振兴。

8. 全面推进乡村振兴的着力点

全面推进乡村振兴，着力点是推进"五大振兴"，即产业振兴、人才振兴、文化振兴、生态振兴、组织振兴。

"五大振兴"（产业振兴、人才振兴、文化振兴、生态振兴、组织振兴）是一个统一整体，不可分割。全面推进乡村振兴，要同时推进"五大振兴"，不能偏漏，这也是全面推进乡村振兴之"全面"的内在含义之一。

至此，我们已经总结出了全面推进乡村振兴之"全面"含义的三个方面：一是，全面推进乡村振兴，要全面推进总要求的"五句话20个字"，把产业兴旺、生态宜居、乡风文明、治理有效、生活富裕作为一个有机整体全面推进，总要求的"五句话"缺一不可，不可有偏漏；二是，全面推进乡村振兴，要全面推进地域上的每一个村庄，不落下一个乡，不落下一个村，不落下一户人，即地域上的全面性；三是，全面推进乡村振兴，要全面推进产业振兴、人才振兴、文化振兴、生态振兴、组织振兴，"五大振兴"缺一不可，不能有偏漏。

"五大振兴"作为一个有机整体，各自在乡村振兴中所承担的任务和扮演的角色不同。其中，产业振兴是乡村振兴的物质基础，重在解决乡村的产业发展问题；人才振兴是乡村振兴的成败关键，重在解决乡村的人力问题；文化振兴是乡村振兴的魂脉所系，重在解决乡村的文明风尚问题；生态振兴是乡村振兴的形貌所托，重在解决乡村的风貌问题；组织振兴是乡村振兴的重要保障，重在解决乡村的组织领导问题。

——产业振兴。产业发展是乡村振兴的物质基础，没有物质基础，乡村就难以实现振兴。所以，全面推进乡村振兴，必须把产业振兴作为重中之重。要紧紧围绕加快农业现代化，着力抓好乡村产业振兴的两个基本点。一是发展现代农业，加快建设现代农业的产业体系、生产体系、经营体系，着力推进农业生产条件现代化、农业生产手段现代化、农业生产技术现代化、农业生产过程现代化、农业生产管理现代化。二是发展乡村产业，加快发展农产品加工业和流通业、农村生产性和生活性服务业、休闲农业和乡村旅游业、一二三产业融合型业态，延长农业产业链条，拓展农业和农村价值功能。由于农业是乡村产业的主体，是国民经济的基础，发展现代农业就成为乡村产业振兴的重中之重。

——人才振兴。人才振兴是乡村振兴的成败关键。乡村振兴，关键在人。要紧紧围绕打造乡村振兴人才队伍，加快培养农业生产经营人才，加快培养农村二三产业发展人才，加快培养乡村公共服务人才，加快培养乡村治理人才，加快培养农业农村科技人才，大力培养本土人才，引导城市人才下乡，推动专业人才服务乡村，吸引各类人才在乡村振兴中建功立业，健全乡村人才工作体制机制，强化人才振兴保障措施，培养造就一支懂农业、爱农村、爱农民的"三农"工作队伍，为全面推进乡村振兴、加快农业农村现代化提供有力人才支撑。

——文化振兴。文化振兴是乡村振兴的魂脉所系。要紧紧围绕实现乡风文明、文化繁荣，大力加强农村社会主义精神文明建设，大力发展农村社会主义先进文化，大力弘扬农村传统优秀文化，大力发展农村公共文化，大力丰富农民群众文化生活，大力培育农村优良风尚，大力提高农民思想道德素质和文化综合素质，增强农村文化吸引力和感召力，增强乡村社会内在活力和凝聚力，推动农村文化繁荣，实现乡村文化振兴。

——生态振兴。生态振兴是乡村振兴的形貌所托。要紧紧围绕实现环境优美、宜居宜业，加强农村生态环境保护和建设，加强农村公共卫生环境改造和整治，加强农民住房建设规划管理和整治，加强农村道路、用水、能源、通信等基础设施建设，加强农家院落改造和美化，有效提升村容村貌，形成优美乡村风貌。

——组织振兴。组织振兴是乡村振兴的重要保障。要紧紧围绕治理有效、组织和服务农民，建立健全党委领导、政府负责、社会协同、公众参与、法治保障、科技支撑的现代乡村社会治理体制，健全党组织领导的自治、法治、德治相结合的乡村治理体系，构建共建共治共享的社会治理格局，加强以党支部为核心的农村基层组织建设，加强农民合作社、专业合作社等合作经济组织建设，加强农村法治建设和社会治安综合治理，提高农业生产和农村社会的组织化程度，实现农村社会和谐稳定、农民安居乐业、乡村充满活力。

9.全面推进乡村振兴的大红线

全面推进乡村振兴，必须坚决守住 18 亿亩耕地红线。

乡村振兴，耕地是最为宝贵的资源，同时也是最为稀缺的资源。人多地少是我国的基本国情。乡村振兴，发展现代农业离不开耕地，发展其他产业也要占用耕地，但耕地总量是有限的，而耕地又与粮食安全关系极大。所以，在推进乡村振兴过程中，必须严格保护耕地，牢牢守住耕地红线，决不能因发展产业和事业而付出耕地大量减少的代价。因为这个代价是维护国家粮食安全所承受不起的。而失去了国家粮食安全，乡村振兴则难言成功。

耕地是农业特别是粮食生产的根基。守住耕地红线，是由我国耕地资源现实状况的严峻性决定的。我国耕地总量少，质量总体不高，后备资源不足，水热资源空间分布不匹配，当前耕地安全形势仍然十分严峻①。一方面是耕地数量不足。据测算，按粮食进口数量折算，我国耕地缺口约 7 亿亩；2020 年我国进口粮食总量达 14262.1 万吨，其中大豆为 10032.7 万吨，如果按 2019 年我国大豆平均亩产 129.3 千克计算，相当于向国外延伸了 7.76 亿亩耕地的产能。另一方面是耕地质量退化严重。东北、华北、长江中下游农区耕地已出现从点到面的系统性退化；受长期的集约化经营、机械化耕作的影响，我国黑土地有机质结构变差，黑土地变薄、变硬、变瘦了，与 60 年前相比，黑土地耕作层土壤有机质含量平均下降了

---

① 《我国耕地资源已接近极限》，中华粮网 2021 年 4 月 16 日。

30%，部分地区甚至下降了50%；南方红黄壤同样令人担忧，由于钾钙镁等碱性盐基离子的大量流失，我国14.5%的耕地已严重酸化，近30多年来湖南、江西、广西等省区的土壤pH值小于5.5的酸化耕地面积增加了35%，作物减产20%以上；由于干旱条件下土壤含盐量增加，我国盐碱耕地已达1.14亿亩，比20世纪80年代增加近30%，主要分布在华北、东北、西北内陆和沿海地区，有的地方甚至因此弃耕撂荒。

守住18亿亩耕地红线，2021年中央一号文件提出了明确要求[①]。主要是：统筹布局生态、农业、城镇等功能空间，科学划定各类空间管控边界，严格实行土地用途管制。采取"长牙齿"的措施，落实最严格的耕地保护制度。严禁违规占用耕地和违背自然规律绿化造林、挖湖造景，严格控制非农建设占用耕地，深入推进农村乱占耕地建房专项整治行动，坚决遏制耕地"非农化"、防止"非粮化"。明确耕地利用优先序，永久基本农田重点用于粮食特别是口粮生产，一般耕地主要用于粮食和棉、油、糖、蔬菜等农产品及饲草饲料生产。明确耕地和永久基本农田不同的管制目标和管制强度，严格控制耕地转为林地、园地等其他类型农用地，强化土地流转用途监管，确保耕地数量不减少、质量有提高。实施新一轮高标准农田建设规划，提高建设标准和质量，健全管护机制，多渠道筹集建设资金，中央和地方共同加大粮食主产区高标准农田建设投入，2021年建设1亿亩旱涝保收、高产稳产高标准农田。在高标准农田建设中增加的耕地作为占补平衡补充耕地指标在省域内调剂，所得收益用于高标准农田建设。加强和改进建设占用耕地占补平衡管理，严格新增耕地核实认定和监管。健全耕地数量和质量监测监管机制，加强耕地保护督察和执法监督，开展"十三五"时期省级政府耕地保护责任目标考核。

守住18亿亩耕地红线，《国务院办公厅关于坚决制止耕地"非农化"

---

① 《中共中央国务院关于全面推进乡村振兴加快农业农村现代化的意见》，中国政府网2021年2月21日。

行为的通知》提出了具体要求①。主要是：采取有力措施，强化监督管理，落实好最严格的耕地保护制度，坚决制止各类耕地"非农化"行为，做到"六个严禁"：

一是严禁违规占用耕地绿化造林。禁止占用永久基本农田种植苗木、草皮等用于绿化装饰以及其他破坏耕作层的植物。违规占用耕地及永久基本农田造林的，不予核实造林面积，不享受财政资金补助政策。平原地区要根据资源禀赋，合理制定绿化造林等生态建设目标。退耕还林还草要严格控制在国家批准的规模和范围内，涉及地块全部实现上图入库管理。正在违规占用耕地绿化造林的要立即停止。

二是严禁超标准建设绿色通道。要严格控制铁路、公路两侧用地范围以外绿化带用地审批，道路沿线是耕地的，两侧用地范围以外绿化带宽度不得超过5米，其中县乡道路不得超过3米。铁路、国道省道(含高速公路)、县乡道路两侧用地范围以外违规占用耕地超标准建设绿化带的要立即停止。不得违规在河渠两侧、水库周边占用耕地及永久基本农田超标准建设绿色通道。今后新增的绿色通道，要依法依规建设，确需占用永久基本农田的，应履行永久基本农田占用报批手续。交通、水利工程建设用地范围内的绿化用地要严格按照有关规定办理建设用地审批手续，其中涉及占用耕地的必须做到占补平衡。禁止以城乡绿化建设等名义违法违规占用耕地。

三是严禁违规占用耕地挖湖造景。禁止以河流、湿地、湖泊治理为名，擅自占用耕地及永久基本农田挖田造湖、挖湖造景。不准在城市建设中违规占用耕地建设人造湿地公园、人造水利景观。确需占用的，应符合国土空间规划，依法办理建设用地审批和规划许可手续。未履行审批手续的在建项目，应立即停止并纠正；占用永久基本农田的，要限期恢复，确实无法恢复的按照有关规定进行补划。

---

① 《国务院办公厅关于坚决制止耕地"非农化"行为的通知》，中国政府网 2020 年 9 月 15 日。

　　四是严禁占用永久基本农田扩大自然保护地。新建的自然保护地应当边界清楚，不准占用永久基本农田。目前已划入自然保护地核心保护区内的永久基本农田要纳入生态退耕、有序退出。自然保护地一般控制区内的永久基本农田要根据对生态功能造成的影响确定是否退出，造成明显影响的纳入生态退耕、有序退出，不造成明显影响的可采取依法依规相应调整一般控制区范围等措施妥善处理。自然保护地以外的永久基本农田和集中连片耕地，不得划入生态保护红线，允许生态保护红线内零星的原住民在不扩大现有耕地规模前提下，保留生活必需的少量种植。

　　五是严禁违规占用耕地从事非农建设。加强农村地区建设用地审批和乡村建设规划许可管理，坚持农地农用。不得违反规划搞非农建设、乱占耕地建房等。巩固"大棚房"问题清理整治成果，强化农业设施用地监管。加强耕地利用情况监测，对乱占耕地从事非农建设及时预警，构建早发现、早制止、严查处的常态化监管机制。

　　六是严禁违法违规批地用地。批地用地必须符合国土空间规划，凡不符合国土空间规划以及不符合土地管理法律法规和国家产业政策的建设项目，不予批准用地。各地区不得通过擅自调整县乡国土空间规划规避占用永久基本农田审批。各项建设用地必须按照法定权限和程序报批，按照批准的用途、位置、标准使用，严禁未批先用、批少占多、批甲占乙。严格临时用地管理，不得超过规定时限长期使用。对各类未经批准或不符合规定的建设项目、临时用地等占用耕地及永久基本农田的，依法依规严肃处理，责令限期恢复原种植条件。

　　《通知》提出：要全面开展耕地保护检查，严肃查处违法占用和破坏耕地及永久基本农田的行为，国家自然资源部要会同农业农村部、国家统计局按照《省级政府耕地保护责任目标考核办法》进行全面检查，并将违规占用永久基本农田开展绿化造林、挖湖造景、非农建设等耕地"非农化"行为纳入考核内容，加强对违法违规行为的查处，对有令不行、有禁不止的严肃追究责任。要严格落实耕地保护责任，地方各级人民政府要承担起耕地保护责任，对本行政区域内耕地保有量和永久基本农田保护面积及年度计划执行情况负总责，健全党委领导、政府负责、部门协同、公众参与、上下联动的共同责任机制，对履职不力、监管不严、失职渎职的领导干部依纪依规追究责任。

守住18亿亩耕地红线，《国务院办公厅关于防止耕地"非粮化"稳定粮食生产的意见》也提出了具体要求[①]。主要是：实施最严格的耕地保护制度，科学合理利用耕地资源，防止耕地"非粮化"。明确耕地利用优先序，严格控制耕地转为林地、园地等其他类型农用地；永久基本农田是依法划定的优质耕地，要重点用于发展粮食生产，特别是保障稻谷、小麦、玉米三大谷物的种植面积；一般耕地应主要用于粮食和棉、油、糖、蔬菜等农产品及饲草饲料生产；耕地在优先满足粮食和食用农产品生产基础上，适度用于非食用农产品生产。严禁违规占用永久基本农田种树挖塘，严格规范永久基本农田上农业生产经营活动，禁止占用永久基本农田从事林果业以及挖塘养鱼、非法取土等破坏耕作层的行为，禁止闲置、荒芜永久基本农田；利用永久基本农田发展稻渔、稻虾、稻蟹等综合立体种养，应当以不破坏永久基本农田为前提，沟坑占比要符合稻渔综合种养技术规范通则标准。

总之，全面推进乡村振兴，耕地红线不能逾越、不可突破，必须牢牢守住，切不可在耕地红线问题上有任何偏差和偏失，切实把保护耕地、坚守耕地红线的要求和任务落到实处。

10. 全面推进乡村振兴的总保障

全面推进乡村振兴，总保障是党的全面领导。

---

① 《国务院办公厅关于防止耕地"非粮化"稳定粮食生产的意见》，中国政府网2020年11月17日。

习近平总书记强调，办好农村的事情，实现乡村振兴，关键在党。党管农村工作是我们的传统，这个传统不能丢。

乡村振兴要全面推进产业兴旺、生态宜居、乡风文明、治理有效、生活富裕，要全面推进产业振兴、人才振兴、文化振兴、生态振兴、组织振兴，涉及领域广、目标要求高，涵盖农村"五位一体"总体布局和"四个全面"战略布局，绝不是轻轻松松、敲锣打鼓就能实现的。只有加强党的全面领导，精心做好顶层设计，统筹协调、整体推进、督促落实，才能凝聚起实施乡村振兴的磅礴力量，才能始终沿着中国特色社会主义乡村振兴道路阔步前进，推动农业全面升级、农村全面进步、农民全面发展。必须加强和改善党对"三农"工作的集中统一领导，充分发挥党把方向、谋大局、定政策、促改革的领导核心作用，为全面推进乡村振兴、顺利实现乡村振兴目标提供坚强领导核心和政治保障。

各级党委和政府要扛起政治责任，提高对实施乡村振兴战略重大意义的认识，真正把实施乡村振兴战略摆在优先位置，把党管农村工作的要求落到实处。坚持工业农业一起抓、城市农村一起抓，把农业农村优先发展原则体现到各个方面。健全党委统一领导、政府负责、党委农村工作部门统筹协调的农村工作领导体制。建立实施乡村振兴战略领导责任制，实行中央统筹、省负总责、市县抓落实的工作机制。党政一把手是第一责任人，五级书记抓乡村振兴。县委书记要下大气力抓好"三农"工作，当好乡村振兴"一线总指挥"。各部门要按照职责，加强工作指导，强化资源要素支持和制度供给，做好协同配合，形成全面推进乡村振兴的强大工作合力。

第2章 全面推进乡村产业振兴

习近平总书记强调，乡村振兴，关键是产业要振兴①。产业振兴是乡村振兴的物质基础，在乡村振兴全局中具有重中之重的位置。不论是乡村振兴总要求的"五句话20个字"，还是乡村振兴着力点的"五大振兴"，发展产业都排在第一位。因此，全面推进乡村振兴，必须把产业振兴作为重中之重，必须把发展产业摆在首要位置，必须把乡村产业谋划好发展好，全面提升农村生产力水平，全面提升农村经济发展水平，加快推进农业现代化，实现乡村产业全面振兴，为乡村振兴提供坚实的物质基础。

一、产业振兴在乡村振兴中的地位和作用

习近平总书记在十三届全国人大一次会议上的重要讲话中指出，推动乡村产业振兴，要紧紧围绕发展现代农业，围绕农村一二三产业融合发展，构建乡村产业体系，实现产业兴旺，把产业发展落到促进农民增收上来，全力以赴消除农村贫困，推动乡村生活富裕。要发展现代农业，确保国家粮食安全，调整优化农业结构，加快构建现代农业产业体系、生产体系、经营体系，推进农业由增产导向转向提质导向，提高农业创新力、竞

---

① 《习近平在海南考察》，中国共产党新闻网2018年4月13日。

争力、全要素生产率，提高农业质量、效益、整体素质 ①。

乡村产业振兴是指与乡村发展有关的所有产业的共同振兴，既包括农业的振兴，也包括农村二三产业的振兴，既包括农村传统产业的发展，也包括农村新产业新业态的发展，还包括农村一二三产业的相互融合发展。全面推进乡村产业振兴，主要任务是：大力发展现代农业、发展农村二三产业以及一二三产业融合的产业形态，构建以现代农业为主体、现代农业与农村二三产业并驾齐驱的充满活力和竞争力的乡村产业体系，全面提升农村生产力水平，全面提升农村经济发展水平，加快实现农业现代化，实现乡村产业体系现代化。

乡村产业振兴的对象是乡村产业。从一般意义上讲，产业是指投入劳动力、资本、土地、技术等生产要素并生产出产品（包括物质产品和服务产品）以满足消费者需要的经济活动。按照这个意义，乡村产业就是位于农村区域的主要由农民和农村其他居民经营及参与的投入劳动力、资本、土地等生产要素并生产出产品（包括物质产品和服务产品）以满足消费者需要的乡村经济活动。乡村振兴实践中，把握乡村产业的内涵，需要把握和抓住三个基本点：一个是投入，即投入劳动力、资本、土地、技术等生产要素，没有投入就没有生产活动；另一个是产出，就是要生产出产品（物质产品和服务产品），没有产出的生产活动是无效的经济活动；再一个是经营主体，乡村产业主要是由农民和（或）农村其他居民经营的经济活动，即乡村产业的经营主体主要是农民。如果一个企业或产业位于农村区域，但不是由农民或农村居民经营及参与的，比如，大型矿区、干线交通基础设施、大型水库等，则不属于乡村产业。这些企业或产业，属于县域经济，但不是乡村经济。

把握乡村产业的内涵，明确把握投入和产出关系很重要。任何乡村产

---

① 《习近平参加十三届全国人大一次会议山东代表团的审议》，《人民日报》2018 年
3 月 9 日。

业，不论它的具体产业形态是什么，都是一个投入产出系统，也都是一个投入产出关系。这个投入产出关系和系统说明，发展乡村产业，首先要投入生产要素，不能做"无米之炊"。按照政治经济学的基本原理，劳动力、资本、土地、技术等生产要素，是生产力的主要组成部分。要提高农村生产力水平，提高乡村产业发展水平，必须增加生产要素投入，特别是资本和技术的投入，这两项是目前乡村产业发展最为缺少的。所以，不增加劳动力、资本、土地、技术等生产要素的投入特别是资本和技术投入，乡村产业是难以发展起来和不断壮大的，无米是做不出饭来的。其次，发展乡村产业，必须关注这个投入产出系统的产出。农村经济水平的高低，主要是用乡村产业的产出来体现和衡量的。乡村各种产业的产值加起来，就是乡村经济的总产值；总产值扣除物质消耗（固定资产折旧不扣除），就是增加值，乡村各种产业的增加值加起来，就是乡村经济的增加值。总产值和增加值这两个指标，特别是增加值，是衡量和测定农村经济水平的主要指标，通常称为农村经济总量。这个总量按农村人口平均，就是农村人均经济总量或人均经济水平。我们经常讲，发达地区的农村经济水平高于中西部地区，主要指的就是农村经济总量以及农村人均经济总量的差距。所以，要提高农村经济水平，必须增加乡村产业的产出，扩大乡村产业的规模。再次，发展乡村产业，还必须关注投入产出比，即单位投入生产的产出数量，这就是通常讲的生产效率或生产率。如果投入按劳动力计算，单位劳动生产的产出就是劳动生产率；如果投入按土地计算，单位土地生产的产出就是土地生产率，农业上常称为"亩产"；如果投入按资本计算，单位资本生产的产出就是资本生产率；如果投入按劳动、资本、土地等全部要素计算，单位全要素投入生产的产出就是全要素生产率。劳动生产率、土地生产率、资本生产率、全要素生产率，是测定和评价经济活动效率的主要指标，这些指标的数值越高，说明经济效率就越高。由于任何产业活动都要进行经济核算，特别是物质生产活动，还必须有盈利。盈利就是产业的投入产出系统中，产出减去投入以后的剩余。这个剩余是正的，就说明有盈利；如果这个剩余是负的，则说明有亏损。盈利越多，说明经济效率和经济效益越好，产业就能不断扩大和强大；而长期亏损的企业或产业，最终是要倒闭的。所以，发展乡村产业，必须关注投入产出关系，必须关注投入产出比，必须注重提高经济效率和经济效益，不能搞亏损的产业。不计成本的做法，不注重经济效益核算，是万万要不得的。

从外延看，乡村产业的具体内容和形态非常丰富，是一个产业体系。按照经济学的一般原理，国民经济的产业通常被划分为三大类，即三次产业——第一次产业，第二次产业，第三次产业，可简称为第一产业、第二产业、第三产业，也可简称为一产、二产、三产；其中，第一产业的属性是取自于自然界，第二产业的属性是加工取自于自然的生产物，其余的全部经济活动统归第三产业。按照我国的《三次产业划分规定》，三次产业的范围是：第一产业是指农、林、牧、渔业（不含农、林、牧、渔服务业）；第二产业是指采矿业（不含开采辅助活动），制造业（不含金属制品、机械和设备修理业），电力、热力、燃气及水生产和供应业，建筑业；第三产业即服务业，是指除第一产业、第二产业以外的其他行业，包括批发和零售业，交通运输、仓储和邮政业，住宿和餐饮业，信息传输、软件和信息技术服务业，金融业，房地产业，租赁和商务服务业，科学研究和技术服务业，水利、环境和公共设施管理业，居民服务、修理和其他服务业，教育，卫生和社会工作，文化、体育和娱乐业，公共管理、社会保障和社会组织，国际组织，以及农、林、牧、渔业中的农、林、牧、渔服务业，采矿业中的开采辅助活动，制造业中的金属制品、机械和设备修理业。由于第一产业主要是农业、第二产业主要是工业、第三产业主要是服务业，因此实践中往往也可用农业、工业、服务业来代指第一产业、第二产业、第三产业。乡村产业是国民经济三次产业在乡村的具体展现，包括了农村第一产业、第二产业和第三产业，包括了农业、农村工业、农村服务业。发展乡村产业，就是要全面发展农业、农村工业和农村服务业。如果在一个经济体内把农业、工业、服务业融合起来发展，比如既从事农产品生产，又从事农产品加工和销售，即通常所说的农工商一体化，则为农村一二三产业融合发展。由于一二三相加等于六，一二三相乘也等于六，所以，农村一二三产业融合发展的产业形态，也可形象地称为"第六次产业"或"第六产业"。推进一二三产业融合发展，发展农村"第六产业"，是推进乡村产业振兴的重要方面。

农业是乡村产业的基础，也是乡村产业的主体，这是乡村产业区别于城市产业的根本之处。农业包括了农、林、牧、渔业，其中，农业（狭义）即种植业，具体包括粮食作物、经济作物、其他作物，可以用粮、棉、油、麻、丝、茶、糖、菜、烟、果、药、杂12个字概括；畜牧业包括养猪、养牛、养羊、养家禽、养其他经济动物等，包括农区的家畜家禽养殖等畜牧业和牧区的草地畜牧业；林业主要有经济林、木本油料、林下产业等；渔业包括淡水养殖（江、河、湖、水库、池塘以及稻田养鱼等）、近海养殖及捕捞业。发展乡村产业，推进乡村产业振兴，必须首先把农业发展好，推进农业振兴，加快实现农业现代化。这是乡村产业振兴的"根"。推进乡村产业振兴，一定不能把这个"根"丢了，不能"非粮化"，不能"非农化"。

改革开放以来，我国乡村产业获得了快速发展，创造了用不到世界10%的耕地养活了世界20%左右人口的奇迹，以非农产业为主体的乡镇企业异军突起，农村服务业也极大发展。目前，我国农产品生产和供给已经达到与需求总体平衡的状况，粮食、水果、肉类、禽蛋等十几种农产品的产量均居世界第一位，成为世界农业大国。但总体看，我国农业水平仍然不高，还不是世界农业强国，农业发展仍然面临诸多困难和挑战，部分农产品如大豆还要大量进口，农产品品质不高，农户经营规模较小，农业生产组织化程度低，农业基础设施特别是农田基础设施依然薄弱，农业靠天吃饭的状况还没有从根本上改变，农业整体素质、效益和竞争力不高，农业现代化成为"四化同步"的突出短腿，农村二三产业仍然十分薄弱，全面推进乡村产业振兴任重而道远。

近年来，各地在推进乡村产业振兴实践中，取得了不少成绩，创造了不少模式，积累了不少经验，但也暴露出一些不可忽视的问题。比如，发展产业重规模不重市场，一哄而起、一哄而散，产业项目雷同、缺乏特色和竞争力，不重视粮食生产，缺乏科学规划，贪大求洋，不重视农民参与，等等。比如，乡村产业振兴中各地存在盲目上特色小镇项目的情况，随后导致不少特色小镇资金链断裂、商户逃离甚至沦为"空城"。还有一些地方自认为特色不够，还把种植养殖业作为特色小镇项目进行申报，或直接让房地产成特色小镇建设的绝对主角，实质上变成了打造"特色别墅小镇"。

还比如，乡村振兴中农民缺乏指导、盲目调整农业结构的情况，某地村北边是一大片农田，有 30 来亩，分属十几户村民。这里原本年年种稻谷、油菜、菊花等农作物，品种产量稳定，保证着农户的口粮和收入。这几年，村里的年轻人都在外做生意打工，留守的老人年岁渐大，土地闲置在所难免。有的承包大户看中了商机，纷纷来包地搞种植。前几年，有个老板包地种西瓜，几家农户爽快答应，觉得空着也是空着。于是一共包出去十几亩田，每亩年租金 1400 元。尝到了甜头的农户来年还想继续包给老板，但人家只包一年。等田里只残留枯萎的西瓜藤时，农户们又犯愁了。这些情况尽管属于个例，但反映出的问题不可忽视。推进乡村产业振兴，一定要注意有效防止这些问题和偏差。

产业兴旺是乡村振兴的重要基础，是解决农村一切问题的前提。全面推进乡村振兴，必须充分认识和高度重视产业振兴在乡村振兴中的重要地位和作用。乡村振兴中产业振兴之所以是重中之重，是因为：第一，乡村振兴必须要有兴旺发达的产业，这是乡村发展的物质基础。产业是农村各项事业健康可持续发展的保障，只有发展好产业，才能让农村成为具有吸引力的地方，让人留在农村，让城镇的人才愿意进入农村，激发农村的活力。因此，产业振兴是源头、是基础，有了产业的振兴，乡村振兴才有底气，离开产业的支撑，实施乡村振兴战略就无从谈起。第二，产业振兴是实现农民富裕的重要举措。实施乡村振兴的重要目标，就是要彻底解决农村产业和农民就业问题，确保当地群众长期稳定增收、安居乐业。发展产业是解决农民就业和增收的根本途径和举措。无论是解决农民就业还是确保群众增收，都需要以产业发展为基础。通过产业振兴，盘活农村集体资源资产，拓宽农民增收渠道，才能形成一个美丽富饶农村的坚实经济基础。农民就业稳定了，收入增加了，才能更加完善基础设施设备的配备，以及更多地投入生态环境治理，从而建设一个乡风文明、生态宜居的美丽乡村。第三，产业振兴是城乡融合发展的重要基础。彻底解决乡村发展的不充分和城乡发展的不平衡，实现城乡融合发展是实施乡村振兴战略的重要目标之一。目前我国城乡发展差距大，产业结构脱节，很难实现公平有效对接。只有大力发展乡村产业，利用市场的力量，通过产业的联通，才能打破相互分割的壁垒，逐步实现生产要素的合理流动和优化组合。乡村是城乡融合发展中重要的一极，如果想充分发挥乡村在整个现代体系中的功能，必须要有旺盛强大的产业作支撑。因此，各地在全面推进乡村振兴过程中，必须自觉地、坚定地把推进产业振兴作为重点，放在首要位置，以乡村产业振兴带动乡村全面振兴。

二、发展乡村产业要遵循的一般原则

乡村产业振兴是一篇大文章，是一项系统工程，同时也是乡村"五大振兴"中难度最大、最艰巨、最重要的任务。在实践中，推进乡村产业振兴，必须把握好乡村产业振兴的基本方向和要求。本书第一章和第八章所阐述的乡村振兴的总体部署和政策保障，对把握乡村产业振兴的基本方向和要求都是重要的，同样对把握以下各章的乡村人才振兴、文化振兴、生态振兴、组织振兴的基本方向和要求都是重要的。除此而外，这里进一步从一般原则方面阐述乡村产业振兴的基本方向和要求。

发展乡村产业，推进乡村产业振兴，开步之要是先要选择好产业，即解决"发展什么产业"的问题。选择和发展乡村产业的一般原则可以概括为以下 10 个方面，即选择和发展乡村产业的"十大原则"。这些原则，本身也是在一般意义上回答乡村产业振兴的基本方向和要求。

1.因地制宜资源优势导向原则

这个原则的内涵和要求是：选择和发展乡村产业，推进乡村产业振兴，必须因地制宜，从当地的资源优势出发，扬长避短，宜农则农，宜林则林，宜牧则牧，宜渔则渔，在宜农中宜粮则粮、宜果则果、宜菜则菜、宜花则花、宜棉则棉、宜油则油、宜饲则饲，这也就是通常所讲的"靠山吃山""靠水吃水"。这是因为，农业是以植物性为基础的生产活动，植物的生长发育离不开相应的自然条件，包括地形地貌、光热水资源、地理纬度等。不同的自然环境只适合不同的动植物特别是植物生长发育，农业生产对象只有在适宜的自然环境下才能够正常发育生长并形成产出。如果自然环境不适宜农业生产对象的生长发育，则不会形成农产品产出。不同的区域具有不同的自然环境，所以农业的重要特点之一就是具有地域性。发展农业不能违背这个自然规律，否则将事倍功半，甚至归于失败。《晏子春秋·内篇杂下》中的"橘生淮南则为橘，生于淮北则为枳，叶徒相似，其实味不同。所以然者何？水土异也。"讲的就是这个道理。橘变为枳，说明自然规律不可违背。因此，选择和发展乡村产业，必须遵循因地制宜原则，遵守自然规律。当然，这并不是说在选择和发展乡村产业时，完全受制于自然环境，被动地甚至机械地"听天由地"。随着科技的不断进步，人们可以在一定程度上改造自然环境，比如设施农业就可以突破自然环境和条件对农业生产的限制，但当作出改造自然环境以发展某种产业的决策时，一定要算经济账，把握投入产出比，比如温室蔬菜的成本就高于大田蔬菜，如果经济上不划算，甚至亏本，则就不应当作出改造自然环境以发展某种产业的决策。

2.市场需求导向原则

这个原则的内涵和要求是：选择和发展乡村产业，推进乡村产业振兴，必须面向市场需求，由市场需求引导产品生产，实现生产与市场的有效对接。脱离市场需求而盲目选择和发展产业，结果必然是生产出的产品卖不出去，或者是卖不出好价钱，进而导致生产经营亏损，产业发展归于失败。现实中，这样的例子比比皆是。因为在社会主义市场经济条件下，决定一个产业（地方）发展是否成功，不在于这个产业（地方）生产出了多少产品，而在于生产出的这些产品能不能在市场上卖出去，如果没有市场需求，产品卖不出去，生产越多就越亏损，产业最终会倒闭，还浪费了大量资源。所以，推进乡村产业振兴，在选择和发展产业时，必须先进行市场调研，摸清市场供求状况，不能选择和发展市场已经饱和的产业，更不能选择和发展已经出现产能过剩的产业。是市场调研在前，选择和发展产业在后，即先市场后生产，而不是先生产后市场。切不可没有进行市场需求状况调研和分析，就拍脑袋决策，动不动就搞什么万亩果园、万头猪场、万亩番茄基地，看似场面宏大、鼓舞人心，实则暗含很大风险。市场决定生产的导向，也要求大力开拓市场，订单农业、产销对接、农超（超市）对接、农加（农产品加工）对接、农商对接以及更高层次的期货市场，都是实现生产与市场有效对接的重要途径和方式。

3.产业政策导向原则

这个原则的内涵和要求是：选择和发展乡村产业，推进乡村产业振兴，必须把握好国家的产业政策。哪些产业是鼓励发展的产业，哪些产业是限制发展的产业；哪些地区是优化发展的地区，哪些地区是重点发展的地区，哪些地区是限制发展的地区，哪些地区是禁止发展的地区，产业政策都会讲得清清楚楚。同时，产业政策会依据国民经济发展情况的变化进行修订，每过几年都会修订完善一次。所以，选择和发展乡村产业，需要密切关注国家的产业政策，使所选择和发展的乡村产业符合国家产业政策的要求和方向。比如，为了有效保护生态环境，控制农业面源污染，国家已经出台政策，要求化肥、农药使用量逐步实现零增长并减量化，实现减量增效。有关部门的调查数据表明，截至 2020 年底，我国化肥农药减量增效效果明显，化肥农药使用量显著减少，化肥农药利用率明显提升。水稻、小麦、玉米三大粮食作物化肥利用率 40.2%，比 2015 年提高 5 个百分点；农药利用率 40.6%，比 2015 年提高 4 个百分点；畜禽粪污集中处理率达到 75%，农作物秸秆资源化利用率超过 80%，农业可持续发展取得了长足进步。选择和发展农业项目时，就要顺应这一政策要求，顺应这一发展趋势。

4. 维护粮食安全原则

这个原则的内涵和要求是：选择和发展乡村产业，推进乡村产业振兴，不能忽视粮食产业，不能缩减粮食产业，不能削弱粮食生产能力。粮食生产是农村最基础、最重要、最广泛的产业，关系国计民生和社会稳定。对于我们这样一个有十几亿人口的大国来说，解决好吃饭问题，始终是治国安邦的头等大事。粮食安全是国家安全的重要基础。失去粮食安全，国家安全将无从谈起。保障国家粮食安全，是一个永恒课题，任何时候这根弦都不能松。十几亿人口吃饭所依赖的粮食，依靠国际市场是靠不住的，必须把供给的着力点放在国内生产上。而全国的粮食产量和生产能力，则是建立在每个乡村的每块土地之上的。必须坚持把粮食生产放在推进乡村产业振兴的突出位置，不断增加粮食生产投入，改善粮食生产条件，巩固粮食生产能力，提升粮食生产水平，防止乡村产业振兴中出现忽视甚至削弱粮食生产的偏向。选择和发展乡村产业，推进乡村产业振兴，不能建立在削弱粮食生产的基础之上。要认识到，发展乡村产业，推进乡村产业振兴，尽管乡村产业的内涵外延发生了改变，但是乡村产业的基本功能不能有丝毫改变，这就是要确保以粮食安全为中心的农产品有效供给。粮食生产和农业结构调整优化，都是乡村产业振兴的重要内容。要在稳定粮食生产的基础上，围绕市场消费需求变化，积极调整优化农业结构，提高农业整体素质和效益，但稳定粮食生产和推进农业结构调整二者不可偏废，不能因调整农业结构、推进农村产业发展而忽视甚至削弱粮食生产。

5.不越耕地红线原则

这个原则的内涵和要求是：选择和发展乡村产业，推进乡村产业振兴，必须坚守耕地保护红线，绝不能违法违规占用耕地，也不能用"打擦边球"的方式占用耕地。这是因为，耕地是农业特别是粮食生产的根基，是解决吃饭问题这件大事的保障。实践中，选择和发展乡村产业，不可避免地要引进一些项目，特别是引进一些非农产业项目，这些项目要落地，客观上就需要占用土地。但是，项目落地要使用其他土地，不能占用耕地，特别是不能占用基本农田。即使是占用其他土地特别是占用其他农用地，也要按规定进行报批。一定要明确耕地保护的政策规定，即严格控制耕地转为林地、园地等其他类型农用地；耕地中的永久基本农田，要重点用于发展粮食特别是口粮生产；一般耕地应主要用于粮食和棉、油、糖、蔬菜等农产品及饲草饲料生产，在优先满足粮食和食用农产品生产基础上可适度用于非食用农产品生产；严禁违规占用永久基本农田种树挖塘，严格规范永久基本农田上农业生产经营活动，禁止占用永久基本农田从事林果业以及挖塘养鱼、非法取土等破坏耕作层的行为，禁止闲置、荒芜永久基本农田；利用永久基本农田发展稻渔、稻虾、稻蟹等综合立体种养，应当以不破坏永久基本农田为前提，沟坑占比要符合稻渔综合种养技术规范通则标准；严禁违规占用耕地和违背自然规律绿化造林、挖湖造景，严格控制非农建设占用耕地，坚决遏制耕地"非农化"、防止"非粮化"。非农产业项目用地，可以通过盘活建设用地资源、提高土地利用效率、按政策规定取得用地等方式解决。

6.突出产业产品特色原则

这个原则的内涵和要求是：选择和发展乡村产业，推进乡村产业振兴，要注重选择和培育特色产业，发展特色产业，生产特色产品，形成特色品牌。这是因为，特色就是差异，就是竞争力，有特色就会有市场。要着力避免简单模仿别人的做法，着力避免新上"大路货"项目，也要防止简单地把新品种、新技术当成特色农业的误区。特色农业是指在特定的地理环境下，凭借独特资源条件所形成的具有独特产品品质以及特定消费市场的特殊农业类型，是天时地利人和在农业生产上的具体反映，不可替代和复制是其重要特征。乡村产业振兴实践中，发展特色农业要突出四个特色：一是突出环境特色，自然环境优越，污染较轻或无污染，是发展有机、绿色农产品的先天环境条件；二是突出物种资源特色，特殊的地理环境形成了丰富的珍、野、稀、名、特物种资源，这些资源具有不可复制性、不可替代性，是特色农业的重要基础，是发展特色农业的宝库，很多地理标志产品就是以特殊物种资源为条件的；三是突出气候特色，特殊的气候特色不仅造就了特色物种，也形成特色产业类型，比如河谷热、坝区暖、山区凉、高山寒的立体气候，形成了多样化的地方土特农产品优势；四是突出文化特色，特色文化融进特色农业形成了独特的农业特色产品，如桑蚕文化、茶文化、酒文化、面食文化、桃文化、梨文化等是大家熟悉的农业文化类型，此外还有耕作制度和农业景观文化，如稻鱼共作生态文化、循环农业文化、旱作文化、水田文化、梯田文化等都可以成为特色产业的重要内容，在民族地区特色农业还表现为民族文化，如民族纺织、印染、特色手工艺等，这些特色产业具有极强的地方性或民族性，难以复制，因而具有了不可替代的特色。发展特色产业要在"特"字上下功夫，不盲目扩张面积和产量，要"少而精""精而强"，不靠数量取胜，而靠品质、靠特色取胜，这是占领市场的重要法宝。

7. 三产融合发展原则

这个原则的内涵和要求是：选择和发展乡村产业，推进乡村产业振兴，要多在一二三产业融合上下功夫，着力发展一二三产业融合的产业形态。一二三产业融合发展，是选择和发展乡村产业的重要方向，是乡村产业振兴的重要内容。这是因为：第一，一二三产业融合发展的产业形态，把二三产业引入了农村，把农业产前部门和产后部门引入了农村，二三产业的产业扩张能力、就业创造能力、盈利增收能力都要强于农业，把二三产业引入农村并与农业有机融合，可以有效增加乡村产业形态、扩大乡村产业规模和提升农村经济水平，有利于增加农民就业和收入；第二，一二三产业融合发展的产业形态，可以有效延长农业产业链，使农业实现"接二连三"，分享农产品加工和农产品流通等环节的增值和利益，有利于提高农业的整体素质、效益和竞争力；第三，一二三产业融合发展的产业形态，可以有效扩大农业与乡村功能和价值的实现空间，农业的功能除了提供农产品外，还有涵养水源、提供农业景观、休闲与体验等功能，乡村不仅具有生活价值，也具有社会和文化传承价值，是适合养生、养老、养心的理想空间，这些功能都为休闲、度假、教育、旅游、养老、养生等新型融合产业形态发展提供了空间，所以，一二三产业融合发展有利于发现和利用农业和乡村的特殊功能及价值，扩大了农业与乡村功能和价值的实现空间；第四，一二三产业融合发展的产业形态，可以有效扩大农村产品的消费空间，增强农村产品消费的吸引力。比如，一片土地种油菜，仅仅靠收获油菜籽这个农产品，市场空间和增收空间都是有限的，如果把油菜花作为休闲观光项目，发展乡村油菜花观光旅游，形成农旅结合的产业形态，就会有大量的城镇居民前来观光消费，既扩大了农村产品的消费，增加了农民收入，也丰富了城镇居民的消费生活，提升了城镇居民的生活品位。在实践中，三产融合的路径，除了农业产业链延伸，即农业产业链涵盖农业生产的产前、产中、产后的各个环节，从农业产前的农资生产与技术开发到农业生产过程中的社会化服务，再到产后的农产品贮藏、深加工、运输、销售等环节，另一个方面就是利用农业收获物发展乡村手工业，如编织、刺绣、纺织、印染、雕刻、酿造等。手工业是乡村经济的重要方面，也是产业融合的重要内容，具有变废为宝、循环利用的价值。浙江的一个村庄，就是通过米酒酿造，在村里举办一年一度的"米酒节"，实现糯稻生产、米酒加工、米酒节旅游的三次产业融合而成功走上振兴之路。该村传统产业是糯稻种植，且家家户户有酿米酒的传统和技艺。为了振兴乡村，他们选择了从恢复糯稻种植开始，鼓励农户恢复米酒酿造，在村里举办一年一度的"米酒节"，城镇居民到村里参加"米酒节"活动，品尝米酒，来乡村休闲、度假、体验，从而带动了乡村旅游业的发展，仅此一项就给村民带来 300 多万元的纯收入。该村产业既实现了产业链的延伸，同时也实现了农业和乡村功能的扩展，乡村综合价值得到了充分体现，一举成为远近闻名的富裕村。

8.高质量发展原则

这个原则的内涵和要求是：选择和发展乡村产业，推进乡村产业振兴，必须以高质量发展为主题，重在提高农产品质量品质，重在提高农业和乡村产业发展质量，走质量兴农之路。农业高质量发展是农村产业振兴的核心要义。发展乡村产业特别是农业，满足消费者对农产品多元化的需求，不仅要让消费者吃得饱，更要让消费者吃得安全、营养、健康、放心。乡村产业振兴，首要的是农业的转型升级。当前我国经济已由高速增长阶段转为高质量发展阶段，农业生产正由主要满足量的需求向更加注重满足质的需求转变，走质量兴农之路是走中国特色社会主义乡村振兴道路的重要途径和要求。遵循这一原则，乡村产业振兴要求农业生产从过去单纯追求产量向追求质量转变、从粗放型经营向精细型经营转变、从低端供给向高端供给转变，深入推进农业绿色化、优质化、特色化、品牌化，增加高附加值、高品质农产品生产，实现农业高质量发展。

9. 农民主体原则

这个原则的内涵和要求是：选择和发展乡村产业，推进乡村产业振兴，必须坚持农民是主体，坚持农民的主体地位，让农民广泛参与，维护好农民合法权益，乡村振兴，农民群众是主体。农民群众既是乡村振兴的受益主体，也是乡村振兴的建设主体。只有把农民群众的积极性调动起来了，才能为乡村振兴提供强大力量、注入强大活力。推动乡村振兴，要把政府主导和农民主体有机统一起来，把两个方面的作用都充分发挥好，注意防止政府缺位和政府代替农民偏向。政府主导，就是要做好乡村振兴总体规划，提出乡村振兴任务，明确乡村振兴目标和要求，制定具体政策措施，发动和组织各方面开展工作，引导乡村振兴沿着正确方向发展。农民主体，就是要充分尊重农民意愿，调动农民积极性、主动性、创造性，充分发挥农民作用，让农民群众广泛参与到乡村振兴中来，防止出现"农民不热政府热""政府干农民看"现象。乡村振兴要坚持以农民为本，把维护农民群众根本利益、促进农民共同富裕作为乡村振兴工作的出发点和落脚点，把农民对美好生活的向往化为推动乡村振兴的原动力，充分尊重农民选择，多采用引导、示范、扶持的方法凝聚农民群众力量，切忌简单代替农民选择，防止乡村振兴重物不重人、见物不见人偏向。发展乡村产业过程中，如果涉及让农民流转土地以引入龙头企业发展规模经营，一定要充分尊重农民意愿，当农民一时半会想不通、想不明白时，可以通过示范引导和经济手段激励，但不能用行政手段强迫命令。

10. 坚持基本经营制度原则

这个原则的内涵和要求是：选择和发展乡村产业，推进乡村产业振兴，要坚持农村基本经营制度，坚持农业家庭经营这个重要基础，坚持家庭经营是农业经营的基本形式。家庭经营作为农业经营的基础，是由农业特点和家庭特点共同决定的，农业劳动对象的生命性以及农业生产的地域性、季节性和周期性等特性，决定了农业劳动不仅需要丰富的经验和技术，更需要高度的责任感、自觉性、主动性和灵活性，因而以家庭为单位的经营方式是农业最有效的经营方式，是农业经营方式的主体，这是一个世界现象，也是一个规律。我国农村改革的重大制度成果，就是确立了农村基本经营制度，确立了农业家庭经营方式。在发展乡村产业过程中，一定要保持农村土地承包关系稳定并长久不变，全面落实第二轮土地承包到期后再延长三十年政策，不断完善承包地所有权、承包权、经营权"三权"分置制度，不强迫农民流转承包地，不强迫农民退出承包地，不把农民流转或退出承包地同进城落户、安排就业、享受补贴、养老金提高、集中居住等直接挂钩，真正让农民吃上土地承包关系稳定不变的"定心丸"。在此基础上，用政策手段引导农民分工分业和承包地经营权流转及退出，发展农业适度规模经营。

三、把握乡村产业振兴的总体安排

国务院 2019 年 6 月出台的《关于促进乡村产业振兴的指导意见》[①]，对推进乡村产业振兴作出总体安排。《指导意见》提出，乡村产业振兴，要以农业供给侧结构性改革为主线，围绕农村一二三产业融合发展，充分挖掘

---

① 《国务院关于促进乡村产业振兴的指导意见》，中国政府网 2019 年 6 月 17 日。

乡村多种功能和价值，聚焦重点产业，聚集资源要素，强化创新引领，突出集群成链、延长产业链、提升价值链，培育发展新动能，加快构建现代农业产业体系、生产体系和经营体系，为农业农村现代化奠定坚实基础。乡村产业振兴，目标任务是，力争用5—10年时间，农村一二三产业融合发展增加值占县域生产总值的比重实现较大幅度提高，乡村产业振兴取得重要进展。乡村产业体系健全完备，农业供给侧结构性改革成效明显，绿色发展模式更加成熟，乡村就业结构更加优化，农民增收渠道持续拓宽。

《指导意见》从突出优势特色培育壮大乡村产业、科学合理布局优化乡村产业空间结构、促进产业融合发展增强乡村产业聚合力、推进质量兴农绿色兴农增强乡村产业持续增长力、推动创新创业升级增强乡村产业发展新动能、完善政策措施优化乡村产业发展环境6个方面，明确了乡村产业振兴的基本方向和重点。要紧密结合各地实际，全面把握和贯彻落实《指导意见》提出的总体安排。

1.培育壮大乡村产业

培育壮大乡村产业，基本方向和着力点主要有以下几个方面：

一是做强现代种养业。种植业和养殖业是乡村的传统产业，也是乡村的主体产业，主要功能是生产粮食、蔬菜、油料、水果等种植业产品和肉、蛋、奶、鱼类等养殖业产品，这些农产品是城乡居民需要量最大、最基本最重要的生活资料。做强现代种养业，就是要创新产业组织方式，推动种养业向规模化、标准化、品牌化和绿色化方向发展，延伸拓展产业链，增加绿色优质产品供给，不断提高质量效益和竞争力。巩固提升粮食产能，全面落实永久基本农田特殊保护制度，加强高标准农田建设，加快划定粮食生产功能区和重要农产品生产保护区。加强生猪等畜禽产能建设，提升动物疫病防控能力，推进奶业振兴和渔业转型升级。发展经济林和林下经济。

二是做精乡土特色产业。乡土特色产业具有接地气、灵活性大等特点，是丰富乡村产业的重要内容。要因地制宜发展小宗类、多样性特色种养，加强地方品种种质资源保护和开发。建设特色农产品优势区，推进特色农产品基地建设。支持建设规范化乡村工厂、生产车间，发展特色食品、制造、手工业和绿色建筑建材等乡土产业。充分挖掘农村各类非物质文化遗产资源，保护传统工艺，促进乡村特色文化产业发展。

三是提升农产品加工流通业。支持粮食主产区和特色农产品优势区发展农产品加工业，建设一批农产品精深加工基地和加工强县。鼓励农民合作社和家庭农场发展农产品初加工，建设一批专业村镇。统筹农产品产地、集散地、销地批发市场建设，加强农产品物流骨干网络和冷链物流体系建设。

四是优化乡村休闲旅游业。实施休闲农业和乡村旅游精品工程，建设一批设施完备、功能多样的休闲观光园区、乡村民宿、森林人家和康养基地，培育一批美丽休闲乡村、乡村旅游重点村，建设一批休闲农业示范县。

五是培育乡村新型服务业。支持供销、邮政、农业服务公司、农民合作社等开展农资供应、土地托管、代耕代种、统防统治、烘干收储等农业生产性服务业。改造农村传统小商业、小门店、小集市等，发展批发零售、养老托幼、环境卫生等农村生活性服务业。

六是发展乡村信息产业。深入推进"互联网＋"现代农业，加快重要农产品全产业链大数据建设，加强国家数字农业农村系统建设。全面推进信息进村入户，实施"互联网＋"农产品出村进城工程。推动农村电子商务公共服务中心和快递物流园区发展。

2.优化乡村产业空间结构

乡村产业在一个区域内要做到科学合理布局，不断完善优化乡村产业的空间结构。

一是要强化县域统筹。在县域内统筹考虑城乡产业发展，合理规划乡村产业布局，形成县城、中心镇（乡）、中心村层级分工明显、功能有机衔接的格局。推进城镇基础设施和基本公共服务向乡村延伸，实现城乡基础设施互联互通、公共服务普惠共享。完善县城综合服务功能，搭建技术研发、人才培训和产品营销等平台。

二是要推进镇域产业聚集。发挥镇（乡）上连县、下连村的纽带作用，支持有条件的地方建设以镇（乡）所在地为中心的产业集群。支持农产品加工流通企业重心下沉，向有条件的镇（乡）和物流节点集中。引导特色小镇立足产业基础，加快要素聚集和业态创新，辐射和带动周边地区产业发展。

三是要促进镇村联动发展。引导农业企业与农民合作社、农户联合建设原料基地、加工车间等，实现加工在镇、基地在村、增收在户。支持镇（乡）发展劳动密集型产业，引导有条件的村建设农工贸专业村。

3. 增强乡村产业融合发展和产业聚合力

农村一二三产业融合发展是乡村产业振兴的重要方向和着力点，要通过产业融合发展增强乡村产业聚合力。

一是要培育多元融合主体。支持农业产业化龙头企业发展，引导其向粮食主产区和特色农产品优势区集聚。启动家庭农场培育计划，开展农民合作社规范提升行动。鼓励发展农业产业化龙头企业带动、农民合作社和家庭农场跟进、小农户参与的农业产业化联合体。支持发展县域范围内产业关联度高、辐射带动力强、多种主体参与的融合模式。

二是要发展多类型融合业态。跨界配置农业和现代产业要素，促进产业深度交叉融合，形成"农业 +"多业态发展态势。推进规模种植与林牧渔融合，发展稻渔共生、林下种养等。推进农业与加工流通业融合，发展中央厨房、直供直销、会员农业等。推进农业与文化、旅游、教育、康养等产业融合，发展创意农业、功能农业等。推进农业与信息产业融合，发展数字农业、智慧农业等。

三是要打造产业融合载体。立足县域资源禀赋，突出主导产业，建设一批现代农业产业园和农业产业强镇，创建一批农村产业融合发展示范园，形成多主体参与、多要素聚集、多业态发展格局。

四是要构建利益联结机制。引导农业企业与小农户建立契约型、分红型、股权型等合作方式，把利益分配重点向产业链上游倾斜，促进农民持续增收。完善农业股份合作制企业利润分配机制，推广"订单收购 + 分红""农民入股 + 保底收益 + 按股分红"等模式。开展土地经营权入股从事农业产业化经营试点。

4.质量兴农绿色兴农增强乡村产业持续增长力

质量兴农和绿色兴农，都是乡村产业振兴的重要要求和途径。乡村产业发展，不仅要做好当下的事情，而且要长期可持续发展。

一是要健全绿色质量标准体系。实施国家质量兴农战略规划，制修订农业投入品、农产品加工业、农村新业态等方面的国家和行业标准，建立统一的绿色农产品市场准入标准。积极参与国际标准制修订，推进农产品认证结果互认。引导和鼓励农业企业获得国际通行的农产品认证，拓展国际市场。

二是要大力推进标准化生产。引导各类农业经营主体建设标准化生产基地，在国家农产品质量安全县整县推进全程标准化生产。加强化肥、农药、兽药及饲料质量安全管理，推进废旧地膜和包装废弃物等回收处理，推行水产健康养殖。加快建立农产品质量分级及产地准出、市场准入制度，实现从田间到餐桌的全产业链监管。

三是要培育提升农业品牌。实施农业品牌提升行动，建立农业品牌目录制度，加强农产品地理标志管理和农业品牌保护。鼓励地方培育品质优良、特色鲜明的区域公用品牌，引导企业与农户等共创企业品牌，培育一批"土字号""乡字号"产品品牌。

四是要强化资源保护利用。大力发展节地节能节水等资源节约型产业。建设农业绿色发展先行区。国家明令淘汰的落后产能、列入国家禁止类产业目录的、污染环境的项目，不得进入乡村。推进种养循环一体化，支持秸秆和畜禽粪污资源化利用。推进加工副产物综合利用。

5. 增强乡村产业创新发展新动能

创新发展和创新创业是乡村产业发展的重要推动力，也是乡村产业振兴的内在活力。要把创新发展放在促进乡村产业振兴的首位，增强乡村产业创新发展能力，增强乡村产业发展的新动能。

一是要强化科技创新引领。大力培育乡村产业创新主体。建设国家农业高新技术产业示范区和国家农业科技园区。建立产学研用协同创新机制，联合攻克一批农业领域关键技术。支持种业育繁推一体化，培育一批竞争力强的大型种业企业集团。建设一批农产品加工技术集成基地。创新公益性农技推广服务方式。

二是要促进农村创新创业。实施乡村就业创业促进行动，引导农民工、大中专毕业生、退役军人、科技人员等返乡入乡人员和"田秀才""土专家""乡创客"创新创业。创建农村创新创业和孵化实训基地，加强乡村工匠、文化能人、手工艺人和经营管理人才等创新创业主体培训，提高创业技能。

6. 优化乡村产业发展政策环境

支持政策是乡村产业快速发展重要因素，要从财政投入、金融服务、引入社会资本、用地保障、人才支撑等方面，完善乡村产业发展的政策措施。

一是要健全财政投入机制。加强一般公共预算投入保障，提高土地出让收入用于农业农村的比例，支持乡村产业振兴。新增耕地指标和城乡建设用地增减挂钩节余指标跨省域调剂收益，全部用于巩固脱贫攻坚成果和支持乡村振兴。鼓励有条件的地方按市场化方式设立乡村产业发展基金，重点用于乡村产业技术创新。鼓励地方按规定对吸纳贫困家庭劳动力、农村残疾人就业的农业企业给予相关补贴，落实相关税收优惠政策。

二是要创新乡村金融服务。引导县域金融机构将吸收的存款主要用于当地，重点支持乡村产业。支持小微企业融资优惠政策适用于乡村产业和农村创新创业。发挥全国农业信贷担保体系作用，鼓励地方通过实施担保费用补助、业务奖补等方式支持乡村产业贷款担保，拓宽担保物范围。允许权属清晰的农村承包土地经营权、农业设施、农机具等依法抵押贷款。加大乡村产业项目融资担保力度。支持地方政府发行一般债券用于支持乡村振兴领域的纯公益性项目建设。鼓励地方政府发行项目融资和收益自平衡的专项债券，支持符合条件、有一定收益的乡村公益性项目建设。规范地方政府举债融资行为，不得借乡村振兴之名违法违规变相举债。支持符合条件的农业企业上市融资。

三是要有序引导工商资本下乡。坚持互惠互利，优化营商环境，引导工商资本到乡村投资兴办农民参与度高、受益面广的乡村产业，支持发展适合规模化集约化经营的种养业。支持企业到脱贫地区和其他经济欠发达地区吸纳农民就业、开展职业培训和就业服务等。工商资本进入乡村，要依法依规开发利用农业农村资源，不得违规占用耕地从事非农产业，不能侵害农民财产权益。

四是要完善用地保障政策。耕地占补平衡以县域自行平衡为主，在安排土地利用年度计划时，加大对乡村产业发展用地的倾斜支持力度。探索针对乡村产业的省市县联动"点供"用地。开展农村集体经营性建设用地入市改革，增加乡村产业用地供给。有序开展县域乡村闲置集体建设用地、闲置宅基地、村庄空闲地、厂矿废弃地、道路改线废弃地、农业生产与村庄建设复合用地及"四荒地"（荒山、荒沟、荒丘、荒滩）等土地综合整治，盘活建设用地重点用于乡村新产业新业态和返乡入乡创新创业。完善设施农业用地管理办法。

五是要健全人才保障机制。各类创业扶持政策向农业农村领域延伸覆盖，引导各类人才到乡村兴办产业。加大农民技能培训力度，支持职业学校扩大农村招生。深化农业系列职称制度改革，开展面向农技推广人员的评审。支持科技人员以科技成果入股农业企业，建立健全科研人员校企、院企共建双聘机制，实行股权分红等激励措施。实施乡村振兴青春建功行动。

四、积极发展粮食生产

农业是国民经济的基础，粮食是基础的基础。发展乡村产业，推进乡村产业振兴，首先要振兴粮食生产，把粮食生产搞好，实现粮食生产现代化。发展粮食生产，确保国家粮食安全，是乡村产业振兴的首要任务，是乡村全面振兴的首要任务，是推进农业农村现代化的首要任务。

1.粮食安全是国家安全的重要基石

粮食是城乡居民最基本最重要的生存资料，是最重要的农产品，因为它直接关系到吃饭问题，而吃饭则和人类生存紧密地联系在一起。

我国是世界上人口最多的国家，粮食消费量居世界首位，每年粮食消费量占世界粮食消费总量的 1/5 左右，吃饭是最重要的事情，解决吃饭问题是国民经济和社会发展的头号任务。人口和粮食消费大国这一基本国情，决定了我国粮食安全绝对不能依赖国际市场，也依赖不了国际市场。我国粮食安全必须立足于国内生产，这是一个基本方针，也是一个重大战略，必须长期始终坚持。如果吃饭问题解决不好，大家都吃不饱饭，则其他发展及社会活动都失去了基础，都无从谈起。而粮食生产不足，农业不能生产出满足城乡居民基本需要的粮食，则解决吃饭问题就会落空。粮食安全是国家安全的根基，吃饭问题解决不好，国家粮食安全没有保障，社会稳定就要出大乱子，整个国家安全就会出大问题甚至大危机。所以，发展粮食生产，确保国家粮食安全，是乡村产业振兴的首要任务，也是乡村全面振兴的首要任务。不重视粮食生产，甚至粮食生产不断滑坡，即使其他产业发展了，乡村产业振兴也难言成功。

在全面推进乡村振兴过程中，一定要从这样的高度认识粮食生产的重要性，绝不能放松粮食生产。在粮食生产上，不能只算经济账，只算自家的小账，而要算粮食安全的账，要算国家的大账。不能因为粮食生产对地方经济总量的贡献小、对地方财政基本没有贡献就放松粮食生产，也不能因为土地用来生产粮食不如生产别的农产品效益好特别是不如上工业和房地产项目效益好就放弃粮食生产。不放松粮食生产，积极发展粮食生产，这是推进乡村产业振兴以及整个乡村振兴的大原则，必须牢牢坚守。

2. 粮食安全问题不可掉以轻心

尽管我国粮食综合生产能力不断提高，粮食总产量已经稳定在 1.3 万亿斤以上，但从目前和今后面临的一些基本因素看，粮食生产仍然不可放松。这主要是因为：

第一，人均粮食占有量仍然不高。我国人均粮食占有量还没有达到 1000 斤。据有关研究，人均粮食占有量达到 1000 斤，是保持粮食供求关系稳定和保障国家粮食安全的重要数量节点。这说明，按人均占有量衡量，我国粮食生产尚未达到保持粮食供求关系稳定和保障国家粮食安全的重要数量节点水平。这是粮食生产不可放松、仍然要继续稳定发展的重要依据。

第二，粮食进口量仍然呈不断增加状态。2015 年以来，我国每年粮食进口总量都在 1 亿吨以上。一方面是粮食连年丰收，另一方面是粮食进口量不断增加，这一现象就说明我国粮食还存在明显的供求缺口，粮食生产决不可放松。

第三，粮食加工转化需求呈显著增加态势。粮食加工转化需求包括饲料需求、酿造需求、生物能源需求等。我国粮食加工转化能力显著增强，粮食加工转化规模和需求快速增加，特别是粮食能源化加工需求的增加更为迅速。从国际情况看，受传统能源供给影响和推动，作为可再生能源的新兴领域，生物能源的发展受到广泛重视，用粮食加工乙醇等能源产品成为生物能源发展的重要方向，这种能源化加工导致了对粮食需求的大量增加。尽管我国对粮食的能源化加工采取了管理和限制措施，但从长期看，发展生物能源的大趋势是改变不了的。粮食加工转化需求特别是能源化加工需求的大量增加，给粮食供求关系注入了新的更大的需求因素，从而为粮食生产追加了新的压力。有效应对这一压力，就必须继续稳定发展粮食生产。

第四，粮食生产气候条件仍然存在较大不确定性。我国粮食综合生产能力总体上仍然比较脆弱，特别是粮食生产应对自然灾害的能力脆弱，仍未从根本上摆脱靠天吃饭状态。今后一个时期，气候变化存在较大不确定性，特别是气候变暖趋势会加剧干旱化发展，使粮食主产区发生大面积干旱的可能性增加，粮食生产的不稳定性因而会增加。在诸多气候因素中，干旱对粮食生产的影响最大。气候条件对粮食生产的影响必须时刻警惕，千万不可放松粮食生产。

第五，粮食国际环境也存在较大不确定性。从世界范围看，粮食生产增长慢于需求增长的格局仍在持续。必须稳定发展粮食生产，减少粮食供给对国际市场的依赖，使我国的粮食安全始终建立在稳固可靠的基础上。

第六，人口仍然是推动粮食需求增加的重要因素。人口推动粮食需求增加主要表现在两个方面：一是人口数量增加推动粮食需求增加；二是人口结构变化即城镇化率提高推动粮食需求增加。因为农村人口转移为城镇人口后，原来的粮食生产者就相应变为粮食消费者，且作为口粮形式的粮食直接消费减少，作为畜产品等形式的粮食间接消费增加，人均粮食总消费因而增加。解决新增人口的吃饭问题和新增城镇人口的粮食间接消费增加问题，需要不断培育新的粮食生产能力，毫不松懈地稳定发展粮食生产。

从更大层面观察，粮食生产和供求关系面临的新情况新问题对粮食生产和供求管理提出了新挑战和新要求。从生产角度看，制约粮食生产的各种矛盾和因素出现相互交织叠加态势，粮食生产持续增产的难度加大。

一是稳定发展粮食生产的耕地数量和耕地质量约束日益趋紧。随着工业化和城镇化深入推进，守住 18 亿亩耕地红线和 16 亿亩粮食播种面积底线的任务艰巨。我国人均耕地面积不到一亩半，仅相当于世界平均水平的 40%。耕地质量总体偏差，约六成耕地受干旱、陡坡、瘠薄、盐碱等因素影响，产出水平不高。水土流失、土地沙化、土壤退化、"三废"污染等问题较严重。全国中低产田近 13 亿亩，占耕地总面积的 70% 左右。宜耕耕地后备资源匮乏，可开垦成耕地的不足 7000 万亩。在这样的资源格局下，粮食品种间（如大豆、玉米、水稻）争地及粮食作物与油料、棉花、烤烟等经济作物之间的争地矛盾将长期存在。

二是农田水利设施薄弱对粮食生产的制约更加突出。旱不能浇、涝不能排，是制约粮食生产的突出问题。我国农田有效灌溉面积仅占耕地面积的一半左右，旱涝保收高标准农田比重较低。人均水资源占有量约 2100 立方米，仅为世界平均水平的 28%，且水资源时空分布不均衡。灌溉水源不足，每年农业灌溉缺水仍达 300 亿立方米以上。降水主要集中在夏季，春耕和秋冬种期间用水矛盾突出。淮河以北地区耕地面积约占全国的

2/3，而水资源量不足全国的1/5；北方部分地区已出现地下水严重超采。农田水利工程存在运行时间长、老化失修等问题，大型灌区骨干工程完好率仍然不高。农田水利设施最突出的问题是田间末级灌排沟渠建设滞后，农田大水漫灌还比较普遍，农业灌溉水利用率仍然不高。

三是粮食生产正逐步进入一个成本走高、收益趋低的高成本时代。随着投入品和劳动力价格呈上涨趋势，直接影响种粮的比较效益。首先是煤、石油、天然气等化石能源资源价格上涨带动农业投入品价格上涨，推动粮食物化成本增加。农村土地流转承包费用也呈上升态势，土地成本占粮食生产总成本的比重已上升到20%左右。人工成本逐年增加，与进城务工相比，种粮效益明显偏低。农民种粮行为发生重大变化，粮食生产兼业化、保口粮、粗放经营现象比较明显。

四是粮食生产科技贡献率仍然不高。农业技术推广体系不健全，基层推广体系体制不顺、机制不活、队伍不稳、保障不足等问题仍然存在，科技成果推广应用水平不高。全国一半以上的乡镇农技推广机构缺乏必要的办公仪器设备，社会化服务能力较弱。科技进入农村的"最后一公里"问题仍然没有从根本上得到解决，科技对粮食增产的支撑和引领作用还未充分发挥。随着农村青壮年劳动力大量转移，许多地方留乡务农劳动力以妇女和中老年为主，从事粮食生产的劳动力素质呈结构性下降，这是发展粮食生产和建设现代农业面临的一个突出问题。

五是自然灾害和农作物病虫害偏多偏重发生。受全球气候变化影响，农业自然灾害多发频发重发趋于常态化，灾变规律发生变化，不可预见性日益增强。干旱、洪水、低温、冰雪等极端气候频发，给农业生产带来很大损失。自上世纪90年代以来，我国农业自然灾害成灾率提高近6个百分点，2004年以来每年因灾损失粮食均在600亿斤以上。同时，我国也是农作物病虫害多发国家，常见病虫害有1600多种，对粮食安全影响较大的有20多种，每年发生面积在60亿—70亿亩次，造成巨大的粮食损失。

从需求角度看，随着人口总量变化、城镇人口比重上升、居民消费水平提高和工业用途拓展，粮食需求呈刚性增长。

第一，粮食供求关系总体偏紧。首先表现为人口性需求和商品性需求呈刚性增长。现阶段，全国每年净增人口、新增农民工进城务工，推动城市人口每年增加 1000 多万，由此每年增加的粮食需求约在 70 亿斤到 80 亿斤。其次是改善性需求和转化性需求增加，随着城乡居民特别是城镇居民收入水平不断提高和追求高品质生活意识日益增强，粮食消费结构升级，人们对蔬菜、水果和肉、蛋、奶的需求显著增加。而一般来讲，粮食的品质与产量存在一定的反向关系，改善性需求增加，意味着粮食生产的压力增大。以饲料需求和酿造需求为主的粮食转化性需求增加，直接拉动粮食总需求增加。

第二，粮食供求品种结构性矛盾突出。目前，稻谷、小麦、玉米三大粮食品种自给率达到 95% 以上。大米是我国消费量最大、消费人口最多的粮食品种，全国 65% 左右的人口主食大米，口粮消费的 65% 左右是大米，而大米供求存在着结构性、区域性失衡问题，尤其是粳米供求存在缺口，近 20 年来人均年粳米消费量增加 1 倍以上。可以说，大米供求平衡是维系我粮食安全的关键。小麦供需总量基本平衡，但品种优质率有待进一步提高。大豆进口依存度大幅攀升，自给率仅为 20% 左右。食用植物油和蛋白饲料需求快速增长，只能通过进口弥补。

第三，粮食供求区域性矛盾突出。全国 31 个省（区、市）中，粮食主产区 13 个、主销区 7 个、产销平衡区 11 个。2020 年，全国 13 个粮食主产区粮食产量占全国粮食总产量 78.55%，北京、天津、上海、浙江、广东、福建、海南 7 个主销区粮食产量仅占全国粮食总产量的 4.3%。13 个粮食主产省份中，粮食净调出省份已减少到 6 个；11 个产销平衡省中，有 9 个省份粮食自给率从 2003 年平均的 97% 下降到现在的 58%；7 个主销区省份粮食平均自给率从本世纪初的 61% 快速下滑到目前的 24%。北京、上海、浙江、广东、福建这 5 个经济发达地区，人均粮食占有量排名全国末 5 位。其中，广东作为全国人口第一大省，粮食产需缺口一直较大，粮食消费总人口超过 1 亿，是全国最大的粮食主销区，粮食自给率在 21%—25% 之间。主产区在满足区域内自给的基础上，每年需要调出大量商品粮补充主销区的消费需求。粮食生产重心北移，南方销区粮食产需缺口扩大，资源条件较差的西部及西南部分地区也存在缺口。过去是"南粮北运"，现在是"北粮南运"。粮食供求存在区域性生产与全国性消费、季节性生产与均衡消费矛盾，加大了粮食供需总量平衡和市场调控的难度。

表 2-1 全国粮食生产区域变化情况

地区	2010 年	占全国比重	2020 年	近十年变化	近十年增减
黑龙江	7541	11.26%	5632.86	1908.14	33.88%
河南	6826	10.20%	5581.82	1244.18	22.29%
山东	5447	8.14%	4502.76	944.24	20.97%
安徽	4019	6.00%	3207.71	811.29	25.29%
吉林	3803	5.68%	2790.72	1012.28	36.27%
河北	3796	5.67%	3120.99	675.01	21.63%
江苏	3729	5.57%	3284.99	444.01	13.52%
内蒙古	3664	5.47%	2344.28	1319.72	56.30%
四川	3527	5.27%	3182.84	344.16	10.81%
湖南	3015	4.50%	2881.55	133.45	4.63%
湖北	2727	4.07%	2304.26	422.74	18.35%
辽宁	2339	3.49%	1803.97	535.03	29.66%
江西	2164	3.23%	1989.45	174.55	8.77%
云南	1896	2.83%	1510.61	394.39	26.26%
新疆	1583	2.36%	1362.36	220.64	16.20%
山西	1424	2.13%	1107.54	316.46	28.57%

地区	2010 年	占全国比重	2020 年	近十年变化	近十年增减
广西	1370	2.05%	1372.08	-2.08	-0.15%
陕西	1275	1.90%	1185.98	89.02	7.51%
广东	1268	1.89%	1249.15	18.85	1.51%
甘肃	1202	1.80%	948.79	253.21	26.69%
重庆	1081	1.61%	1080.63	0.37	0.03%
贵州	1058	1.58%	1079.35	-21.35	-1.98%
浙江	606	0.91%	686.24	-80.24	-11.69%
福建	502	0.75%	584.65	-82.65	-14.14%
宁夏	380	0.57%	356.39	23.61	6.62%
天津	228	0.34%	160.56	67.44	42.00%
海南	145	0.22%	166.55	-21.55	-12.94
青海	107	0.16%	102.21	4.79	4.69%
西藏	103	0.15%	91.2	11.8	12.94%
上海	91	0.14%	132.12	-41.12	-31.12%
北京	31	0.05%	115.69	-84.69	-73.20%

资料来源：根据统计资料计算。

以上情况充分说明，我们没有放松粮食生产的本钱，粮食安全的警钟必须长鸣，粮食安全的弦必须紧绷，推进乡村产业振兴决不能忘了粮食生产，决不能放松粮食生产。

3. 充分把握发展粮食生产的总体要求

把饭碗牢牢端在自己手上，我们的饭碗要装我们生产的粮食，切实把握国家粮食安全主动权，牢牢守住国家粮食安全的生命线，是治国理政必须长期坚持的基本方针。

我国粮食安全战略的内容是：实施以我为主、立足国内、确保产能、适度进口、科技支撑的国家粮食安全战略。任何时候都不能放松国内粮食生产，严守耕地保护红线，划定永久基本农田，不断提升农业综合生产能力，确保谷物基本自给、口粮绝对安全。粮食主销区也要确立粮食面积底线，保证一定的口粮自给率。地方各级党委和政府要扛起粮食安全的政治责任，实行党政同责，"米袋子"省长要负责，书记也要负责。

2020 年 11 月，国务院办公厅发布《关于发展耕地"非粮化"稳定粮食生产的意见》[①]，对在推进乡村振兴过程中发展粮食生产提出明确要求。

第一，各地区都有保障国家粮食安全的责任和义务。粮食主产区要努力发挥优势，巩固提升粮食综合生产能力，继续为全国作贡献；产销平衡区和主销区要保持应有的自给率，确保粮食种植面积不减少、产能有提升、产量不下降，共同维护好国家粮食安全。粮食产销平衡区和主销区要按照重要农产品区域布局及分品种生产供给方案要求，制定具体实施方案并抓好落实，扭转粮食种植面积下滑势头。产销平衡区要着力建成一批旱涝保收、高产稳产的口粮田，保证粮食基本自给。主销区要明确粮食种植面积底线，稳定和提高粮食自给率。

第二，作物一年两熟以上的粮食生产功能区至少生产一季粮食，种植非粮作物的要在一季后能够恢复粮食生产。不得擅自调整粮食生产功能区，不得违规在粮食生产功能区内建设种植和养殖设施，不得违规将粮食生产功能区纳入退耕还林还草范围，不得在粮食生产功能区内超标准建设农田林网。

第三，落实产粮大县奖励政策，健全粮食主产区利益补偿机制，着力保护和调动地方各级政府重农抓粮的积极性。将省域内高标准农田建

---

① 《国务院办公厅关于发展耕地"非粮化"稳定粮食生产的意见》，中国政府网 2020 年 11 月 17 日。

设产生的新增耕地指标调剂收益优先用于农田建设再投入和债券偿还、贴息等。加大粮食生产功能区政策支持力度，相关农业资金向粮食生产功能区倾斜，优先支持粮食生产功能区内目标作物种植，加快把粮食生产功能区建成"一季千斤、两季一吨"的高标准粮田。

第四，加强对种粮主体的政策激励，着力保护和调动农民务农种粮的积极性。支持家庭农场、农民合作社发展粮食适度规模经营，大力推进代耕代种、统防统治、土地托管等农业生产社会化服务，提高种粮规模效益。完善小麦稻谷最低收购价政策，继续实施稻谷补贴和玉米大豆生产者补贴，继续推进三大粮食作物完全成本保险和收入保险试点。

第五，积极开展粮食生产薄弱环节机械化技术试验示范，着力解决水稻机插、玉米籽粒机收等瓶颈问题，加快丘陵山区农田宜机化改造。支持建设粮食产后烘干、加工设施，延长产业链条，提高粮食经营效益。

4. 夯实发展粮食生产的各项举措

稳定发展强化粮食生产，重点是要保护好耕地特别是基本农田，下大力气改善粮食生产条件，推进粮食生产技术进步，大力发展肥料工业，加强主产区建设，提高种粮农民素质和培育种粮大户，完善最低收购价制度和补贴制度，调动和保护农民种粮积极性。

第一，大力稳定粮食播种面积。这是稳定发展粮食生产的首要基础，也是不放松粮食生产的基本要求。播种面积是粮食生产的首要基础。从实践情形看，放松粮食生产往往是从减少播种面积开始的，粮食生产滑坡也往往是由播种面积减少导致的。因此，稳定发展粮食生产，必须首先稳定播种面积。要把稳定播种面积摆在抓粮食生产工作的首要位置，确保粮食播种面积牢牢稳定在 16 亿亩以上。要始终坚持最严格的耕地保护制度和最严格的节约用地制度，加大耕地特别是基本农田保护力度，强化基本农田保护监管，划定基本农田实行永久保护，将基本农田落地到户、上图入库，实行乡、县、市、省、国家五级备案，形成基于"一张图"和国土资源综合监管平台的全国统一的基本农田监管体系，确保基本农田面积不减少、用途不改变、质量有提高。

第二，大力提高粮食亩产水平。这是稳定发展粮食生产的重要途径，也是不放松粮食生产的有效举措。人多地少的基本国情，决定了我国粮食增产的根本出路在提高单产，而单产提高的关键又在良种。种子是粮食增产的关键要素。联合国粮农组织的研究表明，今后世界粮食产量增长，80%依赖单产水平提高，而单产提高的60%—80%又依赖良种的科技进步。因此，要把提高粮食生产科技水平作为提高粮食综合生产能力的主要着力点，加强粮食生产科技创新，提高科技对粮食生产的支撑度和贡献率。下大力气建设粮食种业，力争在粮食生产的关键领域和核心技术上不断实现重大突破，把良种培育作为农业科技创新的重点和提高粮食单产的重要途径，打好种业翻身仗，切实把加快良种培育、做大做强现代种业作为战略举措来抓，加快构建以产业为主导、大企业为主体、大基地为依托、产学研结合、育繁推一体化的现代种业体系，快速提高种业科技创新能力，加强水稻、小麦、玉米、大豆等主要作物新品种的培育和推广，加快良种更新换代，进一步提高良种覆盖率，使粮食品种每隔一定年限就全面更新提高一次。农业科技资源要向粮食生产倾斜，以良种培育为核心加强粮食生产科技储备。大力推广水稻旱育稀植及抛秧、地膜覆盖、精量播种、科学施肥等重大适用技术，积极探索农业科技进村入户的有效机制和办法，加快推进农业科技进村入户。国家要确立对粮食生产发展有重大影响的科研项目，组织科研机构联合攻关，力争在具有显著增产效果的重大粮食生产技术方面不断取得新突破，为提高粮食单产提供持续、强大的科技支撑。

第三，大力改善粮食生产条件。这是稳定发展粮食生产的重要支撑，也是不放松粮食生产的关键行动。要把农田水利建设作为改善粮食生产条件的重点，狠抓农田水利建设，重点是加快大型灌区节水改造、突出抓好田间配套、搞好小微型水源工程、推广农业节水设施和技术，抓紧实施病险水库除险加固，扩大有效灌溉面积，提高水利对粮食生产的保障能力；大力推进小型农田水利建设，大幅度增加中央和省级财政小型农田水利设施建设补助专项资金规模，新增一批小型农田水利建设重点县，通过一事一议、财政补助等办法鼓励农民自愿投工投劳开展直接受益的小型水利设施建设。要大力建设旱涝保收高标准农田。改造中低产田为高标准农田，增产潜力巨大。低产田变中产田、中产田变高产田，可分别提高单产100—200 公斤。如果把现有占耕地面积 70% 的中低产田逐步改造为中高产田，可增产粮食近 2000 亿公斤。要把大规模建设旱涝保收高标准农田作为提高粮食综合生产能力、挖掘粮食生产潜力的重点，按照统筹规划、分工协作、集中投入、连片推进的要求加快建成一批高产稳产基本农田，推进高标准农田建设工程，把 800 个产粮大县的基本农田都建成高标准农田，建立稳固的商品粮生产基地。要大力推进耕地肥力建设，鼓励引导农民秸秆还田、种植绿肥、增施有机肥，促进耕地质量不断提高。推动粮食生产条件不断改善，从根本上摆脱靠天吃饭局面。

第四，大力增加粮食生产投入。这是稳定发展粮食生产的重要保障，也是不放松粮食生产的具体要求。资金投入是改善粮食生产条件、提高粮食生产能力的保证。要大力增加对粮食生产的投入，财政支出、预算内固定资产投资、土地出让收益等优先投向粮食生产领域，对"三农"的投入首先要保证粮食生产。各地要把增加粮食生产投入、稳定发展粮食生产作为重要责任。粮食生产投入要重点向主产区倾斜、向新增生产能力倾斜，加快在基础条件好、发展潜力大的地区建设国家粮食核心产区和后备产区，为粮食生产补充新的后劲。

第五，大力发展肥料工业。"有收无收在于水，收多收少在于肥"。粮食增产对肥料特别是化肥的依赖性很大，粮食持续稳定增产需要肥料工业支撑。要把肥料工业放在支农工业的重要位置，加大扶持加快发展，改变不适应农业发展需要的状况。大力发展化肥生产，增加化肥生产能力，提高化肥自给率。积极发展新型肥料，优化肥料产品结构，加快发展适合不同土壤、不同作物特点的专用肥、缓释肥，促进提高肥料利用率。县乡两级政府要从当地情况出发，积极组织农民群众积造有机肥，提高有机肥生产和施用水平。

第六，大力扶持粮食主产区。主产区生产基础好、增产潜力大，是粮食稳定增产的主力军，是国家粮食安全的主要支撑。全国80%以上的商品粮、90%以上的调出量来自13个粮食主产省区。所以，抓住和抓好粮食主产区，就抓住了粮食生产的"牛鼻子"。扶持主产区增加产量，重点是打造粮食核心产区，重点支持和抓好13个粮食生产大省、一批产量超百亿斤的大市、一大批产量超10亿斤的大县的粮食生产。要充分利用适宜区已有基础，挖掘潜力，形成一批优势突出、布局合理、产能稳固的优势粮食产业带。国家支持粮食生产的政策措施要向主产区倾斜，农业基础设施建设投资和农业综合开发等资金优先向粮食主产区安排，积极探索建立主产区与主销区的利益补偿机制、主产区县乡财政基本财力保障机制，增加对主产区一般性转移支付和产粮大县奖励补助等资金，提高产粮大县人均财力水平，加快实现主产区粮食增产、农民增收、财力增强相协调。

第七，大力提高种粮农民素质。广泛开展多种形式的职业技术培训，提高种粮农民接受和应用新技术的能力，着力培育一大批有文化、懂技术、会管理的粮食种植能手。实施粮食生产"核心农户"和"基干农民"培育计划，从资金、技术、土地流转等方面制定扶持政策，使农业补贴、支农信贷、农资供应、技术服务等向种田能手倾斜，扶持种田能手成长为核心农户和基干农民。推进土地向种田能手集中，培育种粮大户，发展粮食生产规模经营，提高粮食生产专业化水平。

第八，大力调动农民种粮积极性。这是稳定发展粮食生产的重要动力，也是不放松粮食生产的长效机制。农民种粮积极性是粮食生产稳定发展的重要基础，要通过提高粮食生产比较效益来保证种粮农民能够得到合理收益，使种粮农民在经济上不吃亏，依此来调动农民种粮积极性。要坚持把粮食价格维持在一个合理水平，不断增加粮食生产补贴，新增补贴适当向种粮大户倾斜。加强国家粮食收储能力建设，保证粮食按保护价敞开收购，有效消除农民对粮食"卖难"的顾虑。要通过增加粮食主产县财政收入来调动地方政府抓粮的积极性，支持粮食生产的政策措施向主产区倾斜，农业基础设施建设投资和农业综合开发等资金优先向粮食主产区安排，探索建立主产区利益补偿制度，探索建立主产区县乡财政基本财力保障制度，增加对主产区一般性转移支付和产粮大县奖励补助等资金，提高产粮大县人均财力水平，加快实现主产区粮食增产、农民增收、财力增强相协调。

案　例

安徽天长市稼农家庭农场：科学种粮创高产[①]

稼农家庭农场位于安徽天长市冶山镇高巷村，经营土地345亩，主要从事小麦、水稻种植，先后被评为"天长市十强家庭农场""滁州市示范家庭农场""安徽省示范家庭农场"。秉承科技引领、良种引进、生态种植、规模增效理念，大力发展粮食生产，取得显著成效。

规模经营，节本增效。农场配齐了旋耕机、开沟机、插秧机、收割机、机动喷雾器等农机具，开展规模经营。

绿色种植，培养地力。秉持种地与养地相结合的绿色种植理念，从不对土地进行掠夺式种植。每年都根据土壤肥力，结合产量预期，建立配方施肥台账。同时还采取"秸秆全量还田＋绿肥种植"模式对田块进行分片轮休，有效培养地力。在种植过程

---

① 农业农村部：《第一批全国家庭农场典型案例（1）》，农业农村部网站 2020 年 5 月 20 日。

中采用春季小麦镇压、土壤深松、秸秆速腐还田、机插秧等新技术，为提高粮食产量奠定了基础。

精选品种，示范推广。针对当地小麦品种抗病性差、品质不佳、产量不稳、销路不好的情况，从外省引进优质高效品种在全市推广 50 多万亩，占到全市小麦种植面积的"半壁江山"，亩均增产 70 公斤，增收 150 元。

巧施肥料，力促稳产。摸索总结出麦、稻均衡施肥"三法"：长效肥与短效肥配比用、氮磷钾肥对症用、有机肥与无机肥混合用。确定"四步走"施肥方案：麦茬田旋耕前，施氮、磷、钾三元素复合肥；水稻秧苗移栽时，施氯化氨或碳酸氢氨速效肥；水稻秧田烤田后增施钾肥；灌浆时巧施微量元素肥，提高水稻抗倒伏能力，同时也增加千粒重。通过科学施肥，达到了稳产增效的目的。

稼农家庭农场不断探索农业生产经营专业化、绿色标准化技术，运用良种良法，努力挖掘粮食增产潜力。通过规范化、精细化管理，走绿色农业发展模式，农场实现了产量和效益双提升，创造了当地粮食高产的奇迹，还带动天长市 20 多个家庭农场和周边 100 多个小农户增产增收。

5. 把杂粮培育成一个优势特色产业

我国在世界上素有"杂粮王国"之称，具有发展杂粮的良好条件，农村也有着悠久的种植杂粮作物的传统。但总体看，杂粮生产水平还不高，杂粮生产潜力还远远没有发挥出来。目前，随着生活水平提高后城乡居民食物消费结构的改变和健康理念的不断提升，杂粮的市场需求快速增长；国际市场对杂粮的需求旺盛，杂粮出口潜力很大；发展杂粮对拉动农民增收的作用也十分明显。应该把发展杂粮作为粮食生产和农业结构调整的重要内容，大力发展杂粮生产，把杂粮培育成农业的一个优势特色产业。

大力发展杂粮生产具有多种潜力和优势。一是资源潜力和优势。杂粮中的许多品种，如谷子、荞麦、莜麦、大麦、绿豆、红小豆等，生长期较短，耐干旱，耐贫瘠，且有固氮改良土壤效应，十分适宜于发展旱作农业。华北、西北地区，耕地资源比较丰富，气候干旱少雨，适合杂粮生长。在这些地区大力发展杂粮生产，可以充分利用自然资源，把自然劣势转化为生产优势。二是市场潜力和优势。杂粮营养丰富，具有特殊保健功效，是食品工业、餐饮业中具有特殊风味的原料，被广泛用于食疗、制作保健食品和特色食品。如荞麦除含有常规营养元素外，还富含生物类黄酮、酚类、亚油酸、维生素及多种微量元素，具有"食药两用"功效，加工制作出的糖尿病食疗粉、胃病食疗粉、高血脂疗效粉、苦荞营养粉，以及荞麦方便面、方便饸饹等，深受消费者青睐。杂豆中的绿豆、芸豆、红小豆等，都是保健佳品，其中绿豆不仅富含铁和其他常规营养成分，而且含有人体必需的多种氨基酸、维生素和微量元素等，是一种高蛋白、低脂肪、多营养、益健康的食品原料，市场开发前景非常广阔。三是出口潜力和优势。杂粮不仅富含营养，而且由于主要生长在人口密度小、工业污染少、病虫害发生低、化肥农药用量少的地区，环保安全性较高，出口不会遇到太多的技术壁垒，在国际市场具有竞争优势。近年来，我国杂粮出口增加，荞麦已销往日本、韩国、欧盟等 20 多个国家和地区，绿豆已销往各大洲 50 多个国家和地区，红小豆也进入日本、韩国和东南亚等 10 多个国家和地区。从国际市场需求看，进一步扩大市场和增加出口的潜力还很大。在农业参与国际竞争过程中，杂粮将会扮演一个重要角色，发挥积极作用。

应采取有效措施，充分利用好杂粮的竞争优势，促进杂粮生产加快发展，把杂粮培育成农业的一个重要出口优势和特色产业。

一是在粮食生产和农业结构调整中重视杂粮生产。把发展杂粮生产作为粮食生产和农业结构调整尤其是西部农业结构调整的一项重要内容，改变对杂粮是"杂、小、散"的补充粮种的传统看法，提升杂粮在农业中的地位，增加杂粮生产投入，扩大杂粮生产规模，提高杂粮生产水平。做好杂粮生产发展规划，建立杂粮主产区、优势生产区。干旱、半干旱地区，尤其要充分发挥杂粮作物对自然条件的特殊适应性，把发展杂粮生产作为农业的一个主导产业，作为农民增收的一个重要渠道。

二是大力开发杂粮科技。由于过去不重视杂粮生产和技术开发，与杂粮生产相关的科技研发投入很少，杂粮科技十分薄弱，杂粮生产的科技水平明显落后。大力发展杂粮生产，必须要大力开发杂粮科技，通过技术进步改造传统杂粮产业，提升杂粮生产水平。国家科技管理部门应增加杂粮科技研发资金投入，增加杂粮科研立项，扶持杂粮科研和推广事业发展。农业科研和推广部门，应加强杂粮技术研究和推广工作，从品种改良、栽培管理、病虫害防治等多个方面提供杂粮生产的新技术和新方法，为农民种植杂粮提供良好技术服务。

三是改善杂粮生产条件。增加杂粮主产区农业基础设施建设投入，在节水灌溉、地膜覆盖、耐旱良种推广等方面，为农民发展杂粮生产创造良好条件。把发展杂粮生产和旱作农业有机结合起来，引导、鼓励和支持农民采用新技术和新方法，改变传统的广种薄收的生产方式，提高杂粮生产的集约经营程度和经济效益。

四是大力发展杂粮加工业。从总体上看，我国杂粮至今还是以原粮购销为主，加工水平很低，这既不利于市场需求的很好满足，也不利于杂粮附加值的有效开发。进一步提升杂粮产业的竞争力，需要大力发展杂粮加工业。应把发展加工业作为大力发展杂粮经济的重要内容，通过发展加工和精深加工，开发杂粮新产品，延长杂粮的产业链，提高杂粮的附加值，进一步扩大市场需求，增加出口，增强国际竞争力。

五是完善杂粮营销网络。杂粮生产品种多、规模小，健全的市场营销体系更为重要。目前我国粮食批发市场多以大宗粮食为主，杂粮多是在集贸市场摆摊出售，这种营销方式不适应大力发展杂粮经济的需要。

要重视杂粮市场营销体系建设，逐步在杂粮主产区或主销区建立大型杂粮专业批发市场，拓展杂粮营销渠道。建立和完善杂粮生产的市场服务体系，为农民提供国内外杂粮市场信息。建立杂粮出口协会，整合杂粮出口资源，提高杂粮出口运作水平。以加工或出口企业为"龙头"，发展杂粮产业化经营，提高农民进入市场的组织化程度。

6. 高度重视粮食节约和节约用粮

我国每年的粮食产后损失及浪费现象十分严重。据一些专家测算，每年粮食在播种、收获、运输、储藏、销售和加工、消费等环节的损失率至少为 10%，总损失量在 4500 万吨以上。维护国家粮食安全，节约用粮的潜力很大。只要将目前粮食产后损失减少 1/3，每年就可少损失粮食 1500多万吨。因此，减少粮食产后损失和浪费，节约用粮，对增加粮食有效供给、实现国家粮食安全十分重要。确保国家粮食安全，在抓粮食增产的同时，必须狠抓粮食节约和节约用粮。

据有关测算，在粮食产后损失中，收获、运输环节占 30.8%，储存占 11.6%，加工、销售占 22.7%，消费浪费占 34.9%。消费环节的浪费是我国粮食损失的大头。粗略估计，全国在吃的环节上，每年浪费粮食超过 150 亿公斤。消费环节粮食浪费的主要点位是：单位食堂的粮食浪费，饭店和餐饮业的粮食浪费，白酒酿造业的粮食浪费。规模小、工艺水平低的小酒厂，一般比大酒厂耗粮高 40%，每年小酒厂浪费的粮食超过 200万吨。

解决国家粮食安全问题，要多管齐下。既要增加生产，同时还要"节流"。要狠抓粮食节约，尤其要狠抓消费环节的粮食节约。一是要在全社会唤醒节约粮食意识。艰苦奋斗、勤俭节约是我们的传家宝。节约粮食就是增产粮食。要从粮食安全和培养民族素质的高度认识节约粮食的重要性，大力进行节俭教育和宣传，在全社会广泛树立"节约光荣，浪费可耻"的新风，坚决杜绝粮食浪费。二是要引导粮食合理消费。从食堂及居民餐桌抓起，是节约粮食的重要环节。三是提高粮食收割、晾晒、收购、运输、储存等环节的设备和技术水平，减少产后环节的浪费，把粮食产后环节的损失降到最低水平。特别是要加强农户储粮设施建设，我国农户储粮设施简陋、方式落后，造成大量损失，节粮潜力很大。据调查，作为玉米主产区的东北，农民收获玉米后多采用露天晾晒、堆放，用土玉米楼子或"地扒"储存，霉变、鸟食鼠盗、自然损耗严重，产后损失高达8%—12%。据调查测算，全国农户储粮平均损失率达7%左右，每年造成的粮食损失高达2000多万吨，相当于近6000万亩的粮食播种面积。目前我国粮食产量的一半左右仍由农户储藏，短期内这一比例不会明显变化。因此，必须积极研究开发适合农户的粮食烘干和储藏设施、设备、技术，加大粮食储藏适用技术的示范和推广，采取以奖代补等方式对农户建设标准化粮食储藏设施进行补贴，提高农户储粮设施水平，有效降低农户储粮损失。

五、着力提升畜牧业发展水平

畜牧业是乡村的主要产业，是关系国计民生的重要产业，也是农民增收的重要来源。畜产品是城乡居民"菜篮子"的重要品种。发展乡村产业，要把畜牧业作为重要内容，促进畜牧业高质量发展。

2020年9月，国务院办公厅发布《关于促进畜牧业高质量发展的意见》①，对促进畜牧业高质量发展提出了方向和要求。《意见》提出了畜牧业高质量发展的目标任务，即畜牧业整体竞争力稳步提高，动物疫病防控

---

① 《国务院办公厅关于促进畜牧业高质量发展的意见》，中国政府网2020年9月14日。

能力明显增强，绿色发展水平显著提高，畜禽产品供应安全保障能力大幅提升。猪肉自给率保持在95%左右，牛羊肉自给率保持在85%左右，奶源自给率保持在70%以上，禽肉和禽蛋实现基本自给。到2025年畜禽养殖规模化率和畜禽粪污综合利用率分别达到70%以上和80%以上，到2030年分别达到75%以上和85%以上。《意见》从加快构建现代养殖体系、建立健全动物防疫体系、加快构建现代加工流通体系、持续推动畜牧业绿色循环发展、保障措施等5个方面，对发展畜牧业作出了安排。

1. 加快构建现代养殖体系

现代养殖体系是畜牧业高质量发展的核心内容。加快构建现代养殖体系，要着力做好以下工作。

一是加强良种培育与推广。继续实施畜禽遗传改良计划和现代种业提升工程，重点开展白羽肉鸡育种攻关，推进瘦肉型猪本土化选育，加快牛羊专门化品种选育，逐步提高核心种源自给率。实施生猪良种补贴和牧区畜牧良种补贴，加快优良品种推广和应用。强化畜禽遗传资源保护，加强国家级和省级保种场、保护区、基因库建设，推动地方品种资源应保尽保、有序开发。

二是健全饲草料供应体系。因地制宜推行粮改饲，增加青贮玉米种植，提高苜蓿、燕麦草等紧缺饲草自给率，开发利用杂交构树、饲料桑等新饲草资源。推进饲草料专业化生产，加强饲草料加工、流通、配送体系建设。促进秸秆等非粮饲料资源高效利用。建立健全饲料原料营养价值数据库，全面推广饲料精准配方和精细加工技术。加快生物饲料开发应用，研发推广新型安全高效饲料添加剂。调整优化饲料配方结构，促进玉米、豆粕减量替代。

三是提升畜牧业机械化水平。制定主要畜禽品种规模化养殖设施装备配套技术规范，推进养殖工艺与设施装备的集成配套。落实农机购置补贴政策，将养殖场（户）购置自动饲喂、环境控制、疫病防控、废弃物处理等农机装备按规定纳入补贴范围。遴选推介一批全程机械化养殖场和示范基地。

四是发展适度规模经营。因地制宜发展规模化养殖，引导养殖场（户）改造提升基础设施条件，扩大养殖规模，提升标准化养殖水平。加快养殖专业合作社和现代家庭牧场发展，鼓励其以产权、资金、劳动、技术、产品为纽带，开展合作和联合经营。鼓励畜禽养殖龙头企业发挥引领带动作用，与养殖专业合作社、家庭牧场紧密合作，通过统一生产、统一服务、统一营销、技术共享、品牌共创等方式，形成稳定的产业联合体。完善畜禽标准化饲养管理规程，开展畜禽养殖标准化示范创建。

五是扶持中小养殖户发展。加强对中小养殖户的指导帮扶，不得以行政手段强行清退。鼓励新型农业经营主体与中小养殖户建立利益联结机制，带动中小养殖户专业化生产。加强基层畜牧兽医技术推广体系建设，健全社会化服务体系，培育壮大畜牧科技服务企业，为中小养殖户提供良种繁育、饲料营养、疫病检测诊断治疗、机械化生产、产品储运、废弃物资源化利用等实用科技服务。

案　例

广东云浮聚焦畜禽养殖壮大产业主体[①]

广东云浮市聚焦畜禽养殖，依托温氏食品集团股份有限公司等龙头农牧企业，补足产业短板，延长产业链条，壮大产业主体，建立利益联结机制，帮助农民发展畜牧业。2020年底，与温氏股份等龙头农牧企业合作农户的近5万户，农户合作总收益85.6亿元。

---

① 农业农村部：《全国返乡创业就业典型模式》，农业农村部网站2021年3月31日。

一是补足畜牧养殖短板。一方面，着力做强产业链，打造肉猪、肉鸡全产业链，从养殖场设计、种苗提供、养殖培训、过程管理等方面，为农户养殖提供一站式服务支持。另一方面，开展创业就业培训，为农户养殖解决问题困难。定期安排专家开展现场指导，举办创业就业培训班，帮助养殖户掌握先进养殖技术、学习使用现代农装设备，提升经营管理水平。

二是构建利益联结机制。一方面，实行合作养殖模式，本着"利益共享、风险共担"原则，开创了"公司＋农户"合作养殖模式。另一方面，通过产业中心下沉，将产业和养殖小区布局在乡镇和村庄，提供了大量养殖产业链岗位，提升了乡村的就业容量，让农民群体能够在家门口就业增收。

三是提升养殖技术水平。推动实施"五年效率倍增计划"，帮助养殖创业企业完善硬件条件，提升管理效率，实现自我升级，走集约高效之路、生态化发展之路，构建经济效益与生态效益统一的创业模式。利用养殖业产业链与技术方面的优势，升级"公司＋现代养殖小区＋农户"模式，打造新时期现代农业示范园区，建设标准化、高效化养殖小区。发挥龙头企业科技优势，运用信息技术，搭建科技对接平台。推动养殖创业企业养殖设施设备自动化、智能化改造，实现养殖智能化、过程全溯源，降低劳动强度和创业难度，提高养殖效率和创业成功率。

2. 建立健全动物防疫体系

动物防疫体系是畜牧业高质量发展的重要保障。建立健全动物防疫体系，要重点抓好以下工作。

一是要落实动物防疫主体责任。依法督促落实畜禽养殖、贩运、屠宰加工等各环节从业者动物防疫主体责任。引导养殖场（户）改善动物防疫条件，严格按规定做好强制免疫、清洗消毒、疫情报告等工作。建立健全畜禽贩运和运输车辆监管制度，对运输车辆实施备案管理，落实清洗消毒措施。督促指导规模养殖场（户）和屠宰厂（场）配备相应的畜牧兽医技术人员，依法落实疫病自检、报告等制度。

二是要提升动物疫病防控能力。落实地方各级政府防疫属地管理责任，完善部门联防联控机制。强化重大动物疫情监测排查，建立重点区域和场点入场抽检制度。健全动物疫情信息报告制度，加强养殖、屠宰加工、无害化处理等环节动物疫病信息管理。完善疫情报告奖惩机制，对疫情报告工作表现突出的给予表彰，对瞒报、漏报、迟报或阻碍他人报告疫情的依法依规严肃处理。实施重大动物疫病强制免疫计划，建立基于防疫水平的养殖场（户）分级管理制度。严厉打击收购、贩运、销售、随意丢弃病死畜禽等违法违规行为，构成犯罪的，依法追究刑事责任。

三是要建立健全分区防控制度。加快实施非洲猪瘟等重大动物疫病分区防控，落实省际联席会议制度，统筹做好动物疫病防控、畜禽及畜禽产品调运监管和市场供应等工作。统一规划实施畜禽指定通道运输。支持有条件的地区和规模养殖场（户）建设无疫区和无疫小区。推进动物疫病净化，以种畜禽场为重点，优先净化垂直传播性动物疫病，建设一批净化示范场。

四是要提高动物防疫监管服务能力。加强动物防疫队伍建设，采取有效措施稳定基层机构队伍。依托现有机构编制资源，建立健全动物卫生监督机构和动物疫病预防控制机构，加强动物疫病防控实验室、边境监测站、省际公路检查站和区域洗消中心等建设。在生猪大县实施乡镇动物防疫特聘计划。保障村级动物防疫员合理劳务报酬。充分发挥执业兽医、乡村兽医作用，支持其开展动物防疫和疫病诊疗活动。鼓励大型养殖企业、兽药及饲料生产企业组建动物防疫服务团队，提供"一条龙""菜单式"防疫服务。

3. 加快构建现代加工流通体系

现代加工流通体系是畜牧业高质量发展的重要支撑。加快构建现代加工流通体系，要着力做好以下工作。

一是要提升畜禽屠宰加工行业整体水平。持续推进生猪屠宰行业转型升级，鼓励地方新建改建大型屠宰自营企业，加快小型屠宰场点撤停并转。开展生猪屠宰标准化示范创建，实施生猪屠宰企业分级管理。鼓励大型畜禽养殖企业、屠宰加工企业开展养殖、屠宰、加工、配送、销售一体化经营，提高肉品精深加工和副产品综合利用水平。推动出台地方性法规，规范牛羊禽屠宰管理。

二是要加快健全畜禽产品冷链加工配送体系。引导畜禽屠宰加工企业向养殖主产区转移，推动畜禽就地屠宰，减少活畜禽长距离运输。鼓励屠宰加工企业建设冷却库、低温分割车间等冷藏加工设施，配置冷链运输设备。推动物流配送企业完善冷链配送体系，拓展销售网络，促进运活畜禽向运肉转变。规范活畜禽跨区域调运管理，完善"点对点"调运制度。倡导畜禽产品安全健康消费，逐步提高冷鲜肉品消费比重。

三是要提升畜牧业信息化水平。加强大数据、人工智能、云计算、物联网、移动互联网等技术在畜牧业的应用，提高圈舍环境调控、精准饲喂、动物疫病监测、畜禽产品追溯等智能化水平。加快畜牧业信息资源整合，推进畜禽养殖档案电子化，全面实行生产经营信息直联直报。实现全产业链信息化闭环管理。支持第三方机构以信息数据为基础，为养殖场（户）提供技术、营销和金融等服务。

4. 持续推动畜牧业绿色循环发展

畜牧业绿色循环发展是畜牧业高质量发展的内在要义。持续推动畜牧业绿色循环发展，要重点做好以下工作。

一是大力推进畜禽养殖废弃物资源化利用。支持符合条件的县（市、区、旗）整县推进畜禽粪污资源化利用，鼓励液体粪肥机械化施用。对畜禽粪污全部还田利用的养殖场(户)实行登记管理，不需申领排污许可证。完善畜禽粪污肥料化利用标准，支持农民合作社、家庭农场等在种植业生产中施用粪肥。统筹推进病死猪牛羊禽等无害化处理，完善市场化运作模式，合理制定补助标准，完善保险联动机制。

二是促进农牧循环发展。加强农牧统筹，将畜牧业作为农业结构调整的重点。农区要推进种养结合，鼓励在规模种植基地周边建设农牧循环型畜禽养殖场（户），促进粪肥还田，加强农副产品饲料化利用。农牧交错带要综合利用饲草、秸秆等资源发展草食畜牧业，加强退化草原生态修复，恢复提升草原生产能力。草原牧区要坚持以草定畜，科学合理利用草原，鼓励发展家庭生态牧场和生态牧业合作社。南方草山草坡地区要加强草地改良和人工草地建植，因地制宜发展牛羊养殖。

三是全面提升绿色养殖水平。科学布局畜禽养殖，促进养殖规模与资源环境相匹配。缺水地区要发展羊、禽、兔等低耗水畜种养殖，土地资源紧缺地区要采取综合措施提高养殖业土地利用率。严格执行饲料添加剂安全使用规范，依法加强饲料中超剂量使用铜、锌等问题监管。加强兽用抗菌药综合治理，实施动物源细菌耐药性监测、药物饲料添加剂退出和兽用抗菌药使用减量化行动。建立畜牧业绿色发展评价体系，推广绿色发展配套技术。

5.强化畜牧业高质量发展的保障措施

投入和用地等保障，是畜牧业高质量发展的政策保障。推动畜牧业高质量发展，要保障畜牧业发展用地。统筹支持解决畜禽养殖用地需求。养殖生产及其直接关联的畜禽粪污处理、检验检疫、清洗消毒、病死畜禽无害化处理等农业设施用地，可以使用一般耕地，不需占补平衡。畜禽养殖设施原则上不得使用永久基本农田，涉及少量永久基本农田确实难以避让的，允许使用但须补划。加大林地对畜牧业发展的支持，依法依规办理使用林地手续。鼓励节约使用畜禽养殖用地，提高土地利用效率。要加强财政保障和金融服务。继续实施生猪、牛羊调出大县奖励政策。通过政府购买服务方式支持动物防疫社会化服务。落实畜禽规模养殖、畜禽产品初加工等环节用水、用电优惠政策。通过中央财政转移支付等现有渠道，加强对生猪屠宰标准化示范创建和畜禽产品冷链运输配送体系建设的支持。银行业金融机构要积极探索推进土地经营权、养殖圈舍、大型养殖机械抵押贷款，支持具备活体抵押登记、流转等条件的地区按照市场化和风险可控原则，积极稳妥开展活畜禽抵押贷款试点。大力推进畜禽养殖保险，鼓励有条件的地方自主开展畜禽养殖收益险、畜产品价格险试点，逐步实现全覆盖。鼓励社会资本设立畜牧业产业投资基金和畜牧业科技创业投资基金。

6.大力发展奶业

奶业是畜牧业的重要组成部分，是乡村振兴的重要产业，是健康中国、强壮民族不可或缺的产业，是食品安全的代表性产业，是农业现代化的标志性产业和一二三产业协调发展的战略性产业。发展乡村产业，必须大力发展奶业，提高奶业水平，为农民提供重要增收渠道，为城乡居民提供更丰富的"菜篮子"产品。2018 年 6 月，国务院办公厅发布《关于推进奶业振兴保障乳品质量安全的意见》[①]，提出了奶业振兴的方向和要求。《意见》提出，以降成本、优结构、提质量、创品牌、增活力为着力点，强化标准规范、科技创新、政策扶持、执法监督和消费培育，加快构建现

① 《国务院办公厅关于推进奶业振兴保障乳品质量安全的意见》，中国政府网 2018
　年 6 月 3 日。

代奶业产业体系、生产体系、经营体系和质量安全体系，不断提高奶业发展质量效益和竞争力，大力推进奶业现代化。《意见》从加强优质奶源基地建设、完善乳制品加工和流通体系、强化乳品质量安全监管、加大乳制品消费引导、完善保障措施等方面，对发展奶业作出安排。

第一，加强优质奶源基地建设。建设优质奶源基地，主要着力点是：一要优化调整奶源布局。突出重点，巩固发展东北和内蒙古产区、华北和中原产区、西北产区，打造黄金奶源带。积极开辟南方产区，稳定大城市周边产区。以荷斯坦牛等优质高产奶牛生产为主，积极发展乳肉兼用牛、奶水牛、奶山羊等其他奶畜生产，进一步丰富奶源结构。二要发展标准化规模养殖。开展奶牛养殖标准化示范创建，支持奶牛养殖场改扩建、小区牧场化转型和家庭牧场发展，引导适度规模养殖。支持奶牛养殖大县整县推进种养结合，发展生态养殖。推广应用奶牛场物联网和智能化设施设备，提升奶牛养殖机械化、信息化、智能化水平。加强奶牛口蹄疫防控和布病、结核病监测净化工作，做好奶牛常见病防治。三要加强良种繁育及推广。支持奶牛育种联盟发展，大力引进和繁育良种奶牛，打造高产奶牛核心育种群，建设一批国家核心育种场。加大良种推广力度，提升良种化水平，提高奶牛单产量。四要促进优质饲草料生产。推进饲草料种植和奶牛养殖配套衔接，就地就近保障饲草料供应，实现农牧循环发展。建设高产优质苜蓿示范基地，提升苜蓿草产品质量。推广粮改饲，发展青贮玉米、燕麦草等优质饲草料产业，推进饲草料品种专业化、生产规模化、销售市场化，全面提升种植收益、奶牛生产效率和养殖效益。

第二，完善乳制品加工和流通体系。完善乳品加工流通体系，主要工作是：一要优化乳制品产品结构。统筹发展液态乳制品和干乳制品。因地制宜发展灭菌乳、巴氏杀菌乳、发酵乳等液态乳制品，支持发展奶酪、乳清粉、黄油等干乳制品，增加功能型乳粉、风味型乳粉生产。鼓励使用生鲜乳生产灭菌乳、发酵乳和调制乳等乳制品。二要提高乳品企业竞争力。

引导乳品企业与奶源基地布局匹配、生产协调。鼓励企业兼并重组，提高产业集中度。依法淘汰技术、能耗、环保、质量、安全等不达标的产能。支持企业开展产品创新研发，优化加工工艺，完善质量安全管理体系，增强运营管理能力，降低生产成本，提升产品质量和效益。支持奶业全产业链建设，促进产业链各环节分工合作、有机衔接，有效控制风险。三要建立现代乳制品流通体系。发展智慧物流配送，鼓励建设乳制品配送信息化平台，支持整合末端配送网点，降低配送成本。促进乳品企业、流通企业和电商企业对接融合，推动线上线下互动发展，促进乳制品流通便捷化。鼓励开拓"互联网＋"、体验消费等新型乳制品营销模式，减少流通成本，提高企业效益。支持低温乳制品冷链储运设施建设，制定和实施低温乳制品储运规范，确保产品安全与品质。四要密切养殖加工利益联结。培育壮大奶农专业合作组织，推进奶牛养殖存量整合，支持有条件的养殖场(户)建设加工厂，提高抵御市场风险能力。支持乳品企业自建、收购养殖场，提高自有奶源比例，促进养殖加工一体化发展。建立由县级及以上地方政府引导，乳品企业、奶农和行业协会参与的生鲜乳价格协商机制，乳品企业与奶农双方应签订长期稳定的购销合同，形成稳固的购销关系。开展生鲜乳质量第三方检测试点，建立公平合理的生鲜乳购销秩序。规范生鲜乳购销行为，依法查处和公布不履行生鲜乳购销合同以及凭借购销关系强推强卖兽药、饲料和养殖设备等行为。

第三，强化乳品质量安全监管。乳业的持续健康发展，离不开严格的质量安全监管。强化乳品质量安全监管，一是要健全法规标准体系。研究完善乳品质量安全法规，健全生鲜乳生产、收购、运输和乳制品加工、销售等管理制度。修订提高生鲜乳、灭菌乳、巴氏杀菌乳等乳品国家标准，严格安全卫生要求，建立生鲜乳质量分级体系，引导优质优价。制定液态乳加工工艺标准，规范加工行为。制定发布复原乳检测方法等食品安全国家标准。监督指导企业按标依规生产。二是要加强乳品生产全程管控。落实乳品企业质量安全第一责任，建立健全养殖、加工、流通等全过程乳品质量安全追溯体系。加强源头管理，严格奶牛养殖环节饲料、兽药等投入品使用和监管。引导奶牛养殖散户将生鲜乳交售到合法的生鲜乳收购站。任何单位和个人不得擅自加工生鲜乳对外销售。实施乳品质量安全监测计划，严厉打击非法收购生鲜乳行为以及各类违法添加行为。对生鲜乳收购站、运输车、乳品企业实行精准化、全时段管理，依法取缔不合格生产经营主体。健全乳品质量安全风险评估制度，及时发现并消除风险隐患。三是要加大婴幼儿配方乳粉监管力度。严格执行婴幼儿配方乳粉相关法律法规和标准，强化婴幼儿配方乳粉产品配方注册管理。婴幼儿配方乳粉生产企业应当实施良好生产规范、危害分析和关键控制点体系等食品安全质量管理制度，建立食品安全自查制度和问题报告制度。按照"双随机、一公开"要求，持续开展食品安全生产规范体系检查，对检查发现的问题要从严处理。严厉打击非法添加非食用物质、超范围超限量使用食品添加剂、涂改标签标识以及在标签中标注虚假、夸大的内容等违法行为。严禁进口大包装婴幼儿配方乳粉到境内分装。大力提倡和鼓励使用生鲜乳生产婴幼儿配方乳粉，支持乳品企业建设自有自控的婴幼儿配方乳粉奶源基地，进一步提高婴幼儿配方乳粉品质。四是要推进行业诚信体系建设。构建奶业诚信平台，支持乳品企业开展质量安全承诺活动和诚信文化建设，建立企业诚信档案。充分运用全国信用信息共享平台和国家企业信用信息公示系统，推动税务、工信和市场监管等部门实现乳品企业信用信息共享。建立乳品企业"黑名单"制度和市场退出机制，加强社会舆论监督，形成市场性、行业性、社会性约束和惩戒。

第四，加大乳制品消费引导。消费引导是扩大奶业生产和市场空间的重要举措。一要树立奶业良好形象。定期发布乳品质量安全抽检监测信息，提升广大群众对我国奶业的认可度。推介休闲观光牧场，组织开展乳品企业公众开放日活动，让消费者切身感受牛奶安全生产的全过程，激发消费活力。二要着力加强品牌建设。实施奶业品牌战略，激发企业积极性和创造性，培育优质品牌，引领奶业发展。通过行业协会等第三方组织，推介产品优质、美誉度高的品牌，扩大消费市场。发挥骨干乳品企业引领作用，促进企业大联合、大协作，提升中国奶业品牌影响力。三要积极引导乳制品消费。大力推广国家学生饮用奶计划，扩大覆盖范围。普及灭菌乳、巴氏杀菌乳、奶酪等乳制品营养知识，倡导科学饮奶，培育国民食用乳制品的习惯。

第五，完善奶业发展保障措施。加大政策对奶业发展的扶持力度，在养殖环节，重点支持良种繁育体系建设、标准化规模养殖、振兴奶业苜蓿发展行动、种养结合、奶牛场疫病净化、养殖废弃物资源化利用和生鲜乳收购运输监管体系建设；在加工环节，重点支持婴幼儿配方乳粉企业兼并重组、乳品质量安全追溯体系建设。地方政府要统筹规划，合理安排奶畜养殖用地。鼓励社会资本按照市场化原则设立奶业产业基金，放大资金支持效应。强化金融保险支持，鼓励金融机构开展奶畜活体抵押贷款和养殖场抵押贷款等信贷产品创新，推进奶业保险扩面、提标，合理厘定保险费率，探索开展生鲜乳目标价格保险试点。加强奶业市场调控，完善奶业生产市场信息体系，开展产销动态监测，及时发布预警信息，引导生产和消费；充分发挥行业协会作用，引导各类经营主体自觉维护和规范市场竞争秩序。强化科技支撑和服务，开展奶业竞争力提升科技行动，推动奶业科技创新，在奶畜养殖、乳制品加工和质量检测等方面，提高先进工艺、先进技术和智能装备应用水平。加强乳制品新产品研发，满足消费多元化需求。完善奶业社会化服务体系，加大技术推广和人才培训力度，提升从业者素质，提高生产经营管理水平。

六、大力调整优化农业结构

调整和优化农业结构，深化农业供给侧结构性改革，实现农业生产与市场需求的有效衔接，提高农业整体素质、效益和竞争力，满足城乡居民对农产品多样化的需要，是乡村产业发展的重要方向，是乡村产业振兴的重要内容。

1. 农业结构调整的内在必要性

在乡村产业振兴过程中，调整和优化农业结构是一项长期任务。之所以要大力调整和优化农业结构，是因为：

第一，农业自然资源具有多样性，粮食生产不可能也不应该占用全部农业自然资源，充分发挥农业资源的生产功用，就要根据自然资源状况，从事多样化的农业生产。在农业生产实践中，一个区域（一个县、一个乡、一个村）内必然存在着多样化的农业自然资源，如耕地、林地、山地、丘陵、平原、水面、草地等。这些不同的自然资源适合于不同的农业生产，耕地用于种植业生产，林地用于林业生产，草地用于畜牧业生产，水面用于渔业生产，即使在耕地中，有的耕地适合于粮食生产，有的耕地则适合于油料作物生产。如果只进行单一的农业生产活动，有些资源要么被闲置，要么不能充分发挥生产作用。只有因地制宜，根据自然资源的性状安排与之相适应的农业生产项目，让各种农业自然资源都能够物尽其用，进行多样化的农业生产，才能充分发挥农业自然资源的生产作用，提高农村经济水平。

第二，城乡居民对农产品的需要具有多样性，人们不可能只消费一种或少数几种农产品，有效满足城乡居民对农产品的多样性需要，就必须根据市场需求状况，进行多样化的农业生产。农业生产的目的是为了满足城乡居民对农产品的消费需求，同时在这一过程中，农民及其他农业生产经营者通过把生产出来的农产品卖出去而获得收入。所以，生产是手段，满足需要是才是目的，不能简单地为生产而生产。由于维持生命体的生存和健康需要多种营养元素，如碳水化合物、蛋白质、脂肪、微量元素等，这些营养元素要从多种农产品及食品中来获取，这就形成了人们对农产品消费的多样性需求。另一方面，人们为了获得更多的消费享受，即使不是维持生存和健康所必需，也会消费多种农产品。特别是随着收入水平和生活水平的持续提高，这种对农产品需要的多样性更加明显、更加强烈、更加普遍，现在，城乡居民对肉蛋奶等动物性食品的消费欲望要远远超过粮食，对水果、水产品的消费欲望也要超过粮食，对高品质农产品的消费欲望更加强烈。只有进行多样化的农业生产，生产出品质丰富的农产品，才能有效满足城乡居民对农产品的多样性需要，提高城乡居民的消费水平和生活水平，也就是常说的让大家吃得饱、吃得好。

第三，调整和优化农业结构还是提高农业整体素质和效益、增加农民收入的内在要求。由于不同的农产品具有不同的需求收入弹性，即城乡居民人均收入每提高百分之一，对产品的消费需求增加百分之几。如果收入增加 1%，对某种产品的消费需求增加的幅度大于 1%，则这样的产品属于收入弹性充足产品；如果收入增加 1%，对某种产品的消费需求增加的幅度小于 1%，则这样的产品属于收入弹性不足产品。比如，农产品中畜产品的收入弹性就比种植业产品大，种植业中蔬菜花卉的收入弹性就比粮食大，粮食中高品质粮食的收入弹性就比普通粮食大。产品的需求收入弹性，与产品的市场空间和增收空间密切相关。收入弹性越大，产品的市场空间和增收空间就越大；收入弹性越小，产品的市场空间和增收空间就越小。也就是说，收入弹性大的产品，其市场空间和增收空间，要比收入弹性小的产品来得大；生产收入弹性大的产品，就会比生产收入弹性小的产品，在市场扩张和增加收入方面占有优势，就能够获得更多的效益和收入。通常人们讲，一亩菜十亩粮，一亩花十亩菜，说的就是种一亩蔬菜的收入相当于种十亩粮食，而种一亩花的收入则相当于种十亩菜。所以，要增加农民收入，要提高农业整体素质和效益，就需要进行多样化的农产品生产，特别是增加高附加值、高品质的农产品生产。

因此，发展乡村产业，推进产业振兴，必须在稳定粮食生产、保障粮食安全的基础上，大力调整和优化农业结构，进行多样化的农业生产，实现对自然资源的充分利用，满足城乡居民对农产品的多样性需要，提高农业整体素质和效益，增加农民收入。

案　例

山西云州：打造"小黄花大产业"①

　　山西大同市云州区种植黄花已有 600 多年历史，素有"中国黄花之乡"美誉。但过去农民并不想种黄花，主要原因是黄花产业存在"六怕"，即怕旱、怕虫、怕前三年没收成、怕雨涝晒不干、怕缺少劳力采摘难、怕市场波动大等难题。近年来，云州区把"一区一业一品牌"作为全区特色产业发展的主要抓手，集中力量解决一村一户解决不了、解决不好的加工销售难题，为黄花产业提供了良好发展环境，推动了黄花产业健康发展。目前黄花种植面积已达到 26 万亩，年产值达 9 亿元，小小黄花成为地方经济发展、农民增收致富、推进乡村振兴的支柱产业。

　　设立种植补贴，提高组织化程度。成立种植合作社，采取"合作社＋农户"形式，集中当地土地资源，流转土地，发展规模种植。区政府规定，种植黄花每亩每年补贴 500 元，有效解决了种黄花前三年没收入的担忧。

　　改善水利设施，提高黄花产量。累计投资 2.6 亿元，新增和恢复水浇地 22.68 万亩，铺设地下管道、修复配套机井、实施节水喷灌，解决旱天黄花减产等问题。

　　统一种植保险，降低种植风险。统一以合作社名义参加自然

---

① 农业农村部：《全国乡村产业高质量发展"十大典型"》，农业农村部网站 2021 年 3 月 2 日。

灾害险和目标价格险，种植户每亩出 50 元或 200 元，财政分别补贴 250 元和 200 元，最高可获 5000 元、7000 元风险赔付，消除了种植户的后顾之忧。

及时组织收储，提升产品效益。每到采摘季节，合作社联系加工企业，深入地头，现摘现称现结算。农民采摘下的鲜黄花，及时进入地头冷藏库，解决了过去采摘怕高温、蒸后怕遇雨、晾晒怕阴天的难题，提升了产品品质和收益。

延长产业链条，促进产业融合发展。依托黄花产业，推进农业与生态旅游康养深度融合，建成了等一批黄花采摘观光景点，与大同火山群国家地质公园、西坪国家沙漠公园、峰峪国家湿地公园连成一线，已形成以黄花为媒的乡村旅游点 23 个，带动了农民就业增收。

2. 农业结构调整的层次性

农业结构调整是一个系统，包含各个不同的层次。总体讲来，农业结构调整和优化要体现在以下六个层次：

一是部门层次上的调整和优化。即调整农、林、牧、渔业的产业构成，增加对收入弹性大的产业的资源配置，扩大市场需求空间大的产业的生产规模，缩减没有市场需求增量的产业的生产，使农业生产结构在整体上适应城乡居民收入水平提高后食物消费结构整体性不断转换的需要。一般而言，动物性食品具有较大的需求收入弹性，健康、安全、享受等生活质量类产品有着更大的需求收入弹性。发展经验表明，食物消费结构由谷物类产品主导转向动物性产品主导再转向生活质量类产品主导，是收入水平提高后城乡居民食物消费结构的两次重大转换，这两次重大转换带动着农业产业结构不断升级。与消费结构的整体性转换相应，农业在产业结构变革的推进上就要不断增加动物性食品及其后向关联产业即饲料产业的生产，进而不断增加生活质量类产业的生产，这是我国农业生产总体结构优化的基本方向。

二是产品层次上的调整和优化。即调整各个生产部门内部的资源配置，优化部门内部的生产结构，使本部门所生产出来的产品与市场对本部门的需求相一致。就畜牧业来讲，牛肉等红肉类产品有着较高的需求收入弹性，随着收入水平的提高，人们会增加对此类产品的需求，增加这些产品的生产就成为优化畜牧业产品结构的基本方向；城乡居民收入水平提高后对畜产品需求的增加则会拉动种植业中饲料生产的扩大，收入水平提高后还会增加对果品、花卉、蔬菜及瓜类等产品的消费，不断增加这些产品的生产也就成为种植业结构优化的基本要求。

三是品质层次上的调整和优化。即调整每一种产品生产的资源配置，优化每一种产品内部的生产结构，实现产品的品质与市场的需求相一致。消费规律说明，生活水平较低时，人们对农产品的需求主要是追求数量，因为此时数量不足是主要矛盾，数量上的满足就使生活有了保障；随着生活水平的提高，人们对农产品的需求会逐渐转向追求品质，因为此时的主要矛盾已不再是数量不足而是如何提高生活质量，品质就会逐渐取代数量而成为市场对农产品需求的主旋律。适应这一变化规律，在数量短缺问题解决以后，农产品的生产就必须在结构上突出品质，把提高品质作为农产品生产的结构灵魂。增加高品质农产品的生产，增强能够满足多样化、专用化、优质化和营养化消费需求的农产品的供给能力。农产品品质的提高，农业生产的产中结构的调整是重要的，但仅仅通过产中的努力还是不够的，还应发展农产品的产后加工。发展经验表明，农产品的产后加工尤其是精加工和深加工，是提高农产品品质的重要途径。因此，大力发展农产品加工业，提高农产品的产后加工程度和层次，也是我国农业结构调整和优化的重要要求。

四是上市层次上的调整和优化。即调整农产品的上市时间，均衡农产品在旺季和淡季的市场供应，实现农产品上市的时间结构与市场对农产品的需求相一致。农业的特性决定了农产品的生产具有强烈的季节性，但农产品的消费需求则没有季节性。这样，农产品的季节性生产和经常性消费之间就形成了一对矛盾。生产的季节性导致的集中上市，往往使旺季供过于求、价格下跌，淡季则供不应求、价格上涨，这是引发农产品市场供求矛盾的一个基本原因。在不少情况下，一些农产品的生产在总量上虽然并未超过消费需求量，但由于不能做到均衡上市，从而造成了旺季"卖难"和淡季"买难"并存的市场矛盾，造成了供求不平衡的市场波动。对于这些情况，从理论上讲，只要调整上市结构，做到均衡供应，问题就会迎刃而解，这就提出了优化农产品上市结构的必要性。由于农产品是生物性产品，如果保存得不好，其使用价值会随着时间的推移而逐渐丧失以至于完全消失。因此，实现农产品均衡上市的关键是解决产后储藏保鲜问题。可见，大力发展农业产后储藏业，提高农产品储藏保鲜水平，以优化农产品的上市时间结构，也是我国农业结构调整和优化的一项基本内容。

五是贸易层次上的调整和优化。即利用国际市场，调整国内农产品的市场供求关系，实现国际国内双重资源格局下的农业生产结构优化。可以充分利用国际市场，寻求和实现国际国内两种资源和两个市场的有效转换，大力增加具有比较优势的产品的生产，适当缩减不具备比较优势的产品的生产，再通过进出口贸易调整供求关系，实现在参与国际市场运作状态下的农产品供求平衡。这说明，农业生产结构的调整在战略和战术上都不能局限于国内，而要放眼于世界。仅仅从国内资源和国内市场出发调整农业生产结构，不可能实现农业生产结构的真正优化。因此，调整农业生产结构时充分考虑国际资源和国际市场，综合国际国内因素筹划调整方案，把结构优化真正建立在发挥比较优势的基础之上。

六是区域层次上的调整和优化。即调整农业生产的区域布局尤其是农作物的区域布局，按照资源的比较优势配置生产项目，打破"小而全"的生产模式，克服机械地照抄照搬、结构雷同的做法，突出优势，积极发展区域特色农业、区域优势农业，逐步形成规模化、专业化的区域分工和生产格局。

农业结构调整的六个层次中，提高农产品品质，增加高品质农产品生产，不断提高高品质农产品在整个农产品中的比重，是农业结构调整优化思路的一条主线。这条主线说明，农业结构调整优化的核心是使农业更好地适应市场，实现农产品生产与市场需求有效对接，而不是简单的多种点什么、少种点什么的问题，是全面提高农产品质量，优化农业产业结构，优化农业区域布局，实现农业可持续发展，提高农业的整体素质和效益。因此，农业结构调整和优化，要应着眼于农业对市场的适应，着眼于农民收入的增加，着眼于农业生产率和效益的提高，着眼于农业整体素质和竞争力的提高，着眼于农业经营方式的优化。

案　例

湖南浏阳孔蒲中家庭农场：稻田综合种养 优化农业结构[①]

孔蒲中家庭农场位于湖南浏阳市达浒镇金石村，主要从事"稻田＋鳖"的综合种养，兼营鱼、螺、蛙、鸡、蘑菇、水果等，是省级示范性家庭农场。农场主孔蒲中通过多年摸索，总结出一套"稻田＋鳖"综合种养的生态循环模式，取得了良好经济效益。2018 年"稻田＋鳖"综合种养达到 200 多亩，净利润达到 71 万余元。

农场以"稻田＋鳖"为基础，再将鱼、泥鳅、黄鳝、青蛙、螺、鸡、蔬菜、果树等逐步引入，水稻、稻田底栖动物、陆栖动物、水生昆虫和植物组成了一个循环生态系统。水稻将鳖和混养水生动物排泄的粪便作为生长发育的有机肥料，鳖吃"水稻害虫"

[①] 农业农村部：《第一批全国家庭农场典型案例（24）》，农业农村部网站 2020 年 5 月 20 日。

福寿螺，淡水鱼吃稻花、枯叶、田间杂草，青蛙和鸡吃害虫，这种循环共生的生态系统还可以延伸和扩展。2018 年下半年农场利用稻田秸秆发酵作为制作蘑菇的培养料，2019 年占地 3 亩的 10 个蘑菇大棚销售收入达到 10 万元。

由于稻田中鱼、鳖的活动较为频繁，粪便的排放又使得土质较肥沃，同时鱼、鳖对药物的敏感性远远超过水稻，所以选购的稻种应该是生长期较长、茎秆坚硬、耐肥、抗倒伏、抗病虫害能力较强的品种。此外，又因为鳖沟、沙滩的修建导致稻田有效面积大大减小，为了弥补这一不足，选择的稻种要优质高产。农场现在种植的是湖南省水稻研究所培育的常规中熟中稻"农香 32"和常规中熟晚籼"玉针香"。"农香 32"和"玉针香"不但抗倒性和抗病性强，而且丰产性好、米质优、口感佳。这两个品种的稻谷市场价格比一般稻谷品种高出 0.7—1 元，增收效益较为明显。

孔蒲中家庭农场不但取得良好的经济效益，也取得很好的生态效益和社会效益。稻田综合种养模式有效减缓了农田温室气体的排放，改善了土壤理化性状，提升了土壤肥力。通过物理和生物的办法防止病虫害，显著减少农药和化肥的投放，减少了农业面源污染。

3. 农业结构调整必须面向市场

农业结构调整必须面向市场需求，不能关起门来调结构，不能靠拍脑袋调结构，脱离市场的结构调整是不可能获得成功的。面向市场的具体含义是：根据市场需求确定生产什么和生产多少，市场需要什么就生产什么，市场需要多少就生产多少，市场什么时候需要就什么时候生产，通俗讲就是"以销定产"。面向市场，在层次上讲不仅要面向本地市场，而且要面向区域市场和全国市场，还要面向世界市场。

面向市场调整结构，首先应在理念上摒弃"以产定销"观念。由于在数量短缺情况下，市场供求的主要矛盾是供给不足，农产品基本不存在"卖难"问题，生产什么就卖什么，生产多少就能卖多少。然而，这种"以产定销"的经营观念和模式，绝对不能适应目前的农业结构调整实践。如果只顾生产、不顾市场，不分析市场行情，生产与市场脱节，所生产出来的产品肯定卖不出去，结构调整肯定成功不了。因此，结构调整不能简单化地追求某个产品的种植面积扩大了多少，产量增加了多少，而要把重点放在市场的开拓上，放在农业对市场的适应上，要把在结构调整中农民得到了多少实惠、增加了多少收入作为衡量结构调整成效的基本标准。

面向市场调整结构，最关键的是要了解和掌握市场。只有了解和掌握了市场，才能有效地驾驭市场。为此，结构调整必须对市场进行广泛的调查，收集准确的市场需求信息，通过对市场信息的整理分析，把握市场的现状和走势。由于市场需求是多种多样的，市场需求信息也是千变万化的，市场信息的收集整理也是需要付出成本的，一家一户分散经营的农民，仅仅依靠自身的力量难以获得及时真实可靠的市场信息，这就制约了农民经营决策的科学性，使单家独户的农民很难成功地进入市场。解决这种一家一户的小生产与社会化大市场之间的矛盾，需要政府为农民提供及时有效的市场信息服务，引导和帮助农民顺利进入市场，在目前农村中介服务组织发育不足的情况下，政府的这种市场信息服务功能就显得尤为重要。为农民提供及时有效的市场信息服务，是政府在农业结构调整中的一项重要职责。

引导农民进入市场，面向市场调整结构，需要采取有效的形式。从目前情况看，"订单农业"是把农户的生产与市场有机结合起来的一种有效形式，这种形式既有利于维护农民的生产经营主体地位，又有利于发挥政府的宏观指导和引导作用，不受条件的限制，具有广泛的适应性。积极培育龙头企业，采取"公司＋农户"的方式引导农民进入市场，也是一种行之有效的形式，推广这种形式，要特别注意在龙头企业和农户之间形成利益共享、风险共担的经营机制，以保护农民的利益不受侵害。另外，要积极发育农村中介服务组织，培育农村经纪人队伍，充分发挥他们在连接农户与市场方面的积极作用。

4. 农业结构调整必须因地制宜

从实际出发，因地制宜，是组织农业生产的一个基本原则，也是组织农业结构调整的一个重要原则。所谓从实际出发，因地制宜，就是从本地区、本单位的自然资源条件出发，从本地区、本单位的区位特点出发，通过分析自己的资源优势和经济优势，确定自己的比较优势和区位优势，在自身优势的基础上来定位农业结构调整的目标和方向，制定农业结构调整的模式。

由于我国是一个幅员辽阔、地形地貌比较复杂的国家，从山地到高原、从丘陵到平原，各种地形都有；从气候带的分布看，我国地跨热带、亚热带、暖温带、温带、寒温带和局部特殊气候带等不同气候带，温度、湿度、光照、降雨量等差异很大。因此，我国农业具有明显的区域性特点。即使在同一个区域内，由于自然资源分布的不均衡性，各个地区、各个单位甚至企业之间，也会存在差异。这种差异性，是农业结构调整要因地制宜的客观基础。如果不从本地区的实际出发，不按照自身的比较优势来从事农业结构调整，农业结构调整是不可能获得成功的。不因地制宜的结果，是农业资源的生产效率不能得到充分发挥，还会直接导致农业结构调整在具体项目上的雷同或重复。目前我国农业结构调整中一些地区出现的雷同甚至简单重复现象，就是没有真正从各自的实际出发，没有从各自的比较优势出发，没有真正因地制宜的表现。农业结构调整的趋同或重复，不仅会浪费农业资源，而且会加剧市场竞争，这对农业结构调整的顺利推进和农业的健康发展是不利的。所以，各地在农业结构调整中，必须坚持因地制宜的原则，必须从当地的实际条件出发，从当地的具体情况出发，从当地的比较优势出发。只有从实际出发，因地制宜，充分利用了当地的资源，发挥了当地的比较优势，才能形成具有各自特色的农业结构模式，才能实现农业结构调整的健康顺利进行。

案　例

甘肃定西：马铃薯成为大产业 [①]

甘肃定西市安定区发挥地域优势，把马铃薯作为助推乡村振兴的优势主导产业，构建产加销相衔接、贸工农一体化的马铃薯全产业链发展体系，马铃薯产业收入占到全区农民人均可支配收入的 1/3。

一是推良种。培育壮大种薯企业 17 家，形成 5.5 亿粒的优质脱毒种薯繁育能力，占全国的 29%。每年建设原种基地 3 万亩以上、一级种基地 30 万亩以上，实现种植环节脱毒种薯全覆盖。

二是建基地。推广"脱毒良种＋黑膜覆盖＋配方施肥＋机械耕作＋病虫防控"的"五统一"标准化技术，打破乡镇、村社界限，建立集中连片的种薯、鲜薯、加工薯标准化种植基地 60 万亩以上。

三是育主体。扶持发展马铃薯专业合作组织 416 个，创建国家级示范社 3 个、省级社 20 个，形成"分工协作、风险共担、利益共享"的马铃薯产业联合体。

四是强加工。以主食化、精深化为方向，培育马铃薯加工

---

① 农业农村部乡村产业发展司：《全国乡村产业高质量发展"十大典型"》，农业农村部网站 2021 年 3 月 2 日。

龙头企业 11 家。2020 年，加工鲜薯 80 万吨、生产马铃薯制品 14 万吨。

五是抓流通。支持企业配建标准化恒温储藏库，扶持专业合作社建设贮藏窖，实现分级贮藏，马铃薯贮藏能力达到 88 万吨。依托国家级定西马铃薯批发市场和经销协会，建立线上线下相配合的多元销售渠道。2020 年，共外销鲜薯 70 万吨，马铃薯制品 12 万吨，实现销售收入 38 亿元。

六是育品牌。强化马铃薯产业全过程品牌标准体系，认证马铃薯绿色、有机和地理标志产品 17 个，"三品一标"面积 105 万亩；将 146 家生产经营主体纳入全省农产品质量安全监管追溯平台，做到"带证上网、带码上线、带标上市"。制定区域公用品牌管理办法，"定西马铃薯"被评为中国驰名商标，进入中国农业品牌目录；"定西马铃薯脱毒种薯"被认定为国家地理标志保护产品；培育"新大坪""福景堂""爱兰"等 10 多个知名商标。

5. 农业结构调整必须维护农民主体地位

农民是农业结构调整的主体，这一点必须明确。农民的主体地位是由农民的商品经济地位和农民在结构调整中的具体作用等因素决定的。首先，在社会主义市场经济条件下，农民是一个独立的商品经济主体，是自负盈亏的商品生产经营者，有权对生产什么、生产多少以及如何生产等问题进行自主决策，并独立承担决策的风险和负责生产经营活动的盈亏结果；其次，以家庭承包经营为基础、统分结合的农村基本经营制度，赋予了农民的生产经营自主权，在法律制度上确立了农民的生产经营主体地位；再次，农业结构调整的方案要靠农民去具体实施和落实，农业结构调整的具体过程要靠农民去完成，离开了农民的广泛积极参与，结构调整无法进行，更不可能获得成功。另外，农民的生产经营积极性还直接与农民主体地位的维护情况有关。实践证明，只有充分尊重和维护农民的主体地位，才能有效调动农民的积极性，发挥农民的创造性。因此，农业结构调整一定要尊重农民的主体地位，确立农民的主体地位，维护农民的主体地位。

尊重农民的主体地位，具体讲，就是要尊重农民的土地承包权、生产决策权、自主经营权、产品处置权和经营收益权，就是要维护农民的这些权利不受侵犯。从实际情况看，一些地方在结构调整过程中还经常出现不尊重农民市场主体地位甚至侵害农民自主权的事情，比如强迫农民种这种那，强迫农民接受统一的调整方案，强迫农民抛掉玉米种药材，等等。因此，必须高度认识尊重和维护农民主体地位的重要性，切实尊重农民的生产经营自主权。

尊重农民的主体地位，在结构调整实践中，要特别注意不能代替农民决策，更不能对农民强迫命令。政府应帮助农民分析市场行情、提供技术服务，指导农民种，引导农民调，帮助农民销，但不能代替农民决策，当农民还不能理解和接受调整方案时，应允许农民思考和选择，不能把政府的意志强加在农民头上，甚至用行政命令强迫农民。违背农民意愿，侵犯农民自主权，挫伤农民积极性，这样的农业结构调整和农业发展是难以成功的。

6. 农业结构调整必须积极发挥政府作用

在农业结构调整中，农民的生产经营活动要用市场上的信息进行决策，所生产出来的产品要在市场上销售。然而，市场信息是千变万化的，市场信息的收集整理也是需要付出成本的。一家一户分散经营的农民，仅仅依靠自身的力量难以获得及时真实可靠的市场信息，这就制约了农民经营决策的科学性，使单家独户的农民很难成功地进入市场。解决这种一家一户的小生产与社会化大市场之间的矛盾，需要政府为农民提供及时有效的市场信息服务，引导和帮助农民顺利进入市场。目前我国农民的文化科技素质还比较低，商品经济的意识还比较差，驾驭市场经济的能力还比较弱，独立进行科学的生产经营决策的能力还不够强，这些都可能会使农民的结构调整行为出现盲目性。实践中就有不少农民对结构调整较为茫然，不知道调什么和如何调。这就需要政府通过科学的产业政策和发展规划，对农民的生产经营活动进行宏观指导和引导，为农民的结构调整活动指出方向，使农民的微观调整活动与国家的宏观产业发展方向有机地统一起来，减少结构调整的盲目性和农业发展的波动性。另外，在结构调整中，还有许多一家一户农民办不了、办不好或办起来不经济的事情，比如交通、通信、水利、营销设施、关键的技术措施等，这些公共产品则需要政府来提供，农民也希望政府能给结构调整提供必要的财政和金融支持。总之，农业结构调整离不开政府的引导、服务和调控。农业结构的顺利推进，必须有效地发挥政府的引导、服务和宏观调控作用。

在农业结构调整中，政府的作用是引导、服务和宏观调控。这些作用的具体表现是：制定结构调整和农业发展规划以及农村产业政策，把农民的微观活动引导到发展规划的框架之内；为农民提供市场和科技服务，培育农民的竞争能力，引导农民顺利地进入市场；规范市场秩序，完善市场交易规则，培育和建立市场体系；提供公共服务，尤其是基础设施建设服务；在财政、金融、资本市场等领域为农业结构调整提供必要的资金支持，对农民的生产经营活动给予必要的支持和保护。

结构调整中维护农民的主体地位与发挥政府的引导、服务和宏观调控作用这两个方面并不矛盾，二者相辅相成，是一个有机整体。一方面，农民的主体地位是政府引导、服务和调控作用的前提和基础，政府的引导、服务和调控作用必须建立在农民是主体的基础之上，离开了农民这个主体，政府的引导、服务和调控作用就失去了对象，也失去了意义；另一方面，政府的引导、服务和调控作用是农民主体地位和目标实现的条件，没有这个条件，农民的主体地位得不到保障，农民的生产经营目标难以实现。强调农民的主体地位，并不意味着政府撒手不管，无所作为；强调政府的引导、服务和宏观调控，也不意味着政府包办一切，代替农民决策，甚至对农民进行强迫命令。要把二者有效地结合起来，有机地统一起来，不可偏废，更不能对立。处理二者关系的关键点是要准确把握政府的作用，在实践中要特别注意防止两种倾向：一是政府"越位"，管一些不该管的事；另一是政府"缺位"，即不到位，该做的事没有做，或没有做好。这两种倾向都不利于农业结构调整的顺利推行，必须坚决克服。

在结构调整中，政府作用的发挥还要讲究方式方法。政府有关部门要从实际出发，因地制宜，切实转变工作作风、工作方式和方法，树立求真务实、勤于服务的工作作风，善于用引导、示范、服务的办法，指导农民调整结构，要善于总结典型的经验，把推广经验、用典型引路当作指导农业结构调整的有效办法。

七、加快建设现代农业

加快农业现代化是乡村振兴的目标。全面推进乡村振兴，必须加快建设现代农业，尽快把农业现代化这条"四化同步"发展的短腿补起来。

1.现代农业的一般特征

现代农业是一个动态的概念，是当今世界农业已经达到的最高发展水平的概括。农业现代化，就是推进农业从传统发展水平达到现代发展水平的过程。

一般认为，世界范围的农业现代化进程，是从20世纪初随着工业革命的演进和科学技术的进步而启动的。最早启动农业现代化进程的国家是美国，该国1910年开始在农业中大量使用拖拉机，1940年基本实现农业机械化，40 年代末基本实现农业现代化。第二次世界大战后，法国、德国等西欧国家和日本相继启动了农业现代化进程，并于 70 年代基本实现农业现代化。目前，全世界 190 多个国家和地区中，有近 30 个国家和地区实现了农业现代化。

各国由于自然资源禀赋和经济社会基础不同，实现农业现代的道路选择也各具特色。世界各国的农业现代化道路，大致可以分为三种类型：一是以美国、加拿大等为代表的人少地多、劳动力短缺国家，主要以提高农业劳动生产率为目标，以推进生产手段现代化为主改善农业生产条件和提高农业生产能力，农业现代化从农业机械化入手。它们的农业现代化主要是用机械设备替代人力畜力，用资本替代劳动，扩大农场经营规模，实现农产品产量的增加。二是以日本、荷兰等为代表的人多地少、土地短缺国家，主要以提高土地生产率为目标，以推进生产技术现代化为主改善农业生产条件和提高农业生产能力。它们的农业现代化主要从良种、肥料、栽培、灌溉等生物技术措施现代化入手，用资本替代土地，提高土地集约经营水平，实现农产品产量的增加。三是以法国、德国等为代表的人地比例适中的国家，把提高劳动生产率目标和提高土地生产率目标并重，把生产手段现代化和生产技术现代化放在同等重要的位置。它们的农业现代化同时从采用现代生产工具和现代种养技术入手，走的是生产手段现代化和生产技术现代化并举的路子。

纵观世界发达国家的农业，既有显著差异，也有共同特征。这些共同特征反映出现代农业的一般规律。具体而言，共同特征包括以下几个方面：

一是农业生产条件的现代化。即用现代生产工具和能源消耗代替简单的人力畜力和有机能源，实现农业机械化、电气化、水利化、化学化，以及农村交通、通信网络化，农业基础设施先进、农业生产装备优良，极大地提高农业劳动生产率。

二是农业经济结构的现代化。主张尊重自然规律和市场规律，建立充分发挥各地资源、区位、经济、人文等综合优势的农业区域结构，形成具有市场竞争力和经济规模的农业支柱产业、品牌产品和特色农业产业带。在特定区域内，专业化生产特征明显，社会分工较为细密，服务体系较为完善，形成若干农业产业集群。

三是农业技术的现代化。在农业领域广泛采用现代科学技术，包括生物工程技术、微电子技术、空间技术、材料技术等，实现作物及畜禽等劳动对象的良种化，耕作、饲养技术的科学化，把依靠传统经验进行生产的农业转变为知识密集的农业。科技进步成为农业生产发展的主要推动力，并具有不断吸纳应用先进科学技术的新机制，使科学技术在农业生产领域得到广泛应用，农业科研、教育、推广网络齐全，形成多层次、覆盖整个农村的农科教网络体系。

四是农业经济形式的现代化。改变传统的自给自足的自然经济，向着商品化、社会化方向发展。农民直接面对市场自主经营，实现高度的专业化与社会分工，农产品商品率很高，突破了封闭的自然经济状态。农业生产组织化程度较高，形成了一套高效的农业组织体系，帮助农民较高地适应了市场经济的要求。改变农民的知识结构、价值观念，改变农村产业结构、劳动力的就业结构、人口的城乡分布，引起农业农村农民的深刻变化。

五是农业生态的现代化。农业发展目标开始由单纯追求经济效益向兼顾经济效益、生态效益、社会效益转变，农业生产方式趋于环保，生产过程趋于清洁，资源利用趋于循环，农业功能趋于多样，农业产品趋于"绿色"。在农业生产过程中保护和维持生态平衡，推广环境友好性生产技术，建立健全农业环境保护的体制机制，大幅减少农业生产中的资源能源消耗，大力消除农业生产对环境的污染和破坏，力争在人口增加、经济发展与农业高产高效化的同时，不断改善资源环境状况，使人能与大自然和谐相处，从而能保持农业的可持续发展。

六是农民素质的现代化。从个体的角度来看，农业现代化是农民素质的现代化，包括思想观念现代化和科学技术知识现代化。各国在实现农业现代化过程中，着力加强农业劳动力的教育和培训，加快农业知识和技术向农村的传播，帮助劳动者掌握必要的专业知识，具有接受和应用现代农业技术的素质和技能，有较强的现代市场意识和管理才能，能熟练地使用农业先进机械和设备，进而大幅度提高劳动生产率。

2. 着力构建现代农业的"三大体系"

加快建设现代农业，走中国特色农业现代化道路，就是要立足我国基本国情和农业发展阶段，遵循农业现代化建设的一般规律，以推进农业生产条件现代化、农业生产手段现代化、农业生产技术现代化、农业生产过程现代化、农业生产管理现代化为内容，以保障农产品供给、提高农民生活水平、促进可持续发展为目标，以现代科学技术、现代物质装备、现代产业体系为支撑，充分发挥市场配置资源的作用、农民的主体作用、政府的支持保护作用，加快改造传统农业，加快实现农业现代化。

在推进乡村振兴过程中，建设现代农业的基本抓手和着力载体是构建现代农业的"三大体系"——产业体系、生产体系、经营体系。现代农业是一个包含产业体系、生产体系、经营体系在内的有机整体。其中，产业体系是现代农业的结构骨架，旨在解决"生产什么"的问题；生产体系是现代农业的技术和动力支撑，旨在解决"如何生产"的问题；经营体系是现代农业的运行保障，旨在解决"谁来生产"的问题。从发达国家现代农业发展实践看，各国现代农业发展道路和模式尽管不尽相同，但现代农业建设在内容上无不包含了产业体系、生产体系、经营体系"三个体系"。产业体系、生产体系、经营体系，是现代农业的内涵要求和必要内容。建设现代农业，"三个体系"缺一不可。现代农业"三个体系"也是不断发展和丰富的。当今世界，现代农业在产业体系上已经表现出由种植业、畜牧业、渔业、林业等基本产业扩展延伸到生产资料供应、生产技术及信息服务等农业产前部门和农产品加工、流通、销售、食品消费、市场信息服务等农业产后部门，甚至进一步扩展延伸到了农业观光旅游、农业生态休闲、农业传统文化保护传承、电子农业商务等农业生产性和生活性服务的第三产业；在生产体系上呈现出向机械化、自动化、智能化相结合的生产方式发展的基本态势；在经营体系上展现出农业规模化经营、工商资本进入农业、农业日益扩大同资本市场和期货市场结合等新的态势。

从整体看，我国农业"三个体系"还很不健全和完善，产业体系存在结构不合理等问题，生产体系存在物质技术装备不足等问题，经营体系存在规模偏小和新型经营主体缺乏等问题。要从化解这些问题入手，明确着力点，加快建设现代农业"三个体系"。

建设现代农业产业体系，就是要在稳定粮食生产、确保国家粮食安全特别是口粮绝对安全基础上，积极调整农业生产结构，大力发展现代畜牧业、园艺业、水产业、林业，大力发展高附加值、高营养品质的农产品生产，不断优化农业区域布局；积极延伸农业链条，大力发展农产品加工和流通业，发展农业社会化服务业，发展围绕农业活动的第三产业，推动粮经饲统筹、农牧渔结合、种养加一体、一二三产业融合发展，提高农业整体素质和竞争力。

建设现代农业生产体系，就是要用现代物质装备武装农业，用现代科学技术提升农业，强化农业水利、农产品市场等公共基础设施，大规模推进农田水利、土地整治、中低产田改造、高标准农田建设，健全从农田到餐桌的农产品质量安全全过程监管体系、现代农业科技创新推广体系、农业社会化服务体系，提高农业机械化、电气化、科技化、信息化、标准化水平，提高农业生产效率。

建设现代农业经营体系，就是要大力培育专业大户、家庭农场、农民合作社、农业企业等新型农业经营主体，培养新型职业农民，重点培育以家庭成员为主要劳动力、以农业为主要收入来源、从事专业化集约化农业生产的家庭农场，构建集约化、专业化、组织化、社会化相结合的新型农业经营体系；发展多种形式适度规模经营，发挥其在现代农业建设中的引领作用；鼓励和引导工商资本到农村发展适合企业化经营的现代种养业，向农业输入现代生产要素和经营模式，实现家庭经营、合作经营、集体经营、企业经营共同发展。

案　例

山东济宁向阳花家庭农场：用机械化支撑规模经营[①]

向阳花家庭农场位于山东省济宁市兖州区新兖镇大南铺村，经营土地面积460亩，主要从事粮食、蔬菜种植和休闲观光农业，绿色蔬菜种植面积100亩，大田作物种植面积360亩，年经营收入200多万元，利润30多万元，农场先后被评为"济宁市示范农场""省级示范农场"。

为有效经营460亩耕地，农场全程配置农业机械，拥有包括联合收割机、播种机、拖拉机、自走式打药机等在内的农业机械设备12台套，还有专门的晾晒场和仓库，整个生产过程基本上都能用自己的机器完成，耕种收环节每亩可节省80元。同时，农场也会为附近农户提供机械化作业外包服务。在种植玉米时，农场根据多年的种植经验，选择多个品种来控制风险，并采用更加均匀的机器播种，这样种出的玉米不易倒伏，产量每亩可达1300斤，高于周围农户。收割后的秸秆用机器打到5厘米大小后直接还田，能够为来年作物生长提供养分。

农场还加强设施农业建设，节本增效，目前有冬暖式大棚

---

① 农业农村部：《第一批全国家庭农场典型案例（5）》，农业农村部网站2020年5月20日。

35个，其中30个主要种植羊角蜜甜瓜、哈密瓜等优质瓜菜，并开展瓜菜育苗，还配套完善了办公和仓储设施。在瓜果蔬菜种植区铺设了喷灌、滴灌设施，不仅省水还管理方便。同时硬化了田间主干道1600米，并架设了Wi-Fi和摄像头，安装了农业物联网系统。另外建有1座100立方米的沼气池，将菜渣和废渣废物利用，做到了高效且环保。用机械化和现代化设施，支撑了农业规模经营和高效发展。

八、全面发展乡村产业

粮食生产、畜牧业生产、农业结构调整优化、建设现代农业，这些产业活动属于农业范畴，是乡村产业的主要部分。发展乡村产业，推进乡村产业振兴，首先要把包括种植业、畜牧业、渔业、林业在内的农业生产搞好，把农业发展好，这是推进乡村产业振兴的主要任务。除此而外，还要全面发展农产品加工业、农产品流通业、农业生产性服务业、乡村旅游业等，构建多元化的乡村产业体系，推进乡村产业体系现代化。

农业农村部是主管乡村产业发展的部门。2020年7月，农业农村部发布《全国乡村产业发展规划》[①]，主要对提升农产品加工业、拓展乡村特色产业、优化乡村休闲旅游业、发展乡村新型服务业等作出规划安排，提出要发掘乡村功能价值，突出集群成链，延长产业链，提升价值链，培育发展新动能，聚焦重点产业，聚集资源要素，大力发展乡村产业。到2025年，乡村产业体系健全完备，乡村产业质量效益明显提升，乡村就业结构更加优化，产业融合发展水平显著提高，农民增收渠道持

[①] 农业农村部：《全国乡村产业发展规划（2020—2025年）》，农业农村部网站2020年7月16日。

续拓宽，乡村产业发展内生动力持续增强。农产品加工业持续壮大，农产品加工业与农业总产值比达到 2.8∶1，主要农产品加工转化率达到 80%；乡村特色产业深度拓展，培育一批产值超百亿元、千亿元优势特色产业集群，建设一批产值超十亿元农业产业镇（乡），创响一批"乡字号""土字号"乡土品牌；乡村休闲旅游业优化升级，农业多种功能和乡村多重价值深度发掘，业态类型不断丰富，服务水平不断提升，年接待游客人数超过 40 亿人次，经营收入超过 1.2 万亿元；乡村新型服务业类型丰富，农林牧渔专业及辅助性活动产值达到 1 万亿元，农产品网络销售额达到 1 万亿元；农村创新创业更加活跃，返乡入乡创新创业人员超过 1500 万人。

1. 提升农产品加工业

鼓励和支持农民合作社、家庭农场和中小微企业等发展农产品产地初加工。果蔬、奶类、畜禽及水产品等鲜活农产品，重点发展预冷、保鲜、冷冻、清洗、分级、分割、包装等仓储设施和商品化处理。粮食等耐储农产品，重点发展烘干、储藏、脱壳、去杂、磨制等初加工。食用类初级农产品，重点发展发酵、压榨、灌制、炸制、干制、腌制、熟制等初加工。棉麻丝、木竹藤棕草等非食用类农产品，重点发展整理、切割、粉碎、打磨、烘干、拉丝、编织等初加工。

推进农产品加工向优势区域聚集。在粮食生产功能区、重要农产品保护区、特色农产品优势区和水产品主产区，建设加工专用原料基地，改变加工在城市、原料在乡村的状况；向中心镇（乡）和物流节点聚集，在农业产业强镇、商贸集镇和物流节点布局劳动密集型加工业，促进农产品就地增值，带动农民就近就业，促进产镇融合；向重点专业村聚集，依托工贸村、"一村一品"示范村发展小众类的农产品初加工，促进产村融合。

案 例

河南漯河："三链同构"实现食品产业集群协同发展①

河南漯河市是粮食和农业大县，近年来紧紧抓住"粮头食尾、农头工尾"，围绕产业链、价值链、供应链，探索出"三链同构"、集群协同的农食融合乡村产业高质量发展模式。

培育产业群体，促进全产业链延伸。一是扶持五级订单生产，夯实产业链基础。按照专种专收、专储专用、优种优收、优加优销要求，组织食品加工企业、面粉生产企业、种子企业、收储企业与种植大户、家庭农场和小农户签订"五级订单"。二是培育产业化联合体，促进产业链延伸。支持组建龙头企业牵头、农民合作社和家庭农场跟进、小农户广泛参与的农业产业化联合体 25 个，联合体吸收龙头企业 100 家、农民合作社和家庭农场 200 家，年产值突破 900 亿元。三是打造优势产业集群，带动产业链拓展。实施"十百千"亿级产业集群培育、"小升规"培育、"小升高"培育三大工程，形成了双汇肉制品、中粮面业面制品、喜盈盈烘焙膨化食品、卫龙休闲食品、中大恒源健康食品、三剑客乳制饮品等六大产业全链条集群化发展的品牌典型。

打造平台载体，促进全价值链提升。一是打造食品研发平台，提升科技价值。搭建国家级、省级研发平台 84 家，食品企业每年研发新产品 300 个以上。二是打造质量标准平台，提升品牌价值。设立市长标准奖，对主导或参与国家和行业标准制定的企业和组织进行奖补。以标准引领品种培优、品质提升、品牌创建，全市无公害农产品品牌 154 个、绿色食品品牌 35 个、有机

---

① 农业农村部：《全国乡村产业高质量发展"十大典型"》，农业农村部网站 2021 年 3 月 2 日。

农产品品牌 1 个，中国驰名商标 6 个、名牌产品 4 个。

打通产业间联结点，促进全供应链贯通。一是打通食品和装备制造业联系点，发展食品机械产业。规划建成智能食品装备产业园，吸引 6 家国家级高新技术企业入驻。二是打通食品和造纸产业联系点，发展食品包装产业。建设临颍食品饮料包装专业园区，年产各类饮料包装 45 亿只、占全国市场的 1/10。三是打通食品与宠物饲料行业联系点，发展宠物食品。投资 10 亿元建成宠物食品科技产业园，利用玉米提取淀粉和果糖后的副产品加工宠物饲料母料。四是打通食品与物流产业联系点，发展以冷链物流为重点的食品物流产业。全市国家 A 级物流企业 24 家，冷藏车拥有量占河南省 1/4，9 家企业上榜全国冷链物流百强、占河南省的 2/3。

2. 拓展乡村特色产业

开发特色食品，重点开发乡土卤制品、酱制品、豆制品、腊味、民族特色奶制品等传统食品。传承特色技艺，改造提升蜡染、编织、剪纸、刺绣、陶艺等传统工艺。引导农户、家庭农场建设一批家庭工场、手工作坊、乡村车间，用标准化技术改造提升豆制品、民族特色奶制品、腊肉腊肠、火腿、剪纸、刺绣、蜡染、编织、制陶等乡土产品。

建设富有特色、规模适中、带动力强的特色产业集聚区，打造"一县一业""多县一带"，在更大范围、更高层次上培育产业集群，形成"一村一品"微型经济圈、农业产业强镇小型经济圈、现代农业产业园中型经济圈、优势特色产业集群大型经济圈，构建乡村产业"圈"状发展格局。

建设"一村一品"示范村镇，依托资源优势，选择主导产业，建设一批"小而精、特而美"的"一村一品"示范村镇，形成一村带数村、多村连成片的发展格局，用 3—5 年的时间培育一批产值超 1 亿元的特色产业专业村。

建设农业产业强镇。根据特色资源优势，聚焦 1—2 个主导产业，建设一批标准原料基地、集约加工转化、区域主导产业、紧密利益联结于一体的农业产业强镇，用 3—5 年的时间培育一批产值超 10 亿元的农业产业强镇。要提升现代农业产业园，用 3—5 年的时间培育一批产值超 100 亿元的现代农业产业园。

建设优势特色产业集群，用 3—5 年的时间，培育一批产值超 1000 亿元的骨干优势特色产业集群，培育一批产值超 100 亿元的优势特色产业集群。

3. 发展乡村新型服务业

提升生产性服务业，适应农业生产规模化、标准化、机械化的趋势，支持供销、邮政、农民合作社及乡村企业等，开展农技推广、土地托管、代耕代种、烘干收储等农业生产性服务，以及市场信息、农资供应、农业废弃物资源化利用、农机作业及维修、农产品营销等服务。

拓展生活性服务业，改造提升餐饮住宿、商超零售、美容美发、洗浴、照相、电器维修、再生资源回收等乡村生活服务业，积极发展养老护幼、卫生保洁、文化演出、体育健身、法律咨询、信息中介、典礼司仪等乡村服务业。

4. 优化乡村休闲旅游业

建设城市周边乡村休闲旅游区；建设自然风景区周边乡村休闲旅游区；建设民俗民族风情乡村休闲旅游区；实施乡村休闲旅游精品工程，建设一批休闲旅游精品景点；建设休闲农业重点县，以县域为单元，依托独特自然资源、文化资源，建设一批设施完备、业态丰富、功能完善、在区域、全国乃至世界有知名度和影响力的休闲农业重点县；建设美丽休闲乡村，依托种养业、田园风光、绿水青山、村落建筑、乡土文化、民俗风情和人居环境等资源优势，建设一批天蓝、地绿、水净、安居、乐业的美丽休闲乡村；建设休闲农业园区，根据休闲旅游消费升级的需要，促进休闲农业提档升级，建设一批功能齐全、布局合理、机制完善、带动力强的休闲农业精品园区，推介一批外观美丽、体验美妙、内涵美好的乡村休闲旅游精品景点线路，引导有条件的休闲农业园建设中小学生实践教育基地。

案　例

海南：以共享农庄为载体发展休闲农业 [①]

共享农庄是依托农业多种功能性和乡村多重价值，把农村住房和田园等进行个性化改造，以农业和民宿共享为特征，集循环农业、创意农业、农事体验于一体的共享经济模式。近年来，海南创建了一批共享农庄试点，成为海南特色的"三农"新品牌，为乡村振兴提供新路径。主要做法是：

突出地域特色，发展各具特色的共享农庄。有以休闲度假为主要特色的共享农庄，如冯塘绿园共享农庄；有以乡村旅游为特色的共享农庄，如大皇岭共享农庄；有以品牌农业为特色的共享农庄，如"柚子夫妇""临高天地人"共享农庄；有以健康养生为特色的共享农庄，如"永忠黎宝共享农庄"；有以文化创意为特色的共享农庄，如"蝶恋谷共享农庄"。特色各异的共享农庄，既有城市品质、更有乡村风光，成为城乡之外的"第三空间"。

坚持农民参与，共享农庄把农民共享利益、共享发展成果

---

① 《海南共享农庄打造乡村产业融合体》，农业农村部网站 2019 年 5 月 13 日。

作为落脚点。儋州大皇岭共享农庄通过"公司＋合作社＋农户＋贫困户"模式，2017年通过养殖、种植和休闲旅游直接带动农户40户，其中建档立卡贫困户16户，提供就业岗位30个，促进农户增收超过150万元；"小鱼温泉共享农庄"解决本村就业人数233人，并带动当地321户村民组成合作社一起发展；白沙县"阿罗多甘共享农庄"为282户贫困户年发放80万元红利，得到扶贫系统的充分肯定。

强化行政推动，加强引导和规范，确保方向不偏、健康发展。加强政策引导，先后出台《关于以发展共享农庄为抓手建设美丽乡村的指导意见》《关于促进乡村民宿发展的指导意见》等一系列文件。加强规范引导，编制《海南共享农庄发展规划》《海南共享农庄评选办法》，制定《海南共享农庄建设规范》。加大资金引导，安排1亿元用于支持共享农庄创建工作。

乡村旅游业是乡村的新兴产业，是发展乡村产业的新的方向，是实施乡村振兴战略的重要力量。2018年11月，文化和旅游部、国家发展改革委、农业农村部等17部委发布《关于促进乡村旅游可持续发展的指导意见》[①]，对发展乡村旅游业作出了全面安排。

要促进乡村旅游规模化、集群化发展。东部地区围绕服务中心城市，重点推进环都市乡村旅游度假带建设，提升乡村旅游产品品质，推动乡村旅游目的地建设；中西部地区重点推动乡村旅游与新型城镇化有机结合，合理利用古村古镇、民族村寨、文化村镇，培育一批乡村旅游精品线路；东北地区依托农业、林业、避暑、冰雪等优势，重点推进避暑旅游、冰雪旅游、森林旅游、康养旅游、民俗旅游等，探索开展乡村旅游边境跨境交

---

① 文化和旅游部等17部委：《关于促进乡村旅游可持续发展的指导意见》，自然资源部网站2019年5月20日。

流，打造乡村旅游新高地。

要注重旅游资源开发的整体性。鼓励相邻地区打破行政壁垒，统筹规划，协同发展，依托风景名胜区、历史文化名城名镇名村、特色景观旅游名镇、传统村落，探索名胜名城名镇名村"四名一体"全域旅游发展模式。

要突出乡村旅游文化特色。有效利用文物古迹、传统村落、民族村寨、传统建筑、农业遗迹、灌溉工程遗产、农业文化遗产、非物质文化遗产等，融入乡村旅游产品开发；促进文物资源与乡村旅游融合发展，支持在文物保护区域因地制宜适度发展服务业和休闲农业，推介文物领域研学旅行、体验旅游、休闲旅游项目和精品旅游线路；支持农村地区地域特色文化、民族民间文化、优秀农耕文化、传统手工艺、优秀戏曲曲艺等传承发展，创新表现形式，开发一批乡村文化旅游产品；鼓励乡村与专业艺术院团合作，打造特色鲜明、体现地方人文的文化旅游精品。支持在乡村地区开展红色旅游、研学旅游。

要丰富乡村旅游产品类型。结合现代农业发展，建设一批休闲农业精品园区、农业公园、农村产业融合发展示范园、田园综合体、农业庄园，探索发展休闲农业和乡村旅游新业态；结合乡村山地资源、森林资源、水域资源、地热冰雪资源等，发展森林观光、山地度假、水域休闲、冰雪娱乐、温泉养生等旅游产品；鼓励有条件地区，推进乡村旅游和中医药相结合，开发康养旅游产品；充分利用农村土地、闲置宅基地、闲置农房等资源，开发建设乡村民宿、养老等项目；依托当地自然和文化资源禀赋发展特色民宿，在文化传承和创意设计上实现提升、完善行业标准、提高服务水平、探索精准营销，避免盲目跟风和低端复制，引进多元投资主体，促进乡村民宿多样化、个性化、专业化发展；鼓励开发具有地方特色的服饰、手工艺品、农副土特产品、旅游纪念品等旅游商品。

要建立全国乡村旅游重点村名录。开展乡村旅游精品工程，培育一批全国乡村旅游精品村、精品单位，支持资源禀赋好、基础设施完善、公共服务体系健全的乡村旅游点申报创建 A 级景区、旅游度假区、特色小镇等品牌。

要探索推广乡村旅游发展新模式。支持旅行社利用客源优势，通过联合营销等方式共同开发市场的"旅行社带村"模式；积极推进景区辐射带动周边发展乡村旅游，形成乡村与景区共生共荣、共建共享的"景区带村"模式；大力支持懂经营、善管理的本地及返乡能人投资旅游，以吸纳就业、带动创业的方式带动农民增收致富的"能人带户"模式；不断壮大企业主导乡村旅游经营，吸纳当地村民参与经营或管理的"公司＋农户"模式；引导规范专业化服务与规模化经营相结合的"合作社＋农户"模式。

要引导村集体和村民利用资金、技术、土地、林地、房屋以及农村集体资产等，入股乡村旅游合作社、旅游企业等获得收益。鼓励有条件、有需求的地方统筹利用现有资金渠道，积极支持提升村容村貌，改善乡村旅游重点村道路、停车场、厕所、垃圾污水处理等基础服务设施。鼓励通过流转等方式取得属于文物建筑的农民房屋及宅基地使用权，统一保护开发利用。在充分保障农民宅基地用益物权的前提下，探索农村集体经济组织以出租、入股、合作等方式盘活利用闲置宅基地和农房，按照规划要求和用地标准，改造建设乡村旅游接待和活动场所。支持历史遗留工矿废弃地再利用、荒滩等未利用土地开发乡村旅游。

案　例

浙江安吉：创新休闲农业与乡村旅游的安吉模式[①]

浙江安吉县以绿色发展为引领、以农业产业为支撑、以美丽乡村为依托，探索三产联动、城乡融合、农民富裕、生态和谐的

---

① 农业农村部：《全国乡村产业高质量发展"十大典型"》，农业农村部网站2021年3月2日。

发展道路。2020 年，全县休闲农业与乡村旅游总产值达 46.6 亿元，接待游客 1056 万人次，营业收入达到 21.5 亿元。

科学规划。坚持一张蓝图绘到底，"统一规划，统一品牌，统一运营"。编制《安吉县休闲旅游业规划》《安吉县休闲农业与乡村旅游规划》《安吉县乡村旅游发展专项规划》，出台《乡村民宿行业的服务质量通用要求》《农家乐服务质量通用要求》等地方标准，制定《地方消防治安管理办法》，每年投入超 3000 万元财政资金，支持乡村旅游基础设施建设、农家乐（民宿）提升、乡村人才引进等。

多业融合，因地制宜赋能"休闲农业+"，推动乡村休闲旅游与农业产业交叉融合、互促互融。注重农耕文明、田园风光、村落建筑、乡村生活等乡土元素保护，强化经营乡愁、经营文化理念，建立了 26 个村落文化博物馆，丰富乡村休闲旅游的内涵和人文体验。依托农业产业资源和山水风光，延伸乡村旅游产业链，大力发展涵盖研学旅行、农事体验等分享经济、体验经济，唱响"春赏花、夏嬉鱼、秋品果、冬食笋"的休闲农业四季歌。

创新突破，加强政策引导，激发产业发展的内生动力。积极探索农村闲置农房（宅基地）流转、农业标准地等改革举措，在全国率先创新推出农业产业融合项目建设"标准地"以及农业标准地抵押贷款等举措，县内农业"标准地"实施主体整体授信额度达 5 亿元，有效解决产业发展"用地难、贷款难"问题。每年举办"过个安吉年""畲村三月三"等系列特色乡村节庆活动，以"一乡一节"推动本地特色文化活动进入旅游市场。在原生态特色基础上，立足村情，推出乡村品质游内容，如报福镇以"福"文化为主题，在全镇各村打造"休闲报福""山水统里""民俗中张"等十大不同景致。

九、推进一二三产业融合发展

一二三产业融合发展是乡村产业发展的重要方向，是乡村产业振兴的重要内容。根据国务院办公厅发布的《关于推进农村一二三产业融合发展的指导意见》的部署①，农村一二三产业融合发展的总体思路是：以市场需求为导向，以完善利益联结机制为核心，以制度、技术和商业模式创新为动力，以新型城镇化为依托，着力构建农业与二三产业交叉融合的现代产业体系，形成城乡一体化的农村发展新格局。农村一二三产业融合发展的方向和重点是：发展多类型融合方式，培育多元化融合主体，建立多形式利益联结机制，完善多渠道融合服务，健全融合发展推进机制。

1.发展多类型融合方式

要从新型城镇化、农业结构调整、农业产业链、农业多种功能、农业新型业态等方面，发展多种类型的一二三产业融合方式。

一是着力推进新型城镇化。将农村产业融合发展与新型城镇化建设有机结合，引导农村二三产业向县城、重点乡镇及产业园区等集中。加强规划引导和市场开发，培育农产品加工、商贸物流等专业特色小城镇。

二是加快农业结构调整。以农牧结合、农林结合、循环发展为导向，调整优化农业种植养殖结构。建设现代饲草料产业体系，推广优质饲草料种植，促进粮食、经济作物、饲草料三元种植结构协调发展。大力发展种养结合循环农业，合理布局规模化养殖场。加强海洋牧场建设。积极发展林下经济，推进农林复合经营。推广适合精深加工、休闲采摘的作物新品

---

① 《国务院办公厅关于推进农村一二三产业融合发展的指导意见》，中国政府网 2016 年 1 月 4 日。

种。加强农业标准体系建设，严格生产全过程管理。

三是延伸农业产业链。发展农业生产性服务业，鼓励开展代耕代种代收、大田托管、统防统治、烘干储藏等市场化和专业化服务。完善农产品产地初加工补助政策，扩大实施区域和品种范围，初加工用电享受农用电政策。加强政策引导，支持农产品深加工发展，促进其向优势产区和关键物流节点集中。支持农村特色加工业发展。加快农产品冷链物流体系建设，支持优势产区产地批发市场建设，推进市场流通体系与储运加工布局有机衔接。在各省（区、市）年度建设用地指标中单列一定比例，专门用于新型农业经营主体进行农产品加工、仓储物流、产地批发市场等辅助设施建设。健全农产品产地营销体系，推广农超、农企等形式的产销对接，鼓励在城市社区设立鲜活农产品直销网点。

四是拓展农业多种功能。加强统筹规划，推进农业与旅游、教育、文化、健康养老等产业深度融合。积极发展多种形式的农家乐，提升管理水平和服务质量。建设一批具有历史、地域、民族特点的特色旅游村镇和乡村旅游示范村，有序发展新型乡村旅游休闲产品。鼓励有条件的地区发展智慧乡村游，提高在线营销能力。加强农村传统文化保护，合理开发农业文化遗产，大力推进农耕文化教育进校园，统筹利用现有资源建设农业教育和社会实践基地，引导公众特别是中小学生参与农业科普和农事体验。

案　例

四川明月村：文创赋能休闲农业推动产村融合发展 [1]

明月村位于四川省成都市蒲江县甘溪镇，近年来以竹海茶山明月窑为依托，大力推进农旅融合，走出了一条以"文创赋

---

[1]　农业农村部乡村产业发展司：《全国乡村产业高质量发展"十大典型"》，农业农村部网站 2021 年 3 月 2 日。

能休闲农业、推动产村融合发展"的发展之路。2020年接待游客23万人次，乡村休闲旅游收入达到3300万元，带动全村农民人均可支配收入达到2.7万元。

坚持创新机制，探索"政府搭台、文创撬动、公益助推、旅游合作社联动"的发展机制。争取国有建设用地指标，盘活集体建设用地和闲置宅基地，为明月村"引凤入巢"提供"启动器"。成立农旅融合项目工作推进组，吸引100余位知名艺术家和非遗传承人入驻，为明月村发展提供"孵化器"。积极争取财政支持，整合项目资金，完善乡村配套基础设施和公共服务供给，为农业强、农村美、农民富提供"助推器"。

坚持农旅融合，坚定"竹海茶山明月窑"发展思路。依托3000余亩有机茶叶基地、8000余亩雷竹园区和300多年的明月窑，成立明月村乡村休闲旅游合作社，推出农事体验、自然教育、制陶和草木染体验等项目，打造了蜀山窑、呆住堂艺术酒店等文创项目50余个，开发明月笋、明月染、明月陶等系列文创产品10余种，吸引150余名村民返乡创业就业，2020年合作社实现盈收130万元。

坚持文化传承，坚持特色化的发展方向。着力打造"明月村"特色文化品牌，连续举办春笋艺术节、中秋诗歌音乐会等特色文化活动，创设"明月书馆""陶艺博物馆"等公共文化空间，孵化"音乐种子计划""明月文舍"等文化创意项目，培育明月之花歌舞队、明月古琴社、明月诗社、守望者乐队等特色文艺队伍6支200余人，创作《明月甘溪》《明月集》等原创歌曲和原创诗集，开展产业、文化方面的培训每年达1.5万人次。

五是大力发展农业新型业态。实施"互联网＋现代农业"行动，推进现代信息技术应用于农业生产、经营、管理和服务，鼓励对大田种植、畜禽养殖、渔业生产等进行物联网改造。大力发展农产品电子商务，完善配送及综合服务网络。推动科技、人文等元素融入农业，发展农田艺术景观、阳台农艺等创意农业。鼓励在大城市郊区发展工厂化、立体化等高科技农业，提高本地鲜活农产品供应保障能力。鼓励发展农业生产租赁业务，积极探索农产品个性化定制服务、会展农业、农业众筹等新型业态。

六是引导产业集聚发展。加强农村产业融合发展与城乡规划、土地利用总体规划有效衔接，完善县域产业空间布局和功能定位。通过农村闲置宅基地整理、土地整治等新增的耕地和建设用地，优先用于农村产业融合发展。创建农业产业化示范基地和现代农业示范区，完善配套服务体系，形成农产品集散中心、物流配送中心和展销中心。扶持发展一乡（县）一业、一村一品，加快培育乡村手工艺品和农村土特产品品牌，推进农产品品牌建设。

2. 培育多元化融合主体

要从农民合作社和家庭农场、龙头企业、供销合作社、行业协会和产业联盟的方面，培育多元化的一二三产业融合主体。

一是强化农民合作社和家庭农场基础作用。鼓励农民合作社发展农产品加工、销售，拓展合作领域和服务内容。鼓励家庭农场开展农产品直销。引导大中专毕业生、新型职业农民、务工经商返乡人员领办农民合作社、兴办家庭农场、开展乡村旅游等经营活动。支持符合条件的农民合作社、家庭农场优先承担政府涉农项目，落实财政项目资金直接投向农民合作社、形成资产转交合作社成员持有和管护政策。开展农民合作社创新试点，引导发展农民合作社联合社。引导土地流向农民合作社和家庭农场。

二是支持龙头企业发挥引领示范作用。培育壮大农业产业化龙头企业和林业重点龙头企业，引导其重点发展农产品加工流通、电子商务和农业

133

社会化服务，并通过直接投资、参股经营、签订长期合同等方式，建设标准化和规模化的原料生产基地，带动农户和农民合作社发展适度规模经营。鼓励龙头企业建设现代物流体系，健全农产品营销网络。

案　例

宁夏昊王：构建产业化联合体促进融合发展[①]

昊王优质大米产业化联合体由宁夏昊王米业集团有限公司牵头，联合各产业相关公司、合作社、联合会、家庭农场、优质水稻种植大户及相关服务机构等32家成员单位共同发起成立，围绕优质粮食种植、加工、销售，依托农业社会化服务组织支撑，建立全产业链服务体系，涵盖良种繁育、金融保险、文化传媒、生态餐饮、园艺果蔬、畜牧养殖等多功能业务。截至2020年，联合体实现总产值10亿元，带动农户9500户，户均增收8200元。

联合体根据市场情况，制订大米产业发展和年度生产计划，提出水稻种植品种、收购质量标准和生产种植要求。以龙头企业为支撑，以社会化服务组织为纽带，为各成员单位提供农业生产资料供应、植保作业、绿色防控、技术指导培训、信息化管理等服务，推行种植环节"品种、培训、耕种、施肥、植保、管理、收获"七统一标准，通过多种方式建设"五优"（品种优、技术优、管理优、品质优、价格优）水稻种植基地，进行规模化、机械化、智能化生产。

联合体不断加强产学研联合，以科技研发为载体，提升技术

---

① 农业农村部：《全国乡村产业高质量发展"十大典型"》，农业农村部网站2021年3月2日。

创新能力，提升产品价值。与科研院校、农业技术专家、村队土专家等共同组建校企社产学研合作基地。广泛采用先进的生产工艺设备，以"品管、交易、品牌、烘干、仓储、加工、销售、配送"标准化流程化管理方式，开展稻米精细化生产，确保获得稳定增值收益供联合体成员共享。开发"冷鲜香"系列产品、昊王"红宝米"等高端大米，注册"昊王"商标，利用市场资源提升品牌效益。

联合体借助核心龙头企业的主导效应，提供多元化金融保障，带动农民持续稳定增收。设立联合发展基金，由金融机构按照1∶10比例放大贷款，帮助联合体成员单位及小农户解决贷款难的问题。搭建"粮食银行"服务平台，探索开发粮食银行"存转销、兑换、续存、转存、担保、贷粮、代存"七大功能，农民在通过契约方式保障粮食所有权的同时，将粮食经营权以"定期"或"活期"的形式过渡给企业，获得每年6%的分红，并按约定进行粮食提取或兑换。建立农业保险保障机制，以金融保险机构为支撑，为联合体成员单位及小农户提供农业保险等服务，提高成员单位的风险防控能力，促进稻米产业良性循环发展。

三是发挥供销合作社综合服务优势。推动供销合作社与新型农业经营主体有效对接，培育大型农产品加工、流通企业。健全供销合作社经营网络，支持流通方式和业态创新，搭建全国性和区域性电子商务平台。拓展供销合作社经营领域，由主要从事流通服务向全程农业社会化服务延伸、向全方位城乡社区服务拓展，在农资供应、农产品流通、农村服务等重点领域和环节为农民提供便利实惠、安全优质的服务。

四是积极发展行业协会和产业联盟。充分发挥行业协会自律、教育培训和品牌营销作用，开展标准制订、商业模式推介等工作。在质量检测、信用评估等领域，将适合行业协会承担的职能移交行业协会。鼓励龙头企业、农民合作社、涉农院校和科研院所成立产业联盟，支持联盟成员通过共同研发、科技成果产业化、融资拆借、共有品牌、统一营销等方式，实现信息互通、优势互补。

五是鼓励社会资本投入。优化农村市场环境，鼓励各类社会资本投向农业农村，发展适合企业化经营的现代种养业，利用农村"四荒"（荒山、荒沟、荒丘、荒滩）资源发展多种经营，开展农业环境治理、农田水利建设和生态修复。国家相关扶持政策对各类社会资本投资项目同等对待。对社会资本投资建设连片面积达到一定规模的高标准农田、生态公益林等，允许在符合土地管理法律法规和土地利用总体规划、依法办理建设用地审批手续、坚持节约集约用地的前提下，利用一定比例的土地开展观光和休闲度假旅游、加工流通等经营活动。能够商业化运营的农村服务业，要向社会资本全面开放。积极引导外商投资农村产业融合发展。

3. 建立多形式利益联结机制

要从订单农业、股份合作、工商企业社会责任、风险防范机制等方面，建立多种形式的一二三产业融合发展利益联结机制。

一是创新发展订单农业。引导龙头企业在平等互利基础上，与农户、家庭农场、农民合作社签订农产品购销合同，合理确定收购价格，形成稳定购销关系。支持龙头企业为农户、家庭农场、农民合作社提供贷款担保，资助订单农户参加农业保险。鼓励农产品产销合作，建立技术开发、生产标准和质量追溯体系，设立共同营销基金，打造联合品牌，实现利益共享。

二是鼓励发展股份合作。加快推进农村集体产权制度改革，将土地承包经营权确权登记颁证到户、集体经营性资产折股量化到户。地方政府可探索制订发布本行政区域内农用地基准地价，为农户土地入股或流转提供参考依据。以土地、林地为基础的各种形式合作，凡是享受财政投入或政策支持的承包经营者均应成为股东方，并采取"保底收益＋按股分红"等形式，让农户分享加工、销售环节收益。探索形成以农户承包土地经营权入股的股份合作社、股份合作制企业利润分配机制，切实保障土地经营权入股部分的收益。

三是强化工商企业社会责任。鼓励从事农村产业融合发展的工商企业优先聘用流转出土地的农民，为其提供技能培训、就业岗位和社会保障。引导工商企业发挥自身优势，辐射带动农户扩大生产经营规模、提高管理水平。强化龙头企业联农带农激励机制，国家相关扶持政策与利益联结机制挂钩。

四是健全风险防范机制。稳定土地流转关系，推广实物计租货币结算、租金动态调整等计价方式。规范工商资本租赁农地行为，建立农户承包土地经营权流转分级备案制度。引导各地建立土地流转、订单农业等风险保障金制度，并探索与农业保险、担保相结合，提高风险防范能力。增强新型农业经营主体契约意识，鼓励制定适合农村特点的信用评级方法体系。制定和推行涉农合同示范文本，依法打击涉农合同欺诈违法行为。加强土地流转、订单等合同履约监督，建立健全纠纷调解仲裁体系，保护双方合法权益。

4.完善多渠道融合服务

要从公共服务平台、农村金融服务、人才和科技支撑、基础设施条件等方面，完善多渠道的一二三产业融合服务。

一是搭建公共服务平台。以县（市、区）为基础，搭建农村综合性信息化服务平台，提供电子商务、乡村旅游、农业物联网、价格信息、公共营销等服务。优化农村创业孵化平台，建立在线技术支持体系，提供设计、创意、技术、市场、融资等定制化解决方案及其他创业服务。建设农村产权流转交易市场，引导其健康发展。采取政府购买、资助、奖励等形式，引导科研机构、行业协会、龙头企业等提供公共服务。

二是创新农村金融服务。发展农村普惠金融，优化县域金融机构网点布局，推动农村基础金融服务全覆盖。综合运用奖励、补助、税收优惠等政策，鼓励金融机构与新型农业经营主体建立紧密合作关系，推广产业链金融模式，加大对农村产业融合发展的信贷支持。推进粮食生产规模经营主体营销贷款试点，稳妥有序开展农村承包土地的经营权、农民住房财产权抵押贷款试点。坚持社员制、封闭性、民主管理原则，发展新型农村合作金融，稳妥开展农民合作社内部资金互助试点。鼓励发展政府支持的"三农"融资担保和再担保机构，为农业经营主体提供担保服务。鼓励开展支持农村产业融合发展的融资租赁业务。积极推动涉农企业对接多层次资本市场，支持符合条件的涉农企业通过发行债券、资产证券化等方式融资。加强涉农信贷与保险合作，拓宽农业保险保单质押范围。

三是强化人才和科技支撑。加快发展农村教育特别是职业教育，加大农村实用人才和新型职业农民培育力度。加大政策扶持力度，引导各类科技人员、大中专毕业生等到农村创业，实施鼓励农民工等人员返乡创业行动计划和现代青年农场主计划，开展百万乡村旅游创客行动。鼓励科研人员到农村合作社、农业企业任职兼职，完善知识产权入股、参与分红等激励机制。支持农业企业、科研机构等开展产业融合发展的科技创新，积极开发农产品加工贮藏、分级包装等新技术。

四是改善农业农村基础设施条件。统筹实施全国高标准农田建设总体规划，继续加强农村土地整治和农田水利基础设施建设，改造提升中低产田。加快完善农村水、电、路、通信等基础设施。加强农村环境整治和生态保护，建设美丽乡村。统筹规划建设农村物流设施，逐步健全以县、乡、村三级物流节点为支撑的农村物流网络体系。完善休闲农业和乡村旅游道路、供电、供水、停车场、观景台、游客接待中心等配套设施。

5. 健全融合推进机制

要加大对一二三产业融合发展的财税支持力度。支持地方扩大农产品加工企业进项税额核定扣除试点行业范围，完善农产品初加工所得税优惠目录。落实小微企业税收扶持政策，积极支持"互联网＋现代农业"等新型业态和商业模式发展。统筹安排财政涉农资金，加大对农村产业融合投入，中央财政在现有资金渠道内安排一部分资金支持农村产业融合发展试点，中央预算内投资、农业综合开发资金等向农村产业融合发展项目倾斜。创新政府涉农资金使用和管理方式，研究通过政府和社会资本合作、设立基金、贷款贴息等方式，带动社会资本投向农村产业融合领域。

要开展试点示范。围绕产业融合模式、主体培育、政策创新和投融资机制，开展农村一二三产业融合发展试点示范，积极探索和总结成功的做法，形成可复制、可推广的经验，以点带面，全面推进。

6. 丰富融合发展实践

从农业农村部 2019 年 7 月在江苏扬州召开的全国乡村产业振兴推进会选编的包括全国 31 个省（区、市）67 个案例的《全国乡村产业典型案例汇编》看，乡村产业融合发展在实践中具有 6 种具体形式，即"六向融合"模式：农业内部的"内向"融合，产业延伸的"顺向"融合，功能拓展的"横向"融合，新技术渗透的"逆向"融合，农业与城镇的"万向"融合，农业与各产业的"多向"融合[①]。

第一，农业内部的"内向"融合。基本做法是：推行种植与林牧渔内部交叉重组，催生"林下养鸡""稻田养鱼（虾、蟹）""鸭稻共生"等业态。

云南怒江贡山独龙族怒族自治县独龙江乡以林下产业为主、林果为辅

---

① 《剖析全国近 70 个典型案例》，农业农村部网站 2019 年 7 月 16 日。

来选准产业，形成以草果、重楼林下产业为龙头，羊肚菌、黄精等其他林果产业以及独龙鸡、独龙牛养殖等林下产业为辅的产业格局，全乡农民人均纯收入从 2009 年的不足 900 元增长到 2018 年底的 6122 元。

四川三台县进行冬麦生产模式创新，复合种植以增产增效。采用了"粮—药"复合模式、"粮—药—菜（露地）"复合模式和"粮—药—高架菜—菜"复合模式。其中"粮—药—高架菜—菜"复合模式，全县推广面积 5000 亩，是经济价值最高的种植模式。每亩安装高架水泥柱 60—70 根，套作苦瓜等经济作物，实现"一年麦冬、一季粮食、两季蔬菜"复合种植。通过高架间种苦瓜 60 余株，每亩苦瓜产量 8000—10000 斤，每斤批发价 1 元，产值 8000—10000 元；苦瓜收获后亩平间种大蒜 4000 余株，产值 1500 余元。立体种植园共计产值 41000—43000 元，较单一麦冬种植亩平纯收入增加 10000 元以上。

湖南南县探索"稻虾生态种养"模式，把虾苗放养在肥沃的稻田里繁养，小龙虾以稻虫为食，被"粮"心孕育，稻与虾共生，环保与创收并行。经过十几年的发展，全县稻虾种养面积迅速扩大，种养技术稳步成熟。2018 年"稻虾共生"种养总面积 50 万亩，年产小龙虾 8 万吨，实现综合产值突破 100 亿元。小龙虾产品畅销全国及欧盟和美国等 40 多个国家和地区，南县也成为全国性小龙虾交易中心，走出了一条生态农业致富之路。

第二，产业延伸的"顺向"融合。基本做法是：将全产业链、全价值链等现代产业运营方式导入农业，农业与加工流通融合。

河北邢台绿岭公司高标准治理荒山 1.8 万亩，培育核桃苗木基地 2600 亩，打造了核桃种植合作基地 20 余万亩，使万亩荒山变成核桃林海。核桃多了以后，就有"卖难"隐忧。公司投资 3.2 亿元建成了年加工核桃原果 3 万吨的核桃深加工工厂，把农户的核桃高价收过来，又通过深加工帮助农户把核桃卖出去。同时，通过建立深加工工厂，还为周边群众提供直接就业岗位 500 多个。此外，还结合电商销售以及公司在仓储、物流方面的优势，开展"全民卖核桃"活动。"全民卖核桃"即免费为全县有意愿的人进行系统的电商知识培训，在手机端开设个人电商微店，并通过微信、微博等工具进行推广销售，赚取佣金。

上海南汇盛产水蜜桃。虽然浦东水蜜桃总体供不应求，但是达不到商品化规格的小桃特别是散户小桃的销路相对较狭窄，这让桃农们颇为发愁。浦东农业农村部门和农协会联合牵头，积极引导生产主体将体型较小、达不到精品装箱标准的小桃集中销往新成格林尔食品公司，把桃子打成果肉加入牛奶和空气后，再膨化、冷凝，制作水蜜桃雪芭冰淇淋，打造了一款"网红"冰淇淋。不仅解决了小桃子的出路，还增加了桃农收入。目前，南汇水蜜桃产业的生产、生态、生活功能得到充分拓展，形成了以桃为原料的桃果汁、桃冰淇淋、桃酒、桃木制品等桃深加工产业。

江苏邳州铁富镇在发展银杏产业中，形成了银杏食品、保健品、药品、化妆品和工艺品五个产业链。规模以上银杏企业 22 家，吸引就业人口 3200 多人。其中 8 家为高新技术企业，年销售收入 48 亿元，占全镇工业总产值的 60% 以上。

第三，功能拓展的"横向"融合。基本做法是：促进农业与文化、教育、旅游、康养、餐饮等产业融合，打造品质生活。

作为"中国梅花鹿之乡""中国民间文化艺术之乡"的吉林长春市双阳区，依托区位、生态和产业优势，大力发展以农事体验、农家休闲、农业观光为主体的休闲农业和以文化旅游、生态旅游、节庆旅游为支撑的乡村旅游，全力打造全域发展、全景布局、全时共享的新型农业嘉年华。按照"月月有节庆，四季有亮点"的思路，以媒体、节庆、展会等为载体，利用双阳都市农业和温泉、梅花鹿等优势资源，融合淳朴的民俗乡情，积极举办梅花鹿节、奢岭草莓节、冰雪嘉年华等系列节庆活动，极大提升了乡村旅游人气。

海南琼海市博鳌镇沙美村，距博鳌亚洲论坛永久会址 4.6 公里，面朝生态优美的沙美内海，远眺广阔无垠的中国南海，形成了集"山水林田湖海"于一体的农业生态景观。该村大力发展热带高效农业、休闲渔业、民宿、农家餐饮、电商等农村特色产业，推进乡村融合发展，让村民共享美丽乡村建设成果，在家门口创业就业实现致富梦。

广西田东县林逢镇把户区变景区，把风景变"钱"景。林逢镇积极引导芒果产业做大做强，多方筹措资金5000多万元，扶持那王芒果庄园建设集现代特色农业、观光采摘、休闲度假、民俗接待、风情娱乐等于一体的景点。现已建成文化馆、古榕树广场、景观步道、骑行道、亲水平台、观光亭等设施，实现了华丽转身。

第四，新技术渗透的"逆向"融合。基本做法是：促进农业与信息产业融合，催生农业物联网、在线农业、数字农业、直播农业、抖音农业等。

在吉林洮南市，一群女大学生，情系家乡，从城市选择回到老家艰苦创业，成立洮宝团队。借助电商平台销售杂粮杂豆收入超千万元。该团队还成立了洮之宝创业孵化基地，为返乡大学生和返乡农民工等创业主体，提供一站式的创业服务，以此吸引更多的优秀人才返乡创新创业。在自身发展电子商务的同时，也通过培训的方式，向当地农民、下岗工人、大学生等群体普及电商知识，提升电商创业技能，将洮宝团队创业以来积累的电商经验分享给更多的人，让他们能通过电商方式创业增收。

福建云霄县在传统农业的制约下，始终摆脱不了"丰产不丰收"的魔咒。为此，福建漳州绿州农业有限公司不仅积极引进现代蔬菜种植技术，还致力于推广普及新技术。2010年，该公司总经理林婕首次引进"新疆哈密瓜南移设施栽培技术"，在东厦镇佳洲岛试种成功，实现了春秋两季种植，年亩产值达3万多元，有效填补了"北菜南种"技术空白。作为省级优秀农村实用人才及巾帼创业导师，林婕积极举办农民田间学校，通过现场指导及技术培训等方式方法，做给农民看，带着农民干，培养了一批蔬菜生产实用技术人员。

素有"苹果之乡"美称的甘肃礼县，由于"买种难、种地难、卖果难"

和交通不便严重制约了礼县苹果产业的发展。该县农民康维起经过一年多的深入考察，在当地工商部门登记成立了甘肃良源农业有限责任公司，开启了电商创业之路。高薪聘用电商人才 35 人、吸纳返乡创业大学生 26 名。公司旗下四个淘宝店、两个天猫旗舰店，苏宁易购、京东商城、三维商城和善融商城已同步开始上线运营。多次在"聚划算""淘抢购"等大型网络营销平台参加热卖活动，举办新品发布会，一分钟成交量高达 16000 单、交易额 64 万元，在阿里巴巴和网销行业引起了较大轰动。良源电商发展的突飞猛进，让全县人民对电商有了新的认识，从以往被动培训开店 500 多家到目前的主动自学开店 2200 多家，带动当地就业将近 5000 人，为贫困地区电子商务对接精准扶贫提供了推广经验。

第五，农业与城镇的"万向"融合。基本做法是：在农业产业园、加工产业园、物流配送园和特色村镇等引进社区和城镇元素，催生特色小镇、农业产业强镇、美丽乡村、田园综合体等类型。

山东即墨灵山镇因镇域灵山而得名，深入探索以居促产、以产兴居的产居融合发展新模式，打造远近闻名的"花乡药谷"，实现了社区化治理、园区化发展、融合化共建的"三化"华丽转身，从产业、旅游和文化等不同领域撬动村庄和农民增收。

广东新会陈皮村用现代农业的标准和方式来打造新会陈皮行业，创建国家现代农业产业园，发展至今，陈皮村已汇集陈皮种植、深加工、仓储、鉴定、交易等于一体，目前正发展科普教育、特色餐饮、观光旅游等文化产业，不断提升新会陈皮品牌价值。产业园还引导"互联网、金融、科技和人才"等要素向陈皮产业聚集，吸引 50000 多人参加陈皮产业创业创新、助力融合发展。

重庆巴南区二圣镇环抱国家 AAA 级景区天坪山，生态环境优美。近年来，二圣镇践行绿水青山就是金山银山理念，促进农旅融合发展，充分挖掘农业产业和生态资源潜力，依托巴南区开展区域示范建设，不断做强农业产业，发展起"梨、茶、花"特色产业，成功打响"春游第一站，巴南天坪山"旅游品牌，使美丽天坪山享誉重庆。每一个景点，都体现出村容村貌的巨大变化；每一个景点，都映射着农旅融合发展的成果。农村环境更美了，游客来得更多了，农民的生活更富裕了。

第六，农业与各产业的"多向"融合。基本做法是：以农业为基础，以产业之间多个方向融合渗透和交叉重组为路径，纵向延伸、横向拓展、反向渗透，形成交叉重组的融合类型。

内蒙古巴彦淖尔市乌兰图克镇通过发展设施农业、肉羊产业等优势产业实现高质量发展。设施农业方面，依托鲜农农业，种植名优特产品，打造集采摘旅游、观光于一体的农业示范园区，提高农民收入。发展特色设施农业，提升设施农业规模。规模养殖业方面，培育壮大肉羊产业，打造优质羊肉品牌，实现肉羊产业转型升级、提质增效。构建了集"饲草订单种植—饲料加工—优质肉羊生产—羊肉精深加工—有机肥循环利用及产品销售网络—技术研发及推广"于一体的现代肉羊全产业链条，通过"龙头企业＋合作社＋农牧民"的合作模式，形成产业联盟，与农牧民共享一二三产业深度融合发展的红利，为地区社会和谐、经济腾飞作出重要贡献。

浙江淳安县下姜村以生态保护为重点，配套开发绿色旅游路线，充分挖掘绿水青山、自然风光中的"雅"。目前，已建成下姜林下中药材、下姜葡萄采摘园、枫林港精品水果基地等多个创意农业园区。推进创建下姜及周边地区4A级旅游景区，实现五狼坞登山环线和森林景观等旅游项目的落地。乡村旅游、民宿经济、现代服务业，是下姜村的主体产业。在坚持原山、原水、原村落的发展理念下，下姜村坚守乡土文化底蕴、注重地域特色，打造"白墙灰瓦"独具韵味的"淳派民居"，让文化资源搭上市场资本的"快车"。

山东兰陵县代村2005年在土地流转之初，就深刻分析本村的区位优势，制定了"五区一网"（即种植区、养殖区、加工区、商贸区、生态庭院区和绿化网）的产业规划和以农为本、以农促工、以工补农、搞活商贸、多业并举的产业发展思路。目前，代村产业已从当初的"少而小"发展为"多而精"，产业涉及现代农业、商贸物流、教育医疗、建筑装饰、节会展览等多个行业，为代村产业发展增加了新动能。

这些融合形式以及承载典型，丰富了农村一二三产业融合发展的实践路径，为乡村产业振兴提供了实践样板。

第3章 全面推进乡村人才振兴

习近平总书记强调,乡村振兴,人才是关键①。人才是经济社会发展的第一资源,是生产力中决定物的生产的能动因素,是乡村振兴中最关键、最积极、最活跃的因素。乡村振兴每个目标任务的实现,每个举措措施的落地,都需要通过人来实施,都需要人才来创新发展。全面推进乡村振兴,必须打造一支强大的乡村振兴人才队伍,为乡村振兴提供关键支撑。

一、人才振兴在乡村振兴中的地位和作用

习近平总书记在十三届全国人大一次会议上的重要讲话中指出:要推动乡村人才振兴,把人力资本开发放在首要位置,强化乡村振兴人才支撑,加快培育新型农业经营主体,让愿意留在乡村、建设家乡的人留得安心,让愿意上山下乡、回报乡村的人更有信心,激励各类人才在农村广阔天地大施所能、大展才华、大显身手,打造一支强大的乡村振兴人才队伍,在乡村形成人才、土地、资金、产业汇聚的良性循环②。

全面推进乡村人才振兴,要紧紧围绕打造乡村振兴人才队伍,加快培养农业生产经营人才,加快培养农村二三产业发展人才,加快培养乡村公

① 《习近平在山东考察》,中国共产党新闻网 2018 年 6 月 14 日。
② 《习近平参加十三届全国人大一次会议山东代表团的审议》,《人民日报》2018 年 3 月 9 日。

共服务人才，加快培养乡村治理人才，加快培养农业农村科技人才，大力培养本土人才，引导城市人才下乡，推动专业人才服务乡村，吸引各类人才在乡村振兴中建功立业，健全乡村人才工作体制机制，强化人才振兴保障措施，培养造就一支懂农业、爱农村、爱农民的乡村振兴工作队伍，为全面推进乡村振兴、加快农业农村现代化提供强有力的人才支撑。

乡村人才振兴的对象是乡村人才。一般意义上讲，所谓人才，是指具有一定的专业知识或专门技能，进行创造性劳动并对社会作出贡献的人，是人力资源中能力和素质较高的劳动者。按照这个定义，乡村人才就是拥有与农业农村发展相关的知识和技能，并能够为之付出劳动，在加速推进农业现代化、促进农村经济社会发展和区域繁荣中具有良好示范作用、辐射作用、领头作用、联动作用和作出贡献的一类人员。

把握乡村人才振兴的内涵，首先就要弄明白振兴的乡村人才是谁。俗话说，戏好要看唱戏人。如果没有一批符合需要的乡村人才，实现乡村振兴只能是空话。所以，在这个充满希望的田野上，什么样的人才是符合需要的乡村人才，谁才能在这片广阔的乡土舞台上发光发热呢？从职能作用分，乡村人才可以划分为五类群体，即农业生产经营人才、农村二三产业发展人才、乡村公共服务人才、乡村治理人才以及农业农村科技人才。推进乡村人才振兴，就是要大力培养这五类人才。

农业生产经营人才，是指从事农业生产及经营活动的人力群体。从实践看，新型职业农民是农业生产经营人才的主要部分。新型职业农民主要由四种特殊人才组成：一是生产经营型职业农民，他们以农业生产经营的专业大户、家庭农场主、农民合作社带头人为主要代表。他们通常掌握一定的农业生产专业技能与资源，有一定的资金投入能力，具有丰富的农业生产经营经验，在直接从事生鲜食品、园艺、经济作物等附加值较高的农产品生产方面具有比较优势。二是专业技能型职业农民，他们包括以农民合作社、家庭农场、专业大户、农业企业等新型生产经营主体中较为稳定地从事农业劳动作业，并且以此作为主要收入来源的农业生产经营者。他们通常掌握着独到的生产技术，能以此促进农村产业发展和建设。三是社会服务型职业农民，他们能有效服务于农业产前、产中和产后三个环节，使农业生产得以顺利进行。社会服务型职业农民以农村信息员、农村经纪人、农机服务人员、统防统治植保员、村级动物防疫员等农业社会化服务人员为主。四是管理型职业农民，他们掌握农业生产所需的劳动力、资金和技术，在农业生产与管理上具有丰富经验，甚至决定了农村产业发展与农业生产效率。与传统农民相比，新型职业农民思想开放、受教育程度普遍较高，其中相当一部分人是具有专业农学学历及相关技术的人员，他们将所学知识和专业技术主动应用于农业生产，进而使得农业生产的质量与技术得到实质性提升。新型职业农民群体的构成具有综合性特征，其中不仅有实现转型的传统农民，还包括拥有大量生产机器的农机大户与组织力强的农村合作社带头人。新型职业农民具备现代农业生产经营的先进理念，拥有现代农业所要求的能力素质，能够获得较高的收入，是新农业生产的继承人与开拓者，是乡村人才振兴中最重要的力量。

农村二三产业发展人才，主要是指农村创业创新带头人、农村电商人才、乡村工匠和高质量的农民工劳务输出群体等，是推动乡村产业振兴的核心要素和重要力量。农村创业创新带头人主要是指饱含乡土情怀、具有超前眼光、充满创业激情、富有奉献精神、带动农村经济发展和农民就业增收的乡村企业家。培育农村创新创业带头人，就是培育农村创新创业的"领头雁"，培育乡村产业发展的动能。农村电商，既是一种新业态，也是整个乡村产业兴旺的新的支撑力量。农村电商人才，既要懂电商，更要懂农业和农产品，懂得农产品市场经营。乡村工匠是指掌握特色传统技艺的乡村手工业者、传统艺人等的，他们使得传统手工艺实现了活态传承，培育乡村工匠、带动发展乡村特色手工业是推动乡村产业振兴、人才振兴、文化振兴的有力举措。

乡村治理人才，主要是指乡镇党政人才和村党组织带头人，他们在乡村振兴中扮演着三个重要角色。一是政治引路角色，乡村振兴战略实现，需要基层干部坚定政治立场，把握正确政治方向，及时了解和熟悉掌握党和国家在农村的各项方针、政策信息，在农村社会形成强大的政治凝聚力；二是致富带头角色，基层干部需要引导农民改变农业发展观念，并结合当地实际，推动乡村旅游、农产品加工、休闲农业等具有地方特色的富民产业发展；三是治理责任角色，基层干部以实现农村社会治理现代化为目标，孕育浓厚的农村社会治理责任意识和服务意识，并最大程度动员乡贤和村民参与，促进信息共享实现决策合理、共同参与实现认同保障。只有选好并培养出一批"善治之才"，才能提升乡村治理质效，育出"良田沃土"，让各项政策措施在乡村的土地上"落地生根"，从而实现乡村全面振兴。

乡村公共服务人才，主要是指教育、医疗方面的人才，以及乡村文体旅游和乡村规划建设相关人才，是推动农村基础设施提档升级和城乡基本公共服务均等化进程中的中坚力量。其中，乡村教师是农村教育"活的灵魂"，是农村学生睁眼看外部世界的"第一面镜子"。此外，乡村文艺社团、创作团队、文化志愿者、非遗传承人和乡村旅游示范者为乡村振兴增动力添活力，乡村规划和城乡基础设施建设管护人员为乡村振兴提供必不可少的基础保障。乡村公共服务人才在提升公共教育、医疗卫生、社会保障等公共服务水平和保障农村环境治理、基础设施及农村住房建设管护水平等方面发挥着重要作用。

农业农村科技人才，是指受过专门教育和职业培训，掌握农业行业的某一专业知识和技能，专门从事农业科研、教育、推广服务等专业性工作的人员。农业农村科技人才是农村人才中的骨干力量，包括农业农村高科技领军人才、农业农村科技创新人才、农业农村科技推广人才、农业农村科技特派员队伍等。创新是乡村全面振兴的重要支撑，科技创新是推进农业农村现代化的根本动力。从大田种植业，到园艺业，到畜产养殖业，到各种特殊产品的种植和养殖业，到乡村休闲观光旅游业，都离不开科技的作用。农业科研人才，主要集中在农业高校和农业研究院所，他们不断研发、引进和提供新的技术，为一线的技术应用人才提供源头性的新技术支撑。农技推广人才是科技的传播者，也是乡村发展致富的带头人。不管农业科研杰出的科技人员还是"土专家""田秀才""乡创客"，都是创新科技助力乡村振兴中必不可少的人才。

总体看，我国乡村人才队伍不断壮大，支撑着农村经济社会的快速发展。但仍面临人才总量不足、素质不高、结构不合理等问题，乡村人才瓶颈成为影响乡村振兴的主要障碍因素。

人才存量方面，我国乡村人才总量不足的问题越发突出。城市化进程、高校扩招等原因让农村人有了更多的选择机会，农村劳动力特别是青壮年劳力、高素质人群不断流向发达城市，乡村人才向非农领域流失现象严重。《2019年农民工监测调查报告》显示，外出农民工占农村总人口的31.2%，其中，年末返乡的外出农民工还不到30%[①]。国家统计局第三次全国农业普查数据显示，全国农村实用人才总量不到1900万，只占乡村就业人员总数的不足5%[②]。

人才素质方面，一方面，务农人员普遍文化程度低，老龄化问题突出。第三次全国农业普查数据显示，全国农业生产经营人员中，初中及以下教育程度的人员占91.8%，高中或中专的占7.1%，大专及以上的仅占1.2%；年龄在55岁及以上的占比达33.6%。另一方面，农村二三产业从业的高素质人才紧缺。以电商人才为例，中国农业大学智慧电商研究院发布《2020中国农村电商人才现状与发展报告》对未来农产品电商人才需求作出预估：2025年缺口为350万人。目前农产品电商人群，仍以中等文化水平为主，其中小学文化占比为1%，初中文化占比为50%，高中文化占比为32.5%，大学文化比例仅为16.5%[③]。

人才结构方面，乡村人才梯队存在断层，高层次、高素质人才普遍短

---

① 《2019年农民工监测调查报告》，国家统计局，2020年4月30日。
② 《第三次全国农业普查主要数据公报》（第五号），国家统计局，2017年12月16日。
③ 《农村电商人才报告》，中国农网2020年6月10日。

缺，中级、初级专业技术人才相对数量较多。农业从业人员生产技能水平有限，多数农业从业人员习惯于传统的生产观念和生产技术，离现代农业发展规模化、标准化要求存在一定差距，而农业经营型和技术推广型、技能服务型人才匮乏。此外，单一生产型、技术型人才较多，集生产、技术、经营、管理于一体的复合型、创新型人才数量较少，乡村现有知识水平和人才结构不能满足乡村振兴的全方位人才需求。

古往今来，国以才立，业以才兴。在支撑发展的各种生产要素中，人才要素支撑是最有力的支撑，是驱动经济发展的第一要素。人才在推进乡村振兴中具有非常重要的地位和作用。第一，产业兴旺，需要农业经营管理人才、新型职业农民、农业科技人才和农村电商人才提等供必要的人力要素支撑。产业要兴旺，就要大力经营发展家庭农场、新型农民合作社、农村专业技术协会等新型农业主体，这就需要一批爱农业、懂技术且生产水平很高的新型职业农民来生产，还需要一批知识型、技能型、创新型的农业经营管理人才来启动、协调和推动。产业要兴旺，就要如快农业转型升级，做大做强优势特色产业，这就需要农业科技人才则是发挥引领性作用。产业要兴旺，还需要农村电商这种新业态的支撑力量，则离不开农村电商这种特殊人才。第二，建设生态宜居的美丽乡村，需要环境治理人才和乡村规划人才（具体包含规划、建筑、园林、景观、艺术设计等人才）的支撑。建设生态宜居的美丽乡村，就是要牢固树立和践行绿水青山就是金山银山的理念，坚持尊重自然、顺应自然、保护自然，统筹山水林田湖草沙系统治理，加强农村突出环境问题综合治理，建设生活环境整洁优美、生态系统稳定健康、人与自然和谐共生的生态宜居美丽乡村。而这关键就是要改善农村人居环境，重点做好垃圾污水处理、"厕所革命"、村容村貌提升。相应地，环境治理和乡村规划这两个方面的人才，必不可少。第三，实现乡风文明，需要文化传播人才的支撑。培育文明乡风、良好家风、淳朴民风，推动乡村文化振兴，建设邻里守望、诚信重礼、勤俭节约的文明乡村，其关键就是要传承发展中华优秀传统文化，使之深入人心，落实到每个人的行动上。这就需要文化传播人才用有效的文化传播方式，进行文化熏陶。第四，构建乡村治理新体系，需要乡村管理人才的支撑。乡村振兴，治理有效是基础。乡村治理是国家治理的基石，必须坚持自治、法治、德治相结合，确保乡村社会充满活力、和谐有序。这就对以村"两委"干部为核心的乡村基层管理人才提出了新要求，要求其具备较高的促进乡村自治、法治、德治的觉悟和能力。总之，乡村振兴关键在人，乡村振兴必须推进乡村人才振兴。

二、打造乡村人才队伍要遵循的一般原则

打造乡村人才队伍，全面推进乡村人才振兴，要多渠道构建和培育乡村振兴人才体系，创建乡村人才工作体制机制，搭建体系完整的乡村人才网络，将人才聚起来、用起来、留下来，以人才带动城乡间市场、资金、信息、技术、管理和理念等方面密切联动，促进乡村振兴战略有序进行。在此过程中，要遵循以下原则，这也是乡村人才振兴的基本方向和要求。

1.坚持以培养本土人才为主

这个原则的内涵和要求是：把发掘和培育本土人才作为乡村人才振兴的主要工作，做好本土人才的培养和使用。乡土人才是在长期农村生产生活实践中锤炼和成长起来的"家乡牌"人才，是农村地区先进生产力的代表，对于本地的经济社会发展具有非常重要的支撑作用。他们深耕农业、熟悉农村、了解农民，对本地如何发展、乡村如何振兴更有发言权，在本地发展经济方面具有一定的优势。同时，在本土人才除了自身拥有专业素质之外，他们还对本地有着深厚的感情，对于本地的发展更愿意投入更多的精力。所以，切实培养好本土人才是乡村人才振兴的第一要务。做好本

土人才的培养工作，不定期地进行本土人才的排查摸底，建立"乡土人才库"，把长期活跃在农村政治社会发展和经济发展一线、具备一定管理治理能力、有一定产业发展基础、懂一定专业实用技术、在群众中口碑好的各类本土优秀人才挖掘出来，实施分层分类管理，做好人才储备。大胆用活人才政策，建立相关的本土人才动态管理制度，真正做到不唯身份、不唯学历、不唯职称、不唯资历、克服论资排辈的不良现象，切实做到不拘一格选才用才，进一步把优秀的本土人才吸引到乡村建设的队伍中来。

2. 坚持广开门路引入外来人才

这个原则的内涵和要求是：拓宽乡村人才来源，聚天下英才而用之。人口流入对实现乡村振兴战略起着至关重要的作用，是乡村经济、社会和人力资本的重要来源。面对当前乡村人才总量不足与结构失衡的现实，各地应致力于扩充乡村人才库、增加人力资本存量，通过"引进来"汇聚社会各界人才投身乡村建设。一方面，引导各类城市人才下乡。以"政策招人、感情引人、项目等人、责任催人、环境诱人"等优惠政策，为人才搭建干事创业的平台，吸引各类人才下乡创业，激活农村的创新活力，同时，建立城市医生、教师、科技、文化等人才定期服务乡村制度，鼓励地方整合各领域外部人才成立乡村振兴顾问团，支持引导退休专家和干部服务乡村振兴。另一方面，鼓励"市民化"能人回乡。以乡情乡愁为纽带，鼓励从农村走出去的青年大学生回乡服务、中年农民工返乡创业、老年离退休人才回乡任职等。大力弘扬"乡贤文化"，发挥乡贤在风习传承、乡村建设、公共事务管理中"情治"功能和连接故土、维系乡情的纽带作用，让曾经"走出去"的成功人士"返乡来"，实现"人才回流"，鼓励他们以自己的经验、学识、专长、技艺、财富反哺桑梓、泽被乡里，支持他们用自身的道德力量教化乡民、温暖故土。但也应该注意到，乡村社会是一个系统的组织，为了促进其高效运行，乡村人才不能盲目引进，大量引进并不能起到关键作用，可能引起本土人才不满，要按乡村情况，按需引进，形成良性流动。

案　例

福建晋江：招才引智推动农村创业集群发展[①]

福建晋江市积极引导大学毕业生等高端人才参与农村创业创新，综合开发利用农业农村生态涵养功能、旅游观光功能和文化教育功能，加快培育乡村产业发展新动能。近年来共吸引 300 多支大学生团队 1000 多名大学生参与创作了 1406 个原生态、乡土味的乡村微景观，建立高素质农业农村"双创"团队 38 个、大学生经营规模农场 50 家。

搭建农村创业创新平台，打造资源聚集高地。一方面，搭建孵化共享平台。建设创意创业创新园、国际工业设计园、智能装备产业园、福大晋江科教园等科技创新载体，为农村各类人才创业创新提供空间。全市拥有众创空间和科技企业孵化器 9 家，场地面积超 10 万平方米以上，入驻创业项目 200 个以上。2018 年农业星创天地正式挂牌运营以来，吸引了 20 家农业企业、15 支院校团队入驻。另一方面，搭建校地合作平台。与省内外 11 所高校签订农村"双创"合作协议，成立"福建农林大学大学生晋江创业基地""福建农林大学研究生晋江工作站""福建农林大学晋江研究院"；与福建省农科院建立合作创业创新平台，成立"福建省农科院专家（晋江）工作站"，重点在现代农业、人才培养等方面开展深层次合作。

培育农村创业创新主体，壮大乡村人才队伍。完善"人才创

---

① 农业农村部乡村产业发展司：《全国乡村产业高质量发展"十大典型"》，农业农村部网站 2021 年 3 月 2 日。

业创新"政策，出台《晋江市农业农村创业创新三年行动方案》等政策措施，配套出台优秀人才认定标准、加快引进优秀创业团队和项目若干意见等优惠政策吸引一批优秀人才回乡创业，为乡村振兴贡献力量；实施"人才反哺农村"计划，开展为期三年的"百生百村"乡村志愿服务等活动，每年选派百名大学生服务农村建设，逐步引导"双创"人才向农村集聚。

开展农村创业创新活动，营造激情创业氛围。2017 年以来与福建农林大学、福建省农科院、台湾朝阳科技大学联合举办"海峡杯"现代农业创意创新大赛，征集海峡两岸农产品生产各环节和农业生产方式的创意创新作品 179 件，12 家风投公司参与对接，取得明显效果。开展"五微五营双创"活动，通过开展"微景观、微菜园、微庭院、微森林、微墙绘""大学生夏令营、国庆建造营、校园双微创意营、大树微景观工作营、大学生寒假社会实践营""大学生农业农村创业创新"等活动，进一步吸引大学生等人员到农村践行创意灵感，激发干事创业热情。

3.坚持因材施教全面培养

这个原则的内涵和要求是：因地制宜、因材施教，通过坚持定向培训，确保乡村人才练就真本领、硬功夫，成为乡村振兴的主力军。没有人天生就是能工巧匠，能力都是在不断实践和学习中求得，因此，对于乡村人才振兴，要重视培养教育。首先，对接职业教育与培训需求。同涉农院校耕读教育、农技推广机构、农业科研院所等开展结对合作，结合当地特色产业和市场需求，重点围绕特色种植、畜牧养殖、农业机械、电商旅游、农村经营等内容，对高素质农民、家庭农场经营者、农村创业创新带头人和乡村工匠等本土人才开展互动式、菜单式培训，不断提高其生产水平、发展能力、致富本领。其次，因人施策，有针对性开展岗位技能提升培训、就业技能培训和创业培训。根据不同的需求，人才可以分为不同类型，从事不同类型职业的农村人才对职业教育与培训的需求不尽相同，且其职业教育与培训目标、受教育程度都有所差异，除此之外，每个人能接受职业教育与培训的时间具有较大的不确定性。因此对不同类型的乡村人才进行分类管理，按类别、有层次、分步骤地组织实施培训，提高培养效能。最后，创新培训方式和培养手段，提升培训质量和培训实效。按照"实际、实用、实效"的指导思想，紧扣农村林果、大棚蔬菜等特色种植养殖、小杂粮开发、基本农田高效开发利用等领域发展所需，利用县、乡、村三级党校（党员活动室），农村远程教育，中小学校等阵地，对农民进行阵地培训。要组织批乡村干部、农民群众赴省、市、县、乡各级各类产业开发、龙头企业等先进典型示范基地，进行面对面、"手把手"式的基地培训。

4. 坚持分类施策高效用才

这个原则的内涵和要求是：用好用活人才，为人才干事创业和实现价值提供机会条件，最大限度激发人才内在活力。首先，"人尽其才"方能更好地促进乡村振兴。在全面了解人才的知识水平、思维方式和性格特征基础上，把人才放在最能发挥其特长的岗位，实现人与岗的"精准匹配"。同时，在使用人才方面要用其所长，宽松包容。尤其是各种专业人才，通常个性特点较强，对他们，不能求全责备，而是要创造和提供宽松的氛围，尽可能让他们充分发挥出做好事业的潜能。要充分结合各地实际情况，制定切实可行的农村实用人才资源开发中长期规划和年度计划，发挥人才能力，量化分解人才队伍规模、质量、培训、教育、考核等指标。其次，要搭建干事创业平台，健全人才作用发挥机制。构建具有乡村振兴特色的人才政策优势，因事择人、因才施用，通过政策引导，激励当地种植养殖大户、专业合作社带头人、村干部等，发挥资金、技术、技能、经营、信息等优势，在农村产业转型升级、特色农产品销售、养殖业、电商业及乡村旅游业等产业发展舞台上大展拳脚，让他们扎根基层，为基层服务，在事业上有"奔头"、经济上有"甜头"、政治上有"盼头"。最后，营造干事创业氛围，聚焦融资、用地、服务等方面突出问题，加快创新完善政策措施，提供全方位政策、制度支撑。通过制定人才引进、财税等优惠政策，创造便利条件为回乡创业能人提供有力支持，鼓励工商企业家、科研技术人员等投资兴业；引导大学生村官与高校建立联系，将乡村作为高校创业实践基地，不断探索乡村产业协同发展模式，做到"人岗相适"，使乡村人才在各自擅长领域发挥才能、实现价值。同时，要建强基层党组织，充分发挥村"两委"班子、党支部书记等作用，团结一切可以团结的力量、调动一切积极因素，在全面推进乡村振兴中凝聚共识，实现乡村振兴和人才自我价值提高的共赢局面。

5. 坚持多元主体分工配合

这个原则的内涵和要求是：乡村人才培养的主体多元，推动政府、学校、培训机构、企业等发挥各自优势，共同参与乡村人才培养，解决制约乡村人才振兴的问题，推动形成乡村人才培养的工作合力。首先，完善高等教育人才培养体系。2019 年 9 月 5 日，习近平总书记在给全国涉农高校的书记校长和专家代表的回信中提出，新时代，农村是充满希望的田野，是干事创业的广阔舞台，我国高等农林教育大有可为。希望你们继续以立德树人为根本，以强农兴农为己任，拿出更多科技成果，培养更多知农爱农新型人才，为推进农业农村现代化、推进乡村全面振兴不断作出新的更大的贡献[1]。作为培养高素质农科人才的摇篮，涉农高校

---

[1] 《习近平回信寄语全国涉农高校广大师生：以强农兴农为己任》，《人民日报》2019 年 9 月 6 日。

应保持对人才需求转变的敏锐性，及时调整农科类人才的培养方向和培养模式。在全面调研的基础上科学调整人才培养方向，加快培养创新型、复合应用型、实用技能型农科新才，是当前和未来涉农高校在新农科建设中的主要任务。按照政校企合作"三螺旋"理论模型，涉农高校围绕农业产业发展和对人才需求的变化，通过产学研协同育人，有效提升人才培养的针对性，克服培养和需要"两张皮"的弊病。其次，加快发展面向农村的职业教育。加强农村职业院校基础能力建设，优先支持高水平农业高职院校开展本科层次职业教育，采取校企合作、政府划拨、整合资源等方式建设一批实习实训基地。支持职业院校加强涉农专业建设、开发技术研发平台、开设特色工艺班，培养基层急需的专业技术人才。采取学制教育和专业培训相结合的模式对农村"两后生"进行技能培训。最后，注重其他多元主体在农村人才培育方面发挥的重要作用。依托各级党校（行政学院）、干部学院主渠道、主阵地作用，分类分级开展"三农"干部培训；支持农业广播电视学校、农村成人文化技术培训学校（机构）、农技推广机构、农业科研院所对高素质农民、能工巧匠进行培养；引导农业企业依托原料基地、产业园区等建设实训基地，推动和培训农民应用新技术。

6. 坚持完善机制强化保障

这个原则的内涵和要求是：深化乡村人才培养、引进、管理、使用、评价、流动、激励等制度改革，建立健全乡村人才振兴体制机制，让农村的机会吸引人，让农村的环境留住人。首先，坚持健全完善激励机制。除了支持市场主体下乡投资兴业外，应制定并实施规定性、激励性、考核性等相关政策，与其发展息息相关的职称评定、工资津贴、社会保障等福利挂钩，积极、有效地鼓励专业人才、政党人才、企事业单位专业人才下乡服务。其次，建立健全乡村人才分级分类评价体系。健全农村实用人才评价认定体系，根据乡村人才的特点、岗位差别、专业不同以及成长规律，探索建立以产业发展贡献为导向的分层分类评价标准，实现在基层服务中的自我价值。建立农村实用人才技能等级制度，探索推行职业农民评职称制度，开展技术认证工作。坚持"把论文写在大地上"，完善农业农村领域高级职称评审申报条件。对乡村发展急需紧缺人才，可以设置特设岗位，不受常设岗位总量、职称最高等级和结构比例限制。最后，坚持提高乡村人才服务保障能力。加强乡村人才工作信息化建设，建立健全县乡村三级乡村人才管理网络。加大政策扶持力度，为引进人员在配偶随迁、住房保障、福利待遇、子女教育等方面提供便利。

三、把握乡村人才振兴的总体安排

中共中央办公厅、国务院办公厅印发的《关于加快推进乡村人才振兴的意见》[1]，对推进乡村人才振兴作出总体安排。《意见》提出，乡村人才振兴的目标任务是，到 2025 年，乡村人才振兴制度框架和政策体系基本形成，乡村振兴各领域人才规模不断壮大、素质稳步提升、结构持续优化，各类人才支持服务乡村格局基本形成，乡村人才初步满足实施乡村振兴战略基本需要。《意见》从加快培养农业生产经营人才、加快培养农村二三产业发展人才、加快培养乡村公共服务人才、加快培养乡村治理人才、加快培养农业农村科技人才、充分发挥各类主体在乡村人才培养中的作用、建立健全乡村人才振兴体制机制、强化乡村人才振兴保障措施等方面，明确了乡村人才振兴的基本方向和重点。要紧密结合各地实际，全面把握和贯彻落实《意见》提出的乡村人才振兴总体安排。

---

[1]　中共中央办公厅、国务院办公厅：《关于加快推进乡村人才振兴的意见》，中国政府网 2021 年 2 月 23 日。

1. 加快培养农业生产经营人才

农业是乡村振兴的产业主体，农业生产经营人才是乡村振兴人才队伍的主体。培养农业生产经营人才，要着力抓好以下方面。

一是培养高素质农民队伍。深入实施现代农民培育计划，重点面向从事适度规模经营的农民，分层分类开展全产业链培训，加强训后技术指导和跟踪服务，支持创办领办新型农业经营主体。充分利用现有网络教育资源，加强农民在线教育培训。实施农村实用人才培养计划，加强培训基地建设，培养造就一批能够引领一方、带动一片的农村实用人才带头人。

二是突出抓好家庭农场经营者、农民合作社带头人培育。深入推进家庭农场经营者培养，完善项目支持、生产指导、质量管理、对接市场等服务。建立农民合作社带头人人才库，加强对农民合作社骨干的培训。鼓励农民工、高校毕业生、退役军人、科技人员、农村实用人才等创办领办家庭农场、农民合作社。鼓励有条件的地方支持农民合作社聘请农业经理人。鼓励家庭农场经营者、农民合作社带头人参加职称评审、技能等级认定。

2. 加快培养农村二三产业发展人才

农村二三产业发展人才是乡村振兴人才队伍的重要组成部分，也是乡村振兴最为缺乏的人才。加快培养农村二三产业发展人才，要着力抓好以下方面。

一是要培育农村创业创新带头人。深入实施农村创业创新带头人培育行动，不断改善农村创业创新生态，稳妥引导金融机构开发农村创业创新金融产品和服务方式，加快建设农村创业创新孵化实训基地，组建农村创业创新导师队伍。壮大新一代乡村企业家队伍，通过专题培训、实践锻炼、学习交流等方式，完善乡村企业家培训体系，完善涉农企业人才激励机制，加强对乡村企业家合法权益的保护。

二是要加强农村电商人才培育。提升电子商务进农村效果，开展电商专家下乡活动。依托全国电子商务公共服务平台，加快建立农村电商人才培养载体及师资、标准、认证体系，开展线上线下相结合的多层次人才培训。

三是要培育乡村工匠。挖掘培养乡村手工业者、传统艺人，通过设立名师工作室、大师传习所等，传承发展传统技艺。鼓励高等学校、职业院校开展传统技艺传承人教育。在传统技艺人才聚集地设立工作站，开展研习培训、示范引导、品牌培育。支持鼓励传统技艺人才创办特色企业，带动发展乡村特色手工业。

四是要打造农民工劳务输出品牌。实施劳务输出品牌计划，围绕地方特色劳务群体，建立技能培训体系和评价体系，完善创业扶持、品牌培育政策，通过完善行业标准、建设专家工作室、邀请专家授课、举办技能比赛等途径，普遍提升从业者职业技能，提高劳务输出的组织化、专业化、标准化水平，培育一批叫得响的农民工劳务输出品牌。

3.加快培养乡村公共服务人才

乡村公共服务人才是推进乡村社会事业发展的重要支撑。加快培养乡村公共服务人才，要着力抓好以下方面。

一是加强乡村教师队伍建设。落实城乡统一的中小学教职工编制标准。继续实施革命老区、民族地区、边疆地区人才支持计划、教师专项计划和银龄讲学计划。加大乡村骨干教师培养力度，精准培养本土化优秀教师。改革完善"国培计划"，深入推进"互联网＋义务教育"，健全乡村教师发展体系。对长期在乡村学校任教的教师，职称评审可按规定"定向评价、定向使用"，高级岗位实行总量控制、比例单列，可不受所在学校岗位结构比例限制。落实好乡村教师生活补助政策，加强乡村学校教师周转宿舍建设，按规定将符合条件的乡村教师纳入当地住房保障范围。

二是加强乡村卫生健康人才队伍建设。按照服务人口 1‰ 左右的比例，以县为单位每 5 年动态调整乡镇卫生院人员编制总量，允许编制在县域内统筹使用，用好用足空余编制。推进乡村基层医疗卫生机构公开招聘，艰苦边远地区县级及基层医疗卫生机构可根据情况适当放宽学历、年龄等招聘条件，对急需紧缺卫生健康专业人才可以采取面试、直接考察等方式公开招聘。乡镇卫生院应至少配备 1 名公共卫生医师。深入实施全科医生特岗计划、农村订单定向医学生免费培养和助理全科医生培训，支持城市二级及以上医院在职或退休医师到乡村基层医疗卫生机构多点执业，开办乡村诊所，充实乡村卫生健康人才队伍。完善乡村基层卫生健康人才激励机制，落实职称晋升和倾斜政策，优化乡镇医疗卫生机构岗位设置，按照政策合理核定乡村基层医疗卫生机构绩效工资总量和水平。优化乡村基层卫生健康人才能力提升培训项目，加强在岗培训和继续教育。落实乡村医生各项补助，逐步提高乡村医生收入待遇，做好乡村医生参加基本养老保险工作，深入推进乡村全科执业助理医师资格考试，推动乡村医生向执业（助理）医师转化，引导医学专业高校毕业生免试申请乡村医生执业注册。鼓励免费定向培养一批源于本乡本土的大学生乡村医生，多途径培养培训乡村卫生健康工作队伍，改善乡村卫生服务和治理水平。

三是加强乡村文化旅游体育人才队伍建设。推动文化旅游体育人才下乡服务，重点向革命老区、民族地区、边疆地区倾斜。完善文化和旅游、广播电视、网络视听等专业人才扶持政策，培养一批乡村文艺社团、创作团队、文化志愿者、非遗传承人和乡村旅游示范者。鼓励运动员、教练员、体育专业师生、体育科研人员参与乡村体育指导志愿服务。

四是加强乡村规划建设人才队伍建设。支持熟悉乡村的首席规划师、乡村规划师、建筑师、设计师及团队参与村庄规划设计、特色景观制作、人文风貌引导，提高设计建设水平，塑造乡村特色风貌。统筹推进城乡基础设施建设管护人才互通共享，搭建服务平台，畅通交流机制。实施乡村本土建设人才培育工程，加强乡村建设工匠培训和管理，培育修路工、水利员、改厕专家、农村住房建设辅导员等专业人员，提升农村环境治理、基础设施及农村住房建设管护水平。

4.加快培养乡村治理人才

加快培养乡村治理人才，要从加强乡镇党政人才队伍建设、推动村党组织带头人队伍整体优化提升着手，着力抓好以下方面。

一是加强乡镇党政人才队伍建设。选优配强乡镇领导班子特别是乡镇党委书记，健全从乡镇事业人员、优秀村党组织书记、到村任职过的选调生、驻村第一书记、驻村工作队员中选拔乡镇领导干部常态化机制。实行乡镇编制专编专用，明确乡镇新录用公务员在乡镇最低服务年限，规范从乡镇借调工作人员。落实乡镇工作补贴和艰苦边远地区津贴政策，确保乡镇机关工作人员收入高于县直机关同职级人员。落实艰苦边远地区乡镇公务员考录政策，适当降低门槛和开考比例，允许县乡两级拿出一定数量的职位面向高校毕业生、退役军人等具有本地户籍或在本地长期生活工作的人员招考。

二是推动村党组织带头人队伍整体优化提升。坚持把政治标准放在首位，选拔思想政治素质好、道德品行好、带富能力强、协调能力强，公道正派、廉洁自律，热心为群众服务的党员担任村党组织书记。注重从本村致富能手、外出务工经商返乡人员、本乡本土大学毕业生、退役军人中的党员里培养选拔村党组织书记。对本村暂时没有党组织书记合适人选的，可从上级机关、企事业单位优秀党员干部中选派，有条件的地方也可以探索跨村任职。全面落实村党组织书记县级党委组织部门备案管理制度和村"两委"成员资格联审机制，实行村"两委"成员近亲属回避，净化、优化村干部队伍。加大从优秀村党组织书记中考录乡镇公务员、招聘乡镇事业编制人员力度。县级党委每年至少对村党组织书记培训 1 次，支持村干部和农民参加学历教育。坚持和完善向重点乡村选派驻村第一书记和工作队制度。

三是实施"一村一名大学生"培育计划。鼓励各地遴选一批高等职业学校，按照有关规定，根据乡村振兴需求开设涉农专业，支持村干部、新型农业经营主体带头人、退役军人、返乡创业农民工等，采取在校学习、弹性学制、农学交替、送教下乡等方式，就地就近接受职业高等教育，培养一批在乡大学生、乡村治理人才。进一步加强选调生到村任职、履行大学生村官有关职责、按照大学生村官管理工作，落实选调生一般应占本年度公务员考录计划 10% 左右的规模要求。鼓励各地多渠道招录大学毕业生到村工作。扩大高校毕业生"三支一扶"计划招募规模。

四是加强农村社会工作人才队伍建设。加快推动乡镇社会工作服务站建设，加大政府购买服务力度，吸引社会工作人才提供专业服务，大力培育社会工作服务类社会组织。加大本土社会工作专业人才培养力度，鼓励村干部、年轻党员等参加社会工作职业资格评价和各类教育培训。持续实施革命老区、民族地区、边疆地区社会工作专业人才支持计划。加强乡村儿童关爱服务人才队伍建设。通过项目奖补、税收减免等方式引导高校毕业生、退役军人、返乡入乡人员参与社区服务。

五是加强农村经营管理人才队伍建设。依法依规划分农村经营管理的行政职责和事业职责，建立健全职责目录清单。采取招录、调剂、聘用等方式，通过安排专兼职人员等途径，充实农村经营管理队伍，确保事有人干、责有人负。加强业务培训，力争 3 年内轮训一遍。加强农村土地承包经营纠纷调解仲裁人才队伍建设，鼓励各地探索建立仲裁员等级评价制度。将农村合作组织管理专业纳入农业技术人员职称评审范围，完善评价标准。加强农村集体经济组织人才培养，完善激励机制。

六是加强农村法律人才队伍建设。加强农业综合行政执法人才队伍建设，加大执法人员培训力度，完善工资待遇和职业保障政策，培养通专结合、一专多能执法人才。推动公共法律服务力量下沉，通过招录、聘用、政府购买服务、发展志愿者队伍等方式，充实乡镇司法所公共法律服务人才队伍，加强乡村法律服务人才培训。以村干部、村妇联执委、人民调解员、网格员、村民小组长、退役军人等为重点，加快培育"法律明白人"。培育农村学法用法示范户，构建农业综合行政执法人员与农村学法用法示范户的密切联结机制。提高乡村人民调解员队伍专业化水平，有序推进在农村"五老"人员中选聘人民调解员。完善和落实"一村一法律顾问"制度。

5. 加快培养农业农村科技人才

科技人才是乡村振兴人才队伍的中坚力量，是推动乡村产业振兴的重要支撑。加快培养农业农村科技人才，要着力抓好以下方面。

一是要培养农业农村高科技领军人才。国家重大人才工程、人才专项优先支持农业农村领域，推进农业农村科研杰出人才培养，鼓励各地实施农业农村领域"引才计划"，加快培育一批高科技领军人才和团队。加强优秀青年后备人才培养，突出服务基层导向。支持高科技领军人才按照有关政策在国家农业高新技术产业示范区、农业科技园区等落户。

二是要培养农业农村科技创新人才。依托现代农业产业技术体系、农业科技创新联盟、现代农业产业科技创新中心等平台，发现人才、培育人才、凝聚人才。加强农业企业科技人才培养。健全农业农村科研立项、成果评价、成果转化机制，完善科技人员兼职兼薪、分享股权期权、领办创办企业、成果权益分配等激励办法。

三是要培养农业农村科技推广人才。推进农技推广体系改革创新，完善公益性和经营性农技推广融合发展机制，允许提供增值服务合理取酬。全面实施农技推广服务特聘计划。深化农技人员职称制度改革，突出业绩水平和实际贡献，向服务基层一线人才倾斜，实行农业农村科技推广人才差异化分类考核。实施基层农技人员素质提升工程，重点培训年轻骨干农技人员。建立健全农产品质量安全协管员、信息员队伍。鼓励地方对"土专家""田秀才""乡创客"发放补贴。开展"寻找最美农技员"活动。引导科研院所、高等学校开展专家服务基层活动，推广"科技小院"等培养模式，派驻研究生深入农村开展实用技术研究和推广服务工作。

四是要发展壮大科技特派员队伍。坚持政府选派、市场选择、志愿参加原则，完善科技特派员工作机制，拓宽科技特派员来源渠道，逐步实现各级科技特派员科技服务和创业带动全覆盖。完善优化科技特派员扶持激励政策，持续加大对科技特派员工作支持力度，推广利益共同体模式，支持科技特派员领办创办协办农民合作社、专业技术协会和农业企业。

6. 充分发挥各类主体在乡村人才培养中的作用

乡村人才的培养主要要依靠外部支持，必须充分发挥各类主体在乡村人才培养中的作用。

一是要完善高等教育人才培养体系。全面加强涉农高校耕读教育，将耕读教育相关课程作为涉农专业学生必修课。深入实施卓越农林人才教育培养计划2.0，加快培养拔尖创新型、复合应用型、实用技能型农林人才。用生物技术、信息技术等现代科学技术改造提升现有涉农专业，建设一批新兴涉农专业。引导综合性高校拓宽农业传统学科专业边界，增设涉农学科专业。加强乡村振兴发展研究院建设，加大涉农专业招生支持力度。加强农林高校网络培训教育资源共享，打造实用精品培训课程体系。

二是要加快发展面向农村的职业教育。加强农村职业院校基础能力建设，优先支持高水平农业高职院校开展本科层次职业教育，采取校企合作、政府划拨、整合资源等方式建设一批实习实训基地。支持职业院校加强涉农专业建设、开发技术研发平台、开设特色工艺班，培养基层急需的专业技术人才。采取学制教育和专业培训相结合的模式对农村"两后生"进行技能培训。鼓励退役军人、下岗职工、农民工、高素质农民、留守妇女等报考高职院校，可适当降低文化素质测试录取分数线。

三是要依托各级党校（行政学院）培养基层党组织干部队伍。发挥好党校（行政学院）、干部学院主渠道、主阵地作用，分类分级开展"三农"干部培训。以县级党校（行政学校）为主体，加强对村干部、驻村第一书记、基层团组织书记等乡村干部队伍的培训。采取线上线下相结合等模式，将党校（行政学院）、干部学院的教育资源延伸覆盖至村和社区。

四是要充分发挥农业广播电视学校等培训机构作用。支持职业院校、农业广播电视学校、农村成人文化技术培训学校（机构）、农技推广机构、农业科研院所等，加强对高素质农民、能工巧匠等本土人才培养。探索建立"农民学分银行"，推动农民培训与职业教育有效衔接。建立政府引导、多元参与的投入机制，将农民教育培训经费按规定列入各级预算，吸引社会资本投入。

五是要支持企业参与乡村人才培养。引导农业企业依托原料基地、产业园区等建设实训基地，推动和培训农民应用新技术。鼓励农业企业依托信息、科技、品牌、资金等优势，带动农民创办家庭农场、农民合作社，打造乡村人才孵化基地。支持农业企业联合科研院所、高等学校建设产学研用协同创新基地，培育科技创新人才。

7. 建立健全乡村人才振兴体制机制

建立健全乡村人才振兴体制机制，应该主要在以下几个方面着力。

一是健全农村工作干部培养锻炼制度。完善县级以上机关年轻干部在农村基层培养锻炼机制，有计划地选派县级以上机关有发展潜力的年轻干部到乡镇任职、挂职，多渠道选派优秀干部到农村干事创业。

二是完善乡村人才培养制度。加大公费师范生培养力度，实行定向培养，明确基层服务年限，推动特岗计划与公费师范生培养相结合。推动职业院校（含技工院校）建设涉农专业或开设特色工艺班，与基层行政事业单位、用工企业精准对接，定向培养乡村人才。支持中央和国家机关有关部门、地方政府、高等学校、职业院校加强合作，按规定为艰苦地区和基层一线"订单式"培养专业人才。

三是建立各类人才定期服务乡村制度。建立城市医生、教师、科技、文化等人才定期服务乡村制度，支持和鼓励符合条件的事业单位科研人员按照国家有关规定到乡村和涉农企业创新创业，充分保障其在职称评审、工资福利、社会保障等方面的权益。鼓励地方整合各领域外部人才成立乡村振兴顾问团，支持引导退休专家和干部服务乡村振兴。落实中小学教师晋升高级职称原则上要有 1 年以上农村基层工作服务经历要求。国家建立医疗卫生人员定期到基层和艰苦边远地区从事医疗卫生工作制度。执业医师晋升为副高级技术职称的，应当有累计 1 年以上在县级以下或者对口支援的医疗卫生机构提供医疗卫生服务的经历。支持专业技术人才通过项目合作、短期工作、专家服务、兼职等多种形式到基层开展服务活动，在基层时间累计超过半年的视为基层工作经历，作为职称评审、岗位聘用的重要参考。对县乡事业单位专业性强的岗位聘用的高层次人才，可采取协议工资、项目工资、年薪制等灵活多样的分配方式，合理确定薪酬待遇。鼓励地方通过建设人才公寓、发放住房补助，允许返乡入乡人员子女在就业创业地接受学前教育、义务教育，解决好返乡入乡人员的居住和子女入学问题。完善社保关系转移接续机制，为返乡入乡人员及其家属按规定参加城镇职工基本养老保险、基本医疗保险提供便捷服务。

四是健全鼓励人才向艰苦地区和基层一线流动激励制度。适当放宽在基层一线工作的专业技术人才职称评审条件。对长期在基层一线和艰苦边远地区工作的，加大爱岗敬业表现、实际工作业绩及工作年限等评价权重，落实完善工资待遇倾斜政策，激励人才扎根一线建功立业。推广医疗、教育人才"组团式"援疆援藏经验做法，逐步将人才"组团式"帮扶拓展到其他艰苦地区和更多领域。

五是建立县域专业人才统筹使用制度。积极开展统筹使用基层各类编制资源试点，探索赋予乡镇更加灵活的用人自主权，鼓励从上往下跨层级调剂行政事业编制，推动资源服务管理向基层倾斜。推进义务教育阶段教师"县管校聘"，推广城乡学校共同体、乡村中心校模式。加强县域卫生人才一体化配备和管理，在区域卫生编制总量内统一配备各类卫生人才，强化多劳多得、优绩优酬，鼓励实行"县聘乡用"和"乡聘村用"。

六是完善乡村高技能人才职业技能等级制度。组织农民参加职业技能鉴定、职业技能等级认定、职业技能竞赛等多种技能评价。探索"以赛代评""以项目代评"，符合条件可直接认定相应技能等级。按照有关规定对有突出贡献人才破格评定相应技能等级。

七是建立健全乡村人才分级分类评价体系。坚持"把论文写在大地上"，完善农业农村领域高级职称评审申报条件，探索推行技术标准、专题报告、发展规划、技术方案、试验报告等视同发表论文的评审方式。对乡村发展急需紧缺人才，可以设置特设岗位，不受常设岗位总量、职称最高等级和结构比例限制。

八是提高乡村人才服务保障能力。完善乡村人才认定标准，做好乡村人才分类统计，加强乡村人才工作信息化建设，建立健全县乡村三级乡村人才管理网络。加强人才管理服务工作，大力发展乡村人才服务业，引导市场主体为乡村人才提供中介、信息等服务。

九是搭建乡村引才聚才平台。加强现代农业产业园、农业科技园区、农村创业创新园区等平台建设，支持入园企业、科研院所等建设科研创新平台，完善科技成果转化、人才奖补等政策，引进高层次人才和急需紧缺专业人才。加强人才驿站、人才服务站、专家服务基地、青年之家、妇女之家等人才服务平台建设，为乡村人才提供政策咨询、职称申报、项目申报、融资对接等服务。

十是加强乡村人才振兴投入保障。支持涉农企业加大乡村人力资本开发投入。农村集体经营性建设用地和复垦腾退建设用地指标注重支持各类乡村人才发展新产业新业态。推进农村金融产品和服务创新，鼓励证券、保险、担保、基金等金融机构服务乡村振兴，引导工商资本投资乡村事业，带动人才回流乡村。完善扶持乡村产业发展的政策体系，建好农村基础设施和公共服务设施，改善农村发展条件，提高农村生活便利化水平，吸引城乡人才留在农村。

四、加快培养农业生产经营人才

农业是农村发展之本，国家发展之基。推进农业长远健康发展，离不开人才的支撑。加快培养农业生产经营人才，需要统筹推进新型农业生产、经营和服务主体能力提升，培养适应产业发展、乡村建设急需的高素质农民队伍。

1.实施好高素质农民培育计划

2021年4月25日，农业农村部办公厅下发《关于做好高素质农民培育工作的通知》①，要求实施好高素质农民培育计划。《通知》提出，要确保培训任务及时落实到位，积极争取省级财政支持，扩大培训覆盖面。紧密围绕各地主导特色产业，开展种养、加工、销售全产业链培训，鼓励各地按产业开设专题班。根据人才发展需求分层开展培训，农业农村部主抓领军人才培训，省市抓好示范性培训和区域性培训，县级重点抓好生产管理服务和技能培训。依据农业生产季节合理设置培训时长，结合农时分段开展培训。坚持训育结合，强化训后技术指导和跟踪服务，支持受训农民创办领办家庭农场、农民合作社等新型农业经营主体。

实施好百万乡村振兴带头人学历提升计划。加大高职扩招政策宣传力

---

① 农业农村部办公厅：《关于做好高素质农民培育工作的通知》，农业农村部网站2021年4月25日。

度，鼓励高素质农民报考职业院校，积极争取学费减免等补助政策，支持更多高素质农民提升学历层次。支持涉农高校探索定制定向培养模式，满足高素质农民提升学历的需求。鼓励农民参加继续教育，促进农民终身学习，持续更新知识能力。推进农民短期培训、职业培训和学历教育衔接贯通，探索建立"农民学分银行"。用好乡村振兴人才培养百所优质校资源，探索形成一批可复制推广的人才培养模式，鼓励省级农业农村部门推介本省人才培养优质校，聚集更多优质资源培养乡村振兴带头人。

优化高素质农民培育形式手段。根据培育对象和培训内容制定差异化的培训计划，综合采用课堂教学、实习实践、线上培训等多种培训形式，优选授课教师和精品教材，提高培训针对性和质量效果。依托国家现代农业示范区、现代农业产业园、产业强镇、对台农业园区、科技小院、农业企业、家庭农场和农民合作社等平台和基地设立实训基地，培养用好农民讲师，大幅提高实习实践在培训中的比重，生产技术培训以实训为主。依托全国农业科教云平台等在线学习平台，开展线上线下混合式教学和考核，鼓励农民自主学习。统筹用好区域内优质教育培训资源，提倡学优学先，本地资源不足时可开展跨区域学习交流。继续与妇联组织联合开展高素质女农民培训，与共青团组织联合开展乡村振兴青年先锋评选推介，与科协组织联合实施农民科学素质行动，推进融资担保培训，可根据实际需求开设专题培训班。

强化高素质农民培育体系建设。充分发挥农业广播电视学校（农民科技教育培训中心）农民教育培训主体力量作用，同时开展摸底调查、培训组织、项目管理、绩效评价等工作。用好高等院校、职业院校等教育资源开展面向农民的学历教育，培养高层次技术技能人才。引导农业科研院所和农技推广机构发挥科技优势，为高素质农民提供技术培训和跟踪指导。鼓励农业企业、家庭农场、农民合作社和农村实用人才培训基地等承担农民实习实训任务。引导市场化教育培训机构通过政府购买服务等方式有序规范参与高素质农民培育工作，规范市场主体培训行为。

2. 突出抓好家庭农场经营者、农民合作社带头人培育

2020 年 3 月，农业农村部印发《新型农业经营主体和服务主体高质量发展规划》[①]，对家庭农场、农民合作社、农业社会化服务组织等新型农业经营主体和服务主体的高质量发展作出了具体规划，提出了五大支持政策和四大保障措施。其中，强化人才支撑方面，鼓励返乡下乡人员领办创办新型农业经营主体和服务主体，鼓励支持各类人才到新型农业经营主体和服务主体工作。鼓励各地通过政府购买服务方式，委托专业机构或专业人才为新型农业经营主体和服务主体提供政策咨询、生产控制、财务管理、技术指导、信息统计等服务。推动普通高校和涉农职业院校设立相关专业或专门课程，为新型农业经营主体和服务主体培养专业人才。鼓励各地开展新型农业经营主体和服务主体国际交流合作。

深入推进家庭农场经营者培养，完善项目支持、生产指导、质量管理、对接市场等服务。建立农民合作社带头人人才库，加强对农民合作社骨干的培训，包括综合素质提升、专业能力提升和能力拓展等方面。综合素养课包括但不限于思想政治、农业通识、农业农村政策法规、文化素养等课程；专业能力课包括但不限于乡村治理、农业生产技术、农业经营管理、农产品营销、电商"网红"、绿色发展等课程；能力拓展课程可组织学员到农业行政主管部门认定的龙头企业、农业产业园、合作社、家庭农场，或各级高素质农民培育示范基地（实训基地、田间学校、创业孵化基地）进行实训、参观、交流和学习，让农民学习和借鉴成功的农业企业生产经营模式，提高高素质农民做农业的信心。

鼓励农民工、高校毕业生、退役军人、科技人员、农村实用人才等创办领办家庭农场、农民合作社。鼓励有条件的地方支持农民合作社聘请农

---

① 《农业农村部关于印发〈新型农业经营主体和服务主体高质量发展规划〉的通知》，中国政府网 2020 年 3 月 3 日。

业经理人。鼓励家庭农场经营者、农民合作社带头人参加职称评审、技能等级认定。

3. 示范推广高素质农民和新型经营主体培育成果

系统总结高素质农民培育工作好经验好做法，搭建各类成果展示和典型交流平台，办好农民教育培训论坛和农民技能大赛。指导农民专业技术协会、产业联盟等发挥作用，帮助高素质农民和新型经营主体抱团发展、协作发展、互补发展。

遴选推介优秀学员、优秀教师、优秀工作者，评选精品课程、优质教材和受欢迎培训机构，树立宣传先进典型，引导学优争先，积极弘扬"学习光荣、素质高贵、创造伟大"的时代风尚，在全社会营造关心支持高素质农民、家庭农场和农业合作社发展的良好氛围。

探索农业农村人才以赛代评评价机制。组织开展"十佳农民""科技种养大王""最美'三农'人""最美农技员"等评选表彰活动。凡是具有一定知识或技能，有专业特长，在促进农村经济社会发展中作出积极贡献，群众公认的农村实用人才，经相关部门考察、考核，评定农民技术职称并由当地党政机关给予相应的资金奖励，支持农技人才等通过提供增值服务合理取酬，为扎根乡村的人才打造成长发展路径，让乡村优秀人才有盼头、有奔头。

案　例

河北省下足功夫打造高素质农民队伍助力乡村振兴 [①]

近年来，河北省委、省政府高度重视"有文化、懂技术、善

经营、会管理"的高素质农民培育工作，自2014年开始进行高素质农民培养试点，通过练内功、聚外力"两条腿"走路，以产业需求为导向，以政策扶持为支撑，不断创新培育机制，高素质农民培育工作不断取得喜人成绩。截至2020年10月，全省累计培养高素质农民25.4万人，一大批新型农业经营主体和服务主体、农村专业技术人才及农业产业脱贫致富带头人正在形成规模。

第一，创新培育模式，加大本土人才培育力度，激发增收致富内生动力。按照乡村振兴战略要求及振兴乡村产业需要，强化师资队伍建设，广泛开展师资培训、教学能手和优质课件评选活动。认真做好农民田间学校、实训基地建设，实现全省农民教育培训工作由课堂教学向田间地头的实践性教学转变。

入选2020年度农民教育培训"百名优秀学员"的王廷强，是河北广顺园食品有限公司的法人代表，也是冯家寨村的农民。2009年开始创业的王廷强，先后建成红薯脱毒育苗基地2000亩、繁育红薯苗的联动玻璃大棚10000平方米。为提高技能，王廷强参加广宗县农广校高素质农民培训，将学到的知识运用到发展产业、带动农户增收致富上。经过多年发展，广顺园公司形成了红薯种植、加工、销售完整产业链，覆盖6个乡镇86个村，累计带动733户1680人脱贫致富，带动就业500余人。

第二，汇聚外部力量，引导各类人才投身乡村，推动高素质农民队伍壮大。饶阳县农民宋长江跟土地打了30多年交道，当年在既没资金又没技术的情况下靠着筹措来的几千元钱建起了南北岩村里第一个大棚，搞起了设施蔬菜栽培。"没有技术就想办法学习。"利用农闲时间，宋长江主动报名参加各种培训。通过参加培训学习，宋长江成了当地小有名气的"土专家"。2019 年 3 月，宋长江被饶阳县农业农村局特聘为农技员。

在这支高素质农民队伍里，34 岁的阜城县建桥乡大徐村党支部书记陈冲也是一位典型代表。陈冲曾在北京经营彩钢生意，2018 年返乡创业。在阜城县农广校组织的高素质农民培训班，从涉农政策到农业产业化总体形势，再到新品种培育和新技术推广，陈冲系统学习了现代农业发展思路和方法。在他的带动下，全村种植特色谷子 1600 余亩，实现了谷子的深加工，和河北省农科院合作注册了"衡金谷"农产品商标，并申请了绿色食品认证。

第三，推动农民培训工作，壮大高素质农民队伍，一系列政策正持续发力。将高素质农民培育工程纳入省政府重点工作和全省人才助力产业发展三年行动计划，逐步建立城乡人才顺畅流动的体制机制，完善城乡融会贯通的社会保障体系，畅通智力、技术、管理下乡的通道，汇聚外部力量，引导外出农民工、农村大中专毕业生等返乡，吸引各类人才投身农业农村。根据乡村振兴各类型人才的需要，以农民为中心，办农民满意的教育培训，做好农民继续教育和服务，指导农民参加职业技能鉴定和农民职称评定 1 万多人，引导农民接受中高等职业教育 2.3 万多人，提升文化素质。

五、加快培养农村二三产业发展人才

随着我国农村改革的不断深化、社会生产力的不断提高和分工分业的纵深发展，近年来，除了农业这个基础产业之外，休闲农业、乡村旅游及农村电商等新兴产业迅速崛起，正成为农村经济发展的新生力量。

相应地，二三产业发展人才也成为了亟须培养的重要力量。

1.持续培育农村创新创业带头人

2020年6月，农业农村部、国家发展改革委、教育部等九部委联合印发《关于深入实施农村创新创业带头人培育行动的意见》[①]，要求各地加强指导服务，优化创业环境，培育一批饱含乡土情怀、具有超前眼光、充满创业激情、富有奉献精神，带动农村经济发展和农民就业增收的农村创新创业带头人。力争到2025年，培育农村创新创业带头人100万以上，基本实现农业重点县的行政村全覆盖。

明确培育重点。扶持返乡创业农民工，以乡情感召、政策吸引、事业凝聚，引导有资金积累、技术专长、市场信息和经营头脑的返乡农民工在农村创新创业；遴选一批创业激情旺盛的返乡农民工，加强指导服务，重点发展特色种植业、规模养殖业、加工流通业、乡村服务业、休闲旅游业、劳动密集型制造业等，吸纳更多农村劳动力就地就近就业。鼓励入乡创业人员，营造引得进、留得住、干得好的乡村营商环境，引导大中专毕业生、退役军人、科技人员等入乡创业，应用新技术、开发新产品、开拓新市场，引入智创、文创、农创，丰富乡村产业发展类型，带动更多农民学技术、闯市场、创品牌，提升乡村产业的层次水平。发掘在乡创业能人，挖掘"田秀才""土专家""乡创客"等乡土人才，以及乡村工匠、文化能人、手工艺人等能工巧匠，支持创办家庭工场、手工作坊、乡村车间，创响"乡字号""土字号"乡土特色产品，保护传统手工艺，发掘乡村非物质文化遗产资源，带动农民就业增收。

---

① 农业农村部、国家发展改革委、教育部等九部委：《关于深入实施农村创新创业带头人培育行动的意见》，农业农村部网站2020年6月13日。

强化政策扶持。加大财政政策支持，为符合条件的返乡入乡创业人员和企业提供支持，支持农村创新创业带头人兴办企业、做大产业。加大金融政策支持，引导相关金融机构创新金融产品和服务方式，积极为农村创新创业带头人提供融资担保。加大创业用地支持，做好农村创新创业用地保障。加大人才政策支持，支持和鼓励高校、科研院所等事业单位科研人员，按国家有关规定离岗到乡村创办企业，允许科技人员以科技成果作价入股农村创新创业企业。

加强创业培训，加大培训力度。实施返乡入乡创业带头人培养计划，依托普通高校、职业院校、优质培训机构、公共职业技能培训平台等开展创业培训。创新培训方式，支持有条件的职业院校、企业深化校企合作，依托大型农业企业、知名村镇、大中专院校等建设一批农村创新创业孵化实训基地，为返乡入乡创新创业带头人提供职业技能培训基础平台。充分利用门户网站、远程视频、云互动平台、微课堂、融媒体等现代信息技术手段，提供灵活便捷的在线培训，创新开设产品研发、工艺改造、新型业态、风险防控、5G 技术、区块链等前沿课程。提升培训质量，积极探索创业培训＋技能培训，创业培训与区域产业相结合的培训模式。根据返乡入乡创新创业带头人特点，开发一批特色专业和示范培训课程。大力推行互动教学、案例教学和现场观摩教学，开设农村创新创业带头人创业经验研讨课。组建专业化、规模化、制度化的创新创业导师队伍和专家顾问团，建立"一对一""师带徒"培养机制。

优化创业服务。集中提供项目选择、技术支持、政策咨询、注册代办等一站式服务，为农村创新创业带头人提供政策解读、项目咨询、土地流转、科技推广、用人用工等方面的服务。依托现代农业产业园、农产品加工园、高新技术园区等，建设一批乡情浓厚、特色突出、设施齐全的农村创新创业园区，提供聚集服务功能，帮助农村创新创业带头人开展上下游配套创业。积极培育市场化中介服务机构，发挥行业协会商会作用，组建农村创新创业联盟，实现信息共享、抱团创业。

2.加快培育农村电商人才

精准定位农村电商的培训对象。一般来说，政府部门相关人员、返乡大学生和大学生村官等高中学历以上且对电商行业感兴趣的人员，以及返乡农民工、本外地经商创业者、养殖大户、销售能人、农村专业合作社成员和经济困难未就业的青年等具备一定专业技能的人员是农村电商培训的重点培育对象。

完善培训内容，提升培训的针对性。根据实际需求，丰富直播带货、社交电商等培训内容，完善标准化教材，健全培训转化机制，指导对接就业用工，注重跟踪服务而非"一锤子"培训。依托全国电子商务公共服务平台，加快建立农村电商人才培养载体及师资、标准、认证体系，开展线上线下相结合的多层次人才培训。

提升电子商务进农村效果。以县为核心建立农村电商服务机构并由此对乡镇进行统筹规划。开展电商专家下乡活动，将当地高职院校内的农村电商专家老师与乡镇对接，并从资金、人才、物质、资源等方面加大投入，同时要求高职院校内的专家老师定期制定培养进程表和方案导图等具体可观的培养材料，以进一步监督管理农民电商人才培养成效。

案　例

辽宁十家子村：吸引返乡创业发展农村电商新业态 [1]

辽宁朝阳市木头城子镇十家子村，利用亲情、乡情吸引大学生返乡创业，以电子商务为突破点，创办新发永业电子商务公司、农民合作社等经济实体，通过"互联网＋种植基地＋深加

---

[1]　农业农村部乡村产业发展司：《全国乡村产业高质量发展"十大典型"》，农业农村部网站 2021 年 3 月 2 日。

工基地＋合作社＋实体店"的模式，推动当地小米、小麦、葵花、葡萄、苹果等产业高质量发展。

一是培育产业发展领头雁。村党支部积极吸引、扶持大学生返乡创业。2015 年本村大学生王颖响应号召，返乡创立新发永业电子商务公司，注册"村姑进城"品牌，发展葡萄、小米等种植加工，推动当地特色水果和杂粮产业发展。在王颖的影响和村党支部支持帮助下，先后有 20 多名大学生积极返乡，领办合作社，创办经济实体，积极投身创业富民大潮，成为农村创新创业和助推乡村产业发展的领头雁。

二是发展农村电商新业态。探索"线上开网店＋线下实体店"的创新模式，先后在辽宁朝阳、上海等地开设线下实体体验店，与淘宝等大型平台企业对接，搭建农产品网上销售渠道，形成了"线下体验、网上下单、云仓发货"的电商平台运营机制，打通了农产品进城入市的销售渠道，建立了农产品从生产源头到终端销售的全新产业链模式，为乡村产业发展插上了互联网翅膀。

三是打造乡土特色金招牌。以"土地流转＋入股"方式，流转土地近万亩。以农民合作社为核心，通过种苗供给、田间管理和成熟采收一体化跟踪服务，打造高标准农产品生产基地。同时，建立清洗、包装、分等分级标准，规范农产品初加工，与沈阳农业大学等大专院校和科研院所合作，开发母婴食品等，拓展农产品深加工，培育创立了"村姑进城""蛮妞""晶脂"等知名品牌。

四是助力农民增收致富。探索"党支部＋合作社＋基地＋电商＋贫困户"的"5＋"模式，带动 27 户贫困户脱贫，500 余户农民致富。村党支部将集体收入的 1/3 用于帮助农户发展致富产业。合作社通过土地入股等方式，让农户享受股份制比例分红。纳入高标准农产品生产基地范围的农产品由公司统一收购，再通过电商平台和线下体验店统一销售。同时，农户还可进入公司就业，让农民成为卖农金、收租金、挣薪金、分红金、得财金的"五金"农民。

3.加强培育乡村工匠

乡村工匠是指不仅包括传统意义上的工匠，如篾匠、泥瓦匠、木工、裁缝、弹匠等，还包括丝绸刺绣、剪纸、木雕、泥塑等各具特色的传统艺人和手工业者。各地可以结合实际，开展乡村工匠登记造册，挖掘乡村工匠，编制乡村工匠类别目录，开展乡村工匠普查、登记、造册，建立乡村工匠人才库，体现对劳动者的关怀尊重以及社会认同。

加强乡村工匠培训培养。通过设立名师工作室、大师传习所等，传承发展传统技艺。鼓励和支持各类院校加强乡村工匠相关专业建设，打造一批重点和特色专业，开展传统技艺传承人教育，组织乡村实用人才就地就近参加职业教育和专项技能培训，提升学历层次和技能水平。支持各类院校、培训机构、农民合作社等单位在传统技艺人才聚集地设立工作站，开展研习培训、示范引导、品牌培育共建乡村工匠培养联盟，创新校企合作模式，提高乡村工匠培养的针对性和实效性。有条件的地方，可以创办乡村工匠学校。

扶持乡村工匠就业创业。支持鼓励传统技艺人才创办特色企业，带动发展乡村特色手工业。对乡村工匠创业人员及其创办的经营主体，符合条件的按规定申请享受创业培训补贴、一次性创业资助、租金补贴、创业带动就业补贴、创业担保贷款及贴息等创业扶持政策。鼓励有条件的地区依托乡村工匠，创业项目，开展就业见习、实习实训等活动，并适当给予资金补助。拓宽就业创业渠道，大力开发乡村工匠从业领域就业岗位，鼓励城乡劳动者积极投向农村产业发展建设。加快开展返乡创业孵化基地认定工作并给予相应补贴。提升公共服务水平，推进线上线下乡村工匠就业服务网络建设，提高线上就业服务便利度和普及面。

注重发挥示范带动作用。当前，大量乡村传统技艺人才还处于自生、自发、自为状态，没有形成推进乡村振兴的强大合力。因而要对具有非遗传承人身份的民间艺人，支持其建设乡村特色技能大师工作室，推动非遗传承活化、转化、产业化。结合特色乡镇、"一村一品"创建工作，分类建立和完善人才信息库，发挥行业协会等社会组织的作用，以协会联动为纽带，促进传统技艺人才聚集融合，形成群体优势，推动传统技艺人才创办特色企业、引领特色产业、实现经济振兴。

建立乡村工匠评价激励机制。建立健全乡村工匠培养标准和技能评价体系。探索鼓励奖励措施，对获得职称、职业技能鉴定证书、培训证书的乡村工匠，优先提供信息技术、融资支持、产品推介服务，优先安排学习培训，按规定给予财政资金支持和政策补贴等。积极组织开展乡村工匠职业技能竞赛和创业创新大赛，推动乡村工匠技艺交流和岗位练兵，促进项目、资本、政策、服务有效对接。

六、加快培养乡村公共服务人才

乡村教育、医疗卫生、文化体育等人才缺乏是农民最牵挂也是急需解决的问题。实现乡村人才振兴，要持续加大并严格落实农村教育、医疗卫生政策倾斜，整合当地教师、医生结构，流动学习，招聘缺乏的人才。同时，有序引导和支持企业家、党政干部、专家学者、医生教师、规划师、建筑师、律师、技能人才等，通过下乡担任志愿者、投资兴业、行医办学、捐资捐物、法律服务等方式服务乡村振兴事业。

1.加强乡村教师队伍建设

乡村教师是发展更加公平更有质量乡村教育的基础支撑，是推进乡村振兴、建设社会主义现代化强国、实现中华民族伟大复兴的重要力量。2020 年 7 月，教育部等六部门印发《关于加强新时代乡村教师队伍建设的意见》①，提出要紧紧抓住乡村教师队伍建设的突出问题，促进城乡一体、加强区域协同，定向发力、精准施策，破瓶颈、强弱项，大力推进乡村教师队伍建设高效率改革和高质量发展。力争经过 3—5 年努力，乡村教师数量基本满足需求，质量水平明显提升，队伍结构明显优化，地位大幅提高，待遇得到有效保障，职业吸引力持续增强，贫困地区乡村教师队伍建设明显加强。

加强乡村教师师德师风建设，激发教师奉献乡村教育的内生动力。乡村教师不仅在教化乡村孩子，也承担着在偏远山村传播现代文明、传承社会主流文化、传递国家意志的重要使命。要高度重视发挥乡村教师以德化人的教化作用。建立健全乡村教师政治理论学习制度，提升思想政治水平。切实加强乡村教师党建工作，建强乡村学校思政教师队伍。厚植乡村教育情怀，充分融合当地风土文化，引导教师立足乡村大地，做乡村振兴和乡村教育现代化的推动者和实践者。

深化乡村教师管理改革，缓解乡村学校人才短缺问题，提升乡村教师职业供给力。创新挖潜编制管理，提高乡村学校教师编制的使用效益，创新乡村教师编制配备，编制标准向乡村倾斜，实行城乡统一的中小学教职工编制标准。继续实施革命老区、民族地区、边疆地区人才支持计划、教师专项计划和银龄讲学计划。推动城镇优秀教师和乡村教师双向流动激励机制，健全县域交流轮岗机制，将到农村学校或薄弱学校任教 1 年以上作为申报高级职称的必要条件，3 年以上作为选任中小学校长的优先条件。采取定期交流、跨校竞聘、学区一体化管理、集团化办学、学校联盟、对口支援、乡镇中心学校教师走教、"管理团队 + 骨干教师"组团输出等多

---

① 教育部等六部门：《关于加强新时代乡村教师队伍建设的意见》，中国政府网 2020 年 7 月 31 日。

种途径和方式，加强城乡一体流动，形成长效流动机制。探索构建招聘和支教等多渠道并举，多种形式配备乡村教师，鼓励高端人才、骨干教师和高校毕业生、退休教师多层次人员到乡村从教、支教。

提高乡村教师的素质能力，培育符合新时代要求的高质量乡村教师。加强定向公费培养，加强面向乡村学校的师范生委托培养院校建设，高校和政府、学生签订三方协议，采取定向招生、定向培养、定向就业等方式，精准培养本土化乡村教师。抓好乡村教师培训，加大乡村骨干教师培养力度，精准培养本土化优秀教师。发挥 5G、人工智能等新技术助推作用。改革完善"国培计划"，深入推进"互联网＋义务教育"，健全乡村教师发展体系。深化师范生培养课程改革，优化人工智能应用等教育技术课程，把信息化教学能力纳入师范生基本功培养。

2. 加强乡村卫生健康人才队伍建设

党的十九大报告提出，加强基层医疗卫生服务体系建设。新冠肺炎疫情防控期间，基层卫生工作的重要性进一步凸显。多年来，基层卫生人才匮乏、专业能力水平较低成为制约我国基层卫生机构发展的关键因素。因而，要持续加强我国基层卫生人才队伍建设，提高基层医疗机构服务能力。

做好编制统筹，多渠道充实乡村卫生健康人才队伍。按照服务人口1‰左右的比例，以县为单位每 5 年动态调整乡镇卫生院人员编制总量，允许编制在县域内统筹使用，用好用足空余编制。推进乡村基层医疗卫生机构公开招聘，艰苦边远地区县级及基层医疗卫生机构可根据情况适当放宽学历、年龄等招聘条件，对急需紧缺卫生健康专业人才可以采取面试、直接考察等方式公开招聘。支持城市二级及以上医院在职或退休医师到乡村基层医疗卫生机构多点执业，开办乡村诊所，充实乡村卫生健康人才队伍。

优化基层人才进修培训。深入实施全科医生特岗计划、农村订单定向医学生免费培养和助理全科医生培训，优化乡村基层卫生健康人才能力提升培训项目，加强在岗培训和继续教育。深入推进乡村全科执业助理医师资格考试，推动乡村医生向执业（助理）医师转化，引导医学专业高校毕业生免试申请乡村医生执业注册。鼓励免费定向培养一批源于本乡本土的大学生乡村医生，多途径培养培训乡村卫生健康工作队伍，提升乡村卫生服务和治理水平。

完善乡村基层卫生健康人才激励机制，逐步提高乡村医生收入待遇。落实职称晋升和倾斜政策，优化乡镇医疗卫生机构岗位设置，按照政策合理核定乡村基层医疗卫生机构绩效工资总量和水平。落实乡村医生各项补助，逐步提高乡村医生收入待遇，做好乡村医生参加基本养老保险工作。

3. 加强乡村文体旅游人才和规划建设人才队伍建设

一些地区的农村建设发展与乡村文旅密切相关，尤其是以传统村落、传统民居和历史文化名村名镇为代表的乡村建设项目越来越多地被打造为区域性甚至具有世界级影响力的旅游景区和旅游度假区，并成为乡村振兴可持续发展的"强力军"。基于此，乡村文化旅游体育人才和乡村规划建设人才队伍建设必不可少。

推动文化旅游体育人才下乡服务，重点向革命老区、民族地区、边疆地区倾斜。完善文化和旅游、广播电视、网络视听等专业人才扶持政策，培养一批乡村文艺社团、创作团队、文化志愿者、非遗传承人和乡村旅游示范者。鼓励运动员、教练员、体育专业师生、体育科研人员参与乡村体育指导志愿服务。

加强乡村规划建设人才队伍建设。支持熟悉乡村的首席规划师、乡村规划师、建筑师、设计师及团队参与村庄规划设计、特色景观制作、人文风貌引导，提高设计建设水平，塑造乡村特色风貌。统筹推进城乡基础设施建设管护人才互通共享，搭建服务平台，畅通交流机制。实施乡村本土建设人才培育工程，加强乡村建设工匠培训和管理，培育修路工、水利员、改厕专家、农村住房建设辅导员等专业人员，提升农村环境治理、基础设施及农村住房建设管护水平。

案　例

云南曲靖："农村文化户"激活乡村振兴文化动力 [①]

近年来，云南曲靖市涌现出一批"农村文化户"，成为"精神上解闷，经济上解困"的乡村文化带头人。

年近六十的荆艳英早年是一名舞蹈教师，退休后与其他舞蹈爱好者们在曲靖市麒麟区白石江街道综合文化服务站组建了"巾帼舞蹈团"。荆艳英告诉记者，舞蹈团成员大都是农民，大家定期排练，参加各类文艺汇演活动，还曾出国演出。舞蹈团的很多歌舞节目都取材于乡村生活，通过挖掘传统文化和乡村原生态元素，围绕爱党爱国、孝亲友邻、敬老爱幼等主题进行创作，弘扬正能量。

像"巾帼舞蹈团"一样，还有很多农村文化户在曲靖市广大社区、乡村逐渐兴起。比如陆良县马街镇"牡丹艺术团"，拥有2部演出车辆、上百种道具和高级音响，演员 20 多人，其中年龄最大的 60 岁，最小的 20 岁，全团年收入超过 40 万元。

"农村的事情还是得农民自己来办，农村的舞台应该属于农民。"曲靖市文体局局长纪爱华介绍，从 20 世纪 80 年代开始，曲靖市师宗县、陆良县的农村地区产生了曲靖最早的农村文化团体，农民们白天忙农活，晚上排练节目，以休闲娱乐为主。随着

---

① 新华网 2018 年 6 月 26 日。

市场意识增强，农村文艺演出队开始向商业化和市场化发展。不少农村文化户是优秀曲艺、技艺的传承人，从"单打独斗"到组成联合体，使传统文化得到更好地保护和传承。还有不少农村文化户以小品、相声等群众喜闻乐见的表演形式，宣传党的方针政策。

曲靖市近年来以创建国家公共文化服务体系示范区为契机，在公共文化基础设施建设、政策倾斜、资金投入、人才引进和培养、业务培训等方面给予农村文化户扶持，形成了"政府主导、社会参与、农民自办、市场运作"的发展模式。比如，根据《曲靖市农村文化户（文化联合体）奖励暂行办法》规定，曲靖市每年拿出专项资金，通过"以奖代补"形式对发展较好的农村文化户（联合体）进行表彰。

目前，曲靖市共有从事和经营文艺演出、影视制作、影视放映、根雕、奇石、摄影等文化行业的农村文化户近 1800 户，从业人员达 2 万多人，年开展活动 20 余万次，年产生经济效益近 1.5 亿元。一部分农村文化户发展成为独资公司、股份制民营艺术团，呈现出规模化、产业化发展态势。

七、加快培养乡村治理人才

加强基层党政人才队伍建设，培养造就一支懂农业、爱农村、爱农民的"三农"工作队伍，是实现乡村振兴的重要保障。当前，我国农业正处在从传统农业加快向现代农业转型的关键时期，农业发展的环境条件和内在动因正在发生深刻变化，农业农村的内在活力亟待增强，这对"三农"工作队伍提出了更高的要求。因此，必须加快建设忠诚干净担当的高素质农村干部队伍，提升干部能力，完善干部人才服务基层的体制机制，才能推动乡村振兴加快落实。

1. 重视乡村干部队伍配备

激励乡镇干部加快跑。乡镇领导干部作为党和国家政策传达落实的"最后一站",全面激发其干事创业热情,对推动乡村振兴快步发展显得至关重要。要抓住换届的好契机,瞄准脱贫攻坚主战场和疫情防控一线,坚持从"一线战场"发现人才。健全从乡镇事业人员、优秀村党组织书记、到村任职过的选调生、驻村第一书记、驻村工作队员中选拔乡镇领导干部常态化机制,打造有为者有位、吃苦者吃香、实干者实惠的正确用人风向。

配好村支"两委"领着跑。村民富不富,关键看支部;村子强不强,要看领头羊。注重从本村致富能手、外出务工经商返乡人员、本乡本土大学毕业生、退役军人中的党员里培养选拔村(社区)"两委"干部和后备人才,加大农村工作专业培训,逐步推动实现村干部队伍年轻化、知识化、职业化。

借力"新兵蛋子"推着跑。人在事上练,刀在石上磨。始终坚持基层导向,持续选派年轻干部到基层一线锤炼,把新录用的选调生、机关事业单位干部全部放到乡村振兴主战场淬炼、打磨,把重担压到他们身上,在难事急事乃至"热锅上蚂蚁"一样的经历中经受摔打,真正炼出"好钢材",以"新兵蛋子"的新理念、新想法、新作为推动农村工作新变化①。

此外,还要加强农村社会工作人才队伍建设。加快推动乡镇社会工作服务站建设,加大政府购买服务力度,吸引社会工作人才提供专业服务,大力培育社会工作服务类社会组织。加大本土社会工作专业人才培养力度,鼓励村干部、年轻党员等参加社会工作职业资格评价和各类教育培

---

① 覃振华:《为乡村人才振兴提供坚强有力的组织保障》,《团结报》2021 年 4 月 19 日。

训。持续实施革命老区、民族地区、边疆地区社会工作专业人才支持计划。加强乡村儿童关爱服务人才队伍建设。通过项目奖补、税收减免等方式引导高校毕业生、退役军人、返乡入乡人员参与社区服务。

2.强化乡村治理人才教育培训

着眼于提高能力，强化"三农"干部教育培训。制订并实施培训计划，强化思想道德与价值观教育，调整工作的侧重点、着力点，创新传统的工作思路、工作方法，不断提升履行职责的能力，使"三农"干部开阔眼界，提升把握大局、驾驭复杂局面的能力。积极更新观念，不断提高引领市场和依法行政的能力。培养一支忠诚于党、造福于民，研精于思、业精于勤，具有坚强党性修养的高素质干部队伍。

依托各级党校(行政学院)培养基层党组织干部队伍。发挥好党校(行政学院)、干部学院主渠道、主阵地作用，分类分级开展"三农"干部培训。以县级党校（行政学校）为主体，加强对村干部、驻村第一书记、基层团组织书记等乡村干部队伍的培训。采取线上线下相结合等模式，将党校（行政学院）、干部学院的教育资源延伸覆盖至村和社区。支持村干部参加学历教育。

加强乡村法律服务人才培训。加强农业综合行政执法人才队伍建设，加大执法人员培训力度，完善工资待遇和职业保障政策，培养通专结合、一专多能执法人才。推动公共法律服务力量下沉，通过招录、聘用、政府购买服务、发展志愿者队伍等方式，充实乡镇司法所公共法律服务人才队伍，加强乡村法律服务人才培训。以村干部、村妇联执委、人民调解员、网格员、村民小组长、退役军人等为重点，加快培育"法律明白人"。培育农村学法用法示范户，构建农业综合行政执法人员与农村学法用法示范户的密切联结机制。提高乡村人民调解员队伍专业化水平，有序推进在农村"五老"人员中选聘人民调解员。完善和落实"一村一法律顾问"制度。

3. 完善干部人才服务基层的体制机制

健全农村工作干部培养锻炼制度。完善县级以上机关年轻干部在农村基层培养锻炼机制，有计划地选派县级以上机关有发展潜力的年轻干部到乡镇任职、挂职，多渠道选派优秀干部到农村干事创业。

实施"一村一名大学生"培育计划。鼓励各地遴选一批高等职业学校，就地就近接受职业高等教育，培养一批在乡大学生、乡村治理人才。进一步加强选调生到村任职、履行大学生村官有关职责、按照大学生村官管理工作。鼓励各地多渠道招录大学毕业生到村工作。扩大高校毕业生"三支一扶"计划招募规模。

健全鼓励人才向艰苦地区和基层一线流动激励制度。适当放宽在基层一线工作的专业技术人才职称评审条件。对长期在基层一线和艰苦边远地区工作的，加大爱岗敬业表现、实际工作业绩及工作年限等评价权重，落实完善工资待遇倾斜政策，激励人才扎根一线建功立业。

提高基层干部福利待遇。严格按照干部职工福利待遇的标准，依法保障基层干部的待遇问题。严格落实基层干部的基本工资正常调整机制、休假权益以及各种应有的待遇。根据基层干部的岗位和工作情况科学核定待遇。完善工资制度，健全不同地区、不同岗位差别化激励办法。例如，交叉任职和边远地区的基层干部，积极探索多岗多薪等方式，增加基层干部的福利待遇，激发工作积极性。

案　例

广东"头雁工程"助推乡村振兴[①]

2018 年 5 月，广东省委出台《广东省加强党的基层组织建设

①　《南方杂志》2020 年 9 月 23 日。

三年行动计划》，把深入实施"头雁工程"作为三年行动计划的重点措施，通过"选育管用储"全链条推进农村党组织带头人队伍整体优化提升。选，就要拓宽视野，选贤任能；育，就要让"头雁"得到培养，有所成长；管，就必须把"头雁"的权力关进笼子；用，就要树立鲜明导向，让"头雁"敢闯敢干；储，就要打造长效机制，让领头雁如活水涌现。

拓宽视野，选贤任能。推进乡村振兴，需要选好配好村级领导班子。"头雁工程"实施以来，广东对全省1.9万个村党组织书记履职情况进行了全面摸底。在此基础上，以红色村、省定贫困村、软弱涣散村、集体经济薄弱村为重点，拓宽视野，选拔有情怀、有能力、有文化、有口碑的退伍军人、本村外出务工经商人员、村创业致富带头人、返乡大学生、退休干部中的优秀党员等担任村党组织书记。在汕头市潮阳区铜盂镇草尾村，外出经商的洪生奕回村当党组织书记后，敢于担当负责，通过深入细致做好群众工作，推动曾两次遭受阻工而搁置的环保项目潮阳铜盂污水处理厂落地建设，推进练江流域综合整治，迅速摘掉了"软弱涣散党组织"的帽子；在韶关武江区西河镇下坑村，退伍军人林永前回乡后，用独创的"一毛钱工程"——由村民每户每天拿出一毛钱，作为村庄治理专项管理费用，唤醒村民的主人翁意识，从而推动了农村人居环境长效治理。

"培训＋制度"，保障"头雁"高飞。持之以恒抓好村（社区）干部大专以上学历教育，比如，广州坚持实施"羊城村官上大学"，已经组织了1万多名村（社区）"两委"干部参加大专及以上学历教育，取得了良好效果。此外，还对农村基层干部和普通党员开展全覆盖的集中轮训。省委组织部每年都会举办示范培训班，安排300名左右村（社区）党组织书记到省参加培训。县级党委每年至少对村党组织书记培训 1 次。更重要的是，近年来，广东进一步巩固和加强农村基层党组织的领导地位，明显提高了"头雁"、党组织在村内各类组织中的话语权。近年来，广东不断推进村党组织书记通过法定程序担任村民委员会主任和村级集体经济组织、合作经济组织负责人。目前，全省"三个一肩挑"的比例提升到了 83% 以上。

长久以来，村干部一直被认作"体制外人员"，为增强"头雁"的归属感和获得感，广东推进了村党组织书记履职与补贴待遇挂钩。省财政逐年加大补贴力度，各地市也纷纷建立健全村党组织书记补贴机制，解决"头雁"收入偏低的问题。此外，还实施专项招录村（社区）党组织书记进入乡镇（街道）公务员队伍、招聘事业编制人员、选拔进入乡镇（街道）领导班子，建立常态化机制，打通上升渠道。

培养储备，打造领头雁"蓄水池"。广东通过实施"党员人才回乡计划"，从复员退伍军人、外出务工经商人员、带富能力强的村民、村医村教、返乡大学生等党员中，按不低于 1∶2 比例建立村党组织书记后备队伍，从而打造领头雁的"蓄水池"。领头雁后备人选原则上应该具有大专以上学历、年龄 40 岁左右，通过加强跟踪培养，符合条件的，即可担任村党组织副书记或委员。截至目前，全省已经建立村党组织书记储备人选 4.6 万名。

八、加快培养农业农村科技人才

在现代化农业，建设过程中，发展智慧农业、大数据农业，需要培养或引进大量的自动化、人工智能、大数据等现代化科学技术人才，推动农业发展变革。同时，农村科技人才专业素养高，具备一定的科研、创新能力，思想活跃，创造能力强，在乡村振兴过程中，能够准确把握乡村产业的优势，以互联网思维、大数据思维去发展现代化农业产业，提升乡村经济创新创造活力，让乡村产业能够突破困境，步入新的发展格局，提升乡村经济创新创造活力。

1.培养农业农村高科技领军人才和创新人才

培养农业农村高科技领军人才。国家重大人才工程、人才专项优先支持农业农村领域，推进农业农村科研杰出人才培养，鼓励各地实施农业农村领域"引才计划"，加快培育一批高科技领军人才和团队。突破传统惯性和研究尺度，与农业农村现代化和乡村振兴战略紧密结合，在保障国家粮食和食品安全、动植物绿色生产与重大动物疫病防治、山水林田湖草沙系统治理、小农户和现代农业发展有机衔接、全球农业和国际发展等重大课题上，超前谋划、精准布局，确保中国人的饭碗牢牢端在自己手上。加强优秀青年后备人才培养，突出服务基层导向。支持高科技领军人才按照有关政策在国家农业高新技术产业示范区、农业科技园区等落户。

培养农业农村科技创新人才。依托现代农业产业技术体系、农业科技创新联盟、现代农业产业科技创新中心等平台，发现人才、培育人才、凝聚人才。加强农业企业科技人才培养。健全农业农村科研立项、成果评价、成果转化机制，完善科技人员兼职兼薪、分享股权期权、领办创办企业、成果权益分配等激励办法。

加强涉农高校对乡村振兴高层次人才培养。积极探索专业学位研究生培养模式改革，鼓励和引导高校适度扩大农业硕士专业学位研究生培养规模。通过体制机制改革，优化乡村创新创业环境，培养青年创客、"新农人"等乡村振兴高端人才，推动青年人才扎根乡村创业。

2.培养农业农村科技推广人才

全面实施农技推广服务特聘计划。按照农业农村部《关于全面实施农技推广服务特聘计划的通知》的要求，从农业乡土专家、种养能手、新型农业经营主体技术骨干、科研教学单位一线服务人员中继续招募特聘农技员，培养一支精准服务产业需求、解决生产技术难题、带领农户生产致富的服务力量[①]。同时，在保持农技推广机构相对稳定的基础上，确保专人专岗，建立正常的专业人员补充机制，着力补充实用人才和专业技术骨干，进一步优化农技推广队伍结构。建立健全农产品质量安全协管员、信息员队伍。

推进农技推广体系改革创新。完善公益性和经营性农技推广融合发展机制，允许提供增值服务合理取酬。深化农技人员职称制度改革，突出业绩水平和实际贡献，向服务基层一线人才倾斜，实行农业农村科技推广人才差异化分类考核。强化和创新农技推广服务参与机制，对长期扎根乡村且工作成绩突出的农业技术推广人员应给予适当照顾。开展"寻找最美农技员"活动。鼓励地方对"土专家""田秀才""乡创客"发放补贴。

实施基层农技人员素质提升工程，重点培训年轻骨干农技人员。引导科研院所、高等学校开展专家服务基层活动，推广"科技小院"等培养模式，派驻研究生深入农村开展实用技术研究和推广服务工作。

案　例

一所百年学府与七家科技小院[②]

近年来，江西农业大学依托学校不断累积的科技创新平台、

---

① 《农业农村部办公厅关于全面实施农技推广服务特聘计划的通知》，农业农村部网站 2018 年 6 月 14 日。
② 人民网 2020 年 11 月 12 日。

专业人才等资源，围绕江西现代农业产业重大需求，在全省布局和建设了上高水稻科技小院、井冈蜜柚科技小院、修水宁红茶科技小院等 7 个科技小院，迈上了精准科技服务的升级之路。

对接产业需求，小院里带出大产业。彭泽虾蟹科技小院以服务小龙虾产业集群为重点，将发酵麸皮和土壤改良技术、稻秆发酵虾苗过冬培育技术、富硒技术、虾蟹甲壳提取技术等融入全产业链集群。使用新技术后，虾体更大了、密度更高了、患病更少了，水质也更好了。短短 66 天时间内，小龙虾亩产超过 210 斤，总产超过 4400 斤。

小院先后与当地 15 名贫困户开展结对帮扶，入驻师生们坚持"四问、四带"即问生产、问脱贫、问需求、问困难；带技术、带人才、带项目、带费用。在太泊湖金湖村、马当船形村等地，小院先后建立了 10 余处核心养殖户、样板示范田，做给农民看、引导农民干、带着农民赚。就连以前无人问津的虾蟹壳也能变废为宝。从虾蟹壳中提取的甲壳素和壳聚糖技术，可广泛用于食品、化工、医药、农业、化妆品等领域，大大提升经济价值。

该小院还积极在彭泽县推广稻虾共作模式。在小院技术指导下，可亩产有机稻 600 斤，小龙虾 300 斤，亩均收益 6000 元，达到"一水两用、一田双收"，实现产业发展和环境保护"双赢"。目前彭泽县已成为江西省最大的虾蟹产出地，至 2020 年底，该县小龙虾养殖达到 16 万亩以上，年产值逾 8 亿元。

产学研零距离，把论文写在赣鄱大地。科技小院打破以往校企校地合作形式，师生们扎根在农业生产一线，与农民们同吃同住，无偿提供技术服务和管理知识，在使理论知识与专业实践相辅相成的同时，让农业插上科技的翅膀，有了更多可能。

广昌白莲科技小院师生先后赴广昌、石城和吉安等地开展技术指导讲座，培训人员 200 余人，进行田间指导 4 场，分离白莲病菌 12 株,切实解决莲农田间水肥管理和病虫害防治问题。安远蜜蜂科技小院师生深入安远县全域 18 个乡镇、石城县部分乡镇开展养蜂饲养调研及技术帮扶服务,推广"中蜂免移虫育王生产器"在近 300 群蜜蜂中得到应用。赣州食用菌科技小院师生先后赴赣州章贡区、宁都、抚州乐安及吉安等地指导生产,仅在章贡区举办的 2 次食用菌技术培训班,培训当地菇农 200 余人次。

一年来,7 个科技小院共入驻学生 35 人,撰写日志 634 篇,累计入驻天数 1060 天,解决产业中技术问题 37 个,开展入户调查 85 次,开展技术培训 40 余场 4000 余人,撰写调研报告 21 篇,发表学术论文 5 篇。

3. 发展壮大科技特派员队伍

科技特派员制度发源于福建省南平市。南平是闽北农业大市,上世纪 90 年代,粗放型发展方式使当地农业经济陷入困境,基层农民对于农业技术非常渴求。1999 年 2 月,南平选派 225 名首批科技特派员到乡村开展科技服务,这成为我国科技特派员制度的发端。随后,有关部门在宁夏、陕西、甘肃、青海、新疆等西北五省区开展了科技特派员试点工作。2009 年,科技部、人社部、农业部等八部委在全国范围内启动科技特派员农村科技创业行动。2016 年,国务院办公厅印发《关于深入推行科技特派员制度的若干意见》,科技特派员制度一步步从地方实践上升为国家层面制度性安排。20 多年来,科技特派员制度坚持以服务"三农"为出发点和落脚点、以科技人才为主体、以科技成果为纽带,在推动乡村振兴发展、助力打赢脱贫攻坚战中取得显著成效。

习近平总书记对科技特派员制度十分关心和重视。早在 2002 年,在任福建省省长时就对南平市向农村选派干部的工作进行了专题调研,在《求是》杂志发表《努力创新农村工作机制》的重要文章,总结了南平市的经验。2019 年，习近平总书记对科技特派员制度推行 20 周年作出重要指示，指出科技特派员制度推行 20 年来，坚持人才下沉、科技下乡、服务"三农"，队伍不断壮大，成为党的"三农"政策的宣传队、农业科技的传播者、科技创新创业的领头羊、乡村脱贫致富的带头人，使广大农民有了更多获得感、幸福感。要坚持把科技特派员制度作为科技创新人才服务乡村振兴的重要工作进一步抓实抓好。广大科技特派员要秉持初心，在科技助力脱贫攻坚和乡村振兴中不断作出新的更大的贡献。2021 年 4 月 22 日下午，正在福建考察调研的习近平总书记，来到武夷山市星村镇燕子窠生态茶园，察看春茶长势，了解当地茶产业发展情况，听说近年来在科技特派员团队指导下茶园突出生态种植、提高了茶叶品质、带动了茶农增收后十分高兴，强调要很好总结科技特派员制度经验，继续加以完善、巩固、坚持。①

发展壮大科技特派员队伍，要坚持政府选派、市场选择、志愿参加原则，完善科技特派员工作机制，拓宽科技特派员来源渠道，逐步实现各级科技特派员科技服务和创业带动全覆盖。要结合各类人才计划实施，加强科技特派员的选派和培训，支持相关行业人才深入农村基层开展创新创业和服务。要利用新农村发展研究院、科技特派员创业培训基地等，通过提供科技资料、创业辅导、技能培训等形式，提高科技特派员创业和服务能力。要完善优化科技特派员扶持激励政策，持续加大对科技特派员工作支持力度，普通高校、科研院所、职业学校等事业单位对开展农村科技公益服务的科技特派员，要实行保留原单位工资福利、岗位、编制和优先晋升职务职称的政策，其工作业绩纳入科技人员考核体系，与原单位其他在岗人员同等享有参加职称评聘、岗位等级晋升和社会保险等方面的权利，期满后可以根据本人意愿选择辞职创业或回原单位工作。要利用好科技特派员的专业特长及派出单位的科研成果，注重科技成果转化应用，鼓励高

---

① 《习近平关心的科技特派员有什么来头?》，新华网 2021 年 3 月 23 日。

校、科研院所通过许可、转让、技术入股等方式支持科技特派员转化科技成果，开展农村科技创业，支持科技特派员领办创办协办农民合作社、专业技术协会和农业企业，推广利益共同体模式，保障科技特派员取得合法收益。

第4章　全面推进乡村文化振兴

习近平总书记强调，乡风文明是乡村振兴的紧迫任务①。乡村振兴，不仅要发展壮大产业，提升经济水平，夯实物质基础，而且要改善优化乡村风气，提升乡村思想道德和精神文明水平，推进乡村文化振兴。这两个方面相辅相成，一个都不能少。文化振兴是乡村振兴的魂脉所系，要坚持物质文明和精神文明一起抓，坚持以社会主义核心价值观为引领，以传承发展中华优秀传统文化为核心，以乡村公共文化服务体系建设为载体，繁荣乡村文化，促进乡村社会全面发展。

一、文化振兴在乡村振兴中的地位和作用

习近平总书记在十三届全国人大一次会议上的重要讲话中指出，要推动乡村文化振兴，加强农村思想道德建设和公共文化建设，以社会主义核心价值观为引领，深入挖掘优秀传统农耕文化蕴含的思想观念、人文精神、道德规范，培育挖掘乡土文化人才，弘扬主旋律和社会正气，培育文明乡风、良好家风、淳朴民风，改善农民精神风貌，提高乡村社会文明程度，焕发乡村文明新气象②。

---

① 中央政治局第八次集体学习新闻报道，《人民日报》2018年9月23日。
② 《习近平参加十三届全国人大一次会议山东代表团的审议》，《人民日报》2018年3月9日。

乡村振兴，既要塑形，也要铸魂。优秀乡村文化能够提振农村精气神，增强农民凝聚力，孕育社会好风尚。乡村文化振兴，重点是弘扬社会主义核心价值观，保护和传承乡村优秀传统文化，加强乡村公共文化建设，开展移风易俗，改善农民精神风貌，提高乡村社会文明程度。要紧紧围绕实现乡风文明、文化繁荣，大力加强乡村社会主义精神文明建设，大力弘扬发展革命文化、社会主义先进文化，大力弘扬农村传统优秀文化，大力发展乡村公共文化，大力丰富农民群众文化生活，大力培育乡村优良风尚，大力提高农民思想道德素质和文化综合素质，增强乡村文化吸引力和感召力，增强乡村社会内在活力和凝聚力，推动乡村文化繁荣。

乡村文化振兴的对象是乡村文化。从一般意义上讲，文化的内涵十分丰富。文化包括世代相传的理念、价值观、道德标准等精神层面的文化，以及经济社会活动、器具、技术和艺术等物质形态的文化。乡村文化指的是，在农村地区世世代代传承下来的认知方式、思维模式、价值观念、处世态度、人生追求、生活方式、礼仪风俗、伦理规则以及手工技艺、农业遗存等物质的和非物质产品的总和。

作为中华文化的重要组成部分，与城市文化相比，乡村文化具有相对独立性和独特性：一是乡土性。乡土性是对中国农村社会性质的本质认知。费孝通先生认为："从基层上看去，中国社会是乡土性的。"这里的"乡土"包含两层含义，即农村固有的生活方式和生产方式。"乡"指农民聚村而居的生活方式，"土"则指农民以土为生的生产方式，两者相辅相成。中国农村的单位是村，从几家人到上千家的大村落，这其中包含着信任、认同等文化资源和合作、交往的社会功能。二是归属性。农村文化的主体是共同劳动和生活的乡村农民，具有主动性和自发性，由于广大农民的科学文化素质整体水平不高，因而农民群众对文化形式和内容的接受，会有一个较长时间的理解、消化的过程。而且由于农民单纯朴实，一旦接受某种思想、文化，就会积极参与并融入自己的生活。

三是直观性。由于农村经济发展的落后，农民文化水平有限，农民对文化信息和内容的接受和反馈只能与其自身的文化水平相适应，也就是说与当地农村经济社会基础相适应。复杂深奥的文化难以让农民理解接受，简单易懂、大众化的文化形式则是农民乐于接受的，农村文化中存在明显的直观性。四是季节性。农业属于劳动密集型产业，与农业生产劳动密切相关的一系列物质生活的季节性，决定了农民群众在文化活动的时间和空间安排上，具有类似耕作、收获等的季节性。五是多样性。农村文化形式的多样性是客观存在。每种文化都是在特定的地理环境和特定的人群中产生和发展的，由于生活方式、价值体系、宗教信仰、工艺技能、传统习俗等的差异，导致不同地域、不同民族农村文化形式的多样性在所难免[①]。

从外延看，乡村文化振兴要繁荣的文化，包括优秀传统文化、革命文化和社会主义先进文化。中华优秀传统文化是中华民族在漫长历史长河中淘洗出来的智慧结晶，既体现为浩如烟海的经史子集，更集中体现为崇仁爱、重民本、守诚信、讲辩证、尚和合、求大同等思想，以及自强不息、敬业乐群、扶正扬善、扶危济困、见义勇为、孝老爱亲等传统美德。革命文化是中国共产党领导中国人民，在新民主主义革命时期的奋斗历程中形成的独特革命遗存和风貌、革命精神和传统。社会主义先进文化是在党领导人民推进中国特色社会主义伟大实践中，在马克思主义指导下形成的面向现代化、面向世界、面向未来的，民族的科学的大众的社会主义文化。在5000多年文明发展中孕育的中华优秀传统文化，在党和人民伟大斗争中孕育的革命文化和社会主义先进文化，积淀着中华民族最深层的精神追求，代表着中华民族独特的精神标识。

[①] 于江、张君、钟玉海：《新农村建设背景下的农村文化建设》，《武汉工程大学学报》2010年第4期。

乡土文化是乡村文化中最具特征的文化形态，是中华优秀传统文化的基本载体。乡土文化总体而言可分为四大类[①]。一是农耕文化。这是与农业生产直接相关的知识、技术、理念的综合，包括农学思想、栽培方式、耕作制度、农业技术等，农耕文化还包括了农业哲学思想和农业美学文化。二是乡村手艺。像木匠、石匠、篾匠、刺绣、酿造等技艺，凝结了先人的生存智慧，反映着村民们的精神信仰与心理诉求。三是乡村景观文化。乡村景观以农业活动为基础，以大地景观为背景，由聚落景观、田园景观、社会生活景观和自然环境景观等共同构成，集中体现人与自然的和谐关系。四是乡村节日与习俗。生活习俗作为生活中的文化现象，包括衣食住行的方式，生老病死、婚丧嫁娶的习俗，以及民间信仰与禁忌等广泛内容，也包括乡村艺术和娱乐活动等。据统计，目前我国拥有世界遗产53 处，排名世界前茅；39 项非物质文化遗产项目入选联合国教科文组织名录，位列缔约国首位；15 个项目入选全球重要农业文化遗产保护名录，居世界第一。不可否认，乡土文化中有一些糟粕的成分。但乡土文化绝不等同于落后、愚昧、保守，不能一概否定，其主体价值在当今社会仍然有着重要意义和深远影响。要坚持把辩证取舍作为基本方法贯穿于乡村文化振兴实践中，旗帜鲜明地发展先进文化，支持健康有益文化，努力改造落后文化，坚决抵制腐朽文化，不断赋予乡村文化以新的时代内涵和现代表达形式，不断补充、拓展、完善，积极支持和引导村民维护公序良俗、崇尚义德勤俭。

振兴优秀乡土文化、在乡村地区弘扬革命文化和社会主义先进文化，必须保护利用好优秀农耕遗产，必须加强乡村文化阵地建设、思想道德建设，必须发展乡村社会事业。全面推动乡村文化振兴，就是要加强新时代乡村社会主义精神文明建设，推动城乡公共文化服务体系融合发展、高质量发展，增加优秀乡村文化产品和服务供给，活跃繁荣乡村文化市场；就

[①]　朱启臻：《乡土文化建设是乡村振兴的灵魂》，《光明日报》2021 年 2 月 25 日。

是要切实保护好优秀农耕文化遗产，推动优秀农耕文化遗产合理适度利用、不断发扬光大；就是要推进城乡基本公共服务标准统一、制度并轨，全面提升乡村基本公共服务供给质量，全面提高农民群众的获得感、幸福感、安全感。

近年来，各地各部门从政策保障、产业扶持、公共服务等方面着力，奏出了乡村文化振兴的进行曲。一是密集出台了乡村文化振兴的政策文件。国家先后出台《关于加强和改进乡村治理的指导意见》《关于进一步推进移风易俗建设文明乡风的指导意见》《关于印发〈推进乡村文化振兴工作方案〉的通知》等文件，对乡村文化振兴进行部署。各地纷纷出台相关政策，如山东省和重庆市等制定《推动乡村文化振兴工作方案》等。二是推进公共文化服务体系建设。国家连续多年实施"广播电视村村通、户户通""数字图书馆"等文化惠民工程。中央财政引导和支持地方落实国家基本公共文化服务指导标准和地方实施标准，推动改善基层公共文化体育设施条件和加强基层公共文化服务人才队伍建设，安排资金专门支持戏曲进乡村、村综合文化服务中心设备购置等项目。目前已建成村综合文化服务中心 54.9 万个，一些地方建设新时代农民讲习所、文化礼堂和道德讲堂等，推出"互联网＋基层文化服务阵地"模式，展示传播新时代优秀乡村文化的阵地更加完善。三是保护传承优秀乡村文化遗产，发展特色乡村文化产业。2018 年开始设立中国农民丰收节，举办各种民俗风情展示活动。乡村非物质文化遗产保护力度加强，剪纸、染织等国家级非遗项目达 1000 个。传统村落、村寨分别达 6819 个、1057 个，大批历史文化古村落成为网红打卡地。地方通过充分挖掘传统文化、民族文化和非遗资源的潜在价值，大力发展文创产业和文化旅游业。一批以传统工艺为支撑的村落、企业和专业合作社迅速崛起，通过专业设计、集中培训、分散生产、统一收购销售的方式，带动了村民在家门口轻松实现就业。四是深入推进乡村精神文明建设，树立文明乡风。地方结合"三农"发展巨大成就，开展"听党话、感党恩、跟党走"宣讲活动，坚定主心骨，深入开展习近平新时代中国特色社会主义思想学习教育。推选表彰八步沙林场"六老汉"三代人治沙造林先进群体等农民先进典型，以及农民标兵，用身边的事教育身边的人，引导农民群众崇德向善。通过发挥农耕文化、红色文化等各种资源，探索信用积分、道德红黑榜等有效机制，促进社会主义核心价值观进村入户。村规民约覆盖率超过98%，道德评议会、红白理事会等普遍建立。

同时也要看到，文化振兴在不少乡村仍然是一块短板，乡村文化建设普遍面临一些困难。主要表现是：一是产品不足，乡村文化形式相对单一，符合村民文化消费需求的文艺产品相对匮乏。大部分农村只有在传统节日才会组织秧歌、舞龙舞狮等文艺活动，内容相对陈旧，吸引力明显不足。文艺战线开展的"文化下乡"是个好办法，但专业团队一年到头直达乡村的机会有限。二是乡村文化硬件设施近年来明显改善，广大乡村纷纷建起农家书屋、农村大舞台、村史馆、新时代文明实践站、农村文化活动站等，但由于一些地方建设标准偏离实际、重建设轻管理，以及由于缺少统筹协调和统一规划，公共文化资源难以有效整合，条块分割、重复建设、多头管理等问题普遍存在，基层公共文化设施功能不健全、管理不够规范、服务效能较低等问题仍较突出，总量不足与资源浪费问题并存，难以发挥出整体效益。三是在快速城镇化过程中，农耕文化和农业文明传承也面临诸多挑战，一些能工巧匠在城市定居，会造成一些非物质文化遗产失去传承人；在市场经济大潮中，一些传统技艺逐渐失去市场，从业人员越来越少，相当多的传统技艺存在着后继无人的危险；随着村庄的消失，一些祠堂等传统建筑失去了保留的基本条件；在乡村振兴过程中，人民的生活条件、居住条件逐步得到改善，传统民居满足不了人民居住的要求，有的被人们所摒弃。四是村庄传统美德式微，村风民风出现功利化倾向。文化铸魂，方能凝聚乡村振兴内生动力。针对当前乡村文化建设现状，亟须补齐诸多"短板"。

文化振兴是乡村振兴的灵魂和重要基石。以文化人，以文培元。文化振兴不仅是乡村振兴战略的应有之义，而且对乡村产业、人才、生态、组织振兴等都具有重要的引领和推动作用。统筹推进乡村"五位一体"建设，繁荣乡村文化是重要内容；满足广大农民群众日益增长的美好生活需要，必须让农民群众享有更加充实、更为丰富、更高质量的精神文化生活；激发农村低收入群众为改变自己的生活奋斗、激发农村干部群众战胜前进道路上各种困难挑战，文化是重要力量源泉。我们在基层调研中发现，有些农民之所以贫困，很重要的一点是精神层面的贫困，在于内生动力的不足。一些乡村环境"脏乱差"、治安条件不好等问题，严重制约了乡村振兴。这些问题的本源也都在于文化建设滞后。这就要求我们加大力度推进乡村文化振兴，让优秀的乡村文化提振农民的精气神，增强村庄的凝聚力，孕育良好的社会风气，以文明乡风助力乡村振兴。乡村文化振兴还是传承中华优秀传统文化、建立文化自信、建设文化强国的必然要求。中华文明根植于农耕文化，乡村是中华文明的基本载体。推进乡村文化振兴，深入挖掘农耕文化蕴含的优秀思想观念、人文精神、道德规范，结合时代要求在保护传承的基础上创造性转化、创新性发展，有利于在新时代焕发出乡风文明的新气象，进一步丰富和传承中华优秀传统文化。可以说，推动乡村文化振兴是增强农民群众对乡村文化的高度认同感和强烈归属感、弘扬和传承中华优秀传统文化、厚植文化自信根基的必由之路。

二、发展繁荣乡村文化要遵循的一般原则

乡村文化振兴涉及范围广，既包括健全乡村公共文化服务体系、补上乡村文化供给不足的短板，又要保护古村落、农业文化遗产，还包括建设乡村文化阵地、推进农民思想道德建设。乡村文化振兴的内容和方式既有同城市文化建设中一样要遵循的共性，又具有独立性和独特性。这些都要

求在实践中把握好以下原则。

1. 坚持正确导向

以马克思主义为指导是我国国家制度和治理体系的根本方向。推进乡村文化振兴，要高扬马克思主义旗帜，巩固马克思主义在乡村文化建设中的指导地位，坚持马克思主义文化观，坚定宣传科学理论、传播先进文化、弘扬主流价值，牢牢把握社会主义先进文化前进方向，切实承担起举旗帜、聚民心、育新人、兴文化、展形象的使命任务。通过新时代文明实践中心等渠道组织农民群众学习习近平新时代中国特色社会主义思想，广泛开展中国特色社会主义和实现中华民族伟大复兴的中国梦宣传教育，用中国特色社会主义文化、社会主义思想道德牢牢占领农村思想文化阵地。以社会主义核心价值观为引领，发展先进文化，创新传统文化，扶持通俗文化，引导流行文化，改造落后文化，抵制有害文化，促进在乡村形成积极向上的精神追求和健康文明的生活方式。尊重文化发展规律，增加乡村优秀精神文化产品和优质文化服务供给，净化乡村社会文化环境，提升文化产业发展质量和效益，推动农民群众形成绿色发展方式和生活方式。

2. 坚持贴近农民

农村文化在几千年的发展中逐步形成乡土性、直观性和季节性等特点，农民对文化形式和内容的接受，会有一个较长时间的理解、消化认同的过程，农民对文化信息和内容的接受和反馈只能与其自身的文化水平相适应，农民参与文化活动还有季节性的限制。因而在推进乡村文化建设过程中，要深入调查农民的文化需求，研究农民的文化娱乐习惯和传统，选择农民喜闻乐见的文化形式，满足农民生产和生活的多种需要。在乡村文化内容的选择上不能复杂深奥，要简单易懂、大众化。在时间和空间的安排上，注重农忙和农闲的分别。要面向基层，贴近农民群众、依靠农民群众、服务农民群众，保障农民群众基本文化权益，满足农民群众日益增长的精神文化需求，提高文化参与度和获得感。

3. 坚持乡土文化自信

基层比较普遍存在一种观点，认为乡村的文化是落后的，把城市文化取代乡村文化作为最终目标与模式。繁荣发展乡村文化，要在发展理念上充分认识到乡村文化的重要价值，尊重乡村的主体性，建立新型城乡文化观，强调彼此的差异性、互补性与层次性，而不是冲突性与替代性。推进乡村文化振兴，要从城市文化中获取现代价值观念，努力让广大农民在知识水平、道德素质、公民意识、行为方式等方面都更符合现代化发展的要求。同时，也要让基层干部群众认识到，中国是一个古老的农业大国，农耕文化是中华文化的根脉基因和精神灵魂，优秀传统乡村文化不仅承载着中华民族的历史传统和文化根脉，而且还包含着许多具有普适价值和现代文明的因素。要尊重优秀乡土文化，尊重特色地域文化，尊重民族传统，保护乡村文化多样性。

4. 坚持继承与创新相结合

不忘本来才能开辟未来，善于继承才能更好创新。对历史文化特别是先人传承下来的价值理念和道德规范，要坚持古为今用、推陈出新，有鉴别地加以对待，有扬弃地予以继承。乡土文化在特定的历史时代的政治经济和社会生活中形成，随着时代的变化而发展变化，继承与创新的辩证统一是其内在的发展规律。繁荣乡村文化，须立足实际，注重优秀传统文化因素在现代乡村文化建设中的精神传承作用。乡村社会主义核心价值观教育，应与深入挖掘农村优秀传统文化蕴含的思想观念、人文精神与道德规范结合，用农村优秀传统文化精神来教育农民群众。要积极挖掘和整理乡村文化中具有浓郁民族特色与独特文化价值的各种物质文化遗产和非物质文化遗产，关注乡村文化的生存与发展状态，结合新时代要求继承创新，并处理好"守"和"变"、"中"和"外"的关系，为传统文化注入时代精神、时代元素、时代风尚，促进中国传统乡土文化的有机再生和现代性转变。

5.坚持统筹建设

从基本国情出发，认真研究农民群众的精神文化需求，因地制宜，科学规划，分类指导，推动实现城乡基本公共文化、教育医疗卫生等服务均等化，切实保障人民群众基本权益，促进实现社会公平。深入推进乡村公共文化等服务标准化建设，在保障国家基本标准落实到位的基础上，结合本地区实际制定地方标准和目录。加强乡村文化设施等的统筹管理，建立协同机制，明确责任，优化配置各方资源，做到物尽其用、人尽其才，发挥整体优势，提升综合效益。强化社会参与，加大政府购买公共服务力度，鼓励利用多种方式，推动社会力量参与乡村公共文化等设施运营、活动项目打造、服务资源配送等。在把握各自特点和规律的基础上，促进乡村公共文化服务与农业科技、乡村旅游相融合，乡村文化事业、产业相融合，建立协同共进的乡村文化发展格局。

三、加强新时代农村社会主义精神文明建设

持续推进农村精神文明建设，提升农民精神风貌，倡导科学文明生活，不断提高乡村社会文明程度。2019 年 6 月中共中央办公厅、国务院

办公厅发布的《关于加强和改进乡村治理的指导意见》[1]，以及 2019 年 9 月中央农办等发布的《关于进一步推进移风易俗建设文明乡风的指导意见》[2]，对相关问题作了集中部署。

1. 弘扬和践行社会主义核心价值观

深入开展面向乡村的理论宣传。深入开展"百姓宣讲"活动，通过新时代文明实践中心、农民夜校等渠道，采取群众喜闻乐见的形式，运用群众听得懂、听得进的语言，组织农民群众学习习近平新时代中国特色社会主义思想。编写适应区域特点的乡村振兴战略读本。推动民生政策宣讲，深入解读宣传党的"三农"政策和强农惠农富农举措，把政策措施讲透彻、讲明白，让党和政府的政策深入人心。

深入开展"听党话、感党恩、跟党走"宣讲活动。2021 年 4 月 25 日，由中央农办、中央宣传部等和安徽省委、省政府共同主办的"听党话、感党恩、跟党走"宣讲活动启动仪式在安徽省凤阳县小岗村举行。要结合本地实际，落实工作责任，推动宣讲活动往深里走、往实里走、往心里走，有效提升活动参与度和影响力，展示"三农"领域的巨大成就，激励广大农民朋友满怀信心奋进新征程、建设现代化。重点从基层一线遴选宣讲员，打造一支高素质、受欢迎的农民思想宣传队伍。充分运用各类媒体工具，扩大活动声势影响，营造良好舆论氛围。

推动社会主义核心价值观落细落小落实。坚持教育引导、实践养成、制度保障三管齐下，推动农民朋友践行社会主义核心价值观。推动把核心价值观融入文明公约、村规民约、家规家训。完善乡村信用体系，增强农

---

[1] 中共中央办公厅、国务院办公厅：《关于加强和改进乡村治理的指导意见》，《人民日报》2019 年 6 月 24 日。

[2] 中央农办等：《关于进一步推进移风易俗建设文明乡风的指导意见》，中国政府网 2019 年 9 月 4 日。

民群众诚信意识。推动农村学雷锋志愿服务制度化常态化。把社会主义核心价值观融入乡村法治建设，推动公正文明执法司法，彰显社会主流价值。总结好经验，探索总结教育引导农民群众的新典型新模式，将一些行之有效的好做法上升为政策制度、转化为长效机制，切实增强农村思想政治工作的针对性和有效性。

2. 加强农村思想道德建设

全面推动公民道德建设。加强社会公德、家庭美德、个人品德建设。推进公德教育，强化农民的社会责任意识、规则意识、集体意识和主人翁意识。弘扬中华传统美德，创新发展乡贤文化，开展孝敬教育、勤劳节俭教育、文明礼仪教育。

传承良好家风家训。开展家风建设，以"家和万事兴"为主题传承良好家风和家训，抓好宣传教育、征集评选、展示推广等各个环节，引导广大群众晒家训、传播治家格言、讲好家风故事，传承优秀家风，潜移默化影响农民群众的价值取向和道德观念。

大力开展群众性精神文明创建活动。大力开展文明村镇、农村文明家庭、星级文明户、五好家庭等创建活动，广泛开展农村道德模范、最美邻里、身边好人、新时代好少年、寻找最美家庭等选树活动，广泛开展好媳妇、好儿女、好公婆等评选表彰活动。深入宣传道德模范、身边好人的典型事迹，建立健全先进模范发挥作用的长效机制。

培养健康社会心态。加强对农村社会热点难点问题的应对解读，合理引导社会预期。加强乡村社会心理服务体系建设，将社会心理咨询服务场所建设纳入各级特别是基层综治中心标准化建设管理范畴。乡镇卫生院和社区卫生服务中心设置心理咨询室，专业化开展精神卫生和心理抚慰工作。聘请专业社会工作者或心理辅导人员、志愿者，开展心理健康宣传教育和心理疏导。充分利用现代信息技术，做好流浪乞讨、服刑、刑满释放、社区矫正、社会戒毒人员和孤寡老人、留守儿童妇女及易肇事肇祸严重精神障碍患者等的人文关怀、心理疏导和危机干预。

健全道德实施监督和奖惩机制。注重运用舆论和道德力量促进村规民约有效实施，对违背村规民约的，在符合法律法规前提下运用自治组织的方式进行合情合理的规劝、约束。鼓励村级组织通过与赡养人子女签订家庭赡养协议书等方式，督促子女从经济供养、生活照料、权益维护等方面自觉承担家庭责任。支持村级组织通过互评亮榜等方式宣传正确婚丧观和孝道典型。总结推广"乡村道德银行""文明积分"等奖励模式，对先进典型进行奖励，让德者有得。

3.持续推进农村移风易俗

加强村规民约建设。村规民约可以降低乡村社会治理的成本，是约束大操大办等陈规陋习的有效途径。依靠群众因地制宜制定村规民约，对红白喜事采取约束性措施，提倡把喜事新办、丧事简办、弘扬孝道、尊老爱幼、扶残助残、和谐敦睦等内容纳入村规民约。以法律法规为依据，规范完善村规民约，确保制定过程、条文内容合法合规，防止一部分人侵害另一部分人的权益。

创新乡村婚介、养老、婚丧宴席举办方式。搭建农村青年婚恋教育、婚恋交友、婚姻服务平台。鼓励村妇联主任成为农村义务红娘，为农村青年提供婚恋服务，宣传引导抵制高额彩礼、奢华婚礼。鼓励依托村级综合服务设施等场所，为村民举办婚丧宴席提供便利。鼓励有条件的地区建立农村宴席服务队，明确服务项目、收费标准和服务承诺，防止大操大办、浪费攀比。

强化法律法规约束。《民法典》第五编专门对婚姻家庭权利义务关系作了规定，设置了禁止包办、买卖婚姻和其他干涉婚姻自由的行为，包括禁止借婚姻索取财物；禁止家庭成员间的虐待和遗弃；家庭应当树立优良家风，弘扬家庭美德，重视家庭文明建设；家庭成员应当敬老爱幼，互相帮助，维护平等、和睦、文明的婚姻家庭关系等条款。这就从上位法对婚丧新风、孝亲敬老作出规定。要加强《民法典》等相关法律的宣传推广和执法工作。对孝道式微等现象要加强批评教育，对不赡养、虐待父母等行为要加大惩处力度。基层司法执法部门要对利用婚丧嫁娶敛财等违法犯罪行为进行重点整治。鼓励地方对农村党员干部等行使公权力的人员，建立婚丧事宜报备制度，加强纪律约束。

案　例

河北河间市：“四位一体”推动移风易俗 [①]

河北河间市位于京津石大三角中心，全市农村人口占比73%。近年来，针对婚丧嫁娶大操大办、盲目攀比成风等陈规陋习，通过压实立体组织体系、强化分级分层设计、构建刚性链条机制、狠抓正反两面典型“四位一体”联动工作法，推动移风易俗工作和文明乡风建设取得初步成效。主要做法是：

一是夯实组织体系架构，解决陈规陋习“无人管”的问题。把推进移风易俗深化文明乡风建设列入市委、市政府的重大议事议程，举全市之力推进移风易俗。

纵向上，建强上下贯通的组织体系。成立由市乡村三级书记任组长的移风易俗工作领导小组，层层制定实施方案，定期分析研判，推进落实。全市639个村（居）全部建立健全红白理事会、村民议事会、道德评议会等村民自治组织，设立红白理事会办公室。

---

① 中央农办、农业农村部2020年推介的乡村治理典型案例，农业农村部农村经济合作指导司编：《全国乡村治理典型案例（二）》，中国农业出版社2020年版。

横向上，压实协调联动的公益和帮扶组织。建立"未婚大龄青年数据库"，成立"瀛海缘"大龄未婚青年婚恋服务中心，创办"相亲角"，搭建全市所有妇联主席加入的"公益红娘群"等公益交友平台。实施"牵线搭桥"和"技能培训"双帮扶服务活动。

二是强化分级分层设计，解决标准趋同"欠规范"的问题。坚持规划引领，针对不同层面、不同区域、不同习俗分级分层设计，用章程和村规民约管人管事、维护公序良俗，形成齐抓共管、共同推进的整体合力。

制定《在全市城乡深入开展移风易俗工作的实施意见》，各乡镇制定红白理事会章程，探索成立环城区九乡镇红白理事会联合会，通过《九乡镇红白理事会联合会章程》《红白事参考标准》及大龄未婚青年信息资源共建共享工作机制，统一降低婚丧嫁娶消费标准，消减区域习俗差异。依法依规修订完善村规民约，明确婚丧事宜操办流程、指导标准和罚则情形，从用烟、用酒、烟花爆竹、寿材价格、办事时间、规格、花费等各方面作出细致、翔实的规定。

构建刚性链条机制，解决忽冷忽热"不常态"的问题。制定《农村"两委"移风易俗工作机制》，推动全市各村红白理事会工作实现制度化、规范化、常态化。

创立"1245"移风易俗监督机制，发挥基层纪检委员"协助、教育、提醒、监督、报告"5项工作职能，通过对拟办事项进行报告、备案和现场监督，为党员干部戴上"紧箍咒"。

树立正反两面典型，解决示范引领"缺导向"的问题。采用"互联网＋文明"模式，建立全国首家掌上"文明银行"，自2019年开始，每年5月20日定期举办"零彩礼"集体婚礼，未婚女青年代表现场进行"零彩礼"宣誓。每年年底表彰移风易俗"最美家庭"，专门为"零彩礼"家庭推出免费体检、婚纱摄影、集体婚礼婚庆、爱心商家奖品等一系列奖励措施，引领更多青年崇尚婚恋新风尚。

四、促进乡村公共文化服务高质量发展

2015 年 10 月国务院办公厅颁布的《关于推进基层综合性文化服务中心建设的指导意见》[①]，2020 年 11 月文化和旅游部发布的《关于推动数字文化产业高质量发展的意见》[②]，2021 年文化和旅游部、国家发展改革委、财政部联合发布的《关于推动公共文化服务高质量发展的意见》[③]，对乡村公共文化服务体系建设问题进行了集中部署。加强乡村公共文化服务建设，要继续推动城乡公共文化服务体系融合发展、高质量发展，增加优秀乡村文化产品和服务供给，活跃繁荣农村文化市场，为广大农民提供高质量的精神营养。

1.普遍建成乡村综合性文化服务中心和文体设施

推动乡村综合性公共文化设施和场所全覆盖。基层综合性文化服务中心的建设，要充分利用乡村闲置的办公室、校舍等，主要采取盘活存量、调整置换、集中利用等方式进行建设，不搞大拆大建。村综合性文化服务中心主要依托村（社区）党组织活动场所、城乡社区综合服务设施、文化

---

① 《国务院办公厅关于推进基层综合性文化服务中心建设的指导意见》，中国政府网 2015 年 10 月 20 日。

② 文化和旅游部：《关于推动数字文化产业高质量发展的意见》，文化和旅游部网站 2020 年 11 月 29 日。

③ 文化和旅游部等：《关于推动公共文化服务高质量发展的意见》，中国政府网 2021 年 3 月 8 日。

活动室、闲置中小学校、新建住宅小区公共服务配套设施以及其他城乡综合公共服务设施。《国家基本公共文化服务指导标准》对乡村文化场所的建设有具体的标准，包括综合文化服务中心等需要配备图书、报刊和电子书刊，并免费提供借阅服务；在人流密集地点设置阅报栏或电子阅报屏，提供时政、"三农"、科普、文化、生活等方面的信息服务等。

加强文体广场建设。与乡村综合性文化设施相配套，按照人口规模和服务半径，建设选址恰当、与地域条件相协调的文体广场，满足农民群众空闲时间多了之后对文体小广场日益旺盛的需求，让老百姓有地方打球、健身、跳广场舞等。文体广场要建设阅报栏、电子阅报屏和公益广告牌，并加强日常维护，及时更新内容。配备体育健身设施和灯光音响设备等，有条件的可搭建戏台舞台，方便农民依托村综合文化服务中心、文体广场、公园、健身路径等公共设施就近参加各类文体活动。

改革创新乡村文化设施运行机制。推动基层公共文化设施资源共建共享，统筹公共文化设施网络和重点文化惠民工程，整合宣传文化、党员教育、科普普法、体育健身等资源，建设乡村综合文化服务设施。推进公共文化设施免费开放。因地制宜进一步完善公共图书馆、文化馆（站）和村综合性文化服务中心等建设和服务标准规范。标准规范要切合实际，农村文化设施建设不能没有标准，要求也不能一刀切，如果选答题成了必答题，就容易不接地气、走形式。在设施标准上要因地制宜，在内容供给上要精准对路，把建设和维护结合起来，把完善硬件和提升软件结合起来。要制定简单可行的村级综合文化服务中心使用管理制度，围绕"活动搞起来、场地用起来、群众乐起来、人才动起来"，提升服务效能，推动"建、管、用"有机统一，发挥最大效益。例如，针对让农家书屋发挥更大作用，可从以下几个方面发力。在地点选择上要因地制宜，可设在学校、超市、合作社等在农村人气较旺的场所，提高借阅的可能性和便利性；书籍要定期更新，并且多听取群众意见，配置符合他们口味的书籍；依托农家书屋，组织开展多种多样的活动，让农家书屋的人气渐渐提高，让农民在书屋里收获愉悦，获得知识。

案 例

湖南攸县："门前三小"搭建农村文化大舞台①

湖南攸县是劳务输出大县，乡村留守儿童和空巢老人多。县委、县政府于2017年开始在农村百姓家门口建设小广场、小书屋、小讲堂的"门前三小"工程。

以群众需求为导向。按照群众自行建设、自主管理、自我服务的原则，县委、县政府采取以奖代拨的方式配送相关设备，并鼓励老百姓充分利用现有资源，如家族祠堂、闲置民房、旧村部、空置学校等进行统筹规划建设，条件不成熟的地区可先期建设"一小"或"二小"。

以多元活动为载体。"门前三小"活动组织灵活多样，群众参与各有所获。有阶段性活动，也有经常性活动；有自主分散活动，也有统一集中活动。活动内容更是丰富多彩，既有以充实业余生活、增强民众体质为主的唱歌、跳舞、看电影、打腰鼓、打太极等文体活动，也有以增长知识、拓宽视野为主的读书看报、文化讲堂、技术讲座等学习活动，还有以交流生活经验、畅谈人生感悟为主的聊天活动。

民办公助，工作不演"独角戏"。"门前三小"建设是一项点多面广、工作量大、投资较多、后续管理任务较重的复杂工程，政府主导模式显然不适用，必须紧紧依靠群众、广泛发动群

---

① 农业农村部、国家发展和改革委员会2020年推介的第二批全国农村公共服务典型案例，农业农村部农村社会事业促进司等编：《全国农村公共服务典型案例》，新华出版社2020年版。

众、充分激活群众，最大限度释放基层自治的能量。财政部门出资1200多万元，通过以奖代拨方式扶持、鼓励工程建设，并积极组织党员、文艺从业者等各类群体开展送党课、送电影、送戏曲、送义诊、送知识、送技能、送法制等活动，共同奏响了"门前三小"这出"大合唱"。

注重实效，形式不图"高大洋"。"门前三小"相关实施意见明确规定，严禁大搞拆建，杜绝将"门前三小"工程变相建成楼堂馆所，禁止以集资建设"门前三小"的名义强行向农民摊派费用和用工，加重集体和农民负担。

规范管理，活动不摆"空城计"。把后续的使用管理列为"门前三小"工程建设的重要内容。充分发挥本土乡贤的力量，发动热心公益事业、热爱文化工作的老党员、老干部、老教师和德高望重的老同志担任"门前三小"场所管理员。在他们的组织和影响下，"门前三小"很多工作事半功倍。全县担任"门前三小"管理工作的"四老"人员达1769名，年龄最大的超过80岁。另外，有效放大机制和制度优势，在实践中不断完善管理制度，坚持轮流值班、定岗定责等工作原则，明确要求做好场地卫生打扫、设施日常维护、用品登记管理等工作，确保"门前三小"场所时时有人管，天天能开放。

2.增加乡村公共文化产品和服务供给

提高公共文化服务供给质量。重点围绕文艺演出、读书看报、广播电视、电影放映、文体活动、展览展示、教育培训等方面，设置具体服务项目，明确服务种类、数量、规模和质量要求，实现"软件"与"硬件"相适应、服务与设施相配套，为城乡居民提供大致均等的基本公共文化服务。

繁荣农村题材文艺创作。加强农村题材文艺创作的规划和扶持，组织动员作家艺术家开展农村题材文艺创作生产，推出一批具有浓郁乡村特色、充满正能量、深受农民欢迎的农村题材文艺作品。探索建立"深入生活、扎根人民"资金政策保障机制和作家艺术家下基层挂职锻炼制度，组织作家艺术家开展采访采风活动，筛选一批重点优秀作品，在出版、展示、推介等方面给予资金扶持。发挥文艺奖项的导向性作用，打造自下而上的群众文艺作品选拔提升平台，引导群众性戏剧、音乐、曲艺、舞蹈、杂技、美术、书法、摄影、民间艺术创作。加大对农村题材文艺作品创作的扶持力度，评选推出一批优秀农村现实题材文艺作品。

创新服务方式和手段。畅通群众文化需求反馈渠道，根据服务目录科学设置"菜单"，采取"订单"服务方式，实现供需有效对接。为老年人、未成年人、残疾人、农民工和农村留守妇女儿童等群体提供有针对性的文化服务，推出一批特色服务项目。推广文化体育志愿服务，吸纳更多有奉献精神和文体技能的普通群众成为志愿者，在城乡社区就近就便开展志愿服务活动。探索国家和省级文化体育等相关机构与基层综合性文化服务中心的对口帮扶机制，推动国家及省级骨干文艺团体与基层综合性文化服务中心"结对子"。创新政策扶持和资金投入办法，引入竞争机制，以奖代补，激发各类文艺院团、演出机构、演出场所发展活力，满足农民群众日益增长的精神文化需求。

3. 支持广泛开展群众文化活动

开展送文化下乡。要继续推动戏曲进乡村常态化。积极为农村群众提供数字电影放映服务，其中每年国产新片（院线上映不超过2年）比例不少于1/3。为乡村中小学生每学期提供2部爱国主义教育影片。加强资源整合，综合用好文化科技卫生"三下乡"、文化惠民消费季、文艺汇演展演、"一村一年一场戏"免费送戏工程等平台载体，把更多优秀的电影、戏曲、图书、期刊、科普活动、文艺演出、全民健身活动送到农民中间，丰富农民群众文化生活。

组织引导群众文体活动。支持群众自办文化，依托基层综合性文化服务中心，兴办读书社、书画社、乡村文艺俱乐部，组建演出团体、民间文艺社团、健身团队以及个体放映队等。各级文化馆（站）等开展文化艺术知识普及和培训，培养群众健康向上的文艺爱好。深入开展全民阅读活动，推动全民阅读进乡村家庭、进社区、进校园。结合中华传统节日、重要节假日和重大节庆活动等，通过组织开展读书征文、文艺演出、经典诵读、书画摄影比赛、体育健身竞赛等文体活动，吸引更多群众参与。加强对广场舞等群众文体活动的引导，推进广场文化健康、规范、有序发展。

4. 建好管好用好农村网络文化阵地

中国互联网络信息中心发布的《第47次中国互联网络发展状况统计报告》显示，截至2020年12月，我国网民规模为9.89亿。其中，农村网民规模为3.09亿，农村地区互联网普及率为55.9%；10—19岁网民占比达13.5%，学生占比达21%，处于学龄的青少年群体已经成为网民中比较庞大的群体之一。网络已经成为乡村文化的新阵地，亟须加强乡村网络文化建设和监管。

推进乡村公共文化网络载体建设。依据农村实际情况，统筹建设简便易用、高效快捷、资源充足、服务规范的乡村文化网络载体。推进乡村数字图书馆、乡村远程教育中心、乡村网络服务中心、乡村旅游网上展馆、乡村文化网上展馆等基层公共文化网络基础设施。全面推进县级融媒体中心建设。推进乡村优秀文化资源数字化，建立历史文化名镇、名村和传统村落"数字文物资源库""数字博物馆"，加强农村优秀传统文化的保护与传承。开展重要农业文化遗产网络展览，大力宣传中华优秀农耕文化。充分发挥新媒体独特优势，运用微博、微信、移动客户端、移动直播APP等载体，促进优秀乡村文艺作品多渠道传输、多平台展示、多终端推送。

加强乡村网络文化引导。互联网是农民获取信息、认识世界的重要途径，但互联网上内容良莠不齐，很容易对以往信息相对闭塞的农民，尤其是对心智尚未健全且自控能力较弱的农村青少年群体造成伤害。要支持"三农"题材网络文化优质内容创作。通过网络开展国家宗教政策宣传普及工作，依法打击农村非法宗教活动及其有组织的渗透活动。新修订的《中华人民共和国未成年人保护法》于 2021 年 6 月 1 日实施，其中单设一章，加强未成年人"网络保护"。要督促网络产品和服务提供者不得向未成年人提供诱导其沉迷的产品和服务；网络游戏、网络直播、网络音视频、网络社交等网络服务提供者应当针对未成年人使用其服务设置相应的时间管理、权限管理、消费管理等功能，加强网络巡查监督，遏制封建迷信、攀比低俗等消极文化的网络传播，预防农村少年儿童沉迷网络，让违法和不良信息远离农村少年儿童。

五、传承发展优秀农耕文化

2017 年 1 月中共中央办公厅、国务院办公厅印发的《关于实施中华优秀传统文化传承发展工程的意见》[1]，以及 2017 年 3 月国务院办公厅颁布实施的《关于转发文化部等部门中国传统工艺振兴计划的通知》[2] 等，对相关问题作了部署。要切实保护好优秀农耕文化遗产，推动优秀农耕文化遗产合理适度利用、不断发扬光大，把传统村落、民族村寨、传统建筑、农业遗迹、灌溉工程遗产等保护好，农村地区优秀戏曲曲艺、少数民族文化、民间文化等传承发展好。

---

[1]　中共中央办公厅、国务院办公厅：《关于实施中华优秀传统文化传承发展工程的意见》，《人民日报》2017 年 1 月 26 日。

[2]　国务院办公厅：《关于转发文化部等部门中国传统工艺振兴计划的通知》，中国政府网 2017 年 3 月 12 日。

1.强化农耕遗产保护和利用

加强重要农业遗产保护。针对农业文化遗产保护积极性和主动性不足，重申报轻管理、重开发轻保护的现象，建立农业文化遗产保护专项，对已认定的全球和中国重要农业文化遗产给予重点支持，鼓励遗产地充分依托生态、文化与景观资源，发展品牌农业、休闲农业等多功能农业。同时，进一步加强农业文化遗产领域国际合作，加快推动全球重要农业文化遗产申报。

加强乡村地区非物质文化遗产保护和利用。国家实施传统工艺振兴工程和乡村传统工艺振兴计划，印发了国家传统工艺振兴目录，全国14个门类383个传统工艺类项目纳入其中，其中纺染织绣、编织扎制、服饰制作等大部分公益项目均以乡村为主体；支持企业、高校等到传统工艺集中地设立15家传统工艺工作站，其中的14家位于乡村。要完善国家传统工艺振兴目录，实施动态管理，鼓励地方参照建立本级的传统工艺振兴目录。扩大非物质文化遗产传承人队伍，为收徒授艺等传统工艺传习活动提供支持，调动年青一代从事传统工艺的积极性。

促进农耕文化社会普及教育。继续开展农耕文化遗产进校园等活动。支持各地将传统工艺纳入高校人文素质课程和中小学相关教育教学活动，支持大中小学校组织开展体现地域特色、民族特色的传统工艺体验和比赛，提高青少年的动手能力和创造能力，加深对传统文化的认知。鼓励有关部门和社会组织积极参与或组织传统工艺相关活动，充分发挥各级公共文化机构的作用，依托公共文化服务场所积极开展面向社区的传统工艺展演、体验、传习、讲座、培训等各类活动，使各级公共文化机构成为普及推广传统工艺的重要阵地，丰富民众文化生活，增强传统工艺的社会认同。开展国际交流与合作，通过双边、多边渠道，组织传统工艺传承人、企业和行业组织代表开展国际交流和研修培训，以及技术领域的研究与合作，开阔视野，借鉴经验。

2.加强传统村落保护

划定乡村建设的历史文化保护线。坚持保护传承与开发利用相结合，坚持保护优先的理念，保护好文物古迹、传统村落、民族村寨、传统建筑，防止过度开发和破坏性开发，合理控制商业开发。紧密结合特色小镇、美丽乡村建设，深入挖掘乡村特色文化符号，保护村落特色，保留乡村风貌，做到"一村一品"，盘活地方和民族特色文化资源，走特色化、差异化发展之路。深入挖掘传统村落的文化价值，组织有关专家和乡贤，对传统村落的文化价值、历史价值进行挖掘整理和研究，建设一批弘扬中华优秀传统文化的村史馆、乡贤馆。通过多种方式，调动农民保护利用的积极性。

加强乡村文化生态环境的整体保护。鼓励各地对传统工艺集中的乡镇、街道和村落实施整体性保护。结合传统村落、少数民族特色村镇和历史文化街区保护，注意保护传统工艺相关的文化空间和特定的自然人文环境。鼓励研发绿色环保材料，改进有污染的工艺流程，加强乡村生态环境保护。

3.发展乡村特色文化产业

办好丰收节等节庆活动。要在凸显文化属性的同时强化体验感，深入研究市场需求，从旅游者体验入手，努力创造全方位、立体化感受。在活动设计上要让城市旅游者融入其中、参与互动，深层次地感受乡村文化的内涵和魅力。促进各地结合自身民族特性、地域特性、文化特性，打造个性化、差异化的具有独特魅力的节庆品牌，提升中国农民丰收节活动知名度，扩大影响力，发挥节日活动的辐射效应。深入开展"我们的节日"主题活动，实施中国传统节日振兴工程，丰富春节、元宵、清明、端午、七夕、中秋、重阳等传统节日文化内涵，形成新的节日习俗。积极开发传统节日文化用品和武术、戏曲、舞龙、舞狮、锣鼓等民间艺术、民俗表演项目，促进文化资源与现代消费需求有效对接。

促进传统工艺提高品质、形成品牌。引导返乡下乡人员结合自身优势和特长，发展传统工艺、文化创意等产业。加强传统工艺相关学科专业建设和理论、技术研究。鼓励传统工艺从业者在自己的作品或产品上署名或使用手作标识，鼓励传统工艺企业和从业者合理运用知识产权制度，注册产品商标。支持有条件的地方注册地理标志证明商标或集体商标，培育有民族特色的传统工艺知名品牌。

打造一批特色文化产业乡镇、文化产业特色村和文化产业群。坚持规划引导、典型示范，有计划地建设特色鲜明、优势突出的农业文化展示区、文化产业特色村落，发展乡村特色文化体育产业，推动乡村地区传统工艺振兴，积极推动智慧广电乡村建设，活跃繁荣农村文化市场。鼓励在传统工艺集中的历史文化街区和村镇、自然和人文景区、传统工艺项目集中地，设立传统工艺产品的展示展销场所，集中展示、宣传和推介具有民族或地域特色的传统工艺产品，推动传统工艺与旅游市场的结合。在非物质文化遗产、旅游等相关节会上设立传统工艺专区。举办多种传统工艺博览会和传统工艺大展，为传统工艺搭建更多展示交易平台。鼓励商业网站与相关专业网站设立网络销售平台，帮助推介传统工艺产品。

案　例

浙江松阳县：致力于古村落非遗活态保护传承发展[①]

松阳地处浙江西南山区，有 1800 多年的建县历史，县城所在地西屏街道是国家历史文化名镇，全县拥有 75 个国家级传统村落。借助绿水青山的资源优势，坚持文化引领，立足绿色发展，统筹全县资源和力量，致力于古村落非遗活态保护传承发展

---

① 王峻：《文化引领的松阳乡村复兴之路》，第一财经网 2020 年 1 月 25 日。

工作，致力于见人见物见生活的活态保护发展，走出了一条文化引领乡村振兴的新路子，被列为传统村落保护发展示范县、全国传统村落保护利用试验区、"拯救老屋行动"整县推进试点县。其主要做法：

坚持系统保护，全力维护乡村村落形态。保护和恢复乡村"天人合一"的整村风貌和"田园—山水—村落"的完整格局，最大程度地保护好自然生态底本和田园乡村风味。按照"保护为主、精修为旨、艺术为重、和谐为本"要求，积极开展历史文物保护修缮工作，系统推动古宅、古桥、古道、古堰坝修复，全县百余个传统村落和1000多幢传统建筑实现挂牌保护，200多座宗祠、20多座古廊桥、60多公里古道、240多幢老屋得到修缮保护。

坚持活态传承，全力延续乡村文化根脉。积极推进全县域民俗节庆活动，建立了"乡乡有节会、月月有活动"的民俗文化展演机制，复活了竹溪摆祭、平卿成人礼等民俗节会60余台，打造永不落幕的民俗文化节。创新开展全县域乡村博物馆建设，改变过去标本式、集中式的博物馆建设模式，化整为零，深入挖掘当地特色文化、特色产业，打造了王景纪念馆、契约博物馆等一系列小而美的全县域乡村博物馆，创造了主客共享的新型乡村公共空间。大力实施"百名艺术家入驻乡村计划"，在乡村开展艺术创作、作品展览、学术交流等活动，引进并落地艺术家工作室40个，相继建成力溪连环画、元朴根雕等艺术馆，成功举办后畲春季展、斗米岙当代艺术展等艺术活动，以艺术助推乡村振兴，推动乡土文化的保护与传承。

坚持业态培育，全力激活乡村发展活力。立足农业，大力发展与当地资源禀赋、环境承载能力相适应，能有机生长的资源生长型产业。枫坪乡沿坑岭头村，原是一个濒临消失的偏远山区村，近年来利用柿树景观吸引艺术写生客流，并跟进发展民宿业，350 余人口的村庄目前已发展 240 余张床位，年收入超 300 万元。通过挖掘当地的传统农产品加工技艺，推进小规模农产品加工企业与家庭农产品加工的规范化和品质化，打造了红糖工坊、豆腐工坊、白老酒工坊、油茶工坊等一批农业、工业与休闲产业相融合的农业特色工坊。

坚持理念和机制创新。政府以直接投资、投资补助、资本金注入、财政贴息、以奖代补等多种方式支持项目建设，并通过折股量化的方式，实现国有资产的保值增值；村集体以集体经济组织的土地经营权、房屋使用权等资产资源作价入股，积极参与产业融合发展，实现集体经济发展壮大；村民则以资产或资金等要素成立各类专业合作社，与政府及村集体共同组建混合所有制企业，通过"保底收益＋按股分红"等利益联结方式，享受全产业链的增值收益。

六、全面提升乡村社会事业发展水平

繁荣乡村文化，必须同步提高乡村教育、卫生健康、社会保障等事业的质量。要继续把国家社会事业发展的重点放在农村，促进公共教育、医疗卫生、社会保障等资源向农村倾斜，建立健全全民覆盖、普惠共享、城乡一体的基本公共服务体系，推进城乡基本公共服务标准统一、制度并轨，全面提升乡村基本公共服务供给质量，全面提高农民群众的获得感、幸福感、安全感。

中共中央、国务院发布的《"健康中国 2030"规划纲要》[1]《乡村振兴

---

[1] 《"健康中国 2030"规划纲要》，中国政府网 2016 年 10 月 25 日。

战略规划》①《关于建立健全城乡融合发展体制机制和政策体系的意见》②《关于深化医疗保障制度改革的意见》③ 以及国务院发布的《关于实施健康中国行动的意见》④ 等，对发展乡村社会事业作了部署。

1.优先发展乡村教育事业

近年国家着力发展乡村教育，2019 年中央财政安排 295 亿元支持实施义务教育薄弱环节改善与能力提升工作，安排 170 亿元专项资金支持学前教育发展，改善了 2600 多个县近 22 万所义务教育学校基本办学条件，招聘特岗教师达 10 万人，全国中小学（含教学点）互联网接入率超过 98.4%，乡村教育的硬件和软件得到加强。发展乡村教育的思路是，针对师资水平的城乡差距，着力在提升学校的软件上下功夫，促进乡村教育的高质量发展。

实现基本公共教育服务均等化。建立学校标准化建设长效机制，推进城乡义务教育均衡发展，在实现县域内义务教育基本均衡基础上，进一步推进优质均衡。推进随迁子女入学待遇同城化，有序扩大城镇学位供给。完善流动人口子女异地升学考试制度。鼓励省级政府建立统筹规划、统一选拔的乡村教师补充机制，为乡村学校输送优秀高校毕业生。积极发展"互联网＋教育"，推进乡村学校信息化基础设施建设，优化数字教育资源公共服务体系。落实好乡村教师支持计划，继续实施农村义务教育学校教师特设岗位计划，推动教师资源向乡村倾斜，通过稳步提

---

① 《乡村振兴战略规划（2018—2022 年）》，中国政府网 2019 年 9 月 26 日。

② 《中共中央国务院关于建立健全城乡融合发展体制机制和政策体系的意见》，中国政府网 2019 年 4 月 15 日。

③ 《中共中央国务院关于深化医疗保障制度改革的意见》，中国政府网 2020 年 3 月 5 日。

④ 《国务院关于实施健康中国行动的意见》，中国政府网 2019 年 6 月 24 日。

高待遇等措施增强乡村教师岗位吸引力。推动优质学校辐射农村薄弱学校常态化，实行义务教育学校教师"县管校聘"，推行县域内校长教师交流轮岗和城乡教育联合体模式。实现低收入群体帮扶精准化，健全家庭经济困难学生资助体系。

推动乡村教育高水平高质量普及。以农村为重点提升学前教育普及水平，建立更为完善的学前教育管理体制、办园体制和投入体制，大力发展公办园，加快发展普惠性民办幼儿园。提升义务教育巩固水平，健全控辍保学工作责任体系。提升高中阶段教育普及水平，鼓励普通高中多样化有特色发展。大力发展面向农村的职业教育，加快推进职业院校布局结构调整，加强县级职业教育中心建设，有针对性地设置专业和课程，满足乡村产业发展和振兴需要。办好特殊教育，推进适龄残疾儿童少年教育全覆盖，全面推进融合教育，促进医教结合。

2. 建设健康乡村

党的十八大以来，党中央把维护人民健康摆在更加突出的位置，召开全国卫生与健康大会，确立新时代卫生与健康工作方针，印发《"健康中国2030"规划纲要》，发出建设健康中国的号召。近年来，投入农村医疗卫生的财政资金大幅增加，乡村两级医疗机构和人员"空白点"基本消除。抗击新冠肺炎疫情斗争中，我们坚持人民至上、生命至上，创造了人类同疾病斗争史上又一个英勇壮举。抗击新冠肺炎疫情也暴露出乡村医疗卫生事业的不足，包括公共卫生设施和人才不足、乡村卫生院所能力欠缺等问题。建设健康乡村，要把人民健康放在优先发展战略地位，加快优质医疗资源扩容和区域均衡布局，努力全方位全周期保障人民健康，加快建立完善制度体系，保障公共卫生安全，加快形成有利于健康的生活方式、生产方式，让广大农民群众就近享有公平可及、系统连续的预防、治疗、康复、健康促进等服务。

健全乡村医疗卫生服务体系。推动医疗卫生工作重心下移、医疗卫生资源下沉，推动城乡基本公共服务均等化，尽快实现每个乡镇都有 1 所政府举办的乡镇卫生院，每个行政村都有 1 所卫生室，每个乡镇卫生院都有全科医生的建设任务，为群众提供安全有效方便价廉的公共卫生和基本医疗服务，真正解决好农民群众看病难、看病贵问题。建立和完善相关政策制度，增加基层医务人员岗位吸引力，加强乡村医疗卫生人才队伍建设。改善乡镇卫生院和村卫生室条件，因地制宜建立完善医疗废物收集转运体系，提高慢性病、职业病、地方病和重大传染病防治能力。健全网络化服务运行机制，鼓励县医院与乡镇卫生院建立县域医共体，鼓励城市大医院与县医院建立对口帮扶、巡回医疗和远程医疗机制。全面建立分级诊疗制度，实行差别化医保支付政策。

宣传普及健康的生活方式。面向乡村家庭和个人普及预防疾病、早期发现、紧急救援、及时就医、合理用药等维护健康的知识与技能。强化乡村医疗卫生机构和医务人员开展健康促进与教育的激励约束。加强对农民的营养和膳食指导，实施对欠发达地区重点人群营养干预。努力打造百姓身边健身组织和"15 分钟健身圈"，推进公共体育设施免费或低收费开放。实施控烟行动，推动个人和家庭充分了解吸烟和二手烟暴露的严重危害，乡村干部带头不在公共场所吸烟。

维护全生命周期健康。积极引导农村家庭科学孕育和养育健康新生命，健全出生缺陷防治体系。加强儿童早期发展服务，完善婴幼儿照护服务和残疾儿童康复救助制度。促进生殖健康，推进农村妇女宫颈癌和乳腺癌检查。实施中小学健康促进行动，引导学生从小养成健康生活习惯，锻炼健康体魄，预防近视、肥胖等疾病。鼓励用人单位开展职工健康管理，加强尘肺病等职业病救治保障。

防控重大疾病。对乡村高血压高危人群和患者开展生活方式指导。倡导积极预防癌症，推进早筛查、早诊断、早治疗，降低癌症发病率和死亡率，提高患者生存质量。加强对糖尿病患者和高危人群的健康管理，促进基层糖尿病及并发症筛查标准化和诊疗规范化。实施传染病及地方病防控行动，强化寄生虫病、饮水型燃煤型氟砷中毒、大骨节病、氟骨症等地方病防治，控制和消除重点地方病。

3. 建设城乡统一的社会保险制度

社会保障是减轻群众就医养老负担、增进民生福祉、维护社会和谐稳定的重大制度安排。我国已经初步建成覆盖城乡的医疗养老保障体系，各级财政对新型农村合作医疗制度的人均补助标准逐年提高，2020 年全国城乡居民基本养老保险基础养老金最低标准提高至每人每月 93 元，2020 年末全国 3621 万人享受农村最低生活保障，447 万人享受农村特困人员救助供养，全年临时救助 1341 万人次。发展乡村社会保障事业的方向是，坚持促进公平、筑牢底线，强化制度公平，建立城乡统一的社会保障制度，逐步缩小待遇差距，实现制度并轨、标准统一。

完善统一的城乡居民基本医疗保险、大病保险和基本养老保险制度。巩固医保全国异地就医联网直接结算。建立完善城乡居民基本养老保险待遇确定和基础养老金正常调整机制。做好社会保险关系转移接续工作，建立以国家政务服务平台为统一入口的社会保险公共服务平台。构建多层次农村养老保障体系，创新多元化照料服务模式。

统筹城乡社会救助体系。做好城乡社会救助兜底工作，织密兜牢困难群众基本生活安全网。推进低保制度城乡统筹，健全低保标准动态调整机制，确保动态管理下应保尽保。全面实施特困人员救助供养制度，提高托底保障能力和服务质量。做好困难农民重特大疾病救助工作。健全困境儿童保障工作体系，完善残疾人福利制度和服务体系。改革人身损害赔偿制度，统一城乡居民赔偿标准。完善相关政策措施，健全农村留守儿童、留守妇女、留守老年人关爱服务体系，围绕留守人员基本生活保障、教育、就业、卫生健康、思想情感等实施有效服务。

4.提升乡村养老服务能力和质量

由于大规模农村青壮劳动力向城镇转移，农村老龄化问题比城市更为严峻。当前农村家庭养老能力弱化，农民养老保障不足，农村养老服务设施不健全等问题比较突出。要将农村养老服务中长期规划摆在优先发展的战略地位，强化顶层设计，形成农村养老服务发展的政策环境，着力巩固家庭养老基础地位，大力发展互助型社区养老服务，着力增强县级特困供养服务机构的失能照护服务能力。

大力发展普惠性乡村养老服务。大力发展成本可负担、方便可及的普惠性养老服务。引导各类主体提供普惠性服务，支持非营利性机构发展，综合运用规划、土地、住房、财政、投资、融资、人才等支持政策，扩大乡村养老服务供给。优化乡村养老设施布局，以乡镇为中心，建立具有综合服务功能、医养相结合的养老机构，形成农村基本养老服务网络，不断拓展乡镇敬老院服务能力和辐射范围。提高乡村卫生服务机构为老年人提供医疗保健服务的能力。支持主要面向失能、半失能老年人的农村养老服务设施建设。大力发展政府扶得起、村里办得起、农民用得上、服务可持续的农村幸福院等互助养老设施。大力发展老年教育，优先发展社区老年教育，建立健全县乡村三级社区老年教育办学网络，方便老年人就近学习。

建立健全长期照护服务体系。研究建立长期照护服务项目、标准、质量评价等行业规范，完善居家、社区、机构相衔接的专业化长期照护服务体系。完善全国统一的老年人能力评估标准，通过政府购买服务等方式，统一开展老年人能力综合评估，考虑失能、失智、残疾等状况，评估结果作为领取老年人补贴、接受基本养老服务的依据。全面建立覆盖城乡经济困难的高龄、失能老年人补贴制度，加强与残疾人两项补贴政策衔接。2016 年起，国家组织部分地方开展长期护理保险制度试点，2020 年在原有试点城市及吉林、山东 2 个重点联系省份的基础上，新增 14 个试点城市，试点期限两年，总计 49 个城市。要加快总结经验、实施推动形成符合国情的长期护理保险制度框架。

加强乡村老年人消费权益保护和养老服务领域非法集资整治工作。漫天推销保健品、借养老搞非法集资等问题已经成为一个突出的社会问题，一些老人积攒一辈子的养老钱化为乌有，严重侵害老年人的权益。这股风气现在有向农村蔓延的趋势。要加大联合执法力度，组织开展对老年人产品和服务消费领域侵权行为的专项整治行动。严厉查处向老年人欺诈销售各类产品和服务的违法行为。广泛开展老年人识骗防骗宣传教育活动，提升老年人抵御欺诈销售的意识和能力。鼓励群众提供养老服务领域非法集资线索，对涉嫌非法集资行为及时调查核实、发布风险提示并依法稳妥处置。对养老机构为弥补设施建设资金不足，通过销售预付费性质"会员卡"等形式进行营销的，按照包容审慎监管原则，明确限制性条件，采取商业银行第三方存管方式确保资金管理使用安全。

第5章 全面推进乡村生态振兴

习近平总书记强调，要以绿色发展引领生态振兴，让良好生态成为乡村振兴支撑点①。良好的生态环境是乡村振兴的重要目标，也是乡村振兴的重要任务。乡村振兴不仅要发展壮大乡村产业，而且要保护和改善生态环境，坚持人与自然和谐共生，走乡村绿色发展之路，建设美丽宜居宜业乡村，实现乡村产业强、百姓富、生态美的统一。

一、生态振兴在乡村振兴中的地位和作用

习近平总书记在十三届全国人大一次会议上的重要讲话中指出，要推动乡村生态振兴，坚持绿色发展，加强农村突出环境问题综合治理，扎实实施农村人居环境整治行动计划，推进农村"厕所革命"，完善农村生活设施，打造农民安居乐业的美丽家园，让良好生态成为乡村振兴支撑点②。

① 《中央农村工作会议在北京举行 习近平作重要讲话》，《人民日报》2017年12月30日；《习近平参加十三届全国人大一次会议山东代表团的审议》，《人民日报》2018年3月9日。
② 《习近平参加十三届全国人大一次会议山东代表团的审议》，《人民日报》2018年3月9日。

推进乡村生态振兴，就是要切实践行绿水青山就是金山银山理念，紧紧围绕实现环境优美、宜居宜业，加强农村生态环境保护和建设，加强农村公共卫生环境改造和整治，加强农民住房建设规划管理和整治，加强农村道路、用水、能源、通信等基础设施建设，加强农家院落改造和美化，有效提升村容村貌，形成优美乡村风貌，真正让乡村的山绿起来、乡村的水清起来、乡村的环境美起来。

乡村生态振兴的对象是生态。一般意义上讲，所谓生态，是指生物在一定的自然环境下生存和发展的状态，也指生物的生理特性和生活习性，简单地说，生态就是指一切生物的生存状态，以及它们之间和它们与环境之间环环相扣的关系。按照这个定义，乡村生态振兴主要包括生态宜居美丽乡村的打造，是以人与自然、人与人、人与社会和谐共生、良性循环、全面发展、持续繁荣为基本宗旨的社会形态。从发展目标来看，乡村生态振兴主要聚焦四大方面，一是农村生态系统健康目标。提高乡村生态系统的生产力、恢复力和活力，维持生物多样性，重点面向农业生态脆弱区和重要生态功能区，以整体、系统保护为原则，降低人为扰动和利用强度。二是农业资源高效利用目标。有效保护和合理开发水、土、草原、森林等重要农业资源，提高资源质量。推广环境友好型种养品种和模式，采用节水、节地、节能技术和农业废弃物资源化利用模式，提高资源利用率和产出率。三是农业环境污染治理目标。以农村土壤污染、水污染控制为重点，持续推进农业化学投入品减量和替代，加强重金属污染区的种植结构调整和土壤修复，提高农业生产清洁化程度和农业环境的自我修复能力。四是农民居住环境改善目标。以"厕所革命"、农村垃圾和污水治理以及村容村貌提升为主攻方向，严格防控工业、城镇污染向农村转移。以农村景观化、景区化建设为抓手，补齐农村基础设施短板，强化乡村旅游的污染问题防治，提高乡村的宜居度。

从延伸含义来看，乡村生态振兴的重要意义也包含培育生态资源优势，发展乡村生态经济，提升生态资源的经济价值。随着我国城镇化进程的不断推进，城镇居民回归自然的生活理念持续增强，乡村的角色和功能定位进一步丰富，其生态环境不仅影响着城乡居民"舌尖上的安全"，更是被赋予了休闲娱乐、寄托"乡愁"的文化功能。因此，乡村生态振兴既包含着生态环境保护和修复的核心内容，同时也包含着"绿水青山就是金山银山"的经济和社会多重内涵，让良好生态成为乡村振兴的支撑点、成为城乡居民美好生活的实现点。

虽然在近年来的生态环境与美丽乡村建设过程中，农业农村绿色发展理念已逐步植入人心，农业清洁生产、农村人居环境整治和山水林田湖草沙系统治理等"生产、生活、生态"的"三生"工程全面实施，一定程度上改善了农村生产生活生态环境，但由于农村生态与经济环境问题的累积性、系统性和复杂性，我国农村环境和生态问题比较突出，广大农村地区的人居环境整治还面临着艰巨而又繁重的任务，要推进和实现乡村生态振兴，仍然任重道远。

乡村生态脆弱区分布广，生态退化依然严峻。我国是世界上生态环境脆弱区分布面积最大、脆弱生态类型最多、生态脆弱性表现最明显的国家之一。据统计，中度以上生态脆弱区面积约占陆地总面积的55%，并且大多位于生态过渡区和植被交错区，是典型的农牧、林牧、农林等复合交错带，也是我国目前生态问题突出、经济相对落后地区，同时也是我国环境监管的薄弱地区。

乡村资源浪费问题仍然突出。一是耕地资源浪费。近些年，由于工业化、城市化快速推进，大批村民进城务工或转向二三产业，在乡村生活居住和从事农业生产的村民越来越少，造成农田大量撂荒。二是作物秸秆资源浪费。在农业生产过程中，每季作物都有大量秸秆产生，很多农户不把作物秸秆当作"资源"充分利用，既浪费了资源，又污染了环境。三是生活废物资源浪费。村民日常生活，必然产生大量生活废水、污水，以及固体生活垃圾，如将这些废物充分利用则是优质肥料，如不妥善处置，则会对村容村貌造成严重影响。四是厕所粪污和畜禽粪便资源浪费，乡村厕所粪污和畜禽粪便是优质肥料资源，如将其施入农田（可通过沼气池发酵或作为堆肥），对发展绿色农业、生态农业、有机农业十分有利，然而当前许多乡村村民根本看不上这种又脏又臭的废物，个别地区还存在任其"到处流""遍地跑""空中飞"，以致"随处见""随时闻"，极大地影响了乡村生活环境和生活质量。

乡村环境污染威胁仍然较大。农村突出的环境问题包括生活垃圾乱堆乱放及末端处置、生活污水乱泼乱倒、畜禽养殖污染、化肥农药污染、秸秆焚烧、废弃农膜污染等。大多数农村人居环境治理项目缺乏经济效益，追求经济效益的社会资本缺乏进入动力，与工业企业相比，农村从财政渠道得到的污染治理和环境管理能力建设资金较为有限，农村污染治理仍然远远滞后于工业和城镇的环境保护。

乡村基础设施建设存在短板。农村基础设施供给数量偏少、质量不高，尚未有效支撑起农业强、农村美、农民富的发展需求。部分农田缺乏有效灌溉设施，农业机械化总体水平有待提升；农产品物流设施相对落后；部分村庄没有污水、垃圾处理设施，农村人居环境质量仍需改善等。部分地区更多关注乡村道路、农村电网等生产性基础设施、生活性基础设施以及流通性基础设施建设，对农村互联网普及等人文基础设施建设关注相对较少，农民获得感、幸福感有待增强。

乡村生态环境保护意识有待加强。有些地区对生态环境保护重要性认识不够，找不到好的抓手，没有意识到抓乡风文明、村民环境治理（垃圾分类、庭院整洁、厕所清洁等）就是最好的切入点。部分村民仍然是生态环保意识不强，"等、靠、要、躺"思想问题较为严重，对改变现有人居环境和生活状况的积极性不高。构建适应新时期的乡规民约还不到位，宣传倡导绿色低碳、文明健康的生活方式与消费模式等力度有待加强。

在推进乡村生态振兴实践中，要特别关注农业面源污染问题，尤其是农业面源污染形成的农田土壤污染。据有关调查①，我国农田土壤污染呈加剧趋势。一是污染程度加剧。据不完全调查，目前全国受污染的耕地约有 1.5 亿亩，污水灌溉污染耕地 3250 万亩，固体废弃物堆存占地和毁田 200 万亩，合计约占耕地总面积的 1/10 以上。二是污染危害巨大。据估算，全国每年因重金属污染的粮食达 1200 万吨，造成的直接经济损失超过 200 亿元。土壤污染造成有害物质在农作物中积累，并通过食物链进入人体，引发各种疾病，最终危害人体健康。造成土壤污染的原因有很多，主要表现为以下几方面：一是化肥、农药、农膜不合理的使用。我国是世界第一大化肥消费国，为了提高农产品产量，含磷、氮等化学肥料被大量施用，长期使用这些化学肥料，会破坏土壤结构，扰乱土壤内部营养成分的平衡，造成土壤结块，土质变差，储水功能降低等一系列问题。过量使用化肥还会使一些农作物在生长过程中吸收过多硝酸盐，动物或人体食进这些含硝酸盐的农作物后，将影响体内氧气的运输，使其患病严重时甚至死亡。同样，大量农药的使用对土壤也造成了很大危害。大部分的农药是有机农药，其含有很多有害化学物质，如苯氧基链烷酸酯类农药、多环芳烃、二噁英、邻苯二甲酸酯等。这些有害化学物质将近 1/2 会残留在土壤中，随着时间的推移，在生物、非生物以及阳光等共同作用下，有害化学物就成了土壤中的组成成分，种植在土壤上的农作物又从土壤中吸收有害物质，在植物根、茎、叶、果实和种子中积累。我国也是世界上地膜使用量、覆盖面积最大的国家，这片薄薄的塑料薄膜为粮食等农产品增产贡献了巨大力量，同时也在土壤中留下了巨量难以降解的白色垃圾。由于地膜的原料是聚乙烯，其在土壤中降解非常慢，可能需要百年才能降解。长时间、大规模的地膜应用，加之回收困难，导致农田地膜残留污染问题日益严重。二是重金属元素导致的土壤污染。土壤中的重金属元素来源主要有

---

① 《农田污染的现状和危害》，《经济参考报》2018 年 8 月 7 日；《中国农业用了世界上 75% 的地膜》，《新京报》2021 年 5 月 8 日。

三方面：随固体废弃物进入土壤的重金属，随着污水灌溉进入土壤的重金属，随着大气沉降进入土壤的重金属。固体废弃物种类繁多，结构复杂，其中由工业和矿业产生的固体废弃物污染最为严重。而固体废弃物中含有大量的重金属，通过日晒雨淋等作用，重金属就会被土壤吸收并扩散。生活污水、石油化工污水、工矿企业污水和城市混合污水是污水的四大来源，污水中含有大量的铅、铬、汞、铜等重金属，污水的任意排放或处理不合理，都将导致污水中的重金属元素转移到土壤中，从而使土质恶化。所有的这些重金属污染物进入到土壤中后，因其移动性差、停滞时间长，大部分的微生物难以将其分解，且其可以经过水、植物等介质最终危害到人类。三是牲畜排泄物和生物残体对土壤的污染。牲畜和人的粪便，以及屠宰产的废物常常没经过有效处理就直接排放到土壤中，其中的寄生虫和病毒就会引起土壤和水的污染，有时还会使土壤中毒，改变土壤原本的正常状态。四是污水灌溉对土壤的污染。生活污水和工业废水一旦没经过科学的处理就排放，使得大量的污水流到农田。五是大气污染对土壤的污染。大气中的硫氧化物、氮氧化物和颗粒物等有害物质，经过各种化学物理反应，形成酸雨，酸雨进入到土壤中，使土壤酸化。冶金工业排放的金属氧化物粉尘，则在重力作用下以降尘形式进入土壤，形成以排污工厂为中心、半径为2—3公里范围的点状污染。

生态振兴是乡村振兴的形貌所托，在乡村振兴中具有重要的地位和作用。首先，乡村振兴必须要有生态宜居的发展环境。乡村振兴的最终目标是实现农业农村现代化，达到共同富裕，那么良好的生态环境是基础、是前提。只有具有较好的生产生活环境，才有动力支撑乡村振兴全面推进。其次，生态振兴是拓展农民收入的可持续渠道。以生态旅游、生态体验等新兴产业是农村发展的重要模式。只有保护好生态环境，才能从根源找到农村内生发展的源源动力。再次，生态振兴是协同推进城乡发展的重要引线。生态环境要素在市场上的不断兴起从根本上拉近了城市与农村的发展轨迹。在对生态、绿色理念的推崇下，绿色农产品、有机农产品等成为立足市场的佼佼者，也是为乡村进入市场带来了潜在机遇。生态振兴为农村立足市场、站稳脚跟奠定了坚实的基础。最后，生态振兴是促进人民共同富裕的有效体现。良好生态环境是最公平的公共产品，是最普惠的民生福祉。推进生态振兴，改善农村人居环境，建设美丽宜居乡村，事关广大农民福祉。因此，全面推进乡村振兴，必须把推进生态振兴、实现绿色发展放在重要位置。

二、推进乡村生态振兴要遵循的一般原则

推进乡村生态振兴，要牢固树立和践行绿水青山就是金山银山的理念，落实节约优先、保护优先、自然恢复为主的方针，统筹山水林田湖草沙系统治理，严守生态保护红线，以绿色发展引领乡村振兴。

1. 坚持生态优先绿色发展

牢固树立保护生态环境就是保护生产力、改善生态环境就是发展生产力理念，把生态保护放在优先位置。生态兴则文明兴，生态衰则文明衰，生态文明建设是关系中华民族永续发展的根本大计。在推进乡村振兴的过程中充分考虑生态环境因素，要充分认识到人与自然生命共同体组成了相互依存、不可或缺的共生共荣关系，通过绿色发展推动农业升级、促进农村进步、实现农民富裕。

2. 坚持山水林田湖草沙是生命共同体

山水林田湖草沙是生命共同体，把人与山水林田湖草沙连在一起，生动形象地阐述了人与自然之间唇齿相依、唇亡齿寒的一体性关系，强调了各生态要素之间相互影响相互作用，彼此是不可分割的整体。生态是统一

的自然系统，要从系统工程角度寻求治理修复之道，不能头痛医头、脚痛医脚，必须按照生态系统的整体性、系统性及其内在规律，整体施策、多策并举，统筹考虑自然生态各要素、山上山下、地表地下、陆地海洋以及流域上下游、左右岸，进行整体保护、宏观管控、综合治理，增强生态系统循环能力，维持生态平衡、维护生态功能，达到系统治理的最佳效果。

3. 坚持改革创新示范引领

具有公共产品特性的乡村生态资源与环境禀赋，其建设与发展需要强有力的制度保障。可以说，完善的生态环境制度体系是顺利推进乡村生态振兴的必要条件。为此，推进乡村生态振兴，必须结合制度功能和作用特点，分层分类地研究和制定与乡村生态环境特性相吻合的制度，不断发挥制度体系作用。深化乡村生态文明体制改革，强化乡村污染治理，加强乡村生态环境监督执法，推进乡村生态环境科技创新和成果转化，引导各方参与乡村生态文明建设。同时，科学制定乡村生态振兴发展规划，系统谋划生态振兴发展的思路、原则、目标、步骤和任务，明确乡村生态振兴的施工图和时间表，确保乡村生态振兴发展有序推进。

4. 坚持综合施策多管齐下

乡村生态振兴，涉及面广，影响因素多，不仅与乡村产业振兴、乡村人才振兴、乡村文化振兴、乡村组织振兴密切相关，还与四个"振兴"之外的许多因素有联系。要实现乡村生态振兴，必须综合运用经济、技术和行政等多种手段，采取经济、教育、行政、法律、伦理、文化，甚至外交等各种措施和方法，对自然环境进行预防、保护、治理和修复，对山水林田湖草沙等生态资源进行综合保护与修复，不断增强生命共同体的协同力和活力。

5. 坚持因地制宜精准施策

全国有近 60 万个行政村、70 多万个自然村，在乡镇和村落中生活着 6 亿多农民。各个村落的自然条件如地形地貌、光热水资源分布状况等相差甚远，经济社会发展状况也各不相同，乡村生态振兴的具体目标、任务要求、实现路径以及所采取的方式方法等均不一致。因此，必须在调查研究的基础上，本着实事求是、因地制宜的原则，分类施策推进全国各地乡村生态振兴。

6. 坚持以村民为主体

乡村生态振兴是一场涉及生产方式、生活方式和消费方式等诸多方面的重大变革，作为乡村生态振兴、美丽乡村建设事业发展中最广大、最根本和最直接的关联主体，村民是乡村生态振兴的"主人"。要把乡村生态振兴真正抓好、做好，必须依靠广大村民。要以利益分享为导向来动员和激发广大农村群众树立绿色发展理念，充分发挥广大村民在乡村生态振兴中的积极性和创造性，让广大村民的聪明才智在乡村生态振兴中充分展现出来，进而以不同形式或在不同维度的不同环节积极参与到乡村生态振兴工作之中，加快实现乡村生态振兴和共享美丽乡村发展成果。

7. 坚持生态环境保护与经济社会协调发展

农村经济发展不应是对资源和生态环境的竭泽而渔，生态环境保护也不应是经济发展的缘木求鱼，而是要正确处理开发与保护的关系，坚持在发展中保护、在保护中发展，运用现代科技和管理手段，将乡村生态优势转化为发展生态经济的优势，通过绿色农产品、乡村休闲旅游等为乡村进入市场带来了潜在机遇，实现经济社会发展与人口、资源、环境相协调，促进乡村生态和经济良性循环。

8.坚持一以贯之久久为功

乡村生态振兴是一项任务重、难度大、要求高的伟大事业，决不是在一朝一夕、一早一晚就能快速、短期完成的，必须要有长期作战、持续发力、久久为功的思想准备和战略安排，必须要一任接着一任干、一期接着一期做、一张蓝图绘到底，方能如期实现预期目标。要克服急功近利、急躁冒进的短期行为，要有长远打算、长期安排。

三、加强乡村生态保护与修复

统筹山水林田湖草沙系统治理，加大生态系统保护力度，实施重要生态系统保护和修复重大工程，优化生态安全屏障体系。

1.推进重要生态系统保护和修复重大工程

根据 2020 年 6 月国家发展改革委和自然资源部联合印发的《全国重要生态系统保护和修复重大工程总体规划(2021—2035 年)》[①]，重要生态系统保护和修复重大工程主要包含以下几个方面：一是统筹山水林田湖草沙系统治理，优化生态安全屏障体系。二是大力实施大规模国土绿化行动，全面建设三北、长江等重点防护林体系，扩大退耕还林还草，巩固退耕还林还草成果，推动森林质量精准提升，加强有害生物防治。三

---

① 《全国重要生态系统保护和修复重大工程总体规划（2021—2035 年)》，中国政府网 2020 年 6 月 3 日。

是稳定扩大退牧还草实施范围，继续推进草原防灾减灾、鼠虫草害防治、严重退化沙化草原治理等工程。四是保护和恢复乡村河湖、湿地生态系统，积极开展农村水生态修复，连通河湖水系，恢复河塘行蓄能力，推进退田还湖还湿、退圩退垸还湖。五是大力推进荒漠化、石漠化、水土流失综合治理，实施生态清洁小流域建设，推进绿色小水电改造。六是加快国土综合整治，实施农村土地综合整治重大行动，推进农用地和低效建设用地整理以及历史遗留损毁土地复垦。七是加强矿产资源开发集中地区特别是重有色金属矿区地质环境和生态修复，以及损毁山体、矿山废弃地修复。加快近岸海域综合治理，实施蓝色海湾整治行动和自然岸线修复。八是实施生物多样性保护重大工程，提升各类重要保护地保护管理能力。加强野生动植物保护，强化外来入侵物种风险评估、监测预警与综合防控。开展重大生态修复工程气象保障服务，探索实施生态修复型人工增雨工程。

2.加快构建乡村生态环境保护制度体系

加大乡村生态保护，必须加快构建乡村生态环境保护制度体系。按照国家《乡村振兴战略规划》的部署，健全重要生态系统保护制度主要从以下几个方面着手：一是完善天然林和公益林保护制度，进一步细化各类森林和林地的管控措施或经营制度。二是完善草原生态监管和定期调查制度，严格实施草原禁牧和草畜平衡制度，全面落实草原经营者生态保护主体责任。三是完善荒漠生态保护制度，加强沙区天然植被和绿洲保护。四是全面推行河长制、湖长制，鼓励将河长、湖长体系延伸至村一级。五是推进河湖饮用水水源保护区划定和立界工作，加强对水源涵养区、蓄洪滞涝区、滨河滨湖带的保护。六是严格落实自然保护区、风景名胜区、地质遗迹等各类保护地保护制度，支持有条件的地方结合国家公园体制试点，探索对居住在核心区域的农牧民实施生态搬迁试点。

3.健全生态保护补偿机制

生态补偿机制是以保护生态环境、促进人与自然和谐为目的，根据生态系统服务价值、生态保护成本、发展机会成本，综合运用行政和市场手段，调整生态环境保护和建设相关各方之间利益关系的一种制度安排。建立生态保护补偿机制的基本要求：一是加大重点生态功能区转移支付力度，建立省以下生态保护补偿资金投入机制。二是完善重点领域生态保护补偿机制，鼓励地方因地制宜探索通过赎买、租赁、置换、协议、混合所有制等方式加强重点区位森林保护，落实草原生态保护补助奖励政策，建立长江流域重点水域禁捕补偿制度，鼓励各地建立流域上下游等横向补偿机制。三是推动市场化多元化生态补偿，建立健全用水权、排污权、碳排放权交易制度，形成森林、草原、湿地等生态修复工程参与碳汇交易的有效途径，探索实物补偿、服务补偿、设施补偿、对口支援、干部支持、共建园区、飞地经济等方式，提高补偿的针对性。

4.发挥自然资源多重效益

发挥乡村自然资源多重效益，一是要大力发展生态旅游、生态种养等产业，打造乡村生态产业链。进一步盘活森林、草原、湿地等自然资源，允许集体经济组织灵活利用现有生产服务设施用地开展相关经营活动。二是要鼓励各类社会主体参与生态保护修复，对集中连片开展生态修复达到一定规模的经营主体，允许在符合土地管理法律法规和土地利用总体规划、依法办理建设用地审批手续、坚持节约集约用地的前提下，利用1%—3%治理面积从事旅游、康养、体育、设施农业等产业开发。三是要深化集体林权制度改革，全面开展森林经营方案编制工作，扩大商品林经营自主权，鼓励多种形式的适度规模经营，支持开展林权收储担保服务。四是要完善生态资源管护机制，设立生态管护员工作岗位，鼓励当地群众参与生态管护和管理服务。进一步健全自然资源有偿使用制度，研究探索生态资源价值评估方法并开展试点。

5. 养护修复农业生态系统

根据中央办公厅、国务院办公厅印发的《关于创新体制机制推进农业绿色发展的意见》①，养护修复农业生态系统的主要工作和任务是：一要构建田园生态系统。遵循生态系统整体性、生物多样性规律，合理确定种养规模，建设完善生物缓冲带、防护林网、灌溉渠系等田间基础设施，恢复田间生物群落和生态链，实现农田生态循环和稳定。优化乡村种植、养殖、居住等功能布局，拓展农业多种功能，打造种养结合、生态循环、环境优美的田园生态系统。二要创新草原保护制度。健全草原产权制度，规范草原经营权流转，探索建立全民所有草原资源有偿使用和分级行使所有权制度。落实草原生态保护补助奖励政策，严格实施草原禁牧休牧轮牧和草畜平衡制度，防止超载过牧。加强严重退化、沙化草原治理。完善草原监管制度，加强草原监理体系建设，强化草原征占用审核审批管理，落实土地用途管制制度。三要健全水生生态保护修复制度。科学划定江河湖海限捕、禁捕区域，健全海洋伏季休渔和长江、黄河、珠江等重点河流禁渔期制度，率先在长江流域水生生物保护区实现全面禁捕，严厉打击使用"绝户网"等非法捕捞行为。实施海洋渔业资源总量管理制度，完善渔船管理制度，建立幼鱼资源保护机制，开展捕捞限额试点，推进海洋牧场建设。完善水生生物增殖放流，加强水生生物资源养护。因地制宜实施河湖水系自然连通，确定河道砂石禁采区、禁采期。四要实行林业和湿地养护制度。建设覆盖全面、布局合理、结构优化的农田防护林和村镇绿化林

---

① 中共中央办公厅、国务院办公厅：《关于创新体制机制推进农业绿色发展的意见》，中国政府网 2017 年 10 月 9 日。

带。严格实施湿地分级管理制度，严格保护国际重要湿地、国家重要湿地、国家级湿地自然保护区和国家湿地公园等重要湿地。开展退化湿地恢复和修复，严格控制开发利用和围垦强度。加快构建退耕还林还草、退耕还湿、防沙治沙，以及石漠化、水土流失综合生态治理长效机制。

案 例

山东蒙阴县：乡村绿水青山转化为金山银山 [①]

　　蒙阴县位于山东东南部，地处沂蒙山区腹地，总面积中山地丘陵占 94%，水土流失面积曾一度达到 1231.5 平方公里。多年来坚持生态环境保护和生态经济发展统筹推进，努力探索绿水青山向金山银山的转化路径，在"两山"实践创新中取得了良好成效，是山东省首个获得"两山"实践创新基地命名的县。

　　聚焦生态环境修复，建设"绿水青山"。按照"山顶松柏戴帽，山腰经济林缠绕，山脚水利交通配套"的模式，整合资金项目，集中捆绑投入，全县 90% 的水土流失面积得到有效治理。采用"政府买绿"和"社会造绿"相结合的方式，聚合各方面力量植生态林、栽经济树，年均新造林 2 万亩，全县森林覆盖率达到 52.2%、林木覆盖面积超过 73%。实施云蒙湖综合治理、小流域治理，建设生态隔离堤坝、雨洪资源利用、人工湿地、环湖绿化等项目，水源地水质达标率、河流水质达标率连续 20 年保持100%。

　　聚焦发展生态经济，循环产出"金山银山"。构建了三个循环产业链：一是兔—沼—果循环链条，果叶喂兔，兔粪还田到果

---

① 《乡村绿水青山转化为金山银山实践路径研究——以蒙阴"两山"实践创新基地为例》，生态修复网 2021 年 1 月 21 日。

园，或投入沼气池，沼液沼渣还田到果园。发展优质果园 100 万亩，"蒙阴蜜桃"品牌价值 266 亿元，列入中国农产品百强品牌；长毛兔存栏 600 万只，年产兔毛 4000 吨。二是"果—菌—肥"循环链条，利用果树残枝粉碎后制成食用菌菌棒种植香菇，发菇后把菌棒粉碎制成有机肥还田。建成香菇种植基地 1200 亩，年产菌棒 1000 万棒，其中 80% 出口日韩市场。三是"农—工—贸"循环链条，服务蜜桃加工、销售的农业龙头企业有 46 家。此外，依托桃花资源优势发展了养蜂产蜜产业，由长毛兔养殖发展延伸到兔绒服饰，由单纯种植香菇延伸到香菇酱加工、香菇切片生产、香菇多糖提取等。立足山水林果优势，推动生态价值持续转化。

坚持科学规划，加强绿色引领。围绕沂蒙山区生态协同发展核心区的定位，编制完成《蒙阴县生态文明建设规划》和村域规划、水安全保障规划、长寿经济规划、沟域经济规划等专项规划。编制完成生态保护红线、环境质量底线、资源利用上线和生态环境准入清单"三线一单"，划定生态保护红线 19 个区域，总面积 424.86 平方公里，占到全县面积的 26.5%。

持续深度治理，守牢"绿水青山"。系统推进"山水林田村"综合治理，打造天蓝地绿水清的美好家园。探索推行林长制改革，实施森林生态修复与保护、退化防护林改造、森林生态廊带建设、退耕还果还林、乡村绿化美化、森林质量提升"六大工程"，实现增绿、护绿、营绿"三绿"同步推进，探索农村生活污水治理新模式，构建立体式防污治污大格局，调整能源结构和交通运输结构。实施"药肥双减"行动。

完善体制机制，推动"两山"实践创新。建立了生态公益林管护、古树名木管护、野生动物资源保护和生态环境保护责任落实制度，出台生态文明建设考核办法，把生态文明建设政绩作为考核评价乡镇部门工作的重要依据，与干部使用挂钩，实行生态保护一票否决。

四、强化农业环境污染整治

农业环境污染治理的主要对象是农业面源污染。近年来，我国农业化肥和农药使用量已经出现减量态势。有关数据显示，截至 2020 年底，化肥、农药使用量连续四年负增长，化肥、农药减量增效已顺利实现预期目标，2020 年我国水稻、小麦、玉米三大粮食作物化肥利用率为 40.2%，比 2015 年提高 5 个百分点；农药利用率为 40.6%，比 2015 年提高 4 个百分点。第二次全国污染源普查公报表明，我国农业源化学需氧量、总氮、总磷等水污染物排放量均比 2007 年明显下降，我国农业面源污染防控取得了可喜成绩。要以生态环境友好和资源永续利用为导向，实现投入品减量化、生产清洁化、废弃物资源化、产业模式生态化，转变农业发展方式，优化空间布局，节约利用资源，保护产地环境，提升生态服务功能，提高农业可持续发展能力，全力构建人与自然和谐共生的农业发展新格局，推动形成绿色生产方式和生活方式。

1.强化资源保护与节约利用

根据《关于创新体制机制推进农业绿色发展的意见》的部署，强化农业资源保护和节约利用，要着力推进以下几个方面。

一是建立耕地轮作休耕制度。推动用地与养地相结合，集成推广绿色生产、综合治理的技术模式，在确保国家粮食安全和农民收入稳定增长的前提下，对土壤污染严重、区域生态功能退化、可利用水资源匮乏等不宜连续耕作的农田实行轮作休耕。降低耕地利用强度，落实东北黑土地保护制度，管控西北内陆、沿海滩涂等区域开垦耕地行为。全面建立耕地质量监测和等级评价制度，明确经营者耕地保护主体责任。实施土地整治，推进高标准农田建设。

二是建立节约高效的农业用水制度。推行农业灌溉用水总量控制和定额管理。强化农业取水许可管理，严格控制地下水利用，加大地下水超采治理力度。全面推进农业水价综合改革，按照总体不增加农民负担的原则，加快建立合理农业水价形成机制和节水激励机制，切实保护农民合理用水权益，提高农民有偿用水意识和节水积极性。突出农艺节水和工程节水措施，推广水肥一体化及喷灌、微灌、管道输水灌溉等农业节水技术，健全基层节水农业技术推广服务体系。充分利用天然降水，积极有序发展雨养农业。

三是健全农业生物资源保护与利用体系。加强动植物种质资源保护利用，加快国家种质资源库、畜禽水产基因库和资源保护场（区、圃）规划建设，推进种质资源收集保存、鉴定和育种，全面普查农作物种质资源。加强野生动植物自然保护区建设，推进濒危野生植物资源原生境保护、移植保存和人工繁育。实施生物多样性保护重大工程，开展濒危野生动植物物种调查和专项救护，实施珍稀濒危水生生物保护行动计划和长江珍稀特有水生生物拯救工程。加强海洋渔业资源调查研究能力建设。完善外来物种风险监测评估与防控机制，建设生物天敌繁育基地和关键区域生物入侵阻隔带，扩大生物替代防治示范技术试点规模。

2.加强产地环境保护与治理

根据《关于创新体制机制推进农业绿色发展的意见》的安排，加强农产品产地环境保护与治理，要着力推进以下几个方面。

一是建立工业和城镇污染向农业转移防控机制。制定农田污染控制标准，建立监测体系，严格工业和城镇污染物处理和达标排放，依法禁止未经处理达标的工业和城镇污染物进入农田、养殖水域等农业区域。强化经常性执法监管制度建设。出台耕地土壤污染治理及效果评价标准，开展污染耕地分类治理。

二是健全农业投入品减量使用制度。继续实施化肥农药使用量零增长行动，推广有机肥替代化肥、测土配方施肥，强化病虫害统防统治和全程绿色防控。完善农药风险评估技术标准体系，加快实施高剧毒农药替代计划。规范限量使用饲料添加剂，减量使用兽用抗菌药物。建立农业投入品电子追溯制度，严格农业投入品生产和使用管理，支持低消耗、低残留、低污染农业投入品生产。

三是完善秸秆和畜禽粪污等资源化利用制度。严格依法落实秸秆禁烧制度，整县推进秸秆全量化综合利用，优先开展就地还田。推进秸秆发电并网运行和全额保障性收购，开展秸秆高值化、产业化利用，落实好沼气、秸秆等可再生能源电价政策。开展尾菜、农产品加工副产物资源化利用。以沼气和生物天然气为主要处理方向，以农用有机肥和农村能源为主要利用方向，强化畜禽粪污资源化利用，依法落实规模养殖环境评价准入制度，明确地方政府属地责任和规模养殖场主体责任。依据土地利用规划，积极保障秸秆和畜禽粪污资源化利用用地。健全病死畜禽无害化处理体系，引导病死畜禽集中处理。

四是完善废旧地膜和包装废弃物等回收处理制度。加快出台新的地膜标准，依法强制生产、销售和使用符合标准的加厚地膜，以县为单位开展地膜使用全回收、消除土壤残留等试验试点。建立农药包装废弃物等回收和集中处理体系，落实使用者妥善收集、生产者和经营者回收处理的责任。

3. 积极推进农业清洁生产

《乡村振兴促进法》提出，要推进农业投入品减量化、生产清洁化、废弃物资源化、产业模式生态化，引导全社会形成节约适度、绿色低碳、文明健康的生产生活和消费方式。一是要加强农业投入品规范化管理，健全投入品追溯系统，推进化肥农药减量施用，完善农药风险评估技术标准体系，严格饲料质量安全管理。农产品生产经营者不得使用国家禁用的农药、兽药或者其他有毒有害物质，不得违反农产品质量安全标准和国家有关规定超剂量、超范围使用农药、兽药、肥料、饲料添加剂等农业投入品。二是加快推进种养循环一体化，建立农村有机废弃物收集、转化、利用网络体系，推进农林产品加工剩余物资源化利用，深入实施秸秆禁烧制度和综合利用，开展整县推进畜禽粪污资源化利用试点。三是采取措施推进废旧地膜和包装废弃物等回收处理。四是推行水产健康养殖，加大近海滩涂养殖环境治理力度，严格控制河流湖库、近岸海域投饵网箱养殖。五是探索农林牧渔融合循环发展模式，修复和完善生态廊道，恢复田间生物群落和生态链，建设健康稳定田园生态系统。

4. 健全创新驱动与约束激励机制

强化农业污染整治和绿色发展，必须建立完善创新驱动和约束激励机制。

一是要构建支撑农业绿色发展的科技创新体系。完善科研单位、高校、企业等各类创新主体协同攻关机制，开展以农业绿色生产为重点的科技联合攻关。在农业投入品减量高效利用、种业主要作物联合攻关、有害生物绿色防控、废弃物资源化利用、产地环境修复和农产品绿色加工贮藏等领域尽快取得一批突破性科研成果。完善农业绿色科技创新成果评价和转化机制，探索建立农业技术环境风险评估体系，加快成熟适用绿色技术、绿色品种的示范、推广和应用。借鉴国际农业绿色发展经验，加强国际科技和成果交流合作。

二是要完善农业生态补贴制度。建立与耕地地力提升和责任落实挂钩的耕地地力保护补贴机制。改革完善农产品价格形成机制，深化棉花目标价格补贴，统筹玉米和大豆生产者补贴，坚持补贴向优势区倾斜，减少或退出非优势区补贴。改革渔业补贴政策，支持捕捞渔民减船转产、海洋牧场建设、增殖放流等资源养护措施。完善耕地、草原、森林、湿地、水生生物等生态补偿政策，继续支持退耕还林还草。有效利用绿色金融激励机制，探索绿色金融服务农业绿色发展的有效方式，加大绿色信贷及专业化担保支持力度，创新绿色生态农业保险产品。加大政府和社会资本合作（PPP）在农业绿色发展领域的推广应用，引导社会资本投向农业资源节约、废弃物资源化利用、动物疫病净化和生态保护修复等领域。

三是要建立绿色农业标准体系。清理、废止与农业绿色发展不适应的标准和行业规范。制定修订农兽药残留、畜禽屠宰、饲料卫生安全、冷链物流、畜禽粪污资源化利用、水产养殖尾水排放等国家标准和行业标准。强化农产品质量安全认证机构监管和认证过程管控。改革无公害农产品认证制度，加快建立统一的绿色农产品市场准入标准，提升绿色食品、有机农产品和地理标志农产品等认证的公信力和权威性。实施农业绿色品牌战略，培育具有区域优势特色和国际竞争力的农产品区域公用品牌、企业品牌和产品品牌。加强农产品质量安全全程监管，健全与市场准入相衔接的食用农产品合格证制度，依托现有资源建立国家农产品质量安全追溯管理平台，加快农产品质量安全追溯体系建设。积极参与国际标准的制定修订，推进农产品认证结果互认。

四是要完善绿色农业法律法规体系。研究制定修订体现农业绿色发展需求的法律法规，完善耕地保护、农业污染防治、农业生态保护、农业投入品管理等方面的法律制度。开展农业节约用水立法研究工作。加大执法和监督力度，依法打击破坏农业资源环境的违法行为。健全重大环境事件和污染事故责任追究制度及损害赔偿制度，提高违法成本和惩罚标准。

五是要建立农业资源环境生态监测预警体系。建立耕地、草原、渔业水域、生物资源、产地环境以及农产品生产、市场、消费信息监测体系，加强基础设施建设，统一标准方法，实时监测报告，科学分析评价，及时发布预警。定期监测农业资源环境承载能力，建立重要农业资源台账制度，构建充分体现资源稀缺和损耗程度的生产成本核算机制，研究农业生态价值统计方法。充分利用农业信息技术，构建天空地数字农业管理系统。

六是要健全农业人才培养机制。把节约利用农业资源、保护产地环境、提升生态服务功能等内容纳入农业人才培养范畴，培养一批具有绿色发展理念、掌握绿色生产技术技能的农业人才和新型职业农民。积极培育新型农业经营主体，鼓励其率先开展绿色生产。健全生态管护员制度，在生态环境脆弱地区因地制宜增加护林员、草管员等公益岗位。

七是实施农业绿色发展全民行动。在生产领域，推行畜禽粪污资源化利用、有机肥替代化肥、秸秆综合利用、农膜回收、水生生物保护，以及投入品绿色生产、加工流通绿色循环、营销包装低耗低碳等绿色生产方式。在消费领域，从国民教育、新闻宣传、科学普及、思想文化等方面入手，持续开展"光盘行动"，推动形成厉行节约、反对浪费、抵制奢侈、低碳循环等绿色生活方式。

五、高质量推进农村"厕所革命"

小厕所、大民生。农村"厕所革命"关系到亿万农民群众生活品质的改善。习近平总书记指出，厕所问题不是小事情，要把这项工作作为乡村振兴战略的一项具体工作来推进，努力补齐这块影响群众生活品质的短板[1]。

---

[1]　中央农办、农业农村部、国家卫生健康委、住房和城乡建设部、文化和旅游部、国家发展改革委、财政部、生态环境部：《关于推进农村"厕所革命"专项行动的指导意见》，农业农村部网站 2019 年 1 月 8 日。

近年来，农村改厕取得了很大成效，截至 2020 年底，全国农村卫生厕所普及率达 68% 以上，累计改造农村户厕 4000 多万户。但各地进展不平衡，有的地方重视程度不够，责任落实不到位，推动方式简单化，农民主体作用不突出，技术创新跟不上，农民群众"不愿用、没法用、用不上"等现象不同程度存在；有的地方虽然修建了卫生厕所，但质量存在不少问题。

农业农村部、国家乡村振兴局 2021 年 4 月 22 日举行的全国农村改厕问题整改推进视频会，通报了一些地方出现的典型问题[①]。大致为三类：一是因改厕质量不过关引发的问题。二是因工作推进机制不周全引发的问题。三是因资金使用不规范引发的问题。

实践中改厕工作出现的这些问题，主要包括四方面原因：一是政策把握不到位。一些地方思想认识不到位，没有作为重大民生工程、民心工程来抓。有的地方政绩观出现偏差，没有充分认识到农村"厕所革命"的长期性和艰巨性，过分追求改厕速度，层层下指标压任务，导致贪大求快、刮风搞运动。二是农民主体作用发挥不够。厕所改不改、怎么改，有的地方没有认真听取农民意见。有的地方要么强行推动，要么单纯用经济手段、给钱给物，而宣传引导、组织发动、指导服务等做得不够，结果政府大包大揽，群众却不买账。三是方式方法不科学。一些地方没有结合地理环境、气候条件、经济水平、农民习惯等因素谋划改厕工作。有的地方在技术模式上照搬照抄其他地方做法，甚至新技术新产品没有经过试验示范就大范围推开，出现了"水土不服"。有的地方工作缺乏总体考虑，比如强行拆除农户旱厕，新厕所却迟迟不建，甚至简单把发厕具当作改厕。有的地方只建不管、重建轻管。四是工作作风不扎实。有的地方对当地实际情况调查不深、研究不够、底数不清，工作基础不牢。有的地方重安排部署轻跟踪检查，对改厕全程质量把控不严。有的地方对机构改革前后的改

厕工作进行部门分割，对遗留的问题视而不见，迟迟不整改。

"厕所革命"的重点在农村，难点也在农村。"十四五"期间，农村"厕所革命"仍是全面推进乡村振兴战略的一项重点工作。要顺应农民群众对美好生活的向往，把农村"厕所革命"作为改善农村人居环境、促进民生事业发展的重要举措，进一步增强使命感、责任感和紧迫感，坚持不懈、持续推进，以小厕所促进社会文明大进步。

根据中央农办、农业农村部、国家卫生健康委、住房和城乡建设部、文化和旅游部、国家发展改革委、财政部、生态环境部《关于推进农村"厕所革命"专项行动的指导意见》[①]，要按照"有序推进、整体提升、建管并重、长效运行"的基本思路，推动农村厕所建设标准化、管理规范化、运维市场化、监督社会化，引导农民群众养成良好如厕和卫生习惯，切实增强农民群众的获得感和幸福感。

要合理选择改厕标准和模式。加快完善农村卫生厕所技术标准和相关规范。结合当地农村实际，鼓励厕所粪污就地资源化利用，统筹考虑改厕和污水处理设施建设，制定技术标准和改厕模式，编写技术规范，指导科学合理建设。农村户用厕所改造要积极推广简单实用、成本适中、农民群众能够接受的卫生改厕模式、技术和产品。鼓励厕所入户进院，有条件的地区要积极推动厕所入室。农村公共厕所建设要以农村社区综合服务中心、文化活动中心、中小学、集贸市场等公共场所，以及中心村等人口较集中区域为重点，科学选址，明确建设要求。可按相关厕所标准设计，因地制宜建设城乡接合部、公路沿线乡村和旅游公厕，进一步提升卫生水平。施工建设砖混结构贮粪池时把不渗不漏作为基本要求，采用一体化厕所产品时注重材料强度和密闭性，避免造成二次污染。

要整村推进，开展示范建设。要总结推广一批适宜不同地区、不同类

① 中央农办、农业农村部、国家卫生健康委、住房和城乡建设部、文化和旅游部、国家发展改革委、财政部、生态环境部：《关于推进农村"厕所革命"专项行动的指导意见》，农业农村部网站 2019 年 1 月 8 日。

型、不同水平的农村改厕典型范例。鼓励和支持整村推进农村"厕所革命"示范建设，坚持"整村推进、分类示范、自愿申报、先建后验、以奖代补"的原则，有序推进，树立一批农村卫生厕所建设示范县、示范村，分阶段、分批次滚动推进，以点带面、积累经验、形成规范。组织开展 A 级乡村旅游厕所、最美农村公共厕所、文明卫生清洁户等多种形式的推选活动，调动各方积极性。

要强化技术支撑，严格质量把关。鼓励企业、科研院校研发适合农村实际、经济实惠、老百姓乐见乐用的卫生厕所新技术、新产品。在厕所建设材料、无害化处理、除臭杀菌、智能管理、粪污回收利用等技术方面，加大科技攻关力度。强化技术推广应用，组织开展多种形式的农村卫生厕所新技术新产品展示交流活动。鼓励各地利用信息技术，对改厕户信息、施工过程、产品质量、检查验收等环节进行全程监督，对公共厕所、旅游厕所实行定位和信息发布。

要完善建设管护运行机制。坚持建管并重，充分发挥村级组织和农民主体作用，鼓励采取政府购买服务等方式，建立政府引导与市场运作相结合的后续管护机制。各地要明确厕所管护标准，做到有制度管护、有资金维护、有人员看护，形成规范化的运行维护机制。运用市场经济手段，鼓励各地探索推广"以商建厕、以商养厕"等模式，创新机制，确保建设和管理到位。组织开展农村厕所建设和维护相关人员培训，引导当地农民组建社会化、专业化、职业化服务队伍。

要同步推进厕所粪污治理。统筹推进农村厕所粪污治理与农村生活污水治理，因地制宜推进厕所粪污分散处理、集中处理或接入污水管网统一处理，实行"分户改造、集中处理"与单户分散处理相结合，鼓励联户、联村、村镇一体治理。积极推动农村厕所粪污资源化利用，鼓励各地探索粪污肥料化、污水达标排放等经济实用技术模式，推行污水无动力处理、沼气发酵、堆肥和有机肥生产等方式，防止随意倾倒粪污，解决好粪污排放和利用问题。

要加大资金支持。各级财政采取以奖代补、先建后补等方式，引导农民自愿改厕，支持整村推进农村改厕，重点支持厕所改造、后续管护维修、粪污无害化处理和资源化利用等，加大对中西部和困难地区的支持力度，优先支持乡村旅游地区的旅游厕所和农家乐户厕建设改造。进一步明确地方财政支出责任，鼓励地方以县为单位，统筹安排与农村改厕相关的项目资金，集中推进农村改厕工作。支持农村改厕技术、模式科研攻关。发挥财政资金撬动作用，依法合规吸引社会资本、金融资本参与投入，推动建立市场化管护长效机制。在用地、用水、用电及后期运维管护等方面给予政策倾斜。简化农村厕所建设项目审批和招投标程序，降低建设成本，确保工程质量。

要强化督促指导。对农村改厕工作开展全国性大检查大督查。每年组织开展包括农村改厕在内的农村人居环境整治工作评估。落实督查激励措施，对开展包括农村改厕在内的农村人居环境整治成效明显的县(市、区、旗)，在分配年度中央财政资金时予以适当倾斜。落实将农村改厕问题纳入生态环境保护督察检查范畴。建立群众监督机制，通过设立举报电话、举报信箱等方式，接受群众和社会监督。

案　例

湖北黄州：农村改厕党员领头干、群众齐参与[①]

黄冈市黄州区 2018 年被湖北省确定为"厕所革命"试点县市区，几年来已投资 1.5 亿元，建成乡镇公厕 12 座、村组公厕 388 座，完成农户厕所改造 27710 座，拆除旱厕 14362 座。主要做法是：

一是党组织领头，提升"厕所革命"组织力。成立以区委书

---

① 农业农村部农村厕所革命典型范例入选名单，《湖北省黄冈市黄州区党员领头干群众齐参与》，中国农村网 2019 年 10 月 15 日。

记为政委、区长为指挥长的厕所革命建设工程指挥部，抽调了4名县级领导、12名工作人员集中办公，把最精干的力量用在重要工作上。实行一周一检查、一月一通报、一季一拉练，明目标、找差距、抓落实，始终保持奔跑态势。区委宣传部、农业农村局、卫健局、发改局、财政局、住建局、交通运输局、文化旅游局、水利局等部门各负其责、分工协作，共同做好"厕所革命"宣传教育、工程建设、技术指导、争资立项、文明创建等工作。将"厕所革命"成效作为乡镇街道和区直有关部门党政领导班子考核的重要内容。

二是群众齐参与，发挥"厕所革命"实效。始终把宣传教育放在首位，组织群众自觉主动参与到"厕所革命"中。区乡两级召开工作动员会、培训会、推进会60多场，各村召开群众代表座谈会260多场，"厕所革命"宣传栏到村到组，印发宣传册6万余份，使开展"厕所革命"的政策、方案及建厕、改厕、管厕、护厕知识等家喻户晓。

三是健全机制，统筹调动各方资源要素。充分运用市场机制，以政府的基础性投入撬动社会资本投入，破解工程筹资难题。在财政投入方面，挤出1.5亿元资金，通过"以奖代补"支撑公厕建设、户厕改造和管网终端运营维护。按照乡镇公厕每座17.8万元、村级公厕每座8.7万元、组级公厕每座6.43万元的标准，对规划内的12座乡镇公厕、388座村组公厕实行兜底建设。在省级每户补助400元的基础上，区级财政每户再补600元，助力农民户厕改造。对已建成的乡、村公厕，由区级财政按每座每年3000元的标准统筹安排管护费，由所在乡、村负责水电费、清运费。在农民自筹方面，通过广泛宣传发动，据不完全统计，全区农民累计投工7万余个、个人投入近1000万元。

在公共厕所管理方面，实行"区级主导、乡镇主体、村级协助"综合管理机制，由区、乡、村三级共建共管，实现"有制度、有标准、有队伍、有经费、有督查"的"五有"目标，防止农村公厕成为新的"脏乱差"，确保管护有序，长久发挥效益。区爱卫办负责全区乡镇农村公厕管理，实行季度考核与厕所管理奖补资金挂钩。乡镇卫生院负责农村公厕日常的监管工作。

六、持续改善农村人居环境

农村人居环境整治提升是一项长期工程。《乡村振兴促进法》明确要求，要建立政府、村级组织、企业、农民等各方面参与的共建共管共享机制，综合整治农村水系，因地制宜推广卫生厕所和简便易行的垃圾分类，治理农村垃圾和污水，加强乡村无障碍设施建设，鼓励和支持使用清洁能源、可再生能源，持续改善农村人居环境。农村人居环境整治三年行动方案目标任务基本完成后，要实施农村人居环境整治提升五年行动。

持续改善农村人居环境的重点任务和主要举措是：

一是要持续推进农村生活垃圾治理。统筹考虑生活垃圾和农业生产废弃物利用、处理，建立健全符合农村实际、方式多样的生活垃圾收运处置体系。有条件的地区要推行适合农村特点的垃圾就地分类和资源化利用方式。开展非正规垃圾堆放点排查整治，重点整治垃圾山、垃圾围村、垃圾围坝、工业污染"上山下乡"。

二是要持续开展村庄内"三清一改"行动。除了如上所述的清理生活垃圾，清理村庄农户房前屋后和村巷道柴草杂物、积存垃圾、塑料袋等白色垃圾、河岸垃圾、沿村公路和村道沿线散落垃圾等，解决生活垃圾乱堆乱放污染问题。还要清理村内塘沟。推动农户节约用水，引导农户规范排放生活污水，宣传农村生活污水治理常识，提高生活污水综合利用和处理能力。以房前屋后河塘沟渠、排水沟等为重点，清理水域漂浮物。有条件的地方实施清淤疏浚，采取综合措施恢复水生态，逐步消除农村黑臭水体。清理畜禽养殖粪污等农业生产废弃物。清理随意丢弃的病死畜禽尸体、农业投入品包装物、废旧农膜等农业生产废弃物，严格按照规定处置，积极推进资源化利用。规范村庄畜禽散养行为，减少养殖粪污影响村庄环境。

三是要持续开展厕所粪污治理。东部地区、中西部城市近郊区以及其他环境容量较小地区村庄，加快推进户用卫生厕所建设和改造，同步实施厕所粪污治理。其他地区要按照群众接受、经济适用、维护方便、不污染公共水体的要求，普及不同水平的卫生厕所。引导农村新建住房配套建设无害化卫生厕所，人口规模较大村庄配套建设公共厕所。加强改厕与农村生活污水治理的有效衔接。鼓励各地结合实际，将厕所粪污、畜禽养殖废弃物一并处理并资源化利用。

四是要持续推进农村生活污水治理。根据农村不同区位条件、村庄人口聚集程度、污水产生规模，因地制宜采用污染治理与资源利用相结合、工程措施与生态措施相结合、集中与分散相结合的建设模式和处理工艺。推动城镇污水管网向周边村庄延伸覆盖。积极推广低成本、低能耗、易维护、高效率的污水处理技术，鼓励采用生态处理工艺。加强生活污水源头减量和尾水回收利用。以房前屋后河塘沟渠为重点实施清淤疏浚，采取综合措施恢复水生态，逐步消除农村黑臭水体。将农村水环境治理纳入河长制、湖长制管理。

五是要持续提升村容村貌。加快推进通村组道路、入户道路建设，基本解决村内道路泥泞、村民出行不便等问题。充分利用本地资源，因地制宜选择路面材料。整治公共空间和庭院环境，消除私搭乱建、乱堆乱放。大力提升农村建筑风貌，突出乡土特色和地域民族特点。加大传统村落民居和历史文化名村名镇保护力度，弘扬传统农耕文化，提升田园风光品质。推进村庄绿化，充分利用闲置土地组织开展植树造林、湿地恢复等活动，建设绿色生态村庄。完善村庄公共照明设施。深入开展城乡环境卫生整洁行动，推进卫生县城、卫生乡镇等卫生创建工作。

六是要完善建设和管护机制。建立有制度、有标准、有队伍、有经费、有督查的村庄人居环境管护长效机制。鼓励专业化、市场化建设和运行管护，有条件的地区推行城乡垃圾污水处理统一规划、统一建设、统一运行、统一管理。推行环境治理依效付费制度，健全服务绩效评价考核机制。鼓励有条件的地区探索建立垃圾污水处理农户付费制度，完善财政补贴和农户付费合理分担机制。支持村级组织和农村"工匠"带头人等承接村内环境整治、村内道路、植树造林等小型涉农工程项目。组织开展专业化培训，把当地村民培养成为村内公益性基础设施运行维护的重要力量。简化农村人居环境整治建设项目审批和招投标程序，降低建设成本，确保工程质量。

七是要发挥村民主体作用。发挥好基层党组织核心作用，强化党员意识、标杆意识，带领农民群众推进移风易俗、改进生活方式、提高生活质量。健全村民自治机制，充分运用"一事一议"民主决策机制，完善农村人居环境整治项目公示制度，保障村民权益。鼓励农村集体经济组织通过依法盘活集体经营性建设用地、空闲农房及宅基地等途径，多渠道筹措资金用于农村人居环境整治，营造清洁有序、健康宜居的生产生活环境。建立完善村规民约，将农村环境卫生、古树名木保护等要求纳入村规民约，通过群众评议等方式褒扬乡村新风，鼓励成立农村环保合作社，深化农民自我教育、自我管理。明确农民维护公共环境责任，庭院内部、房前屋后环境整治由农户自己负责；村内公共空间整治以村民自治组织或村集体经济组织为主，主要由农民投工投劳解决，鼓励农民和村集体经济组织全程参与农村环境整治规划、建设、运营、管理。鼓励群众讲卫生、树新风、除陋习，摒弃乱扔、乱吐、乱贴等不文明行为，提高群众文明卫生意识，营造和谐、文明的社会新风尚，使优美的生活环境、文明的生活方式成为农民内在自觉要求。

八是要强化政策支持。加大政府投入，建立地方为主、中央补助的政府投入体系。地方各级政府要统筹整合相关渠道资金，加大投入力度，合理保障农村人居环境基础设施建设和运行资金。支持地方政府依法合规发行政府债券筹集资金，用于农村人居环境整治。城乡建设用地增减挂钩所获土地增值收益，按相关规定用于支持农业农村发展和改善农民生活条件。村庄整治增加耕地获得的占补平衡指标收益，通过支出预算统筹安排支持当地农村人居环境整治。创新政府支持方式，采取以奖代补、先建后补、以工代赈等多种方式，充分发挥政府投资撬动作用，提高资金使用效率。加大金融支持力度，通过发放抵押补充贷款等方式，引导国家开发银行、中国农业发展银行等金融机构依法合规提供信贷支持。鼓励中国农业银行、中国邮政储蓄银行等商业银行扩大贷款投放，支持农村人居环境整治。支持收益较好、实行市场化运作的农村基础设施重点项目开展股权和债权融资。积极利用国际金融组织和外国政府贷款建设农村人居环境设施。调动社会力量积极参与，鼓励各类企业积极参与农村人居环境整治项目。规范推广政府和社会资本合作（PPP）模式，通过特许经营等方式吸引社会资本参与农村垃圾污水处理项目。引导有条件的地区将农村环境基础设施建设与特色产业、休闲农业、乡村旅游等有机结合，实现农村产业融合发展与人居环境改善互促互进。引导相关部门、社会组织、个人通过捐资捐物、结对帮扶等形式，支持农村人居环境设施建设和运行管护。倡导新乡贤文化，以乡情乡愁为纽带吸引和凝聚各方人士支持农村人居环境整治。强化技术和人才支撑，组织高等学校、科研单位、企业开展农村人居环境整治关键技术、工艺和装备研发，分类分级制定农村生活垃圾污水处理设施建设和运行维护技术指南，编制村容村貌提升技术导则，开展典型设计，优化技术方案。加强农村人居环境项目建设和运行管理人员技术培训，加快培养乡村规划设计、项目建设运行等方面的技术和管理人才。选派规划设计等专业技术人员驻村指导，组织开展企业与县、乡、村对接农村环保实用技术和装备需求。

案　例

浙江桐庐：农村垃圾分类和处置全覆盖[①]

桐庐县是浙江农村生活垃圾分类处置的探路者和先行者之一，目前 11 万户共 32.3 万农村居民全部参与垃圾分类；183 个行政村共建成 145 个资源化处置设施，率先实现农村垃圾分类和资源化处置全覆盖；垃圾产生的有机肥被统一收购并注册商标"世外桃源"，走进省内 110 余家超市，产生了显著的经济效益。

第一，市场运作：垃圾成了抢手货。全县 183 个行政村，共有 145 个垃圾资源化利用站点，在考虑人口密度、可堆肥垃圾量、有机肥需求、交通运输成本等因素后，采取一村一建或多村联建，发展微生物发酵资源化处置和太阳能普通堆肥处置两种模式。清运员每天将村中的可堆肥垃圾运到垃圾资源化利用站，并投入微生物发酵资源化处置 4—7 天后，便能产出有机肥。随着垃圾分类的深入推进，有机肥的产量趋于稳定，每年出肥大约 5000 吨。引入企业管理，对有机肥进行科学的配比和试验，并注册"世外桃源"品牌有机肥，经农业部农产品及转基因产品质量安全监督检验测试中心（杭州）检测，各项指标均符合国家有机肥执行标准，是农田的好"营养品"。

第二，智能回收：源头分类更精准。村民可将自己家里或者路上捡来的垃圾，到"鸡毛换糖"店换取生活用品。50 只塑料袋兑换鸡精一包，20 个塑料瓶兑换牙膏一支，10 节旧电池兑换酱油一包。村民从垃圾分类中得到肯定和快乐。以前是被动分类，现在是主动分类。富春江镇采用智能生态垃圾分类系统，居

---

① 《垃圾的资源化　桐庐农村垃圾分类和处置全覆盖》，浙江在线 2017 年 9 月 5 日。

民来到垃圾投放点后，把分好类的生活垃圾放到对应有称重功能的平台上，刷一下市民卡或身份证。听到"嘀"一声的提示音之后，这袋垃圾就投放成功了。每一次投放垃圾，系统会记录投放人的身份信息、投放时间、垃圾类别和重量，以及所换取的积分。

第三，绿色生活：引领乡村新风尚。中门村村民雷樟珠的一天是从垃圾分类开始的。早晨6时30分，雷樟珠开始为全家准备早饭，玉米须和玉米皮丢进蓝色垃圾袋，绑青菜的红绳丢进黄色垃圾袋。6时50分，雷樟珠提着两只垃圾袋出门了，放在固定的投放点后，骑着电瓶车去村外上班。下午5时，雷樟珠下班回家，取回的快递盒，她都细心收好，用胶带拼接后，做成矮柜和储物柜。中门村分发给每家每户的垃圾袋，都有固定编号，下午5时至次日7时之间定点投放到指定的垃圾池。自从有了自己的专属垃圾袋，雷樟珠家的垃圾渐渐少下来，"哪些垃圾还能变废为宝"成为她习惯性的想法。垃圾资源化利用让农民的生产方式添上一抹绿色，人们也愈加珍惜美丽环境的来之不易。

七、加强村庄规划管理

村庄规划是改善人居环境、提升村容村貌、实现生态宜居的重要内容，是建设美丽乡村的重要举措。要全面完成县域乡村建设规划编制或修编，与县乡土地利用总体规划、土地整治规划、村土地利用规划、农村社区建设规划等充分衔接，鼓励推行多规合一。推进实用性村庄规划编制实施，做到农房建设有规划管理、行政村有村庄整治安排、生产生活空间合理分离，优化村庄功能布局，实现村庄规划管理基本覆盖。对有条件、有需求的村庄尽快实现村庄规划全覆盖，对暂时没有编制规划的村庄严格按照县乡两级国土空间规划中确定的用途管制和建设管理要求进行建设。推行政府组织领导、村委会发挥主体作用、技术单位指导的村庄规划编制机制。村庄规划的主要内容应纳入村规民约。加强乡村建设规划许可管理，建立健全违法用地和建设查处机制。编制村庄规划要立足现有基础，保留乡村特色风貌，不搞大拆大建。按照规划有序开展各项建设，严肃查处违规乱建行为。

自然资源部办公厅发布的《关于加强村庄规划促进乡村振兴的通知》①，对村庄规划作出了具体安排。村庄规划是法定规划，是国土空间规划体系中乡村地区的详细规划，是开展国土空间开发保护活动、实施国土空间用途管制、核发乡村建设项目规划许可、进行各项建设等的法定依据。要整合村土地利用规划、村庄建设规划等乡村规划，实现土地利用规划、城乡规划等有机融合，编制"多规合一"的实用性村庄规划。村庄规划范围为村域全部国土空间，可以一个或几个行政村为单元编制。

编制村庄规划，要做到"八个统筹"。一是要统筹村庄发展目标。落实上位规划要求，充分考虑人口资源环境条件和经济社会发展、人居环境整治等要求，研究制定村庄发展、国土空间开发保护、人居环境整治目标，明确各项约束性指标。二是要统筹生态保护修复。落实生态保护红线划定成果，明确森林、河湖、草原等生态空间，尽可能多地保留乡村原有的地貌、自然形态等，系统保护好乡村自然风光和田园景观。加强生态环境系统修复和整治，慎砍树、禁挖山、不填湖，优化乡村水系、林网、绿道等生态空间格局。三是要统筹耕地和永久基本农田保护。落实永久基本农田和永久基本农田储备区划定成果，落实补充耕地任务，守好耕地红线。统筹安排农、林、牧、副、渔等农业发展空间，推动循环农业、生态农业发展。完善农田水利配套设施布局，保障设施农业和农业产业园发展

① 自然资源部办公厅：《关于加强村庄规划促进乡村振兴的通知》，自然资源部网站2019 年 5 月 29 日。

合理空间，促进农业转型升级。四是要统筹历史文化传承与保护。深入挖掘乡村历史文化资源，划定乡村历史文化保护线，提出历史文化景观整体保护措施，保护好历史遗存的真实性。防止大拆大建，做到应保尽保。加强各类建设的风貌规划和引导，保护好村庄的特色风貌。五是要统筹基础设施和基本公共服务设施布局。在县域、乡镇域范围内统筹考虑村庄发展布局以及基础设施和公共服务设施用地布局，规划建立全域覆盖、普惠共享、城乡一体的基础设施和公共服务设施网络。以安全、经济、方便群众使用为原则，因地制宜提出村域基础设施和公共服务设施的选址、规模、标准等要求。六是要统筹产业发展空间。统筹城乡产业发展，优化城乡产业用地布局，引导工业向城镇产业空间集聚，合理保障农村新产业新业态发展用地，明确产业用地用途、强度等要求。除少量必需的农产品生产加工外，一般不在农村地区安排新增工业用地。七是要统筹农村住房布局。按照上位规划确定的农村居民点布局和建设用地管控要求，合理确定宅基地规模，划定宅基地建设范围，严格落实"一户一宅"。充分考虑当地建筑文化特色和居民生活习惯，因地制宜提出住宅的规划设计要求。八是要统筹村庄安全和防灾减灾。分析村域内地质灾害、洪涝等隐患，划定灾害影响范围和安全防护范围，提出综合防灾减灾的目标以及预防和应对各类灾害危害的措施。

村庄规划要坚持先规划后建设，通盘考虑土地利用、产业发展、居民点布局、人居环境整治、生态保护和历史文化传承。坚持农民主体地位，尊重村民意愿，反映村民诉求。坚持节约优先、保护优先，实现绿色发展和高质量发展。坚持因地制宜、突出地域特色，防止乡村建设"千村一面"。坚持有序推进、务实规划，防止一哄而上，片面追求村庄规划快速全覆盖。

村庄规划允许在不改变县级国土空间规划主要控制指标情况下，优化调整村庄各类用地布局。涉及永久基本农田和生态保护红线调整的，严格按国家有关规定执行，调整结果依法落实到村庄规划中。探索规划

"留白"机制，各地可在乡镇国土空间规划和村庄规划中预留不超过 5%的建设用地机动指标，村民居住、农村公共公益设施、零星分散的乡村文旅设施及农村新产业新业态等用地可申请使用。对一时难以明确具体用途的建设用地，可暂不明确规划用地性质。建设项目规划审批时落地机动指标、明确规划用地性质，项目批准后更新数据库。机动指标使用不得占用永久基本农田和越过生态保护红线。

村庄规划要因地制宜，分类编制。根据村庄定位和国土空间开发保护的实际需要，编制能用、管用、好用的实用性村庄规划。要抓住主要问题，聚焦重点，内容深度详略得当，不贪大求全。对于重点发展或需要进行较多开发建设、修复整治的村庄，编制实用的综合性规划。对于不进行开发建设或只进行简单的人居环境整治的村庄，可只规定国土空间用途管制规则、建设管控和人居环境整治要求作为村庄规划。对于综合性的村庄规划，可以分步编制，分步报批，先编制近期急需的人居环境整治等内容，后期逐步补充完善。对于紧邻城镇开发边界的村庄，可与城镇开发边界内的城镇建设用地统一编制详细规划。各地可结合实际，合理划分村庄类型，探索符合地方实际的规划方法。

八、大力实施乡村建设行动

党的十九届五中全会审议通过的《中共中央关于制定国民经济和社会发展第十四个五年规划和二〇三五年远景目标的建议》，首次提出"实施乡村建设行动"，把乡村建设作为"十四五"时期全面推进乡村振兴的重点任务，摆在了社会主义现代化建设的重要位置。

乡村公共基础设施建设是乡村建设行动的主要内容和全面实施乡村振兴的关键桥梁。要继续把公共基础设施建设的重点放在农村，着力推进往村覆盖、往户延伸。

一是实施农村道路畅通工程。有序实施较大人口规模自然村（组）通硬化路。加强农村资源路、产业路、旅游路和村内主干道建设。推进农村公路建设项目更多向进村入户倾斜。继续通过中央车购税补助地方资金、成品油税费改革转移支付、地方政府债券等渠道，按规定支持农村道路发展。继续开展"四好农村路"示范创建。全面实施路长制。开展城乡交通一体化示范创建工作。加强农村道路桥梁安全隐患排查，落实管养主体责任。强化农村道路交通安全监管。

二是实施农村供水保障工程。加强中小型水库等稳定水源工程建设和水源保护，实施规模化供水工程建设和小型工程标准化改造，有条件的地区推进城乡供水一体化，到 2025 年农村自来水普及率达到 88%。完善农村水价水费形成机制和工程长效运营机制。

三是实施乡村清洁能源建设工程。加大农村电网建设力度，全面巩固提升农村电力保障水平。推进燃气下乡，支持建设安全可靠的乡村储气罐站和微管网供气系统。发展农村生物质能源。加强煤炭清洁化利用。

四是实施数字乡村建设发展工程。推动农村千兆光网、第五代移动通信（5G）、移动物联网与城市同步规划建设。完善电信普遍服务补偿机制，支持农村及偏远地区信息通信基础设施建设。加快建设农业农村遥感卫星等天基设施。发展智慧农业，建立农业农村大数据体系，推动新一代信息技术与农业生产经营深度融合。完善农业气象综合监测网络，提升农业气象灾害防范能力。加强乡村公共服务、社会治理等数字化智能化建设。

五是实施村级综合服务设施提升工程。加强村级客运站点、文化体育、公共照明等服务设施建设。

九、学习践行浙江"千村示范万村整治"工程经验

早在 2003 年，浙江就启动实施"千村示范、万村整治"工程。十

几年来，浙江省委、省政府始终践行习近平总书记"绿水青山就是金山银山"的重要理念，一以贯之地推动实施"千万工程"，村容村貌发生巨大变化。全省农村生活垃圾集中处理建制村全覆盖，卫生厕所覆盖率98.6%，规划保留村生活污水治理覆盖率100%，畜禽粪污综合利用、无害化处理率97%，村庄净化、绿化、亮化、美化，造就了万千生态宜居美丽乡村，为全国农村人居环境整治树立了标杆。"千万工程"被当地农民群众誉为"继实行家庭联产承包责任制后，党和政府为农民办的最受欢迎、最为受益的一件实事"。2018 年 9 月，浙江"千万工程"获联合国"地球卫士奖"。

习近平总书记指出，浙江"千村示范、万村整治"工程起步早、方向准、成效好，不仅对全国有示范作用，在国际上也得到认可。要深入总结经验，指导督促各地朝着既定目标，持续发力，久久为功，不断谱写美丽中国建设的新篇章。为深入贯彻落实习近平总书记重要指示精神，中共中央办公厅、国务院办公厅转发了《中央农办、农业农村部、国家发展改革委关于深入学习浙江"千村示范、万村整治"工程经验扎实推进农村人居环境整治工作的报告》，并发出通知，要求各地区各部门结合实际认真贯彻落实。①

浙江以实施"千万工程"、建设美丽乡村为载体，聚焦目标，突出重点，持续用力，先后经历了示范引领、整体推进、深化提升、转型升级 4 个阶段，不断推动美丽乡村建设取得新进步。学习践行浙江"千万工程"经验，要突出以下 7 个方面。

一是始终坚持以绿色发展理念引领农村人居环境综合治理。通过深入学习和广泛宣传教育，让习近平总书记"绿水青山就是金山银山"理念深入人心，成为推进"千万工程"的自觉行动。把可持续发展、绿色发展理

---

① 中共中央办公厅、国务院办公厅转发《中央农办、农业农村部、国家发展改革委关于深入学习浙江"千村示范、万村整治"工程经验扎实推进农村人居环境整治工作的报告》，中国政府网 2019 年 3 月 6 日。

念贯穿于改善农村人居环境的各阶段各环节全过程，扎实持续改善农村人居环境，发展绿色产业，为增加农民收入、提升农民群众生活品质奠定基础，为农民建设幸福家园和美丽乡村注入动力。

二是始终坚持高位推动，党政一把手亲自抓。坚持农村人居环境整治一把手责任制，成立由各级主要负责同志挂帅的领导小组，每年召开一次全省高规格现场推进会，省委、省政府主要领导同志到会部署。全省上下形成了党政一把手亲自抓、分管领导直接抓、一级抓一级、层层抓落实的工作推进机制。省委、省政府把农村人居环境整治纳入为群众办实事内容，纳入党政干部绩效考核和末位约谈制度，强化监督考核和奖惩激励。注重发挥各级农办统筹协调作用，发展改革、财政、国土、环保、住建等部门配合，明确责任分工，集中力量办大事。

三是始终坚持因地制宜，分类指导。注重规划先行，从实际出发，实用性与艺术性相统一，历史性与前瞻性相协调，一次性规划与量力而行建设相统筹，专业人员参与与充分听取农民意见相一致，城乡一体编制村庄布局规划，因村制宜编制村庄建设规划，注意把握好整治力度、建设程度、推进速度与财力承受度、农民接受度的关系，不搞千村一面，不吊高群众胃口，不提超越发展阶段的目标。坚持问题导向、目标导向和效果导向，针对不同发展阶段的主要矛盾问题，制定针对性解决方案和阶段性工作任务。不照搬城市建设模式，区分不同经济社会发展水平，分区域、分类型、分重点推进，实现改善农村人居环境与地方经济发展水平相适应、协调发展。

四是始终坚持有序改善民生福祉，先易后难。坚持把良好的生态环境作为最公平的公共产品、最普惠的民生福祉，从解决群众反映最强烈的环境脏乱差做起，到改水改厕、村道硬化、污水治理等提升农村生产生活的便利性，到实施绿化亮化、村庄综合治理提升农村形象，到实施产业培育、完善公共服务设施、美丽乡村创建提升农村生活品质，先易后难，逐步延伸。从创建示范村、建设整治村，以点串线，连线成片，再以星火燎原之势全域推进农村人居环境改善，探索农村人居环境整治新路子，实现了从"千万工程"到美丽乡村、再到美丽乡村升级版的跃迁。

五是始终坚持系统治理，久久为功。坚持一张蓝图绘到底，一件事情接着一件事情办，一年接着一年干，充分发挥规划在引领发展、指导建设、配置资源等方面的基础作用，充分体现地方特点、文化特色、融田园风光、人文景观和现代文明于一体。坚决克服短期行为，避免造成"前任政绩、后任包袱"。推进"千万工程"注重建管并重，将加强公共基础设施建设和建立长效管护机制同步抓实抓好。坚持硬件与软件建设同步进行，建设与管护同步考虑，通过村规民约、家规家训"挂厅堂、进礼堂、驻心堂"，实现乡村文明提升与环境整治互促互进。

六是始终坚持真金白银投入，强化要素保障。建立政府投入引导、农村集体和农民投入相结合、社会力量积极支持的多元化投入机制，省级财政设立专项资金、市级财政配套补助、县级财政纳入年度预算，真金白银投入。据统计，十几年来全省各级财政累计投入村庄整治和美丽乡村建设的资金超过 1800 亿元。积极整合农村水利、农村危房改造、农村环境综合整治等各类资金，下放项目审批、立项权，调动基层政府积极性主动性。

七是始终坚持强化政府引导作用，调动农民主体和市场主体力量。坚持调动政府、农民和市场三方面积极性，建立"政府主导、农民主体、部门配合、社会资助、企业参与、市场运作"的建设机制。政府发挥引导作用，做好规划编制、政策支持、试点示范等，解决单靠一家一户、一村一镇难以解决的问题。注重发动群众、依靠群众，从"清洁庭院"鼓励农户开展房前屋后庭院卫生清理、堆放整洁，到"美丽庭院"绿化因地制宜鼓励农户种植花草果木、提升庭院景观。完善农民参与引导机制，通过"门前三包"、垃圾分类积分制等，激发农民群众的积极性、主动性和创造性。注重发挥基层党组织、工青妇等群团组织贴近农村、贴近农民优势。通过政府购买服务等方式，吸引市场主体参与。同时，通过宣传、表彰等方式，调动引导社会各界和农村先富起来的群体关心支持农村人居环境，广泛动员社会各界力量，形成全社会共同参与推动的大格局。

要结合实际，学好学透、用好用活浙江经验，扎实推动农村人居环境整治工作不断迈上新水平。

第6章 全面推进乡村组织振兴

习近平总书记强调，农村工作千头万绪，抓好农村基层组织建设是关键①。组织振兴是乡村振兴的重要保障。产业发展要靠振兴组织取得规模优势、抵御市场风险，人才引进和使用要靠组织去团结凝聚、发挥最大作用，生态保护要靠组织去维护、减少外部性，文化兴盛要靠组织调动力量、建设精神家园。全面推进乡村振兴，必须健全以村党组织为领导、村民自治组织和村务监督组织为基础、集体经济组织和农民合作组织为纽带、其他经济社会组织为补充的乡村组织体系，健全自治、法治、德治相结合的乡村治理体系，提高农业生产和农村社会的组织化程度，为乡村振兴提供组织保障。

一、组织振兴在乡村振兴中的地位和作用

习近平总书记在十三届全国人大一次会议上的重要讲话中指出，要推动乡村组织振兴，打造千千万万个坚强的农村基层党组织，培养千千万万名优秀的农村基层党组织书记，深化村民自治实践，发展农民合作经济组织，建立健全党委领导、政府负责、社会协同、公众参与、法治保障的现

---

① 《中央农村工作会议在北京举行 习近平作重要讲话》，《人民日报》2013 年 12 月 25 日。

代乡村社会治理体制，确保乡村社会充满活力、安定有序。①

农村既是农民从事生产活动的场所，也是农民生活的家园。保持农村社会和谐稳定、安定有序，为广大农民提供一个和谐安定的生产和生活环境，是乡村振兴要实现的一个重要目标。要紧紧围绕治理有效、组织和服务农民，建立健全党委领导、政府负责、社会协同、公众参与、法治保障、科技支撑的现代乡村社会治理体制，健全党组织领导的自治、法治、德治相结合的乡村治理体系，构建共建共治共享的社会治理格局，加强以党支部为核心的农村基层组织建设，加强村级集体经济组织、专业合作社等合作经济组织建设，加强农村法治建设和社会治安综合治理，实现对乡村的全面有效治理。

乡村组织振兴的对象是乡村组织。根据一般的定义，组织就是为实现某种共同的目标，按照一定的结构形式、活动规律结合起来的，具有特定功能的社会群体。按照这个定义，乡村组织就是在乡村社会中为完成乡村政治、经济、社会、文化、生态等功能，按照一定形式和要求建立的乡村社会群体。

相比于城市的组织和一般的市场组织，乡村组织具有以下特征：一是组织功能的综合性。相比于城市组织的功能分化，长期以来乡村组织的功能是不分的。行政村一级的村"两委"是一种功能交织、机构重叠的综合性基层组织，既是经济组织，也是政治组织，还发挥着社会组织的功能，呈现政治、经济、社会"三合一"的综合性质。很多地方的村级组织实际上是一个综合体，几块牌子一套人马，交叉任职。二是组织成员的固定性。城市的组织以及公司等组织，开放程度高，人员的流动性比较大，而乡村组织的物质基础是土地集体所有，加之乡村相对封闭，其组织具有较为清晰的成员边界，组织成员较为固定。三是组织结构的简单性。由于乡

---

① 《习近平参加十三届全国人大一次会议山东代表团的审议》，《人民日报》2018 年 3 月 9 日。

村组织成员的身份比较单一，乡村的经济结构也比较简单，农民的知识文化水平也相对落后，乡村的人才等组织资源也相对缺乏，乡村组织的治理结构往往比较简单，多数农民对复杂结构的组织既无需求，亦难把握。

从外延看，乡村组织是一个有机体系，乡村组织可以分为 4 种基本类型，即村级党组织，村民自治组织和村民监督组织，乡村集体经济和农民合作组织，以及其他经济社会组织。

乡村基层党组织是村级组织的领导核心。党的基层组织是党的肌体的神经末梢。乡村基层党组织与基层群众距离最近、联系最广、接触最多，是党在农村全部工作和战斗力的基础，是农村各个组织和各项工作的领导核心。《中国共产党农村基层组织工作条例》规定，乡镇党的委员会和村党组织是党在农村的基层组织，全面领导乡镇、村的各类组织和各项工作。乡村基层党组织讨论和决定本区域内经济建设、政治建设、文化建设、社会建设、生态文明建设和党的建设以及乡村振兴中的重大问题。乡镇党委领导乡镇政权机关、群团组织和其他各类组织，加强指导和规范，支持和保证这些机关和组织依照国家法律法规以及各自章程履行职责。村党组织领导和推进村级民主选举、民主决策、民主管理、民主监督，推进农村基层协商，支持和保障村民依法开展自治活动。推进乡村振兴，必须坚持党的农村基层组织领导地位不动摇，必须紧紧依靠农村党组织和广大党员，充分发挥党组织的战斗堡垒作用和党员的先锋模范作用，带领群众同频共振，推进"五大振兴"。

村民自治组织和村民监督组织是乡村组织的基础。从上世纪 80 年代开始，我国在乡村实施村民自治制度。经过近 40 年的探索，形成了比较稳定的村民自治组织架构，包括村民委员会、村民会议、村民代表会议、村民监督委员会等。其中村民委员会和村民监督委员会是常设性的组织。2018 年 12 月第十三届全国人民代表大会常务委员会第七次会议修正的《村民委员会组织法》指出，村民委员会是村民自我管理、自我教育、自我服务的基层群众性自治组织，实行民主选举、民主决策、民主管理、民主监督。2020 年施行的《民法典》规定，居民委员会、村民委员会具有基层群众性自治组织法人资格，可以从事为履行职能所需要的民事活动。未设立村集体经济组织的，村民委员会可以依法代行村集体经济组织的职能。作为群众性的自治组织，村民自治组织和村民监督委员会是乡村的基本组织，是群众参与乡村治理的基本渠道和平台，具有广泛及时把握社情民意的优势，在促进乡村事业发展方面发挥着难以替代的重要作用。

乡村集体经济组织和农民合作组织是推进农业现代化、规模化、效益化的有效载体。我国实行农村集体所有制，土地为农村集体所有，由农民承包经营。在法理上，所有村庄都有集体资产，所有村庄都兼具经济和社会功能。农村集体经济组织是集体资产管理的主体，是特殊的经济组织，可以称为经济合作社，也可以称为股份经济合作社。《民法典》赋予农村集体经济组织、城镇农村的合作经济组织特别法人地位。2007 年我国出台《农民专业合作社法》，2018 年 7 月修订后的《农民专业合作社法》正式施行，进一步规范了农民专业合作社的发展。根据该法界定，农民专业合作社是指在农村家庭承包经营基础上，农产品的生产经营者或者农业生产经营服务的提供者、利用者，自愿联合、民主管理的互助性经济组织。这类乡村经济组织在发展乡村经济和提高农民应对市场风险方面作用突出。

其他经济社会组织指的是，除了上述三类组织，比如新乡贤组织、红白理事会、环保协会、老年协会等。这是乡村组织体系中的重要补充力量。由于农业的弱质性，在新型组织当中，尤其要重视培育服务性、公益性、互助性农村社会组织，积极发展农村社会工作和志愿服务。这类组织在满足农民个性化、多样化需求方面有着独特优势。

全面推进乡村组织振兴，就是要加强农村基层基础工作，加强农村基层党组织建设，深化村民自治实践，发展农民合作经济组织，大力培育乡村新型经济社会组织，健全乡镇为农服务体系，建立健全党委领导、政府负责、社会协同、公众参与、法治保障的现代乡村社会治理体制，健全自治、法治、德治相结合的乡村治理体系，建设平安乡村，确保乡村社会充满活力、和谐有序。

党的十八大以来，以村党组织为核心的村级组织配套建设受到高度重视和大力推进。全国 128 万个农村基层党组织、3500 万名农村党员，广泛分布在乡村大地，成为乡村各项事业发展的主心骨。许多省份已经基本完成了农村集体产权制度改革，农村普遍成立了集体经济组织。合作社服务能力持续增强，合作内容不断丰富，发展质量进一步提高。据农业农村部统计，截至 2021 年 4 月，依法注册登记的农民合作社 225 万家、带动 1 亿小农户，农业社会化服务组织 90 万家、服务 7000 万农户，合作社已成为引领农民参与国内外市场竞争的现代农业经营组织。

同时也要看到，乡村组织建设和乡村治理还存在一些短板。主要是：第一，从村级组织体系看，一些地方村级党组织凝聚力不够，组织力战斗力不强；由于欠缺共同的利益和情感基础，以及欠缺有效的参与渠道和机制等原因，农民对村民自治组织参与度不足，村民自治组织存在行政化的倾向；有些地方集体经济组织有名无实，找不准发展新型集体经济的门路；有些合作社合作性不够。参与乡村事务的社会组织和志愿者队伍较少，参与乡村治理的制度化渠道不健全，等等。第二，从乡村党员干部的素质和作风看，村级组织带头人的素质有待提高，党员干部的模范带头作用发挥不够；有的工作不够专心，在位不在岗；有的服务群众意识和能力不强，办事不公。特别是"村霸"问题成为乡村组织建设的一个突出问题。一些"村霸干部"败坏了党群关系，严重扰乱了农村社会秩序，侵蚀着党的基层治理根基。[①] 第三，从农民的组织化程度和参与公共事务看，农民的集体意识和公共精神比较薄弱，不参与公共事务，自扫门前雪、不管他人瓦上霜，有的甚至连自己的事情都等着党和政府来办、等着驻村干部"代劳"。一些地方出现干部作用发挥有余、群众作用发挥不足现象，"干部干，群

---

① 刘邓、梁建强等：《"村霸干部"毒瘤如何挖掉?》，《瞭望新闻周刊》2019 年第 32 期。

众看""干部着急，群众不急"。乡镇党委、政府和村"两委"在发动群众方面缺乏机制，办法不多。这些问题都亟待通过推动乡村组织高质量发展给予解决。

组织兴，则乡村兴；组织强，则乡村强。组织振兴是乡村全面振兴的重要依靠和保障。深入考察和对比分析一些发展起来的乡村，以及还没有发展起来的乡村，尤其是比较相同区位和历史起点的发达村与欠发达村，就可以发现，导致发展分野的关键原因，并非缺少资金、技术、劳动力，更不是缺少农业自然资源，而是缺少最为关键的组织。实践证明，在缺乏组织的乡村，在失去了"统一经营"的乡村，资金、技术、劳动力、人才等要素，都不可能全面展现其积极力量和前景。没有组织，尤其是没有产业组织，所有要素都没有实际意义，发展基本就是空话。全面推进乡村振兴，涉及城市与乡村融合发展，涉及产业、人才、生态、文化和组织协调发展，涉及政府、市场、乡村集体和社会、农户家庭等多元主体，是一项多关系、多任务、多主体的系统工程，也是一项长期性的工程。组织是完成可持续任务的可靠保障，是凝聚力量的可靠载体，也是个人力量的增强器。产业发展要靠振兴组织取得规模优势、抵御市场风险，人才引进和使用要靠组织去团结凝聚、发挥最大作用，生态保护要靠组织去维护、减少外部性，文化兴盛要靠组织调动力量、建设精神家园。由此可见乡村振兴过程中组织振兴的重要性，推进乡村振兴必须全面推进乡村组织振兴。

二、健全乡村组织要遵循的一般原则

乡村组织振兴涉及的因素复杂，涉及各种类型、性质、功能的组织，需要调动各方面的组织资源，调动各种治理主体的积极性，形成共治共建共享的治理格局，在实践中，需要把握好以下原则要求。

1.坚持党的农村基层组织对村级组织的领导

坚持党对农村工作的全面领导，确保党在农村工作中总揽全局、协调各方，保证农村改革发展沿着正确的方向前进。无论农村社会结构如何变化，无论各类经济社会组织如何发育成长，农村基层党组织的领导地位不能动摇、战斗堡垒作用不能削弱。坚持农村基层党组织的领导地位不动摇，是坚持党在农村领导地位的内在要求，更是推进乡村振兴的根本保证，必须在思想上不动摇、在政治上不含糊、在行动上不弱化，要不断提高党全面领导农村工作的能力和水平。要发挥党组织的政治核心作用，加强乡村新型经济社会组织党的建设，注重加强对新型经济社会组织的政治引领和示范带动，支持群团组织充分发挥作用，增强联系服务群众的合力，确保新型经济社会组织发展的正确政治方向。

2.坚持组织和服务农民

坚持以人民为中心，尊重农民主体地位和首创精神，切实保障农民物质利益和民主权利，把农民拥护不拥护、支持不支持作为制定党的农村政策、促进乡村组织发展的依据。始终把服务"三农"作为各种组织发展的立身之本、生存之基，把为农服务成效作为衡量工作的首要标准，做到为农、务农、姓农。要针对千家万户的分散经营和农民群众日趋离散的生活状态，充分尊重农民意愿，推动农民群众多种形式的联合与合作，实行民主管理、互助互利。在集体经济组织的建设中，不能把集体经济改弱了、改小了、改垮了，不能把农民的财产权利改虚了、改少了、改没了，要防止内部少数人控制和外部资本侵占。广泛调动社区居民和多方主体参与社会组织发展，做到需求由群众提出、活动有群众参与、成效让群众评判，引导各类组织更好提供服务、反映诉求、规范行为。

3.坚持多元共治

提高农村生产和农村社会的组织化程度、实现乡村有效治理的基本问题就是整合社会资源，让各类组织、各类利益相关方都可以围绕一个共同的目标去合作，为目标的实现去贡献力量。当下农村经济社会事务具有多样性、复杂性、交叉性的特点，村级党组织、村民自治组织、农民专业合作社、服务性公益性互助性组织在处理社会事务中各有所长、各有所短。与传统社会管控思路不同，社会治理强调共同治理，强调多元化主体共同承担责任。在推进乡村组织振兴过程中，要重视各类组织之间形成合力，鼓励主体自主表达、协商对话，达成共识，形成共治共建共享机制。

4.坚持分类指导

鼓励大胆探索、试点先行，根据区域特点和经济社会发展实际，制定各类组织发展的专项方案，推动工作重心下沉，细化实化工作措施，保证资源到位。对于健全村务监督委员会、健全"四个民主"机制等需要普遍执行和贯彻落实的政策措施，要加大工作力度，逐级压实责任，明确时间进度，尽快取得实效。对于建立股份合作社、发展新型集体经济等需要继续探索的事项，要组织开展改革试点，勇于探索创新，及时总结一批可复制可推广的经验做法，加快在面上推广。对于成立互助性组织、吸引新型经济社会组织参与公共事务治理等鼓励提倡的做法，要有针对性地借鉴吸收，形成适合本地的乡村组织发展和乡村治理机制。

5.坚持协同推进

坚持问题导向，针对乡村组织发展短板，以培育发展、能力提升、作用发挥为重点，打造有效工作载体，落实鼓励扶持政策，推动建立长效工作机制。建立工作协同运行机制，党委农村工作部门要发挥牵头抓总作用，组织、宣传、政法、民政、司法行政、公安等相关部门要按照各自职责，强化政策、资源和力量配备，加强工作指导，形成工作合力。坚持放管并重，处理好"放"和"管"的关系，既要简政放权，优化服务，积极培育扶持，又要加强事中事后监管，促进农民合作社、乡贤组织、文体组织、慈善组织等新型经济社会组织健康有序发展。

三、抓实建强村级党组织

建强乡村基层党组织，充分发挥党组织的战斗堡垒作用，是乡村组织振兴的首要任务。推进乡村基层党组织振兴，要针对目前党的基层组织存在的问题，从健全组织体系、建强村级组织带头人和党员队伍、完善制度和落实保障等全力推进，着力提升乡村党组织的组织力。2019 年 1 月颁布的《中国共产党农村基层组织工作条例》[①]、2019 年 8 月实施的《中国共产党农村工作条例》[②]，对此提出明确要求。

1.持续整顿软弱涣散村党组织

针对有的农村基层党组织领导作用被弱化、虚化等现象，中央一直强调要整顿软弱涣散党组织。2018 年 1 月，全国开展扫黑除恶专项斗争攻坚战，在专项斗争中，各地区各部门坚持边打边治边建，加强基层组织建设，提升对涉黑涉恶问题的"免疫力"，铲除黑恶势力滋生土壤。全国共打掉农村涉恶犯罪集团 4095 个，"村霸"问题得到全面整治；全国共排查

---

① 《中国共产党农村基层组织工作条例》，中国政府网 2019 年 1 月 10 日。

② 《中国共产党农村工作条例》，《人民日报》2019 年 9 月 2 日。

整顿软弱涣散村党组织 12 万个。要持续整顿软弱涣散村党组织，发挥党组织在农村各种组织中的领导作用。建立健全农村地区扫黑除恶常态化机制，继续排查治理矛盾和问题突出多发的村，针对不同情况，找准问题的症结，分类施治，对软弱涣散村支部进行整顿，把影响农村和谐稳定的历史遗留问题和矛盾纠纷化解掉，提升基层党组织建设和党员能力。同时，还要及时整顿黑恶势力问题多发、群众反映强烈的基层党组织。

2. 继续扩大党组织在乡村的组织覆盖和工作覆盖

扩大党组织在乡村的组织覆盖和工作覆盖，既要延续围绕以行政村为基本单元的治理架构来设置党组织，也要适应农村改革发展新变化及时跟进建立党组织，实现对农村各领域的组织覆盖和工作覆盖。积极适应农业农村现代化要求，加大在农民合作社、农村企业、农村社会化服务组织、产业园区农民工聚居地中建设一批产业型、治理型、共建型党组织。适应新型农村社区建设要求，及时调整优化合并村组、村改社区、跨村经济联合体党组织设置和隶属关系，做到哪里有群众，哪里就有党的组织、哪里就有党的工作，切实增强党组织的引领力。

案 例

广东南海区：织密党建网格引领乡村善治 [①]

广东佛山市南海区位于粤港澳大湾区腹地，党的十九大以来，南海区委坚持和加强党的全面领导，推进基层党建三年行动计划，在建强村党组织的基础上，向下延伸构建党建网格，健全

---

① 中央农办、农业农村部 2019 年推介的首批全国乡村治理典型案例，农业农村部网站 2019 年 6 月 4 日。

基层组织体系，探索党建引领乡村治理的新路子。

构建村到组、组到户、户到人三层党建网格，织密简便务实管用的组织体系。行政村作为第一层网格，依据在册党员人数升格为党委或党总支，领导统筹网格内党的建设和基层治理；村民小组（自然村）作为第二层网格，设置党支部，重在加强党员教育管理、监督同级集体经济组织运作；村民小组（自然村）下再设置第三层网格，以党员村民居住分布、生产生活传统为依据划分并设置党小组，重在直接联系服务群众。

突出重要事权清单管理，让党组织成为乡村治理的主心骨。第一层网格实施重要事权清单管理。明确各类组织人选、集体资产管理、重大项目、村规民约等10类重要事权，由党组织主持制定方案、审议通过、监督实施，确保乡村治理在党组织领导下全面推进，党组织的领导核心地位在乡村治理中全面强化。第二层网格推行党支部强基增能。针对农民股份分红94%来自经济社（村民小组一级的集体经济组织）的实际，落实村民小组（自然村）党支部书记参加经济社社委会、党员参加股东会议制度，对纳入重要事权清单管理的事项进行先知先议和全程监督。第三层网格落实政策传导和信息传递任务。党小组就上级计划实施的重要事项征求群众意见，就上级决定实施的重要事项争取群众支持，在"从群众中来、到群众中去"过程中落实党组织意图。

亮身份亮职责亮承诺，让党员成为乡村治理的先锋队。一是党员"户联系"亮身份。组织全区党员以党小组网格为单元、以"户"为单位联系群众，做到惠民政策必讲、实际困难必听，中心工作必讲、意见建议必听，"两委"得失必讲、评议评价必听。二是党员设岗亮职责。推行农村无职党员设岗定责，按需设置带头致富、环境卫生维护、文明新风树立、村务财务监督等20多种岗位，使无职党员"有岗有责有为"。三是攻坚克难亮承诺。

推动党员在解决乡村治理突出问题中主动担当，承诺践诺。

创新社会组织动员机制，让群众成为乡村治理的主力军。强化思想引领，以习近平总书记关于基层治理的重要论述及有关政策法规为重要内容，编印"新时代南海家书"，每月第一个周日免费投放。拓宽参与渠道，开展"十年百万图"拍摄对比行动，发动群众年初拍摄环境黑点图片，网格层层上报，年末在同一地点、同一角度再次拍摄形成对比图，检验一年来整改成效。

3. 选好育强管好农村党组织带头人

在"选优"方面，要把思想政治素质好、道德品行好、带富能力强、协调能力强，公道正派、廉洁自律，热心为群众服务的党员选拔进入村党组织领导班子。注重考察村党组织书记候选人的政策水平、依法办事和做群众工作能力，以及甘于奉献、敢闯敢拼等方面的精神品德。注重从本村致富能手、外出务工经商返乡人员、本乡本土大学毕业生、退役军人中的党员培养选拔村党组织书记。2019年中组部专门下达从青年农民中发展党员的计划23.6万名。要继续加强村级后备力量储备，优化农村党员队伍结构，加大从青年农民、农村外出务工人员中发展党员力度。

在育强方面，由县级党委组织部门备案管理村党组织书记。中组部举办29期村党组织书记示范培训班。各级党组织要注重加强农村基层干部教育培训，不断提高素质。县级党委每年至少对村党组织书记培训1次。县、乡两级党委要加强农村党员教育培训，建好用好乡镇党校、党员活动室，注重运用现代信息技术开展党员教育。乡镇党委每年至少对全体党员分期分批集中培训1次。健全从优秀村党组织书记中选拔乡镇领导干部、考录乡镇公务员、招聘乡镇事业编制人员的常态化机制。

在严管方面，要全面落实村"两委"换届候选人县级联审机制，坚决防止和查处以贿选等不正当手段影响、控制村"两委"换届选举的行为，严厉打击干扰破坏村"两委"换届选举的黑恶势力、宗族势力。坚决把受过刑事处罚、存在"村霸"和涉黑涉恶、涉邪教等问题的人清理出村干部队伍。对把持基层政权、操纵破坏基层换届选举和垄断农村资源的黑恶势力、利用强大的宗族势力横行乡里的村干部依法依规严肃处理。

"知政失者在草野，知屋漏者在宇下。"党的政策能否高效落实农村，农民最有发言权，农民群众感受最切实。乡村干部同农民群众的联系最直接，其不良作风更直接损害群众利益、伤害群众感情，长期蓄积起来，就必然侵蚀党执政的群众基础。必须着力解决发生在群众身边的腐败问题，认真解决损害群众利益的各类问题，切实维护人民群众合法权益。要加强对农村基层干部队伍的监督管理，严肃查处侵犯农民利益的"微腐败"，给老百姓一个公道清明的乡村。要把农民群众关心的突出问题作为纪检监察工作的重点，继续紧盯惠农项目资金、集体资产管理、土地征收等领域的突出问题，持之以恒正风肃纪。建立健全小微权力监督制度，形成群众监督、村务监督委员会监督、上级部门监督和会计核算监督、审计监督等全程实时、多方联网的监督体系。

4. 加强村级党组织规范化标准化建设

严格党的组织生活。坚持"三会一课"制度，村党组织要以党支部为单位，每月相对固定 1 天开展主题党日，组织党员学习党的文件、上党课，开展民主议事、志愿服务等，突出党性锻炼，防止表面化、形式化。党支部要经常开展谈心谈话。

坚持和完善民主评议党员制度。对优秀党员，进行表彰表扬；对不合格党员，加强教育帮助，依照有关规定，分别给予限期改正、劝其退党、党内除名等组织处置。教育和监督党员履行义务，尊重和保障党员的各项权利。组织开展党员联系农户、党员户挂牌、承诺践诺、设岗定责等活动，给党员分配适当的社会工作和群众工作，为党员发挥作用创造条件。

加强和改进流动党员教育管理。流入地党组织应当及时将外来党员编入党的支部和小组，组织他们参加组织生活和党的活动。流出地党组织应当加强对外出党员的经常联系，可以在外出党员相对集中的地方建立流动党员党组织。流动党员每半年至少向流出地党组织汇报1次在外情况。

严格执行党的纪律。经常对党员进行遵纪守法教育。党员违犯党的纪律，要及时教育或者处理，问题严重的应当向上级党组织报告。对于受到党的纪律处分的，应当加强教育，帮助其改正错误。

5.完善村党组织领导村级组织的机制

确保村党组织领导村级组织，制度机制必须先行。科学完善好制度、执行好制度，把党组织有效镶嵌入村级各类组织，把党的组织体系和工作触角延伸到农村经济社会发展各个领域、各个环节、各个角落，牢牢把握乡村振兴的政治方向。

在有条件的地方积极推行村党组织书记通过法定程序担任村民委员会主任，因地制宜、不搞"一刀切"。提倡村"两委"班子成员交叉任职。村务监督委员会主任一般由党员担任，可以由非村民委员会成员的村党组织班子成员兼任。村民委员会成员、村民代表中党员应当占一定比例。

健全村级重要事项、重大问题由村党组织研究讨论机制。全面落实"四议两公开"，即村党组织提议、村"两委"会议商议、党员大会审议、村民会议或者村民代表会议决议，决议公开、实施结果公开。推行村民委员会以及其他农村社会组织定期向党组织汇报工作制度机制，推动农村各项工作都由党组织在广泛征求意见的基础上讨论决定、领导实施，不断增强农村党组织的政治领导功能。

严格落实农村基层党组织保障机制。中组部和财政部联合印发《关于加强村级组织运转经费保障工作的通知》，要求村干部基本报酬和村级组织办公经费两项合计每个村每年不低于 9 万元，各地可以按照就高不就低的原则予以保障，并建立正常增长机制。要强化基层党建工作基础，切实加强基层党建工作的人力、物力、财力支撑，确保基层党组织工作有力量、办事有经费、活动有阵地。健全以财政投入为主的稳定的村级组织运转经费保障制度，建立正常增长机制。

四、强化村民自治组织功能

振兴村民自治组织，要针对目前存在的自治实现形式不足、自治组织行政化等，有的放矢，加强制度机制创新，强化村务监督委员会建设，规范乡村关系，让自治组织职能归位，扩大农村基层民主、保证农民直接行使民主权利。1998 年颁布、2018 年修订的《村民委员会组织法》①，以及《中国共产党农村工作条例》等对相关工作作了集中部署。

1. 健全村民自治制度

健全村民会议和村民代表会议制度。村级所有重大事项均通过村民会议或者村民代表会议集体决定，定期召开村民会议和村民代表会议。健全村民会议审议村民委员会的年度工作报告、评议村民委员会成员的工作、撤销或者变更村民委员会不适当的决定的机制，确保村民会议或者村民代表会议对村级自治方面的重大事项，从决策启动、民主表决、组织实施、监督评议各个环节实施民主管理。

全面实施村级事务阳光工程。完善党务、村务、财务"三公开"制

---

① 《村民委员会组织法》，中国政府网 2018 年 12 月 29 日。

度，实现公开经常化、制度化和规范化。梳理村级事务公开清单，及时公开组织建设、公共服务、工程项目等重大事项。一般事项至少每季度公布一次；集体财务往来较多的，财务收支情况应当每月公布一次；涉及村民利益的重大事项应当随时公布。健全村务档案管理制度。推广村级事务"阳光公开"监管平台，支持建立"村民微信群""乡村公众号"等，推进村级事务即时公开，加强群众对村级权力有效监督。规范村级会计委托代理制，加强农村集体经济组织审计监督，开展村干部任期和离任经济责任审计。

2.创新村民自治的有效形式

村民委员会根据村民居住状况、人口多少，按照便于群众自治，有利于经济发展和社会管理的原则设立。村民委员会的设立、撤销、范围调整，由乡、民族乡、镇的人民政府提出，经村民会议讨论同意，报县级人民政府批准。村民委员会可以根据村民居住状况、集体土地所有权关系等分设若干村民小组。近些年，在四川、广西、广东、湖北等地先后探索在村小组、自然村、院落等层级开展村民自治新探索。2017年中央一号文件提出，开展以村民小组、自然村为基本单元的村民自治试点工作。我国农村地区自然地理和经济社会条件千差万别，村民自治的实现形式可以且有必要在多个层次上开展，需要继续探索建构多层次多类型的村民自治实现形式体系。

3.规范乡村关系

村委会组织法规定，乡、民族乡、镇的人民政府对村民委员会的工作给予指导、支持和帮助，但是不得干预依法属于村民自治范围内的事项。乡村振兴促进法提出，乡镇人民政府应当指导和支持农村基层群众性自治组织规范化、制度化建设，健全村民委员会民主决策机制和村务公开制度，增强村民自我管理、自我教育、自我服务、自我监督能力。各种政府机构原则上不在村级建立分支机构，不得以行政命令方式要求村级承担有关行政性事务。按照有利于村级组织建设、有利于服务群众的原则，将适合村级组织代办或承接的工作事项交由村级组织，并保障必要工作条件。

切实减轻村级组织负担。清理整顿村级组织承担的行政事务多问题，切实减轻村级组织负担。从源头上清理规范上级对村级组织的考核评比项目，鼓励各地实行目录清单、审核备案等管理方式。规范村级各种工作台账和各类盖章证明事项。推广村级基础台账电子化，建立统一的"智慧村庄"综合管理服务平台。

4. 构建多层次的基层协商格局

在中国特色社会主义制度下，有事好商量，众人的事情由众人商量，找到全社会意愿和要求的最大公约数，是人民民主的真谛。

丰富基层民主协商的实现形式。健全村级议事协商制度，形成民事民议、民事民办、民事民管的多层次基层协商格局，让农民自己"说事、议事、主事"。创新协商议事形式和活动载体，依托村民会议、村民代表会议、村民议事会、村民理事会、村民监事会等，鼓励农村开展村民说事、民情恳谈、百姓议事、妇女议事等各类协商活动。

吸纳非户籍居民参与农村社区公共事务和公益事业的协商。建立户籍居民和非户籍居民共同参与的农村社区协调议事机制，依法保障符合条件的非本村户籍居民参加村民委员会选举和享有农村社区基本公共服务的权利。在保障农村集体经济组织成员合法权益的前提下，探索通过分担筹资筹劳、投资集体经济等方式，引导非户籍居民更广泛地参与民主决策。

5. 健全村务监督委员会

2017 年 12 月，中共中央办公厅、国务院办公厅印发《关于建立健全村务监督委员会的指导意见》①。根据《指导意见》，村务监督委员会一般由 3—5 人组成，设主任 1 名，提倡由非村民委员会成员的村党组织班子成员或党员担任主任，原则上不由村党组织书记兼任主任。村民委员会成员及其近亲属、村会计（村报账员）、村文书、村集体经济组织负责人不得担任村务监督委员会成员，任何组织和个人不得指定、委派村务监督委员会成员。

村务监督委员会的职责是，重点对村务决策和公开、村级财产管理、村工程项目建设情况、惠农政策措施落实、农村精神文明建设等情况进行监督，受理和收集村民有关意见建议。村务监督委员会及其成员有以下权利：（1）知情权。列席村民委员会、村民小组、村民代表会议和村"两委"联席会议等，了解掌握情况。（2）质询权。对村民反映强烈的村务、财务问题进行质询，并请有关方面向村民作出说明。（3）审核权。对民主理财和村务公开等制度落实情况进行审核。（4）建议权。向村"两委"提出村务管理建议，必要时可向乡镇党委和政府提出建议。村务监督委员会及其成员要依纪依法、实事求是、客观公正地进行监督，不直接参与具体村务决策和管理，不干预村"两委"日常工作。（5）主持民主评议权。村民会议或村民代表会议对村民委员会成员以及由村民或村集体承担误工补贴的聘用人员履行职责情况进行民主评议，由村务监督委员会主持。

在组织已建立的情况下，下一步主要解决村监会不敢监督、不会监督的问题。关键是把村监委纳入县乡纪检监察体系，建立县乡村三级监督体系，让村监委有"娘家人"撑腰，增加监督的底气。

---

① 中共中央办公厅、国务院办公厅：《关于建立健全村务监督委员会的指导意见》，《人民日报》2017 年 12 月 5 日。

五、建立健全新型农村集体经济组织

农村集体经济组织是集体资产管理的主体，要发挥好农村集体经济组织在管理集体资产、开发集体资源、发展集体经济、服务集体成员等方面的功能作用。不同于传统人民公社"一大二公"体制下产权不清，新型农村集体经济，是指在农村地域范围内，以农民为主体，相关利益方通过联合与合作，形成的具有明晰的产权关系、清晰的成员边界、合理的治理机制和利益分享机制，实行平等协商、民主管理、利益共享的经济形态。目前全国农村集体家底已基本摸清，全国共有集体土地总面积 65.5亿亩，账面资产 6.5 万亿元，其中经营性资产 3.1 万亿元，是集体经济收入的主要来源；非经营性资产 3.4 万亿元。从地域分布看，农村集体资产大体呈"6∶2∶2"分布格局，东部地区资产为 4.2 万亿元，占总资产的 64.7%，中部和西部地区资产大体相当。此外，超过 3/4 的资产集中在14% 的村 [①]。

目前农村集体经济组织法正在研究制定中，农村集体经济组织相关制度机制主要由中共中央、国务院《关于稳步推进农村集体产权制度改革的意见》等文件作了规定 [②]。推进农村新型集体经济组织建设，要从以下方面着力：

1. 推进经营性资产股份合作制改革

全国共有 43.8 万个村完成集体产权制度改革，建立起符合市场经济要求的集体经济运行新机制。要继续将农村集体经营性资产以股份或者份

[①]　郁静娴：《全国农村集体家底，摸清了》，《人民日报》2020 年 7 月 13 日。

[②]　中共中央、国务院：《关于稳步推进农村集体产权制度改革的意见》，《人民日报》2016 年 12 月 30 日。

额形式量化到本集体成员，作为其参加集体收益分配的基本依据。改革主要在有经营性资产的村镇，特别是城中村、城郊村和经济发达村开展。农村集体经营性资产的股份合作制改革，不同于工商企业的股份制改造，要体现成员集体所有和特有的社区性，只能在农村集体经济组织内部进行。改革后农村集体经济组织要完善治理机制，制定组织章程，涉及成员利益的重大事项实行民主决策，防止少数人操控。

2. 强化农村集体资产产权保护

加强农村集体资产财务管理。农业农村部已建立全国农村集体资产监督管理平台，该平台建设已列入《数字农业农村发展规划》。抓紧做好系统开发建设等工作，推动农村集体资产财务管理制度化、规范化、信息化。加强农村集体经济组织审计监督，做好日常财务收支等定期审计，继续开展村干部任期和离任经济责任等专项审计，建立问题移交、定期通报和责任追究查处制度，防止侵占集体资产。

维护农村集体经济组织合法权利。严格保护集体资产所有权，防止被虚置。农村承包土地经营权流转不得改变土地集体所有性质，不得违反耕地保护制度。在农村土地征收、集体经营性建设用地入市和宅基地制度改革试点中，探索正确处理国家、集体、农民三者利益分配关系的有效办法。对于经营性资产，要体现集体的维护、管理、运营权利；对于非经营性资产，不宜折股量化到户，要根据其不同投资来源和有关规定统一运行管护。

保障农民集体资产股份权利。组织实施好赋予农民对集体资产股份占有、收益、有偿退出及抵押、担保、继承权改革试点。建立集体资产股权登记制度，记载农村集体经济组织成员持有的集体资产股份信息，出具股权证书。健全集体收益分配制度，明确公积金、公益金提取比例，把农民集体资产股份收益分配权落到实处。探索农民对集体资产股份有偿退出的条件和程序，现阶段农民持有的集体资产股份有偿退出不得突破本集体经济组织的范围，可以在本集体内部转让或者由本集体赎回。研究制定集体资产股份抵押、担保贷款办法，指导农村集体经济组织制定农民持有集体资产股份继承的办法。及时总结试点经验，适时在面上推开。

3. 多种形式发展集体经济

近年来中央一直强调要发展新型集体经济。中组部、财政部、农业农村部计划到 2022 年扶持 10 万个左右的村发展壮大集体经济试点，目前已安排扶持资金 289 亿元。要从实际出发探索发展集体经济有效途径。农村集体经济组织可以利用未承包到户的集体"四荒地"（荒山、荒沟、荒丘、荒滩）、果园、养殖水面等资源，集中开发或者通过公开招投标等方式发展现代农业项目；可以利用生态环境和人文历史等资源发展休闲农业和乡村旅游；可以在符合规划前提下，探索利用闲置的各类房产设施、集体建设用地等，以自主开发、合资合作等方式发展相应产业。支持农村集体经济组织为农户和各类农业经营主体提供产前产中产后农业生产性服务。鼓励整合利用集体积累资金、政府帮扶资金等，通过入股或者参股农业产业化龙头企业、村与村合作、村企联手共建、扶贫开发等多种形式发展集体经济。

六、推进农民合作社质量提升

在我国农业现代化进程中，家庭经营是基础，具有广阔发展前景。同时要看到，农民一家一户小规模经营，势单力薄，进入市场的组织化程度低，一些农业生产经营服务单家独户"办不了"或"不划算"。要以农民合作社为重要抓手，促进千家万户小生产联合互助，获取规模效益。2018 年10 月农业农村部启动了农民合作社质量提升整县推进试点工作，先后确定

2批158个试点单位，试点工作进展顺利。2021年中央一号文件提出要推进农民合作社质量提升，农业农村部办公厅出台《关于开展2021年农民合作社质量提升整县推进试点工作的通知》[①]，对相关问题作了部署。推进农民合作社发展，要针对目前农民合作社运行不规范、与成员利益连接不够紧密等问题，把农民合作社规范运行作为指导服务的核心任务，把农民合作社带动服务农户能力作为政策支持的主要依据，把农民合作社发展质量作为绩效评价的首要标准，实现由注重数量增长向注重质量提升转变。

1. 增强农民合作社服务带动能力

发展合作社，必须坚持以服务成员为根本，把成员作为合作社主要服务对象，解决成员生产经营面临的困难和问题，让农民在参加合作社的过程中得到更大实惠。要支持农民合作社加强农资供应、技术服务、仓储保鲜和冷链物流、产地初加工、产品销售等关键环节能力建设，延伸农业产业链条，拓展服务领域，提高服务成员能力。支持农民合作社培育品牌，改进产品包装，开展农产品质量认证，提高农业生产标准化水平和农产品质量安全水平，增强带领农民闯市场的能力。支持农民合作社开展农业生产托管，为小农户和家庭农场提供农业生产性服务。

2. 提升农民合作社规范管理水平

坚持合作制原则，充分尊重农民意愿，保障农民共同参与决策、管理、监督的民主权利，真正实现民办民管民受益。完善章程制度，健全组织机构，加强财务管理，合理分配收益。深入开展各级示范社创建，培育

---

① 农业农村部办公厅：《关于开展2021年农民合作社质量提升整县推进试点工作的通知》，农业农村部网站2021年3月5日。

一大批制度健全、管理规范、带动力强的农民合作社。扎实推进农民合作社质量提升整县推进试点，探索整县域农民合作社质量提升的路径方法。通过示范带动、典型引路，打造农民合作社规范发展的标杆和样板，整体提升农民合作社发展水平。

3. 发挥政策对农民合作社发展引导作用

农民合作社发展普遍面临人才匮乏、资金短缺、基础设施薄弱、抗风险能力不强等突出困难，需要政府部门积极予以支持。要进一步加大财政扶持力度，支持农民合作社改善基础设施条件，增强生产经营能力。强化普惠金融服务，开发专门信贷产品，缓解农民合作社融资难题。加大保险保障力度，提供适合的保险品种，扩大险种覆盖范围，增强农民合作社应对风险能力。落实税收、用地、用电等政策，降低农民合作社生产经营成本。加强基层农民合作社辅导员队伍建设和农民合作社带头人培训力度，强化农民合作社高质量发展的人才支撑。

七、大力培育乡村社会组织

推进乡村社会组织振兴，要针对乡村社会组织发展短板，强化农村党组织领导和村民委员会指导功能，动员引导村民根据生产生活需求、本地风俗、个人兴趣爱好等成立农村社区社会组织。2016 年 8 月中共中央办公厅、国务院办公厅颁布实施的《关于改革社会组织管理制度促进社会组织健康有序发展的意见》[①]，2020 年民政部发布的《培育发展社区社会组

---

① 中共中央办公厅、国务院办公厅：《关于改革社会组织管理制度促进社会组织健康有序发展的意见》，中国政府网 2016 年 8 月 21 日。

织专项行动方案》①，对社会组织的扶持及监管措施作了规定。

1.鼓励发展乡村社会组织

降低准入门槛。对在城乡社区开展为民服务、养老照护、公益慈善、促进和谐、文体娱乐和农村生产技术服务等活动的社区社会组织，采取降低准入门槛的办法，支持鼓励发展。对符合登记条件的社区社会组织，优化服务，加快审核办理程序，并简化登记程序。

积极扶持发展。鼓励依托乡镇综合服务中心和城乡社区服务站等设施，建立社区社会组织综合服务平台，为社区社会组织提供组织运作、活动场地、活动经费、人才队伍等方面支持。采取政府购买服务、设立项目资金、补贴活动经费等措施，加大对社会组织扶持力度。有条件的地方可探索建立社区社会组织孵化机制，设立孵化培育资金，建设孵化基地。

支持社会组织提供公共服务。结合政府职能转变和行政审批改革，将政府部门不宜行使、适合市场和社会提供的事务性管理工作及公共服务，通过竞争性方式交由社会组织承担。逐步扩大政府向社会组织购买服务的范围和规模，对民生保障、社会治理、行业管理等公共服务项目，同等条件下优先向社会组织购买。

鼓励开展志愿服务。鼓励和支持农村机关和企业事业单位、农业企业等成立志愿服务队伍，开展专业志愿服务活动，鼓励和支持具备专业知识、技能的志愿者提供专业志愿服务。把志愿服务纳入学校教育，研究制定学生志愿服务管理办法，鼓励在校学生人人参加志愿服务。支持和发展各类志愿服务组织进社区服务，引导公益慈善类、城乡社区服务类社会组织到社区开展志愿服务。

---

① 民政部：《培育发展社区社会组织专项行动方案》，中国政府网 2020 年 12 月 7 日。

2. 严格管理和监督

加强对社会组织负责人的管理。建立社会组织负责人任职、约谈、警告、责令撤换、从业禁止等管理制度，落实法定代表人离任审计制度。建立负责人不良行为记录档案，强化社会组织负责人过错责任追究，对严重违法违规的，责令撤换并依法依规追究责任。

加强对社会组织资金的监管。建立健全资金监管机制，共享执法信息，加强风险评估、预警。推动社会组织建立健全内控管理机制，推行社会组织财务信息公开。

加强对社会组织活动的管理。各级政府及有关部门要按照职能分工加强对社会组织内部治理、业务活动、对外交往的管理。组织专项监督抽查，协助有关部门查处社会组织违法违规行为，督促指导内部管理混乱的社会组织进行整改，组织指导社会组织清算工作。

健全社会组织退出机制。对严重违反国家有关法律法规的社会组织，要依法吊销其登记证书；对弄虚作假骗取登记的社会组织，依法撤销登记；对未经许可擅自以社会组织名义开展活动的非法社会组织，依法予以取缔。

3. 支持社会组织结合农村实际开展活动

开展邻里守望互助。引导社区社会组织在城乡基层党组织领导、基层群众性自治组织指导下，以"邻里守望"等为主题，开展有特色、有实效的主题志愿服务活动。通过综合包户、结对帮扶等多种方式，重点为社区内低保对象、特困人员、空巢老人、农村留守人员、困境儿童、残疾人、进城务工人员及随迁子女等困难群体提供亲情陪伴、生活照料、心理疏导、法律援助、社会融入等各类关爱服务，构建守望相助的邻里关系，推动社区志愿服务常态化。

开展乡村社区协商共治。倡导"有事好商量，众人的事由众人商量"，通过小区自管会、乡贤参事会等组织形式，发动城乡社区居民和驻社区单位等多方主体围绕公共服务、矛盾调解、建设发展等社区重要事务，定期组织开展议事协商、乡贤参事等活动。发挥社区社会组织在社区文化建设中的积极作用，通过开展文化演出、非遗展示、民俗展演、文旅宣传、体育竞赛等活动，推动形成具有本地特色的社区文化、村镇文化、节日文化、广场文化。

案　例

浙江余杭区：实施"五轮"驱动助推城乡社会组织创新发展[①]

浙江杭州市余杭区健全区、镇（街）、社区三级社会组织服务平台，充分发挥城乡社区社会组织在产业发展、生态保护、乡风文明、社会治理、扶贫帮困等方面积极作用，取得良好效果。全区已建立镇街社会组织服务中心20个，农村社区社会组织1300余家。荣获"首批全国农村社区建设示范单位"称号。主要做法是：

多措并举培育社会组织。发挥公共财政资金、福利彩票公益金的引导作用，扩大公益创投资金池规模，引导和支持企事业单位牵手公益性社会组织。积极培育、引进城乡社区枢纽型支持型社会组织。指出社区社会组织承接物业、家庭、邻里等矛盾纠纷调解，以及心理疏导和信访化解等微治理项目，对年度十佳项目，一次性奖励5万元/个。梳理规范政府向社会力量购买服务目录。在区、镇两级年度预算中统筹安排资金。新增公共服务支

---

① 《余杭区实施"五轮"驱动助推社会组织创新发展》，浙江省民政厅网站2018年7月13日；《余杭区三个三培育发展社会组织助推乡村振兴》，浙江省民政厅网站2019年11月27日。

出通过政府购买服务安排的，推出向社会组织购买服务项目的资金比例原则上不低于 30%。

建立区镇街社会组织服务平台。对重点培育、引进的公益性社会组织，由镇街无偿提供服务活动场地及基础配套设施。对租赁办公用房的公益性社会组织，给予每天每平方米 0.5 元的房租补贴，实际产生房租低于该标准的，按实际补贴，补贴标准最高不超过 200 平方米。进一步加强区、镇街社会组织管理队伍建设，在人、财、物等方面给予支持，配齐配强必需的工作人员，探索在政府部门配置"社工雇员"，在社会组织设立专业社工，强化社会组织专业社工队伍。

打造一支专业社工队伍。鼓励各级党政机关、群众团体与社会工作相关的工作部门和企事业单位中 40 周岁以下干部职工报名参加全国社会工作者职业水平考试，推进社会工作持证人员增量扩容。每年开展针对社会组织从业人员的专业培训，打造"领头雁"工程；鼓励公益性社会组织招用社会工作专业人才，给予运营经费补助；引导专职社区工作者转为社会组织专职从业人员，转型社工在一定时期内保留福利待遇。

因事制宜推动社会组织服务乡村振兴。推动和培育一批社会组织从社会服务转向经济服务。竹业协会送培训、送科技、送服务下乡，推动农民技术职称认定，推动形成了一批有特色的家庭农场和农业特色品牌。全区 95% 以上村社以备案类社会组织形式建立邻里协商议事中心，推进"两约"建设，完善基层民主协商。良渚街道新港村在义务劳动中创新"田间议事、草帽协商"模式，仁和街道渔工桥村开启"打茶会"，塘栖镇丁河村组织"乡贤汇"等。同时，引入政府购买社会组织服务项目，推动社会工作助力协商治理专业化、精细化。推进服务群众平台延伸机制，使公益蔚然成风。

八、建设服务型乡镇政权组织

乡镇党委、政府是乡村组织的主导。《乡村振兴促进法》提出，加强乡镇人民政府社会管理和服务能力建设，把乡镇建成乡村治理中心、农村服务中心、乡村经济中心。建设服务型乡村基层政权组织，要坚持服务型政府的改革取向，科学设置乡镇机构，构建简约高效的基层管理体制，健全农村基层服务体系，夯实乡村治理基础。中共中央、国务院《关于加强和完善城乡社区治理的意见》[①]，中共中央办公厅、国务院办公厅2017年2月颁布的《关于加强乡镇政府服务能力建设的意见》[②]，作了具体部署。

1. 强化乡镇政府服务功能

加快转变乡镇政府职能。着力强化公共服务职能，推动管理和服务力量下沉，引导基层党组织强化政治功能，聚焦主业主责，推动街道(乡镇)党(工)委把工作重心转移到基层党组织建设和公共服务、公共管理上。乡镇政府主要提供以下基本公共服务：巩固提高义务教育质量和水平，加强劳动就业服务，做好社会保险服务，做好公共卫生、基本医疗、计划生育等服务，组织开展群众文体活动等公共文化体育服务。

扩大乡镇政府服务管理权限。按照权力下放、权责一致的原则，除法律法规规定必须由县级以上政府及其职能部门行使的行政强制和行政处罚措施，以及行政许可事项外，对直接面向人民群众、量大面广、由乡镇服务管理更方便有效的各类事项依法下放乡镇政府，重点扩大乡镇政府在农

---

① 中共中央、国务院：《关于加强和完善城乡社区治理的意见》，《人民日报》2017年6月13日。

② 中共中央办公厅、国务院办公厅：《关于加强乡镇政府服务能力建设的意见》，《人民日报》2017年2月21日。

业发展、农村经营管理、安全生产、规划建设管理、环境保护、公共安全、防灾减灾等方面的服务管理权限。

科学设置机构。构建简约高效的基层管理体制,科学设置乡镇机构,面向服务人民群众合理设置基层政权机构、调配人力资源,不简单照搬上级机关设置模式。根据工作需要,整合基层审批、服务、执法等方面力量,统筹机构编制资源,整合相关职能设立综合性机构,实行扁平化和网格化管理。

2.优化乡镇基本公共服务资源配置

改进乡镇基本公共服务投入机制。县级以上地方各级政府要支持乡镇基础设施建设、公共服务项目和社会事业发展,引导信贷资金投向农村和小城镇。对县级以上政府及其部门安排的基础设施建设和其他建设项目,属于县级以上政府事权的,应足额安排资金,不得要求乡镇安排项目配套资金。对承担超出乡镇辖区范围提供服务的重大基础设施、社会事业项目,县级财政要加大投入力度,并提倡和鼓励乡镇间的共建共享。

完善乡镇财政管理体制。合理划分县乡财政事权和支出责任,建立财政事权和支出责任相适应的制度。结合乡镇经济发展水平、税源基础、财政收支等因素,实行差别化的乡镇财政管理体制。县级政府要强化统筹所辖乡镇协调发展责任,帮助弥补乡镇财力缺口。硬化乡镇预算约束,强化预算执行,规范经费支出,严格监督管理,严禁乡镇举债,防范和化解债务风险,保持财政收支平衡。

3.健全农村基层服务体系

构建县乡村一体化公共服务体系。适应农村人口结构和经济社会形态的变化,强化农村公共服务供给县乡村统筹。要加快推动形成县域统筹规划布局、县乡村功能衔接互补的公共服务体系，提升城乡公共服务均等化水平。制定基层政府在村（农村社区）治理方面的权责清单，推进农村基层服务规范化标准化。在村庄普遍建立网上服务站点，逐步形成完善的乡村便民服务体系。要大力推进农村社区综合服务设施建设，依托统一的政府公共服务平台，推动县乡之间、县级职能部门之间信息共享、互联互通和业务协同，引导管理服务向农村基层延伸，为农民提供"一门式办理""一站式服务"，构建线上线下相结合的乡村便民服务体系。

建立公共服务多元供给机制。完善群团组织承接乡镇政府职能的有关办法，将适合群团组织承担的乡镇服务管理职能依法转由群团组织行使。完善社区服务体系，充分发挥社会工作专业人才在乡镇公共服务提供中的作用。推动乡镇政府加强政策辅导、注册和办公场所协助、项目运作、人才培训等工作，支持社会组织发展。

健全公共服务需求表达和反馈机制。落实乡镇领导干部接访下访制度，建立乡镇干部联系服务群众常态化、全覆盖的有效办法，及时就地解决群众合理合法诉求。全面推进乡镇政务公开制度，完善乡镇政务公开和村务公开联动机制，对群众关心和涉及群众切身利益的重要事项应做到随时公开。充分发挥互联网站、微博微信、移动客户端等新媒体作用，及时发布乡镇政府信息，及时了解公共服务需求，动态掌握实施效果。

案 例

山东文登区：建设"三个中心"将乡镇打造成带动乡村的龙头[①]

  山东威海市文登区坚持把乡镇作为推动农村发展的重要抓手，探索推行生产再组织、资源再整合，将乡镇打造成乡村治理

---

 ① 农业农村部农村经济合作指导司编：《全国乡村治理典型案例（二）》，中国农业出版社 2020 年版。

中心、乡村服务中心、乡村经济中心，走出一条以镇带村、镇村互促、村兴民富的新路子。

一是创新管理模式，形成乡村治理中心。在镇级探索实施"村级事务阳光平台"建设工程，搭建集阳光公示、阳光交易、阳光采购、阳光支付于一体的网上平台系统，通过数据上线、智慧管理，巩固乡村治理组织基础。建设区、镇、村联网的网格化治理信息系建设"三个中心"，将乡镇打造成带动乡村的龙头，依托镇综治中心成立网格化治理中心，村庄成立了网格化治理工作站，建设区镇村联网的数字视频系统。公开选聘或择优聘用了 1120 名专兼职网格员，出台了巡查走访、事项准入、联动处置等 22 项工作制度，在网格化治理信息平台上，网格员的位置一清二楚，每个村里的最新情况都能够实时掌握，提高了网格化管理水平。积极推进"党建＋网格化"，依托基层党组织和党员，做实做细网格化管理工作，在化解农村矛盾纠纷、解决堵点痛点难点问题上有效发挥了作用。每个村里所发生的事情经过系统上报到网格中心。较小的事情由包片干部和村书记协同解决，比较重大的事情由镇领导安排各个部门进行协调解决。2020 年以来，文登区共解决答复各类咨询或诉求 9.2 万件，真正实现了将矛盾纠纷化解在基层、解决在萌芽。

二是整合涉农资源，搭建乡村服务中心。乡镇是农村公共服务的主要供给者。在加强乡镇教育、医疗、养老、就业、文化等服务设施建设，推进城乡基本公共服务均等化的同时，立足为乡村产业发展提供全链条、一条龙服务，整合各类涉农服务资源，探索搭建农业社会化服务体系，建设镇级农业社会化综合服务中心，将"有为的政府"与"有效的市场"结合起来，为农民提供涵盖耕、种、管、收、售的全链条服务，促进小农户与现代农业发展的有机衔接。

　　三是集聚发展要素，打造乡村经济中心。立足各镇特色资源和产业基础，按照"一镇一品"的思路，大力搭建发展载体、培育特色产业，引导各类农产品批发市场、加工流通企业向镇域集聚，实现加工在镇、基地在村、增收在户，提高农业产业化程度和农民组织化水平。加强资源整合激发发展活力。在基本完成农村集体产权制度改革的基础上，针对农村资源闲置的问题，发挥农村党组织"统"的功能，探索推行党组织领办土地合作社、劳务合作社等各类专业合作组织，全面激发乡村振兴内生动力。通过领办土地合作社，将农民无力耕种及低效利用的土地流转出来，依托服务平台开展规模种植，引进社会资本发展高效农业；对农民不愿流转的土地，提升土地托管、半托管服务，并通过农业社会化经营主体收入保险进行兜底保障。

九、改进和创新乡村治理

　　党的十九大报告提出，加强农村基层基础工作，健全自治、法治、德治相结合的乡村治理体系。近年来。中央和地方在加强和改进乡村治理方面做了许多工作，形成了顶层设计和基层探索相结合的良好局面，加强和改进乡村治理的制度框架和政策体系基本形成。中共中央办公厅、国务院办公厅2019年6月印发《关于加强和改进乡村治理的指导意见》①。2019年底，中央农办、农业农村部牵头，会同多个部委在全国确定了115个县（市、区）开展乡村治理体系建设试点示范。改进和创新乡村治理，要按照实施乡村振兴战略的总体要求，坚持和加强党对乡村治理的

---

① 中共中央办公厅、国务院办公厅：《关于加强和改进乡村治理的指导意见》，《人民日报》2019年6月24日。

集中统一领导，坚持把夯实基层基础作为固本之策，坚持把治理体系和治理能力现代化作为发展方向，坚持把保障和改善农村民生、促进农村和谐稳定作为根本目的，建立健全现代乡村社会治理体制，以自治增活力、以法治强保障、以德治扬正气，健全乡村治理体系，走中国特色社会主义乡村善治之路，建设充满活力、和谐有序的乡村社会，不断增强广大农民的获得感、幸福感、安全感。

1.完善乡村社会治理体制

推进乡村社会治理现代化，必须完善党委领导、政府负责、社会协同、公众参与、法治保障、科技支撑的现代乡村社会治理体制，横向构建共治同心圆，纵向打造善治指挥链，增强推进社会治理现代化的向心力和制度执行力，建设人人有责、人人尽责、人人享有的乡村社会治理共同体。①

构建权责清晰上下共抓乡村治理的领导体制。我国是单一制国家，中央、省、市、县、乡各个行政层级既集中统一领导，又实行分级治理，具有集中力量办大事、同时又发挥各层级积极性主动性创造性的显著特点。加强和创新社会治理，要明确从中央到省、市、县、乡各级党委和政府的职能定位，充分发挥各层级的重要作用，尤其是要坚持抓乡促村，落实县乡党委抓农村基层党组织建设和乡村治理的主体责任，努力打造权责明晰、高效联动、上下贯通、运转灵活的社会治理指挥体系。

构建乡村党组织领导体制。发挥村党组织总揽全局、协调各方的领导作用，加强对社会治理工作的领导，及时研究解决社会治理重大问题。村党组织全面领导村民委员会及村务监督委员会、村集体经济组织、农民合

---

① 《中共中央关于制定国民经济和社会发展第十四个五年规划和二〇三五年远景目标的建议》，人民出版社 2020 年版。

作组织和其他经济社会组织。

构建乡村基层政府负责体制。县乡政府要全面正确履行职责，将该由政府管理的社会事务管好、管到位。完善乡村教育、医疗、文化、卫生基本公共服务体系。加强乡村社会综合治理、市场监管、农产品和食品质量监管、生产安全监管和防灾减灾。

构建社会协同体制。搭建社会参与平台，加强组织动员，构建社会协同推进的乡村振兴参与机制。加强对乡村服务性公益性互助性社会组织的培育，建立政社分开、权责明确、依法自治的社会组织制度，发挥其在生活服务、公益慈善、纠纷调处类、生态环保、治保维稳类等中的重要作用。发挥妇联、科协、残联等群团组织的优势和力量，发挥各民主党派、工商联、无党派人士等积极作用，凝聚乡村振兴强大合力。建立乡村振兴专家决策咨询制度，组织智库加强理论研究。促进乡村振兴国际交流合作，讲好乡村振兴的中国故事，为世界贡献中国智慧和中国方案。

构建公众参与体制。创新宣传形式，广泛宣传乡村振兴相关政策和生动实践，营造良好社会氛围。实行更加积极、更加开放、更加有效的人才政策，建立健全激励机制，鼓励公众以各种方式关注乡村振兴、投身乡村建设。

构建法制保障机制。以习近平法治思想为指导，把乡村社会治理纳入法治化轨道，全面推进农业农村法治建设，有效发挥法治对农业高质量发展的支撑作用、对农村改革的引领作用、对乡村治理的保障作用、对政府职能转变的促进作用，为全面推进乡村振兴、加快农业农村现代化提供有力法治保障。

构建科技支撑机制。推动"互联网＋社区"向农村延伸，提高村级综合服务信息化水平，大力推动乡村建设和规划管理信息化。加快推进实施农村"雪亮工程"，加快推进"互联网＋公共法律服务"。依托全国一体化在线政务服务平台，加快推广"最多跑一次""不见面审批"等改革模式，不断提高农村社会综合治理精细化、现代化水平。

2.健全党组织领导的自治、法治、德治相结合的乡村治理体系

以自治增活力。自治是乡村社会治理的基础，是广大农民群众直接行使民主权利，依法办理自己的事情，创造自己的幸福生活，实行自我管理、自我教育、自我服务的一项基本社会政治制度。创新村民议事形式，完善议事决策主体和程序，落实群众知情权和决策权。全面建立健全村务监督委员会，健全务实管用的村务监督机制，推行村级事务公开。依托村民会议、村民代表会议、村民议事会等形式，广泛开展村民说事、民情恳谈等基层民主协商活动，做到村里的事村民商量着办，画好基层社会共治同心圆。

以法治强保障。法治是治国理政的基本方式，是乡村社会治理的前提和保障。近年国家开始推广"一村一法律顾问"制度，目前覆盖率达到99.9%，创建北京房山区水峪村、吉林双辽市五一村等 3365 个民主法治示范村。目前已建成各级综治中心 64.9 万个，一区一警、一村一辅警工作机制逐步健全。要增强基层干部法治观念、法治为民意识，把政府各项涉农工作纳入法治化轨道。维护村民委员会、农村集体经济组织、农村合作经济组织的特别法人地位和权利。推进农村社会治安防控体系建设，落实平安建设领导责任制，加强基础性制度、设施、平台建设，建设更高水平的平安乡村。健全农村公共法律服务体系，创新发展"枫桥经验"，健全乡村矛盾纠纷调处化解机制。

以德治扬正气。国无德不兴，人无德不立。乡村社会与城市社会有一个显著不同，就是人们大多"生于斯、死于斯"，熟人社会特征明显。要深入挖掘乡村熟人社会蕴含的道德规范，结合时代要求进行创新，强化道德教化作用，引导农民向上向善、孝老爱亲、重义守信、勤俭持家。建立道德激励约束机制，引导农民自我管理、自我教育、自我服务、自

我提高，实现家庭和睦、邻里和谐、干群融洽。积极发挥新乡贤作用。深入推进移风易俗，开展专项文明行动，遏制大操大办、相互攀比、"天价彩礼"、厚葬薄养等陈规陋习。加强无神论宣传教育，抵制封建迷信活动。

第 7 章 全面推进巩固拓展脱贫攻坚
成果同乡村振兴有效衔接

打赢脱贫攻坚战、全面建成小康社会后，脱贫地区要在进一步巩固拓展脱贫攻坚成果的基础上，接续推进经济社会发展和乡村全面振兴。对脱贫地区来讲，如何巩固拓展脱贫攻坚成果？如何实现巩固拓展脱贫攻坚成果同乡村振兴的有效衔接？如何接续推进乡村振兴？本书除本章以外的各章，即全面推进乡村振兴的总体部署和要求、全面推进乡村产业振兴、全面推进乡村人才振兴、全面推进乡村文化振兴、全面推进生态乡村振兴、全面推进乡村组织振兴、全面推进乡村振兴的政策和领导保障，内容均适用于脱贫地区的乡村振兴工作。本章，我们则主要针对脱贫地区的特点，着重讨论脱贫地区巩固拓展脱贫攻坚成果、实现同乡村振兴有效衔接问题。

一、贫困人口全部脱贫创造了人类社会发展奇迹

贫困问题是一个世界性课题和难题，任何国家、任何民族都面临着这一难题的长期困扰。尽管古今中外都始终把反贫困视为治国安邦的一件大事，但并不是所有国家或政府都能够成功有效地解决贫困问题。只有中国共产党领导下的中国，才全面彻底解决了困扰中华民族几千年的绝对贫困问题，贫困人口彻底摆脱贫困，贫困地区发生翻天覆地变化，绝对贫困问题彻底解决。2021 年 2 月 25 日，习近平总书记在人民大会

堂向全国和全世界庄严宣告[①]：经过全党全国各族人民共同努力，在迎来中国共产党成立一百周年的重要时刻，我国脱贫攻坚战取得了全面胜利，现行标准下9899万农村贫困人口全部脱贫，832个贫困县全部摘帽，12.8万个贫困村全部出列，区域性整体贫困得到解决，完成了消除绝对贫困的艰巨任务，创造了又一个彪炳史册的人间奇迹。这是中国人民的伟大光荣，是中国共产党的伟大光荣，是中华民族的伟大光荣。脱贫攻坚的伟大实践，充分展现了我们党领导亿万人民坚持和发展中国特色社会主义创造的伟大奇迹，充分彰显了中国共产党领导和我国社会主义制度的政治优势。

中国共产党是带领无产阶级和广大贫苦大众翻身求解放的政党，是致力于中华民族伟大复兴的政党，是全心全意为人民服务的政党。我们党从成立之日起，就坚持把为中国人民谋幸福、为中华民族谋复兴作为初心使命，团结带领中国人民为创造自己的美好生活进行了长期艰辛奋斗。新民主主义革命时期，我们党团结带领广大农民"打土豪、分田地"，实行"耕者有其田"，帮助穷苦人翻身得解放，赢得了最广大人民广泛支持和拥护，夺取了中国革命胜利，建立了新中国，为摆脱贫困创造了根本政治条件。新中国成立后，我们党团结带领人民完成社会主义革命，确立社会主义基本制度，推进社会主义建设，组织人民自力更生、发奋图强、重整山河，为摆脱贫困、改善人民生活打下了坚实基础，为从根本上解决贫困问题提供了最基本制度保证，并探索建立以集体经济为基础、以"五保"制度和特困群体救济为主体的农村社会保障体系[②]。改革开放以来，我们党团结

---

① 《习近平在全国脱贫攻坚总结表彰大会上的讲话》，新华网2021年2月25日。

② 早在第二届全国人大二次会议于1960年4月10日通过的《1956年到1967年全国农业发展纲要》就明确提出，农业合作社对于社内缺乏劳动力、生活没有依靠的鳏寡孤独的社员，在生活上给予适当照顾，做到保吃、保穿、保烧（燃料）、保教（儿童和少年）、保葬，使他们的生养死葬都有指靠。《中华人民共和国国务院公报》1960年第13期。

带领人民实施了大规模、有计划、有组织的扶贫开发①，着力解放和发展社会生产力，着力保障和改善民生，取得了前所未有的伟大成就。

党的十八大以来，以习近平同志为核心的党中央高度重视扶贫脱贫问题，把脱贫攻坚纳入"五位一体"总体布局、"四个全面"战略布局，把脱贫攻坚摆在治国理政的突出位置，把贫困人口全部脱贫作为全面建成小康社会、实现第一个百年奋斗目标的底线任务和标志性指标，鲜明提出全面建成小康社会最艰巨最繁重的任务在农村特别是在贫困地区，没有农村的小康特别是没有贫困地区的小康，就没有全面建成小康社会；强调贫穷不是社会主义，如果贫困地区长期贫困，面貌长期得不到改变，群众生活水平长期得不到明显提高，那就没有体现我国社会主义制度的优越性，那也不是社会主义，必须时不我待抓好脱贫攻坚工作。明确到 2020 年现行标准下农村贫困人口实现脱贫、贫困县全部摘帽、解决区域性整体贫困的目标任务。2012 年底，党的十八大召开后不久，习近平总书记就突出强调，"小康不小康，关键看老乡，关键在贫困的老乡能不能脱贫"，承诺"决不能落下一个贫困地区、一个贫困群众"，拉开了中国特色社会主义新时代脱贫攻坚的序幕。2015 年，党中央召开扶贫开发工作会议，提出实现脱贫攻坚目标的总体要求，实行扶持对象、项目安排、资金使用、措施到户、因村派人、脱贫成效"六个精准"，实行发展生产、易地搬迁、生态补偿、发展教育、社会保障兜底"五个一批"，发出打赢脱贫攻坚战的总攻令。2017 年，党的十九大把精准脱贫作为三大攻坚战之一进行全面部署，锚定全面建成小康社会目标，聚力攻克深度贫困堡垒，决战决胜脱

---

① 我国从 1986 年开始在全国范围开展大规模、有计划、有组织的扶贫开发，成立专门扶贫机构，确定扶贫标准、重点片区和贫困县。此前的 1982 年 12 月，我国启动实施"三西"农业建设，共涉及 47 个县（市、区）（1992 年扩大到 57 个）。"三西"农业建设在我国扶贫开发历程中具有开创性、先导性、示范性意义，在改革单纯救济式扶贫为开发式扶贫、集中力量实施片区开发、易地搬迁扶贫、扶贫开发与生态建设相结合等方面进行了成功探索，对 1986 年起在全国范围开展大规模、有计划、有组织的扶贫开发产生了重要影响。

贫攻坚。党的十八大以来的 8 年,我们党领导人民披荆斩棘、栉风沐雨,发扬钉钉子精神,敢于啃硬骨头,组织开展了一场声势浩大的脱贫攻坚人民战争,攻克了一个又一个贫中之贫、坚中之坚,脱贫攻坚取得了重大历史性成就。

——贫困人口收入水平持续提升,全部脱贫。据国务院新闻办发布的《人类减贫的中国实践》白皮书数据[①],贫困地区农村居民人均可支配收入,从 2013 的 6079 元增长到 2020 年的 12588 元,年均增长 11.6%,增长持续快于全国农村,增速比全国农村高 2.3 个百分点。贫困人口工资性收入和经营性收入占比逐年上升,自主增收脱贫能力稳步提高。少数民族和民族地区脱贫攻坚成效显著,2016 年至 2020 年,内蒙古自治区、广西壮族自治区、西藏自治区、宁夏回族自治区、新疆维吾尔自治区和贵州、云南、青海三个多民族省份贫困人口累计减少 1560 万人。28 个人口较少民族全部实现整族脱贫,一些新中国成立后"一步跨千年"进入社会主义社会的"直过民族",又实现了从贫穷落后到全面小康的第二次历史性跨越。

——贫困人口"两不愁三保障"全面实现。不愁吃、不愁穿,义务教育、基本医疗、住房安全有保障,饮水安全也都有了保障。2000 多万贫困患者得到分类救治,近 2000 万贫困群众享受低保和特困救助供养,2400 多万困难和重度残疾人拿到了生活和护理补贴。脱贫攻坚普查显示,贫困户全面实现不愁吃、不愁穿,平时吃得饱且能适当吃好,一年四季都有应季的换洗衣物和御寒被褥。贫困人口受教育的机会显著增多、水平持续提高,农村贫困家庭子女义务教育阶段辍学问题实现动态清零,2020 年贫困县九年义务教育巩固率达到 94.8%。持续完善县乡村三级医疗卫生服务体系,把贫困人口全部纳入基本医疗保险、大病保险、医疗救助三重制度保障范围,实施大病集中救治、慢病签约管理、重病兜底保障等措

---

① 国务院新闻办:《人类减贫的中国实践》白皮书,《人民日报》2021 年 4 月 7 日。

施，99.9% 以上的贫困人口参加基本医疗保险，全面实现贫困人口看病有地方、有医生、有医疗保险制度保障，看病难、看病贵问题有效解决。实施农村危房改造，贫困人口全面实现住房安全有保障，790 万户 2568 万贫困群众的危房得到改造，累计建成集中安置区 3.5 万个、安置住房 266 万套，960 多万人"挪穷窝"。实施农村饮水安全和巩固提升工程，累计解决 2889 万贫困人口的饮水安全问题，饮用水量和水质全部达标，3.82 亿农村人口受益；贫困地区自来水普及率从 2015 年的 70% 提高到 2020 年的 83%。

——贫困地区落后面貌根本改变。脱贫攻坚战不仅使农村贫困人口全部脱贫，而且使贫困地区经济社会发展大踏步赶上来，经济实力不断增强，基础设施建设突飞猛进，社会事业长足进步，整体面貌发生历史性巨变。基础设施显著改善，新改建农村公路 110 万公里，新增铁路里程 3.5 万公里，具备条件的乡镇和建制村全部通硬化路、通客车、通邮路；新增和改善农田有效灌溉面积 8029 万亩，新增供水能力 181 亿立方米；用电条件大幅改善，无电地区电力建设、农村电网改造升级、骨干电网和输电通道建设等电网专项工程把电网延伸到更多偏远地区，供电能力和服务水平明显提升，基本实现稳定可靠的供电服务全覆盖，农网供电可靠率达到 99%，大电网覆盖范围内贫困村通动力电比例达到 100%；信息化建设实现跨越式发展，贫困村通光纤和 4G 比例均超过 98%。基本公共服务水平明显提升，实现贫困人口学有所教、病有所医、老有所养、弱有所扶，累计改造贫困地区义务教育薄弱学校 10.8 万所，实现贫困地区适龄儿童都能在所在村上幼儿园和小学；中西部 22 个省份基层文化中心建设完成比例达到 99.48%，基本实现村级文化设施全覆盖；消除了乡村两级医疗卫生机构和人员"空白点"，98% 的贫困县至少有一所二级以上医院，贫困地区县级医院收治病种中位数达到全国县级医院整体水平的 90%，贫困人口的常见病、慢性病基本能够就近获得及时诊治，越来越多的大病在县域内就可以得到有效救治；综合保障体系逐步健全，贫困县农村低保标准全部超过国家扶贫标准，1936万贫困人口纳入农村低保或特困救助供养政策；6098万贫困人口参加了城乡居民基本养老保险，基本实现应保尽保。经济持续快速发展，地区生产总值持续保持较快增长。

中央财政以及地方各级财政为脱贫攻坚提供了巨大资金支持。充分发挥政府投入的主体和主导作用，优先保障脱贫攻坚资金投入。据统计，2013年以来的8年，中央、省、市县财政专项扶贫资金累计投入近1.6万亿元，其中中央财政累计投入6601亿元。打响脱贫攻坚战以来，土地增减挂指标跨省域调剂和省域内流转资金4400多亿元，扶贫小额信贷累计发放7100多亿元，扶贫再贷款累计发放6688亿元，金融精准扶贫贷款发放9.2万亿元，东部9省市共向扶贫协作地区投入财政援助和社会帮扶资金1005亿多元，东部地区企业赴扶贫协作地区累计投资1万多亿元，为打赢脱贫攻坚战提供了强大资金保障。

脱贫攻坚取得举世瞩目的成就，靠的是中国共产党的坚强领导，靠的是中华民族自力更生、艰苦奋斗的精神品质，靠的是新中国成立以来特别是改革开放以来积累的坚实物质基础，靠的是一任接着一任干的坚守执着，靠的是全党全国各族人民的团结奋斗。坚持党的领导，为脱贫攻坚提供坚强政治和组织保证；坚持以人民为中心的发展思想，坚定不移走共同富裕道路；坚持发挥我国社会主义制度能够集中力量办大事的政治优势，形成脱贫攻坚的共同意志、共同行动；坚持精准扶贫方略，用发展的办法消除贫困根源；坚持调动广大贫困群众积极性、主动性、创造性，激发脱贫内生动力；坚持弘扬和衷共济、团结互助美德，营造全社会扶危济困的浓厚氛围；坚持求真务实、较真碰硬，做到真扶贫、扶真贫、脱真贫。这些重要经验和认识，是我国脱贫攻坚的理论结晶，是马克思主义反贫困理论中国化的最新成果。

我国减贫立足本国国情，深刻把握贫困特点和贫困治理规律，坚持中国共产党的领导，坚持以人民为中心的发展思想，坚持发挥社会主义制度集中力量办大事的政治优势，坚持精准扶贫方略，坚持调动广大贫困群众积极性、主动性、创造性，坚持弘扬和衷共济、团结互助美德，坚持求真务实、较真碰硬，构建了一整套行之有效的政策体系、工作体系、制度体系，走出了一条中国特色减贫道路，形成了中国特色反贫困理论。在减贫实践中探索形成的这些宝贵经验，既属于中国也属于世界，拓展了人类反贫困思路，深化了对人类减贫规律的认识，丰富发展了人类反贫困理论，为人类减贫探索了新的路径。

脱贫攻坚的历史性成就，创造了减贫治理的中国样本，为全球减贫事业和人类发展进步作出了重大贡献。改革开放以来，按照现行贫困标准计算，我国 7.7 亿农村贫困人口摆脱贫困；按照世界银行国际贫困标准，我国减贫人口占同期全球减贫人口 70% 以上。在全球贫困状况依然严峻、一些国家贫富分化加剧的背景下，我国提前 10 年实现联合国 2030 年可持续发展议程减贫目标，占世界人口近五分之一的中国全面消除了绝对贫困。纵览古今、环顾全球，没有哪一个国家能在这么短的时间内实现几亿人脱贫，这个成绩属于中国，也属于世界。这场人类历史上规模最大、力度最强的脱贫攻坚战，不仅是中华民族发展史上具有里程碑意义的大事件，也是人类减贫史乃至人类发展史上的大事件，创造了人类社会发展奇迹。

二、打赢脱贫攻坚战是习近平新时代中国特色社会主义思想的伟大胜利

脱贫攻坚战取得举世瞩目的胜利，最根本的原因是以习近平同志为核心的党中央坚强领导，是习近平总书记亲自部署、亲自指挥、亲自督战。2012 年岁末，党的十八大召开后不久，习近平总书记到河北阜平考察扶贫开发工作并发表重要讲话，向全党全国发出脱贫攻坚动员令，打响了新时代脱贫攻坚的发令枪。2021 年 2 月 25 日，习近平总书记在全国脱贫攻

坚总结表彰大会上向世界庄严宣告，"我国脱贫攻坚战取得了全面胜利"，困扰中华民族几千年的绝对贫困问题历史性地得到解决。

习近平总书记作为党中央的核心、全党的核心，以马克思主义政治家的恢宏气魄和远见卓识，亲自部署和指挥了这场声势浩大的攻坚战，推动脱贫攻坚始终保持正确方向和良好态势。在脱贫攻坚初期，总书记反复强调打赢脱贫攻坚战的重要性紧迫性艰巨性，明确了目标任务，确定了基本方略，要求采取超常规政策举措，强化保障措施；在脱贫攻坚中期，反复强调抓好落实，要求尽锐出战，克服急躁症和拖延病，集中力量攻克深度贫困堡垒，解决"两不愁三保障"突出问题，严格考核评估，加强作风能力建设，克服形式主义和官僚主义，防止数字脱贫虚假脱贫，确保脱贫质量；在脱贫攻坚后期，突出强调要决战决胜、一鼓作气，绷紧弦加把劲，防止松劲懈怠，克服疫情灾情影响，巩固拓展脱贫攻坚成果，确保如期高质量完成目标任务。

习近平总书记从党和国家事业发展的全局出发，把脱贫攻坚放在治国理政的重要议事日程，率先垂范、身体力行，每年新年国内首次考察看扶贫，每年新年贺词讲扶贫，每年全国两会同代表委员共商脱贫，每年扶贫日作出重要指示，每年召开脱贫攻坚座谈会部署推进工作，每年主持会议听取脱贫攻坚成效考核情况汇报，先后7次主持召开中央扶贫工作座谈会，50多次调研扶贫工作，连续5年审定脱贫攻坚成效考核结果，连续7年在全国扶贫日期间出席重要活动或作出重要指示，连续7年在新年贺词中强调脱贫攻坚，多次回信勉励基层干部群众投身减贫事业，足迹走遍全国14个集中连片特困地区，考察了20多个贫困村，深入贫困家庭访贫问苦，倾听贫困群众意见建议，了解扶贫脱贫需求，以钉钉子精神一抓到底，引领全党全社会凝心聚力抓落实，不获全胜决不收兵。

我们可以沿着时间的脚步，重温党的十八大以来习近平总书记谋划、部署、指挥扶贫脱贫工作的重大时间节点历程。

——2012年12月29日至30日，习近平总书记到河北阜平县考察扶贫开发工作①，提出"全面建成小康社会，最艰巨最繁重的任务在农村特别是在贫困地区。没有农村的小康特别是没有贫困地区的小康，就没有全面建成小康社会"的重要论述，拉开了新时代脱贫攻坚的大幕。12月29日下午，总书记冒着零下十几摄氏度的严寒，驱车300多公里直接由北京来到地处太行山深处的阜平县。阜平是革命老区，是当年晋察冀边区政府所在地。阜平县也是全国重点贫困县。总书记强调指出，消除贫困、改善民生、实现共同富裕，是社会主义的本质要求。全面建成小康社会，最艰巨最繁重的任务在农村，特别是在贫困地区。没有农村的小康，特别是没有贫困地区的小康，就没有全面建成小康社会。各级党委和政府要增强做好扶贫开发工作的责任感和使命感，把帮助困难群众脱贫致富摆在更加突出位置，做到有计划、有资金、有目标、有措施、有检查，因地制宜、科学规划、分类指导、因势利导，坚定信心、找对路子，坚持苦干实干，推动贫困地区脱贫致富、加快发展，让乡亲们都能快点脱贫致富奔小康。

　　——2013年4月，习近平总书记在海南考察时②，提出"小康不小康，关键看老乡"。总书记强调指出，小康不小康，关键看老乡。要把中央制定的强农惠农富农政策贯彻落实好，不断开创"三农"工作新局面。

　　——2013年11月，习近平总书记在湖南考察时③，提出"精准扶贫"。总书记表示，这次到湘西来，主要是看望乡亲们，同大家一起商量脱贫致富奔小康之策，看到一些群众生活还很艰苦，感到责任重大。发展是甩掉贫困帽子的总办法，贫困地区要从实际出发，因地制宜，把种什么、养什么、从哪里增收想明白，帮助乡亲们寻找脱贫致富的好路子。在花垣县十八洞村考察时④，总书记首次提出"精准扶贫"，强调扶贫要实事求是，因地制宜。要精准扶贫，切忌喊口号。三件事要做实：一是发展生产要实

① 《习近平到河北阜平县考察扶贫开发工作》，中国共产党新闻网2012年12月30日。
② 《习近平在海南考察》，中国共产党新闻网2013年4月11日。
③ 《习近平在湖南考察》，中国共产党新闻网2013年11月5日。
④ 《图集：习近平到湖南考察》，中国共产党新闻网2013年11月5日。

事求是，二是要有基本公共保障，三是下一代要接受教育。

——2014年3月，习近平总书记在参加十二届全国人大二次会议贵州代表团审议时①，提出"看真贫、扶真贫、真扶贫"。总书记表示，插队的经历，让我对贫困群众有天然的感情，现在生活越来越好了，心里更惦念贫困地区的人民群众。总书记强调，要看真贫、扶真贫、真扶贫，使贫困地区群众不断得到实惠。

——2015年2月，习近平总书记在中国延安干部学院主持召开陕甘宁革命老区脱贫致富座谈会②。总书记强调，实现第一个百年奋斗目标，全面建成小康社会，没有老区的全面小康，没有老区贫困人口脱贫致富，那是不完整的。革命老区是党和人民军队的根，我们永远不能忘记自己是从哪里走来的，永远都要从革命的历史中汲取智慧和力量。老区和老区人民为我们党领导的中国革命作出了重大牺牲和贡献，我们要永远珍惜、永远铭记。各级党委和政府要增强使命感和责任感，把老区发展和老区人民生活改善时刻放在心上，加大投入支持力度，加快老区发展步伐，让老区人民都过上幸福美满的日子，确保老区人民同全国人民一道进入全面小康社会。

——2015年5月，习近平总书记在浙江主持召开华东7省（市）党委主要负责同志"十三五"时期经济社会发展座谈会③，首次提出"精准脱贫""打赢扶贫开发攻坚战"。总书记强调，要坚持经济发展以保障和改善民生为出发点和落脚点，全面解决好人民群众关心的教育、就业、收入、社保、医疗卫生、食品安全等问题，让改革发展成果更多、更公平、更实在地惠及广大人民群众。要采取超常举措，拿出过硬办法，按照精准

---

① 《习近平参加贵州团审议》，中国共产党新闻网2014年3月7日。
② 《习近平春节前夕赴陕西看望慰问广大干部群众》，中国共产党新闻网2015年2月17日。
③ 《习近平：抓住机遇立足优势积极作为　系统谋划"十三五"经济社会发展》，中国共产党新闻网2015年5月28日。

扶贫、精准脱贫要求，用一套政策"组合拳"，确保在既定时间节点打赢扶贫开发攻坚战。

——2015 年 6 月，习近平总书记在贵州主持召开部分省区市党委主要负责同志座谈会①，首次提出扶贫脱贫"六个精准"要求，首次提出确保贫困人口到 2020 年如期脱贫的目标任务。总书记强调，"十三五"时期是我们确定的全面建成小康社会的时间节点，全面建成小康社会最艰巨最繁重的任务在农村，特别是在贫困地区。改革开放以来，经过全国范围有计划有组织的大规模开发式扶贫，我国贫困人口大量减少，贫困地区面貌显著变化，但扶贫开发工作依然面临十分艰巨而繁重的任务，已进入啃硬骨头、攻坚拔寨的冲刺期。形势逼人，形势不等人。各级党委和政府必须增强紧迫感和主动性，在扶贫攻坚上进一步理清思路、强化责任，采取力度更大、针对性更强、作用更直接、效果更可持续的措施，特别要在精准扶贫、精准脱贫上下更大功夫。要把握时间节点，努力补齐短板，科学谋划好"十三五"时期扶贫开发工作，确保贫困人口到 2020 年如期脱贫。要强化扶贫开发工作领导责任制，把中央统筹、省负总责、市（地）县抓落实的管理体制，片为重点、工作到村、扶贫到户的工作机制，党政一把手负总责的扶贫开发工作责任制，真正落到实处。中央要做好政策制定、项目规划、资金筹备、考核评价、总体运筹等工作，省级要做好目标确定、项目下达、资金投放、组织动员、检查指导等工作，市（地）县要做好进度安排、项目落地、资金使用、人力调配、推进实施等工作。党政一把手要当好扶贫开发工作第一责任人，深入贫困乡村调查研究，亲自部署和协调任务落实。总书记对精准扶贫、精准脱贫作出深刻阐述，提出扶贫开发贵在精准，重在精准，成败之举于精准；要求各地都要在扶持对象精准、项目安排精准、资金使用精准、措施到户精准、因村派人（第一

---

① 《习近平：谋划好"十三五"时期扶贫开发工作确保农村贫困人口到 2020 年如期脱贫》，中国共产党新闻网 2015 年 6 月 20 日。

书记）精准、脱贫成效精准上想办法、出实招、见真效；提出"四个一批"的扶贫攻坚行动计划，即通过扶持生产和就业发展一批，通过移民搬迁安置一批，通过低保政策兜底一批，通过医疗救助扶持一批，实现贫困人口精准脱贫。

——2015 年 11 月，习近平总书记在中央扶贫开发工作会议上发表重要讲话[1]，对新时代脱贫攻坚工作作出全面部署。总书记强调，全面建成小康社会，是我们对全国人民的庄严承诺。脱贫攻坚战的冲锋号已经吹响。要立下愚公移山志，咬定目标、苦干实干，坚决打赢脱贫攻坚战，确保到 2020 年所有贫困地区和贫困人口一道迈入全面小康社会。要按照贫困地区和贫困人口的具体情况，实施"五个一批"工程，发展生产脱贫一批，二是易地搬迁脱贫一批，生态补偿脱贫一批，发展教育脱贫一批，社会保障兜底一批。精准扶贫是为了精准脱贫，要设定时间表，实现有序退出，既要防止拖延病，又要防止急躁症，实行严格评估，按照摘帽标准验收，实行逐户销号，做到脱贫到人，脱没脱贫要同群众一起算账，要群众认账，留出缓冲期，在一定时间内实行摘帽不摘政策。各级党委和政府必须坚定信心、勇于担当，把脱贫职责扛在肩上，把脱贫任务抓在手上，脱贫攻坚任务重的地区党委和政府要把脱贫攻坚作为"十三五"期间头等大事和第一民生工程来抓，坚持以脱贫攻坚统揽经济社会发展全局。

——2016 年 7 月，习近平总书记在银川主持召开东西部扶贫协作座谈会[2]，部署东西部扶贫协作和对口支援工作。总书记强调，东西部扶贫协作和对口支援，是推动区域协调发展、协同发展、共同发展的大战略，是加强区域合作、优化产业布局、拓展对内对外开放新空间的大布局，是实现先富帮后富、最终实现共同富裕目标的大举措，必须认清形势、聚焦

①　《习近平：脱贫攻坚战冲锋号已经吹响 全党全国咬定目标苦干实干》，中国共产党新闻网 2015 年 11 月 29 日。
②　《习近平：认清形势聚焦精准深化帮扶确保实效 切实做好新形势下东西部扶贫协作工作》，中国共产党新闻网 2016 年 7 月 22 日。

精准、深化帮扶、确保实效，切实提高工作水平，全面打赢脱贫攻坚战。
东部地区要增强责任意识和大局意识，下更大气力帮助西部地区打赢脱贫
攻坚战，根据财力增长情况逐步增加对口帮扶财政投入，坚持精准扶贫、
精准脱贫，把帮扶资金和项目重点向贫困村、贫困群众倾斜，扶到点上、
扶到根上。要完善省际结对关系，着力推动县与县精准对接，还可以探索
乡镇、行政村之间结对帮扶。要动员东部地区各级党政机关、人民团体、
企事业单位、社会组织、各界人士等积极参与脱贫攻坚工作。

　　——2017 年 6 月，习近平总书记在太原主持召开深度贫困地区脱贫
攻坚座谈会①，集中研究破解深度贫困之策。总书记强调，脱贫攻坚工作
进入目前阶段，要重点研究解决深度贫困问题。各级党委务必深刻认识深
度贫困地区如期完成脱贫攻坚任务的艰巨性、重要性、紧迫性，以解决突
出制约问题为重点，强化支撑体系，加大政策倾斜，聚焦精准发力，攻克
坚中之坚，确保深度贫困地区和贫困群众同全国人民一道进入全面小康社
会。深度贫困地区党委和政府要坚持把脱贫攻坚作为"十三五"期间头等
大事和第一民生工程来抓，做到人员到位、责任到位、工作到位、效果到
位。要发挥政府投入的主体和主导作用，发挥金融资金的引导和协同作
用，新增脱贫攻坚资金主要用于深度贫困地区，新增脱贫攻坚项目主要布
局于深度贫困地区，新增脱贫攻坚举措主要集中于深度贫困地区，各部门
安排的惠民项目要向深度贫困地区倾斜，深度贫困地区新增涉农资金要集
中整合用于脱贫攻坚项目，各级财政要加大对深度贫困地区的转移支付规
模，形成支持深度贫困地区脱贫攻坚的强大投入合力。

　　——2018 年 2 月，习近平总书记在成都主持召开打好精准脱贫攻坚
战座谈会②，集中研究打好今后三年脱贫攻坚战之策，提出"提高脱贫质

---

① 《习近平：强化支撑体系加大政策倾斜 聚焦精准发力攻克坚中之坚》，中国共产党
　　新闻网 2017 年 6 月 25 日。
② 《习近平：提高脱贫质量聚焦深贫地区 扎扎实实把脱贫攻坚战推向前进》，中国共
　　产党新闻网 2018 年 2 月 15 日。

量"。总书记强调，打好脱贫攻坚战是党的十九大提出的三大攻坚战之一，对如期全面建成小康社会、实现我们党第一个百年奋斗目标具有十分重要的意义。要清醒认识把握打赢脱贫攻坚战面临任务的艰巨性，清醒认识把握实践中存在的突出问题和解决这些问题的紧迫性，不放松、不停顿、不懈怠，提高脱贫质量，聚焦深贫地区，扎扎实实把脱贫攻坚战推向前进。全面打好脱贫攻坚战，要按照党中央统一部署，把提高脱贫质量放在首位，聚焦深度贫困地区，扎实推进各项工作。要坚持目标标准，确保到2020 年现行标准下农村贫困人口全部脱贫，消除绝对贫困；确保贫困县全部摘帽，解决区域性整体贫困；稳定实现贫困人口"两不愁三保障"，贫困地区基本公共服务领域主要指标接近全国平均水平，既不能降低标准、影响质量，也不要调高标准、吊高胃口。各级党政干部特别是一把手必须以高度的历史使命感亲力亲为抓脱贫攻坚，贫困县党委和政府对脱贫攻坚负主体责任，一把手是第一责任人，要把主要精力用在脱贫攻坚上。中央有关部门要研究制定脱贫攻坚战行动计划，明确三年攻坚战的时间表和路线图，为打好脱贫攻坚战提供导向。

——2019 年 4 月，习近平总书记在重庆主持召开解决"两不愁三保障"突出问题座谈会①，部署解决"两不愁三保障"突出问题。总书记强调，到 2020 年稳定实现农村贫困人口不愁吃、不愁穿，义务教育、基本医疗、住房安全有保障，是贫困人口脱贫的基本要求和核心指标，直接关系攻坚战质量。总的看，"两不愁"基本解决了，"三保障"还存在不少薄弱环节。各地区各部门要高度重视，统一思想，抓好落实。要摸清底数，聚焦突出问题，明确时间表、路线图，加大工作力度，拿出过硬举措和办法，确保如期完成任务。要从最困难的群体入手，从最突出的问题着眼，从最具体的工作抓起，通堵点、疏痛点、消盲点，全面解决好同老百姓生活息息相

---

① 《习近平：统一思想一鼓作气顽强作战越战越勇 着力解决"两不愁三保障"突出问题》，中国共产党新闻网 2019 年 4 月 18 日。

关的教育、就业、社保、医疗、住房、环保、社会治安等问题，集中全力做好普惠性、基础性、兜底性民生建设。要着力抓好安全生产、食品药品安全、防范重特大自然灾害、维护社会稳定工作，不断增强人民群众获得感、幸福感、安全感。

——2020 年 3 月，习近平总书记在北京主持召开决战决胜脱贫攻坚座谈会①，部署脱贫攻战最后一年的工作。总书记强调，到 2020 年现行标准下的农村贫困人口全部脱贫，是党中央向全国人民作出的郑重承诺，必须如期实现。这是一场硬仗，越到最后越要紧绷这根弦，不能停顿、不能大意、不能放松。各级党委和政府要不忘初心、牢记使命，坚定信心、顽强奋斗，以更大决心、更强力度推进脱贫攻坚，坚决克服新冠肺炎疫情影响，坚决夺取脱贫攻坚战全面胜利，坚决完成这项对中华民族、对人类都具有重大意义的伟业。脱贫攻坚战不是轻轻松松一冲锋就能打赢的，必须高度重视面临的困难挑战，剩余脱贫攻坚任务艰巨，新冠肺炎疫情带来新的挑战，巩固脱贫成果难度很大，部分贫困群众发展的内生动力不足，脱贫攻坚工作需要加强。今年是脱贫攻坚战最后一年，收官之年又遭遇疫情影响，各项工作任务更重、要求更高。各地区各部门要坚定不移把党中央决策部署落实好，确保如期完成脱贫攻坚目标任务。要继续聚焦"三区三州"等深度贫困地区，落实脱贫攻坚方案，瞄准突出问题和薄弱环节狠抓政策落实，攻坚克难完成任务。对 52 个未摘帽贫困县和 1113 个贫困村实施挂牌督战，国务院扶贫开发领导小组要较真碰硬"督"，各省区市要凝心聚力"战"，啃下最后的硬骨头。要严格考核开展普查，严把退出关，坚决杜绝数字脱贫、虚假脱贫。要开展督查巡查，加强常态化督促指导，继续开展脱贫攻坚成效考核，对各地脱贫攻坚成效进行全面检验，确保经得起历史和人民检验。

---

① 《习近平：坚决克服新冠肺炎疫情影响 坚决夺取脱贫攻坚战全面胜利》，中国共产党新闻网 2020 年 3 月 7 日。

——2020 年 12 月 29 日，习近平总书记在中央农村工作会议上发表重要讲话[1]，对巩固拓展脱贫攻坚成果同乡村振兴有效衔接作出部署。总书记强调，脱贫攻坚取得胜利后，要全面推进乡村振兴，这是"三农"工作重心的历史性转移。要坚决守住脱贫攻坚成果，做好巩固拓展脱贫攻坚成果同乡村振兴有效衔接，工作不留空当，政策不留空白。要健全防止返贫动态监测和帮扶机制，对易返贫致贫人口实施常态化监测，重点监测收入水平变化和"两不愁三保障"巩固情况，继续精准施策。对脱贫地区产业帮扶还要继续，补上技术、设施、营销等短板，促进产业提档升级。要强化易地搬迁后续扶持，多渠道促进就业，加强配套基础设施和公共服务，搞好社会管理，确保搬迁群众稳得住、有就业、逐步能致富。对摆脱贫困的县，从脱贫之日起设立 5 年过渡期，过渡期内要保持主要帮扶政策总体稳定，对现有帮扶政策逐项分类优化调整，合理把握调整节奏、力度、时限，逐步实现由集中资源支持脱贫攻坚向全面推进乡村振兴平稳过渡，全面推进乡村振兴，加快农业农村现代化，促进农业高质高效、乡村宜居宜业、农民富裕富足。

——2021 年 2 月 25 日，全国脱贫攻坚总结表彰大会在北京举行，习近平总书记向全国脱贫攻坚楷模荣誉称号获得者等颁奖并发表重要讲话[2]。总书记庄严宣告：经过全党全国各族人民共同努力，在迎来中国共产党成立一百周年的重要时刻，我国脱贫攻坚战取得了全面胜利，现行标准下 9899 万农村贫困人口全部脱贫，832 个贫困县全部摘帽，12.8 万个贫困村全部出列，区域性整体贫困得到解决，完成了消除绝对贫困的艰巨任务，创造了又一个彪炳史册的人间奇迹。这是中国人民的伟大光荣，是中国共产党的伟大光荣，是中华民族的伟大光荣。

以上重大时间节点充分表明，习近平总书记亲自领导、亲自谋划、亲

---

[1] 《习近平：坚持把解决好"三农"问题作为全党工作重中之重 促进农业高质高效 乡村宜居宜业 农民富裕富足》，中国共产党新闻网 2020 年 12 月 30 日。

[2] 《全国脱贫攻坚总结表彰大会在京隆重举行》，新华网 2021 年 2 月 25 日。

自部署、亲自发动、亲自指挥打赢了伟大的脱贫攻坚战。

习近平总书记对脱贫攻坚思考深邃，提出一系列新思想、新观点、新论断，作出一系列新决策新部署，形成了关于扶贫脱贫的重要论述。这就是：坚持党的领导，把脱贫攻坚纳入"五位一体"总体布局、"四个全面"战略布局统筹谋划，强化中央统筹、省负总责、市县抓落实的工作机制，构建五级书记抓扶贫、全党动员促攻坚的局面，执行脱贫攻坚一把手负责制，抓好以村党组织为核心的村级组织配套建设、把基层党组织建设成为带领群众脱贫致富的坚强战斗堡垒，为脱贫攻坚提供坚强政治和组织保证；坚持以人民为中心的发展思想，强调消除贫困、改善民生、实现共同富裕是社会主义的本质要求，是党坚持全心全意为人民服务根本宗旨的重要体现，是党和政府的重大责任，把群众满意度作为衡量脱贫成效的重要尺度，集中力量解决贫困群众基本民生需求，坚定不移走共同富裕道路；坚持发挥我国社会主义制度能够集中力量办大事的政治优势，广泛动员全党全国各族人民以及社会各方面力量共同向贫困宣战，强化东西部扶贫协作，组织开展定点扶贫，各行各业发挥专业优势开展产业扶贫、科技扶贫、教育扶贫、文化扶贫、健康扶贫、消费扶贫，构建专项扶贫、行业扶贫、社会扶贫互为补充的大扶贫格局，形成跨地区、跨部门、跨单位、全社会共同参与的社会扶贫体系，举国同心，合力攻坚，党政军民学劲往一处使，东西南北中拧成一股绳，形成脱贫攻坚的共同意志、共同行动；坚持精准扶贫方略，始终强调脱贫攻坚贵在精准、重在精准，坚持对扶贫对象实行精细化管理、对扶贫资源实行精确化配置、对扶贫对象实行精准化扶持，围绕扶持谁、谁来扶、怎么扶、如何退等问题形成政策"组合拳"，因村因户因人施策、因贫困原因施策、因贫困类型施策，对症下药、精准滴灌、靶向治疗，确保扶贫资源真正用在扶贫对象上、真正用在贫困地区，坚持开发式扶贫方针，坚持把发展作为解决贫困的根本途径，实现精准扶贫、精准脱贫；坚持调动广大贫困群众积极性、主动性、创造性，尊重人民群众主体地位和首创精神，注重把人民群众对美好生活的向往转化成脱贫攻坚的强大动能，把人民群众中蕴藏着的智慧和力量充分激发出来，实行扶贫和扶志扶智相结合，既富口袋也富脑袋，引导贫困群众依靠勤劳双手和顽强意志摆脱贫困、改变命运，激发脱贫内生动力；坚持弘扬和衷共济、团结互助美德，推动全社会践行社会主义核心价值观，传承中华民族守望相助、和衷共济、扶贫济困的传统美德，引导社会各界关爱贫困群众、关心减贫事业、投身脱贫行动，完善社会动员机制，搭建社会参与平台，创新社会帮扶方式，营造全社会扶危济困的浓厚氛围，形成人人愿为、人人可为、人人能为的社会帮扶格局；坚持求真务实、较真碰硬，把全面从严治党要求贯穿脱贫攻坚全过程和各环节，突出实的导向、严的规矩，不搞花拳绣腿，不搞繁文缛节，不做表面文章，坚决反对大而化之、撒胡椒面，坚决反对搞不符合实际的"面子工程"，坚决反对形式主义、官僚主义，实行最严格的考核评估，建立全方位监督体系，真抓实干、埋头苦干，做到真扶贫、扶真贫、脱真贫，真正让脱贫成效经得起历史和人民检验。这"七个坚持"，是马克思主义反贫困理论中国化最新成果，是习近平新时代中国特色社会主义思想的重要组成部分[1]，为脱贫攻坚提供了根本遵循和科学指引，为打赢脱贫攻坚战提供了强大思想武器。

三、脱贫摘帽不是终点而是新生活新奋斗的起点

脱贫攻坚战的全面胜利，标志着我们党在团结带领人民创造美好生活、实现共同富裕的道路上迈出了坚实的一大步。同时，脱贫摘帽不是终点，而是新生活、新奋斗的起点。打赢脱贫攻坚战、全面建成小康社会后，要在巩固拓展脱贫攻坚成果的基础上，做好乡村振兴这篇大文章，接续推进脱贫地区发展和群众生活改善。

---

[1] 王东峰：《脱贫攻坚全面胜利彰显思想伟力》，《求是》2021年第8期。

　　做好巩固拓展脱贫攻坚成果同乡村振兴有效衔接，关系到构建以国内大循环为主体、国内国际双循环相互促进的新发展格局，关系到全面建设社会主义现代化国家全局和实现第二个百年奋斗目标。要充分认识实现巩固拓展脱贫攻坚成果同乡村振兴有效衔接的重要性、紧迫性，举全党全国之力，统筹安排、强力推进，让包括脱贫群众在内的广大人民过上更加美好的生活，朝着逐步实现全体人民共同富裕的目标继续前进。

　　2021 年 3 月，党中央、国务院发布《中共中央国务院关于实现巩固拓展脱贫攻坚成果同乡村振兴有效衔接的意见》[1]，对脱贫地区实现巩固拓展脱贫攻坚成果同乡村振兴有效衔接作出具体部署，为脱贫地区如何实现巩固拓展脱贫攻坚成果同乡村振兴有效衔接提供了遵循和指明了方向。脱贫地区以及相关部门，要按照《意见》的部署和要求，着力巩固拓展脱贫攻坚成果，推进巩固拓展脱贫攻坚成果同乡村振兴有效衔接，全面融入全国乡村振兴伟大实践，实现脱贫地区经济社会发展和乡村全面振兴。

　　按照《中共中央国务院关于实现巩固拓展脱贫攻坚成果同乡村振兴有效衔接的意见》的部署[2]，实现巩固拓展脱贫攻坚成果同乡村振兴有效衔接，指导思想是：以习近平新时代中国特色社会主义思想为指导，深入贯彻党的十九大和十九届二中、三中、四中、五中全会精神，坚定不移贯彻新发展理念，坚持稳中求进工作总基调，坚持以人民为中心的发展思想，坚持共同富裕方向，将巩固拓展脱贫攻坚成果放在突出位置，建立农村低收入人口和欠发达地区帮扶机制，健全乡村振兴领导体制和工作体系，加快推进脱贫地区乡村产业、人才、文化、生态、组织等全面振兴，为全面建设社会主义现代化国家开好局、起好步奠定坚实基础。

　　实现巩固拓展脱贫攻坚成果同乡村振兴有效衔接，基本思路是：脱贫

---

[1] 《中共中央国务院关于实现巩固拓展脱贫攻坚成果同乡村振兴有效衔接的意见》，中国政府网 2021 年 3 月 22 日。

[2] 《中共中央国务院关于实现巩固拓展脱贫攻坚成果同乡村振兴有效衔接的意见》，中国政府网 2021 年 3 月 22 日。

攻坚目标任务完成后，设立5年过渡期。脱贫地区要根据形势变化，理清工作思路，做好过渡期内领导体制、工作体系、发展规划、政策举措、考核机制等有效衔接，从解决建档立卡贫困人口"两不愁三保障"为重点转向实现乡村产业兴旺、生态宜居、乡风文明、治理有效、生活富裕，从集中资源支持脱贫攻坚转向巩固拓展脱贫攻坚成果和全面推进乡村振兴。

实现巩固拓展脱贫攻坚成果同乡村振兴有效衔接，目标任务是：到2025年，脱贫攻坚成果巩固拓展，乡村振兴全面推进，脱贫地区经济活力和发展后劲明显增强，乡村产业质量效益和竞争力进一步提高，农村基础设施和基本公共服务水平进一步提升，生态环境持续改善，美丽宜居乡村建设扎实推进，乡风文明建设取得显著进展，农村基层组织建设不断加强，农村低收入人口分类帮扶长效机制逐步完善，脱贫地区农民收入增速高于全国农民平均水平。到2035年，脱贫地区经济实力显著增强，乡村振兴取得重大进展，农村低收入人口生活水平显著提高，城乡差距进一步缩小，在促进全体人民共同富裕上取得更为明显的实质性进展。

实现巩固拓展脱贫攻坚成果同乡村振兴有效衔接，主要原则是：一要坚持党的全面领导。坚持中央统筹、省负总责、市县抓落实的工作机制，充分发挥各级党委总揽全局、协调各方的领导作用，省市县乡村五级书记抓巩固拓展脱贫攻坚成果和乡村振兴。总结脱贫攻坚经验，发挥脱贫攻坚体制机制作用。二要坚持有序调整、平稳过渡。过渡期内在巩固拓展脱贫攻坚成果上下更大功夫、想更多办法、给予更多后续帮扶支持，对脱贫县、脱贫村、脱贫人口扶上马送一程，确保脱贫群众不返贫。在主要帮扶政策保持总体稳定的基础上，分类优化调整，合理把握调整节奏、力度和时限，增强脱贫稳定性。三要坚持群众主体、激发内生动力。坚持扶志扶智相结合，防止政策养懒汉和泛福利化倾向，发挥奋进致富典型示范引领作用，激励有劳动能力的低收入人口勤劳致富。四要坚持政府推动引导、社会市场协同发力。坚持行政推动与市场机制有机结合，发挥集中力量办大事的优势，广泛动员社会力量参与，形成巩固拓展脱贫攻坚成果、全面推进乡村振兴的强大合力。

适应打赢脱贫攻坚战后，要进一步巩固拓展脱贫攻坚成果，全面推进乡村振兴的新任务，脱贫地区以及相关部门要做到思想认识跟上去、观念方式转过来，着力做好工作重点和工作任务两个方面的转变：一是把工作重点从打赢脱贫攻坚战向巩固拓展成果转变，这是守底线；二是把工作任务从脱贫攻坚向推进乡村振兴转变，这是上层次。脱贫攻坚成果必须牢牢守住，绝不能出现规模性返贫；乡村振兴是新时代"三农"工作的总抓手，要全面推进，绝不能掉队。

四、全面落实巩固拓展脱贫攻坚成果的长效机制

巩固拓展好脱贫攻坚成果，这是推进脱贫地区全面乡村振兴的前提。脱贫攻坚战虽然取得全面胜利，但有些地方脱贫成果仍然脆弱，脱贫地区发展基础仍然薄弱，脱贫人口自我发展能力有待加强，一些扶贫产业刚刚起步，易地扶贫搬迁后续扶持任务更为繁重。必须把《中共中央国务院关于实现巩固拓展脱贫攻坚成果同乡村振兴有效衔接的意见》提出的巩固拓展脱贫攻坚成果长效机制落到实处。

一是保持主要帮扶政策总体稳定。对摆脱贫困的县，要扶上马、送一程，从脱贫之日起的 5 年过渡期内，严格落实摘帽不摘责任、摘帽不摘政策、摘帽不摘帮扶、摘帽不摘监管的"四个不摘"要求。摘帽不摘责任，防止松劲懈怠；摘帽不摘政策，防止急刹车；摘帽不摘帮扶，防止一撒了之；摘帽不摘监管，防止贫困反弹。现有帮扶政策该延续的延续、该优化的优化、该调整的调整，确保政策连续性。兜底救助类政策要继续保持稳定。落实好教育、医疗、住房、饮水等民生保障普惠性政策，并根据脱贫人口实际困难给予适度倾斜。优化产业就业等发展类政策。

二是健全防止返贫动态监测和帮扶机制。对脱贫不稳定户、边缘易致

贫户，以及因病因灾因意外事故等刚性支出较大或收入大幅缩减导致基本生活出现严重困难户，开展定期检查、动态管理，重点监测其收入支出状况、"两不愁三保障"及饮水安全状况，合理确定监测标准。建立健全易返贫致贫人口快速发现和响应机制，分层分类及时纳入帮扶政策范围，实行动态清零。健全防止返贫大数据监测平台，加强相关部门、单位数据共享和对接，充分利用先进技术手段提升监测准确性，以国家脱贫攻坚普查结果为依据，进一步完善基础数据库。建立农户主动申请、部门信息比对、基层干部定期跟踪回访相结合的易返贫致贫人口发现和核查机制，实施帮扶对象动态管理。坚持预防性措施和事后帮扶相结合，精准分析返贫致贫原因，采取有针对性的帮扶措施。

三是巩固"两不愁三保障"成果。落实行业主管部门工作责任。健全控辍保学工作机制，确保除身体原因不具备学习条件外脱贫家庭义务教育阶段适龄儿童少年不失学辍学。有效防范因病返贫致贫风险，落实分类资助参保政策，做好脱贫人口参保动员工作。建立农村脱贫人口住房安全动态监测机制，通过农村危房改造等多种方式保障低收入人口基本住房安全。巩固维护好已建农村供水工程成果，不断提升农村供水保障水平。

四是做好易地扶贫搬迁后续扶持工作。聚焦原深度贫困地区、大型特大型安置区，从就业需要、产业发展和后续配套设施建设提升完善等方面加大扶持力度，完善后续扶持政策体系，持续巩固易地搬迁脱贫成果，确保搬迁群众稳得住、有就业、逐步能致富。提升安置区社区管理服务水平，建立关爱机制，促进社会融入。

五是加强扶贫项目资产管理和监督。分类摸清各类扶贫项目形成的资产底数。公益性资产要落实管护主体，明确管护责任，确保继续发挥作用。经营性资产要明晰产权关系，防止资产流失和被侵占，资产收益重点用于项目运行管护、巩固拓展脱贫攻坚成果、村级公益事业等。确权到农户或其他经营主体的扶贫资产，依法维护其财产权利，由其自主管理和运营。

六是健全农村低收入人口常态化帮扶机制。这既是脱贫地区的基本工作，也是其他地区的基本工作。主要是：

第一，加强农村低收入人口监测。以现有社会保障体系为基础，对农村低保对象、农村特困人员、农村易返贫致贫人口，以及因病因灾因意外事故等刚性支出较大或收入大幅缩减导致基本生活出现严重困难人口等农村低收入人口开展动态监测。充分利用民政、扶贫、教育、人力资源社会保障、住房城乡建设、医疗保障等政府部门现有数据平台，加强数据比对和信息共享，完善基层主动发现机制。健全多部门联动的风险预警、研判和处置机制，实现对农村低收入人口风险点的早发现和早帮扶。完善农村低收入人口定期核查和动态调整机制。

第二，分层分类实施社会救助。完善最低生活保障制度，科学认定农村低保对象，提高政策精准性。调整优化针对原建档立卡贫困户的低保"单人户"政策。完善低保家庭收入财产认定方法。健全低保标准制定和动态调整机制。加大低保标准制定省级统筹力度。鼓励有劳动能力的农村低保对象参与就业，在计算家庭收入时扣减必要的就业成本。完善农村特困人员救助供养制度，合理提高救助供养水平和服务质量。完善残疾儿童康复救助制度，提高救助服务质量。加强社会救助资源统筹，根据对象类型、困难程度等，及时有针对性地给予困难群众医疗、教育、住房、就业等专项救助，做到精准识别、应救尽救。对基本生活陷入暂时困难的群众加强临时救助，做到凡困必帮、有难必救。鼓励通过政府购买服务对社会救助家庭中生活不能自理的老年人、未成年人、残疾人等提供必要的访视、照料服务。

第三，合理确定农村医疗保障待遇水平。坚持基本标准，统筹发挥基本医疗保险、大病保险、医疗救助三重保障制度综合梯次减负功能。完善城乡居民基本医疗保险参保个人缴费资助政策，继续全额资助农村特困人员，定额资助低保对象，过渡期内逐步调整脱贫人口资助政策。在逐步提高大病保障水平基础上，大病保险继续对低保对象、特困人员和返贫致贫人口进行倾斜支付。进一步夯实医疗救助托底保障，合理设定年度救助限额，合理控制救助对象政策范围内自付费用比例。分阶段、分对象、分类别调整脱贫攻坚期超常规保障措施。重点加大医疗救助资金投入，倾斜支持乡村振兴重点帮扶县。

第四，完善养老保障和儿童关爱服务。完善城乡居民基本养老保险费代缴政策，地方政府结合当地实际情况，按照最低缴费档次为参加城乡居民养老保险的低保对象、特困人员、返贫致贫人口、重度残疾人等缴费困难群体代缴部分或全部保费。在提高城乡居民养老保险缴费档次时，对上述困难群体和其他已脱贫人口可保留现行最低缴费档次。强化县乡两级养老机构对失能、部分失能特困老年人口的兜底保障。加大对孤儿、事实无人抚养儿童等保障力度。加强残疾人托养照护、康复服务。

第五，织密兜牢丧失劳动能力人口基本生活保障底线。对脱贫人口中完全丧失劳动能力或部分丧失劳动能力且无法通过产业就业获得稳定收入的人口，要按规定纳入农村低保或特困人员救助供养范围，并按困难类型及时给予专项救助、临时救助等，做到应保尽保、应兜尽兜。

五、聚力做好同乡村振兴有效衔接的重点工作

要按照《中共中央国务院关于实现巩固拓展脱贫攻坚成果同乡村振兴有效衔接的意见》的部署，聚力做好脱贫地区巩固拓展脱贫攻坚成果同乡村振兴的有效衔接，工作不留空当，政策不留空白。

一是进一步发展壮大脱贫地区乡村特色产业。对脱贫地区产业帮扶还要继续，补上技术、设施、营销等短板，促进产业提档升级。要注重产业后续长期培育，尊重市场规律和产业发展规律，提高产业市场竞争力和抗风险能力。以脱贫县为单位规划发展乡村特色产业，实施特色种养业提升行动，完善全产业链支持措施。加快脱贫地区农产品和食品仓储保鲜、冷

链物流设施建设，支持农产品流通企业、电商、批发市场与区域特色产业精准对接。现代农业产业园、科技园、产业融合发展示范园继续优先支持脱贫县。支持脱贫地区培育绿色食品、有机农产品、地理标志农产品，打造区域公用品牌。继续大力实施消费帮扶。

二是进一步促进脱贫人口稳定就业。搭建用工信息平台，培育区域劳务品牌，加大脱贫人口有组织劳务输出力度。支持脱贫地区在农村人居环境、小型水利、乡村道路、农田整治、水土保持、产业园区、林业草原基础设施等涉农项目建设和管护时广泛采取以工代赈方式。延续支持扶贫车间的优惠政策。过渡期内逐步调整优化生态护林员政策。统筹用好乡村公益岗位，健全按需设岗、以岗聘任、在岗领补、有序退岗的管理机制，过渡期内逐步调整优化公益岗位政策。

三是进一步持续改善脱贫地区基础设施条件。继续加大对脱贫地区基础设施建设的支持力度，重点谋划建设一批高速公路、客货共线铁路、水利、电力、机场、通信网络等区域性和跨区域重大基础设施建设工程。按照实施乡村建设行动统一部署，支持脱贫地区因地制宜推进农村"厕所革命"、生活垃圾和污水治理、村容村貌提升。推进脱贫县"四好农村路"建设，推动交通项目更多向进村入户倾斜，因地制宜推进较大人口规模自然村(组)通硬化路，加强通村公路和村内主干道连接，加大农村产业路、旅游路建设力度。加强脱贫地区农村防洪、灌溉等中小型水利工程建设。统筹推进脱贫地区县乡村三级物流体系建设，实施"快递进村"工程。支持脱贫地区电网建设和乡村电气化提升工程实施。

四是进一步提升脱贫地区公共服务水平。继续改善义务教育办学条件，加强乡村寄宿制学校和乡村小规模学校建设。加强脱贫地区职业院校（含技工院校）基础能力建设。继续实施家庭经济困难学生资助政策和农村义务教育学生营养改善计划。在脱贫地区普遍增加公费师范生培养供给，加强城乡教师合理流动和对口支援。过渡期内保持现有健康帮扶政策基本稳定，完善大病专项救治政策，优化高血压等主要慢病签约服务，调整完善县域内先诊疗后付费政策。继续开展三级医院对口帮扶并建立长效机制，持续提升县级医院诊疗能力。加大中央倾斜支持脱贫地区医疗卫生机构基础设施建设和设备配备力度，继续改善疾病预防控制机构条件。继续实施农村危房改造和地震高烈度设防地区农房抗震改造，逐步建立农村低收入人口住房安全保障长效机制。继续加强脱贫地区村级综合服务设施建设，提升为民服务能力和水平。

五是进一步完善东西部协作和对口支援、社会力量参与帮扶。继续坚持并完善东西部协作机制，在保持现有结对关系基本稳定和加强现有经济联系的基础上，调整优化结对帮扶关系，将现行一对多、多对一的帮扶办法，调整为原则上一个东部地区省份帮扶一个西部地区省份的长期固定结对帮扶关系。省际要做好帮扶关系的衔接，防止出现工作断档、力量弱化。中部地区不再实施省际结对帮扶。优化协作帮扶方式，在继续给予资金支持、援建项目基础上，进一步加强产业合作、劳务协作、人才支援，推进产业梯度转移，鼓励东西部共建产业园区。教育、文化、医疗卫生、科技等行业对口支援原则上纳入新的东西部协作结对关系。更加注重发挥市场作用，强化以企业合作为载体的帮扶协作。继续坚持定点帮扶机制，安排有能力的部门、单位和企业承担更多责任。中央定点帮扶单位要落实帮扶责任，发挥自身优势，创新帮扶举措，加强工作指导，督促政策落实，提高帮扶实效。继续实施"万企帮万村"行动。

六是集中支持一批乡村振兴重点帮扶县。按照应减尽减原则，在西部地区处于边远或高海拔、自然环境相对恶劣、经济发展基础薄弱、社会事业发展相对滞后的脱贫县中，确定一批国家乡村振兴重点帮扶县，从财政、金融、土地、人才、基础设施建设、公共服务等方面给予集中支持，增强其区域发展能力。支持各地在脱贫县中自主选择一部分县作为乡村振兴重点帮扶县。支持革命老区、民族地区、边疆地区巩固脱贫攻坚成果和乡村振兴。建立跟踪监测机制，对乡村振兴重点帮扶县进行定期监测评估。

七是着力做好领导体制衔接。健全中央统筹、省负总责、市县乡抓落实的工作机制，构建责任清晰、各负其责、执行有力的乡村振兴领导体制，层层压实责任。第一，做好工作体系衔接。脱贫攻坚任务完成后，要及时做好巩固拓展脱贫攻坚成果同全面推进乡村振兴在工作力量、组织保障、规划实施、项目建设、要素保障方面的有机结合，做到一盘棋、一体化推进。持续加强脱贫村党组织建设，选好用好管好乡村振兴带头人。对巩固拓展脱贫攻坚成果和乡村振兴任务重的村，继续选派驻村第一书记和工作队，健全常态化驻村工作机制。第二，做好规划实施和项目建设衔接。将实现巩固拓展脱贫攻坚成果同乡村振兴有效衔接的重大举措纳入"十四五"规划。将脱贫地区巩固拓展脱贫攻坚成果和乡村振兴重大工程项目纳入"十四五"相关规划。科学编制"十四五"时期巩固拓展脱贫攻坚成果同乡村振兴有效衔接规划。第三，做好考核机制衔接。脱贫攻坚任务完成后，脱贫地区开展乡村振兴考核时要把巩固拓展脱贫攻坚成果纳入市县党政领导班子和领导干部推进乡村振兴战略实绩考核范围。与高质量发展综合绩效评价做好衔接，科学设置考核指标，切实减轻基层负担。强化考核结果运用，将考核结果作为干部选拔任用、评先奖优、问责追责的重要参考。

八是加强脱贫攻坚与乡村振兴政策有效衔接。政策有效衔接是实现巩固拓展脱贫攻坚成果同乡村振兴有效衔接的重要内容和保障举措，主要是：

第一，做好财政投入政策衔接。过渡期内在保持财政支持政策总体稳定的前提下，根据巩固拓展脱贫攻坚成果同乡村振兴有效衔接的需要和财力状况，合理安排财政投入规模，优化支出结构，调整支持重点。保留并调整优化原财政专项扶贫资金，聚焦支持脱贫地区巩固拓展脱贫攻坚成果和乡村振兴，适当向国家乡村振兴重点帮扶县倾斜，并逐步提高用于产业发展的比例。各地要用好城乡建设用地增减挂钩政策，统筹地方可支配财力，支持"十三五"易地扶贫搬迁融资资金偿还。对农村低收入人口的救助帮扶，通过现有资金支出渠道支持。过渡期前 3 年脱贫县继续实行涉农资金统筹整合试点政策，此后调整至国家乡村振兴重点帮扶县实施，其他地区探索建立涉农资金整合长效机制。确保以工代赈中央预算内投资落实到项目，及时足额发放劳务报酬。现有财政相关转移支付继续倾斜支持脱贫地区。对支持脱贫地区产业发展效果明显的贷款贴息、政府采购等政策，在调整优化基础上继续实施。过渡期内延续脱贫攻坚相关税收优惠政策。

政府采购预留份额采购脱贫地区农副产品。自 2021 年起，各级预算单位应当按照不低于 10% 的比例预留年度食堂食材采购份额，通过脱贫地区农副产品网络销售平台（原贫困地区农副产品网络销售平台）采购脱贫地区农副产品，脱贫地区农副产品是指在 832 个脱贫县域内注册的企业、农民专业合作社、家庭农场等出产的农副产品。

第二，做好金融服务政策衔接。继续发挥再贷款作用，现有再贷款帮扶政策在展期期间保持不变。进一步完善针对脱贫人口的小额信贷政策。对有较大贷款资金需求、符合贷款条件的对象，鼓励其申请创业担保贷款政策支持。加大对脱贫地区优势特色产业信贷和保险支持力度。鼓励各地因地制宜开发优势特色农产品保险。对脱贫地区继续实施企业上市"绿色通道"政策。探索农产品期货期权和农业保险联动。

第三，做好土地支持政策衔接。坚持最严格耕地保护制度，强化耕地保护主体责任，严格控制非农建设占用耕地，坚决守住 18 亿亩耕地红线。以国土空间规划为依据，按照应保尽保原则，新增建设用地计划指标优先保障巩固拓展脱贫攻坚成果和乡村振兴用地需要，过渡期内专项安排脱贫县年度新增建设用地计划指标，专项指标不得挪用；原深度贫困地区计划指标不足的，由所在省份协调解决。过渡期内，对脱贫地区继续实施城乡建设用地增减挂钩节余指标省内交易政策；在东西部协作和对口支援框架下，对现行政策进行调整完善，继续开展增减挂钩节余指标跨省域调剂。

第四，做好人才智力支持政策衔接。延续脱贫攻坚期间各项人才智力支持政策，建立健全引导各类人才服务乡村振兴长效机制。继续实施农村义务教育阶段教师特岗计划、中小学幼儿园教师国家级培训计划、银龄讲学计划、乡村教师生活补助政策，优先满足脱贫地区对高素质教师的补充需求。继续实施高校毕业生"三支一扶"计划，继续实施重点高校定向招生专项计划。全科医生特岗和农村订单定向医学生免费培养计划优先向中西部地区倾斜。在国家乡村振兴重点帮扶县对农业科技推广人员探索"县管乡用、下沉到村"的新机制。继续支持脱贫户"两后生"接受职业教育，并按规定给予相应资助。鼓励和引导各方面人才向国家乡村振兴重点帮扶县基层流动。

第五，继续支持脱贫县统筹整合使用财政涉农资金。脱贫县（原832个连片特困地区县和国家扶贫开发工作重点县）延续执行统筹整合使用财政涉农资金试点政策①。2021—2023年在脱贫县延续整合试点政策，2024—2025年整合试点政策实施范围调整至中央确定的国家乡村振兴重点帮扶县。整合资金包括各级财政安排用于农业生产发展和农村基础设施建设等方面的资金，整合资金可用于农业生产、畜牧生产、水利发展、林业改革发展、农田建设、农村综合改革、林业草原生态保护恢复、农村环境整治、农村道路建设、农村危房改造、农业资源及生态保护、乡村旅游等农业生产发展和农村基础设施项目。脱贫县要将支持产业发展摆在优先位置，发展壮大优势特色产业，将整合资金优先用于产业项目。中央和省、市级财政要在保持投入总体稳定基础上，继续按政策要求向符合条件的脱贫县倾斜，原则上纳入整合试点范围各项中央财政涉农资金用于832个脱贫县的资金总体增幅不低于每项资金的平均增幅，或确保当年安排脱贫县的资金县均投入规模不低于其他县的县均投入规模。

---

① 财政部等11部委：《关于继续支持脱贫县统筹整合使用财政涉农资金工作的通知》，财政部网站2021年4月12日。

第8章 全面推进乡村振兴的政策和领导保障

全面推进乡村振兴，其深度、广度、难度都不亚于脱贫攻坚，必须采取更有力的政策举措，汇聚更强大的社会力量，提供更坚实的领导保障。全面推进乡村振兴，要靠体制机制，要靠政策支持，要靠党的坚强领导。要加强党对乡村振兴的全面领导，建立和健全促进乡村振兴的体制机制，强化和落实乡村振兴的支持政策，为全面推进乡村振兴提供有力保障。

一、建立和完善全面推进乡村振兴的体制机制

全面推进乡村振兴，制度保障是建立健全城乡融合发展的体制机制和政策体系。总体上看，我国城乡要素流动不顺畅、公共资源配置不合理等问题依然突出，影响城乡融合发展的体制机制障碍尚未根本消除，还不能有效适应全面推进乡村振兴的需要。必须着力重塑新型城乡关系，以缩小城乡发展差距和居民生活水平差距为目标，以完善产权制度和要素市场化配置为重点，坚决破除体制机制弊端，促进城乡要素自由流动、平等交换和公共资源合理配置，建立健全城乡融合发展体制机制和政策体系，走城乡融合发展之路，加快形成工农互促、城乡互补、全面融合、共同繁荣的新型工农城乡关系，为全面推进乡村振兴提供制度保障。

根据《中共中央国务院关于建立健全城乡融合发展体制机制和政策体

系的意见》①，建立健全和贯彻落实作为乡村振兴制度保障的城乡融合发展体制机制，要在以下六个方面着力。

1.建立健全有利于城乡要素合理配置的体制机制

基本要求是：坚决破除妨碍城乡要素自由流动和平等交换的体制机制壁垒，促进各类要素更多向乡村流动，在乡村形成人才、土地、资金、产业、信息汇聚的良性循环，为乡村振兴注入新动能。基本举措是：

一是健全农业转移人口市民化机制。有力有序有效深化户籍制度改革，放开放宽除个别超大城市外的城市落户限制。加快实现城镇基本公共服务常住人口全覆盖。以城市群为主体形态促进大中小城市和小城镇协调发展，增强中小城市人口承载力和吸引力。建立健全由政府、企业、个人共同参与的农业转移人口市民化成本分担机制，全面落实支持农业转移人口市民化的财政政策、城镇建设用地增加规模与吸纳农业转移人口落户数量挂钩政策，以及中央预算内投资安排向吸纳农业转移人口落户数量较多的城镇倾斜政策。维护进城落户农民土地承包权、宅基地使用权、集体收益分配权，支持引导其依法自愿有偿转让上述权益。提升城市包容性，推动农民工特别是新生代农民工融入城市。推动进城就业生活5年以上和举家迁徙的农业转移人口、在城镇稳定就业生活的新生代农民工、农村学生升学和参军进城的人口等重点人群便捷落户。城区常住人口300万以下城市落实全面取消落户限制政策，实行积分落户政策的城市确保社保缴纳年限和居住年限分数占主要比例。城市落户政策要对租购房者同等对待，允许租房常住人口在公共户口落户②。

---

① 《中共中央国务院关于建立健全城乡融合发展体制机制和政策体系的意见》，中国政府网 2019 年 5 月 5 日。

② 国家发改委：《新型城镇化和城乡融合发展重点任务》，国家发改委网站 2021 年 4 月 13 日。

二是建立城市人才入乡激励机制。制定财政、金融、社会保障等激励政策，吸引各类人才返乡入乡创业。鼓励原籍普通高校和职业院校毕业生、外出农民工及经商人员回乡创业兴业。推进大学生村官与选调生工作衔接，鼓励引导高校毕业生到村任职、扎根基层、发挥作用。建立选派第一书记工作长效机制。建立城乡人才合作交流机制，探索通过岗编适度分离等多种方式，推进城市教科文卫体等工作人员定期服务乡村。推动职称评定、工资待遇等向乡村教师、医生倾斜，优化乡村教师、医生中高级岗位结构比例。引导规划、建筑、园林等设计人员入乡。允许农村集体经济组织探索人才加入机制，吸引人才、留住人才。

三是改革完善农村承包地制度。保持农村土地承包关系稳定并长久不变，落实第二轮土地承包到期后再延长三十年政策。加快完成农村承包地确权登记颁证。完善农村承包地"三权"分置制度，在依法保护集体所有权和农户承包权前提下，平等保护并进一步放活土地经营权。健全土地流转规范管理制度，强化规模经营管理服务，允许土地经营权入股从事农业产业化经营。

四是稳慎改革农村宅基地制度。加快完成房地一体的宅基地使用权确权登记颁证。探索宅基地所有权、资格权、使用权"三权"分置，落实宅基地集体所有权，保障宅基地农户资格权和农民房屋财产权，适度放活宅基地和农民房屋使用权。鼓励农村集体经济组织及其成员盘活利用闲置宅基地和闲置房屋。在符合规划、用途管制和尊重农民意愿前提下，允许县级政府优化村庄用地布局，有效利用乡村零星分散存量建设用地。推动各地制定省内统一的宅基地面积标准，探索对增量宅基地实行集约有奖、对存量宅基地实行退出有偿。

五是建立集体经营性建设用地入市制度。加快完成农村集体建设用地使用权确权登记颁证。按照国家统一部署，在符合国土空间规划、用途管制和依法取得前提下，允许农村集体经营性建设用地入市，允许就地入市或异地调整入市；允许村集体在农民自愿前提下，依法把有偿收回的闲置宅基地、废弃的集体公益性建设用地转变为集体经营性建设用地入市；推动城中村、城边村、村级工业园等可连片开发区域土地依法合规整治入市；推进集体经营性建设用地使用权和地上建筑物所有权房地一体、分割转让。完善农村土地征收制度，缩小征地范围，规范征地程序，维护被征地农民和农民集体权益。

六是健全财政投入保障机制。鼓励各级财政支持城乡融合发展及相关平台和载体建设，发挥财政资金四两拨千斤作用，撬动更多社会资金投入。建立涉农资金统筹整合长效机制，提高资金配置效率。调整土地出让收入使用范围，提高农业农村投入比例。支持地方政府在债务风险可控前提下发行政府债券，用于城乡融合公益性项目。

七是完善乡村金融服务体系。加强乡村信用环境建设，推动农村信用社和农商行回归本源，改革村镇银行培育发展模式，创新中小银行和地方银行金融产品提供机制，加大开发性和政策性金融支持力度。依法合规开展农村集体经营性建设用地使用权、农民房屋财产权、集体林权抵押融资，以及承包地经营权、集体资产股权等担保融资。实现已入市集体土地与国有土地在资本市场同地同权。建立健全农业信贷担保体系，鼓励有条件有需求的地区按市场化方式设立担保机构。加快完善农业保险制度，推动政策性保险扩面、增品、提标，降低农户生产经营风险。支持通过市场化方式设立城乡融合发展基金，引导社会资本培育一批国家城乡融合典型项目。完善农村金融风险防范处置机制。

八是建立工商资本入乡促进机制。深化"放管服"改革，强化法律规划政策指导和诚信建设，打造法治化便利化基层营商环境，稳定市场主体预期，引导工商资本为城乡融合发展提供资金、产业、技术等支持。完善融资贷款和配套设施建设补助等政策，鼓励工商资本投资适合产业化规模化集约化经营的农业领域。通过政府购买服务等方式，支持社会力量进入乡村生活性服务业。支持城市搭建城中村改造合作平台，探索在政府引导下工商资本与村集体合作共赢模式，发展壮大村级集体经济。建立工商资本租赁农地监管和风险防范机制，严守耕地保护红线，确保农地农用，防止农村集体产权和农民合法利益受到侵害。

九是建立科技成果入乡转化机制。健全涉农技术创新市场导向机制和产学研用合作机制，鼓励创建技术转移机构和技术服务网络，建立科研人员到乡村兼职和离岗创业制度，探索其在涉农企业技术入股、兼职兼薪机制。建立健全农业科研成果产权制度，赋予科研人员科技成果所有权。发挥政府引导推动作用，建立有利于涉农科研成果转化推广的激励机制与利益分享机制。探索公益性和经营性农技推广融合发展机制，允许农技人员通过提供增值服务合理取酬。

2.建立健全有利于城乡基本公共服务普惠共享的体制机制

基本要求是：推动公共服务向农村延伸、社会事业向农村覆盖，健全全民覆盖、普惠共享、城乡一体的基本公共服务体系，推进城乡基本公共服务标准统一、制度并轨。基本举措是：

一是建立城乡教育资源均衡配置机制。优先发展农村教育事业，建立以城带乡、整体推进、城乡一体、均衡发展的义务教育发展机制。鼓励省级政府建立统筹规划、统一选拔的乡村教师补充机制，为乡村学校输送优秀高校毕业生。推动教师资源向乡村倾斜，通过稳步提高待遇等措施增强乡村教师岗位吸引力。实行义务教育学校教师"县管校聘"，推行县域内校长教师交流轮岗和城乡教育联合体模式。完善教育信息化发展机制，推动优质教育资源城乡共享。多渠道增加乡村普惠性学前教育资源，推行城乡义务教育学校标准化建设，加强寄宿制学校建设。

二是健全乡村医疗卫生服务体系。建立和完善相关政策制度，增加基层医务人员岗位吸引力，加强乡村医疗卫生人才队伍建设。改善乡镇卫生院和村卫生室条件，因地制宜建立完善医疗废物收集转运体系，提高慢性病、职业病、地方病和重大传染病防治能力，加强精神卫生工作，倡导优生优育。健全网络化服务运行机制，鼓励县医院与乡镇卫生院建立县域医共体，鼓励城市大医院与县医院建立对口帮扶、巡回医疗和远程医疗机制。全面建立分级诊疗制度，实行差别化医保支付政策。因地制宜建立完善全民健身服务体系。

三是健全城乡公共文化服务体系。统筹城乡公共文化设施布局、服务提供、队伍建设，推动文化资源重点向乡村倾斜，提高服务的覆盖面和适用性。推行公共文化服务参与式管理模式，建立城乡居民评价与反馈机制，引导居民参与公共文化服务项目规划、建设、管理和监督，推动服务项目与居民需求有效对接。支持乡村民间文化团体开展符合乡村特点的文化活动。推动公共文化服务社会化发展，鼓励社会力量参与。建立文化结对帮扶机制，推动文化工作者和志愿者等投身乡村文化建设。划定乡村建设的历史文化保护线，保护好农业遗迹、文物古迹、民族村寨、传统村落、传统建筑和灌溉工程遗产，推动非物质文化遗产活态传承。发挥风俗习惯、村规民约等优秀传统文化基因的重要作用。

四是完善城乡统一的社会保险制度。完善统一的城乡居民基本医疗保险、大病保险和基本养老保险制度。巩固医保全国异地就医联网直接结算。建立完善城乡居民基本养老保险待遇确定和基础养老金正常调整机制。做好社会保险关系转移接续工作，建立以国家政务服务平台为统一入口的社会保险公共服务平台。构建多层次农村养老保障体系，创新多元化照料服务模式。

五是统筹城乡社会救助体系。做好城乡社会救助兜底工作，织密兜牢困难群众基本生活安全网。推进低保制度城乡统筹，健全低保标准动态调整机制，确保动态管理下应保尽保。全面实施特困人员救助供养制度，提高托底保障能力和服务质量。做好困难农民重特大疾病救助工作。健全农村留守儿童和妇女、老年人关爱服务体系。健全困境儿童保障工作体系，完善残疾人福利制度和服务体系。改革人身损害赔偿制度，统一城乡居民赔偿标准。

六是建立健全乡村治理机制。建立健全党组织领导的自治、法治、德治相结合的乡村治理体系，发挥群众参与治理主体作用，增强乡村治理能力。强化农村基层党组织领导作用，全面推行村党组织书记通过法定程序担任村委会主任和村级集体经济组织、合作经济组织负责人，健全以财政投入为主的稳定的村级组织运转经费保障机制。加强农村新型经济组织和社会组织的党建工作，引导其坚持为农村服务。加强自治组织规范化制度化建设，健全村级议事协商制度。打造一门式办理、一站式服务、线上线下结合的村级综合服务平台，完善网格化管理体系和乡村便民服务体系。

3.建立健全有利于城乡基础设施一体化发展的体制机制

基本要求是：把公共基础设施建设重点放在乡村，坚持先建机制、后建工程，加快推动乡村基础设施提档升级，实现城乡基础设施统一规划、统一建设、统一管护。基本举措是：

一是建立城乡基础设施一体化规划机制。以市县域为整体，统筹规划城乡基础设施，统筹布局道路、供水、供电、信息、广播电视、防洪和垃圾污水处理等设施。统筹规划重要市政公用设施，推动向城市郊区乡村和规模较大中心镇延伸。推动城乡路网一体规划设计，畅通城乡交通运输连接，加快实现县乡村（户）道路联通、城乡道路客运一体化，完善道路安全防范措施。统筹规划城乡污染物收运处置体系，严防城市污染上山下乡，因地制宜统筹处理城乡垃圾污水，加快建立乡村生态环境保护和美丽乡村建设长效机制。加强城乡公共安全视频监控规划、建设和联网应用，统一技术规范、基础数据和数据开放标准。

二是健全城乡基础设施一体化建设机制。明确乡村基础设施的公共产品定位，构建事权清晰、权责一致、中央支持、省级统筹、市县负责的城乡基础设施一体化建设机制。健全分级分类投入机制，对乡村道路、水利、渡口、公交和邮政等公益性强、经济性差的设施，建设投入以政府为主；对乡村供水、垃圾污水处理和农贸市场等有一定经济收益的设施，政府加大投入力度，积极引入社会资本，并引导农民投入；对乡村供电、电信和物流等经营性为主的设施，建设投入以企业为主。支持有条件的地方政府将城乡基础设施项目整体打包，实行一体化开发建设。

三是建立城乡基础设施一体化管护机制。合理确定城乡基础设施统一管护运行模式，健全有利于基础设施长期发挥效益的体制机制。对城乡道路等公益性设施，管护和运行投入纳入一般公共财政预算。明确乡村基础设施产权归属，由产权所有者建立管护制度，落实管护责任。以政府购买服务等方式引入专业化企业，提高管护市场化程度。推进城市基础设施建设运营事业单位改革，建立独立核算、自主经营的企业化管理模式，更好行使城乡基础设施管护责任。

4.建立健全有利于乡村经济多元化发展的体制机制

基本要求是：围绕发展现代农业、培育新产业新业态，完善农企利益紧密联结机制，实现乡村经济多元化和农业全产业链发展。基本举措是：

一是完善农业支持保护制度。以市场需求为导向，深化农业供给侧结构性改革，走质量兴农之路，不断提高农业综合效益和竞争力。全面落实永久基本农田特殊保护制度，划定粮食生产功能区和重要农产品生产保护区，完善支持政策。按照增加总量、优化存量、提高效能的原则，强化高质量发展导向，加快构建农业补贴政策体系。发展多种形式农业适度规模经营，健全现代农业产业体系、生产体系、经营体系。完善支持农业机械化政策，推进农业机械化全程全面发展，加强面向小农户的社会化服务。完善农业绿色发展制度，推行农业清洁生产方式，健全耕地草原森林河流湖泊休养生息制度和轮作休耕制度。

二是建立新产业新业态培育机制。构建农村一二三产业融合发展体系，依托"互联网＋"和"双创"推动农业生产经营模式转变，健全乡村旅游、休闲农业、民宿经济、农耕文化体验、健康养老等新业态培育机制，探索农产品个性化定制服务、会展农业和农业众筹等新模式，完善农村电子商务支持政策，实现城乡生产与消费多层次对接。适应居民消费升级趋势，制定便利市场准入、加强事中事后监管政策，制定相关标准，引导乡村新产业改善服务环境、提升品质。在年度新增建设用地计划指标中安排一定比例支持乡村新产业新业态发展，探索实行混合用地等方式。严格农业设施用地管理，满足合理需求。

三是探索生态产品价值实现机制。牢固树立绿水青山就是金山银山的理念，建立政府主导、企业和社会各界参与、市场化运作、可持续的城乡生态产品价值实现机制。开展生态产品价值核算，通过政府对公共生态产品采购、生产者对自然资源约束性有偿使用、消费者对生态环境附加值付费、供需双方在生态产品交易市场中的权益交易等方式，构建更多运用经济杠杆进行生态保护和环境治理的市场体系。完善自然资源资产产权制度，维护参与者权益。完善自然资源价格形成机制，建立自然资源政府公示价格体系，推进自然资源资产抵押融资，增强市场活力。

四是建立乡村文化保护利用机制。立足乡村文明，吸取城市文明及外来文化优秀成果，推动乡村优秀传统文化创造性转化、创新性发展。推动优秀农耕文化遗产保护与合理适度利用。建立地方和民族特色文化资源挖掘利用机制，发展特色文化产业。创新传统工艺振兴模式，发展特色工艺产品和品牌。健全文物保护单位和传统村落整体保护利用机制。鼓励乡村建筑文化传承创新，强化村庄建筑风貌规划管控。培育挖掘乡土文化本土人才，引导企业积极参与，显化乡村文化价值。

五是搭建城乡产业协同发展平台。培育发展城乡产业协同发展先行区，推动城乡要素跨界配置和产业有机融合。把特色小镇作为城乡要素融合重要载体，打造集聚特色产业的创新创业生态圈。优化提升各类农业园区。完善小城镇联结城乡的功能，探索创新美丽乡村特色化差异化发展模式，盘活用好乡村资源资产。创建一批城乡融合典型项目，形成示范带动效应。

六是健全城乡统筹规划制度。科学编制市县发展规划，强化城乡一体设计，统筹安排市县农田保护、生态涵养、城镇建设、村落分布等空间布局，统筹推进产业发展和基础设施、公共服务等建设，更好发挥规划对市县发展的指导约束作用。按照"多规合一"要求编制市县空间规划，实现土地利用规划、城乡规划等有机融合，确保"三区三线"在市县层面精准落地。加快培育乡村规划设计、项目建设运营等方面人才。综合考虑村庄演变规律、集聚特点和现状分布，鼓励有条件的地区因地制宜编制村庄规划。

5. 建立健全有利于农民收入持续增长的体制机制

基本要求是：拓宽农民增收渠道，促进农民收入持续增长，持续缩小城乡居民生活水平差距。基本举措是：

一是完善促进农民工资性收入增长环境。推动形成平等竞争、规范有序、城乡统一的劳动力市场，统筹推进农村劳动力转移就业和就地创业就业。规范招工用人制度，消除一切就业歧视，健全农民工劳动权益保护机制，落实农民工与城镇职工平等就业制度。健全城乡均等的公共就业创业服务制度，努力增加就业岗位和创业机会。提高新生代农民工职业技能培训的针对性和有效性，健全农民工输出输入地劳务对接机制。

二是健全农民经营性收入增长机制。完善财税、信贷、保险、用地等政策，加强职业农民培训，培育发展新型农业经营主体。建立农产品优质优价正向激励机制，支持新型经营主体发展"三品一标"农产品、打造区域公用品牌，提高产品档次和附加值。引导龙头企业与农民共建农业产业化联合体，让农民分享加工销售环节收益。完善企业与农民利益联结机制，引导农户自愿以土地经营权等入股企业，通过利润返还、保底分红、股份合作等多种形式，拓宽农民增收渠道。促进小农户和现代农业发展有机衔接，突出抓好农民合作社和家庭农场两类农业经营主体发展，培育专业化市场化服务组织，帮助小农户节本增收。

三是建立农民财产性收入增长机制。以市场化改革为导向，深化农村集体产权制度改革，推动资源变资产、资金变股金、农民变股东。加快完成农村集体资产清产核资，把所有权确权到不同层级的农村集体经济组织成员集体。加快推进经营性资产股份合作制改革，将农村集体经营性资产以股份或者份额形式量化到本集体成员。对财政资金投入农业农村形成的经营性资产，鼓励各地探索将其折股量化到集体经济组织成员。创新农村集体经济运行机制，探索混合经营等多种实现形式，确保集体资产保值增值和农民收益。完善农村集体产权权能，完善农民对集体资产股份占有、收益、有偿退出及担保、继承权。

四是强化农民转移性收入保障机制。履行好政府再分配调节职能，完善对农民直接补贴政策，健全生产者补贴制度，逐步扩大覆盖范围。在统筹整合涉农资金基础上，探索建立普惠性农民补贴长效机制。创新涉农财政性建设资金使用方式，支持符合条件的农业产业化规模化项目。

6. 建立国家城乡融合发展试验区

为了促进城乡融合发展体制机制建立健全和有效落地，国家有关部门选择有一定基础的市县两级设立国家城乡融合发展试验区，支持制度改革和政策安排率先落地，先行先试，及时总结提炼可复制的典型经验并加以推广。2019 年 12 月 19 日，国家发展改革委、农业农村部、公安部等十八部委联合印发《国家城乡融合发展试验区改革方案》①，明确了国家城乡融合发展试验区的试验原则、试验目标、试验任务、政策保障、试验方

---

① 《国家城乡融合发展试验区改革方案》，国家发改委网站 2019 年 12 月 27 日。

式和组织实施。

第一，关于试验任务。

试验区要在全面贯彻落实《中共中央国务院关于建立健全城乡融合发展体制机制和政策体系的意见》基础上，聚焦以下 11 个方面深入探索、先行先试。

一是建立城乡有序流动的人口迁徙制度。全面放开放宽除个别超大城市外的城市落户限制，健全农业转移人口市民化成本分担机制。建立人才加入乡村制度，允许符合条件的返乡就业创业人员在原籍地或就业创业地落户。

二是建立进城落户农民依法自愿有偿转让退出农村权益制度。维护进城落户农民在农村的"三权"，按照依法自愿有偿原则，在完成农村不动产确权登记颁证的前提下，探索其流转承包地经营权、宅基地和农民房屋使用权、集体收益分配权，或向农村集体经济组织退出承包地农户承包权、宅基地资格权、集体资产股权的具体办法。结合深化农村宅基地制度改革试点，探索宅基地"三权"分置制度。

三是建立农村集体经营性建设用地入市制度。在符合国土空间规划、用途管制和依法取得、确权登记的前提下，推进集体经营性建设用地就地入市或异地调整入市，其使用权的出让及最高年限、转让、互换、出资、赠与、抵押等，参照同类用途的国有建设用地执行，把握好入市的规模与节奏。允许农民集体妥善处理产权和补偿关系后，依法收回农民自愿退出的闲置宅基地、废弃的集体公益性建设用地使用权，按照国土空间规划确定的经营性用途入市。推进集体经营性建设用地使用权和地上建筑物所有权房地一体、分割转让。建立集体经营性建设用地使用权转让、出租、抵押二级市场。

四是完善农村产权抵押担保权能。推进农村集体经营性建设用地使用权、集体林权等抵押融资以及承包地经营权、集体资产股权等担保融资，在深化农村宅基地制度改革试点地区探索农民住房财产权、宅基地使用权抵押贷款，推进已入市集体经营性建设用地与国有建设用地在资本市场同地同权，健全农业信贷担保机构。

五是建立科技成果入乡转化机制。推动高等院校和科研院所设立技术转移机构，按照国家有关规定，落实科研人员入乡兼职兼薪、离岗创业、技术入股政策，探索赋予科研人员科技成果所有权。探索公益性和经营性农技推广融合发展机制，允许农技人员通过提供增值服务合理取酬。

六是搭建城中村改造合作平台。探索在政府引导下工商资本与农民集体合作共赢模式，统筹利用乡村资源资产、工商资本和金融资本，发展壮大集体经济。

七是搭建城乡产业协同发展平台。在试验区内选择一批产业园区或功能区，率先打造城乡产业协同发展先行区。在先行区内重点优化提升特色小镇、特色小城镇、美丽乡村和各类农业园区，创建一批城乡融合发展典型项目，实现城乡生产要素的跨界流动和高效配置。

八是建立生态产品价值实现机制。探索开展生态产品价值核算，完善自然资源价格形成机制，建立政府主导、企业和社会各界参与、可持续的城乡生态产品价值实现机制。

九是建立城乡基础设施一体化发展体制机制。推动城乡基础设施统一规划、统一建设、统一管护，构建分级分类投入机制，建设市域（郊）铁路、乡村产业路旅游路、城乡垃圾污水一体处理体系和冷链物流设施等，明确投入主体和产权归属。

十是建立城乡基本公共服务均等化发展体制机制。建立乡村教师和医务人员补充机制，实行义务教育学校教师"县管校聘"，研究推动乡村医生"乡聘村用"，通过稳步提高待遇等措施增强乡村岗位吸引力。建立城乡教育联合体和县域医共体。

十一是健全农民持续增收体制机制。推进农村集体经营性资产股份合作制改革。加强现代农民职业培训，突出抓好农民合作社和家庭农场两类经营主体发展。推动农民工与城镇职工平等就业，健全农民工输出输入地劳务对接机制。

第二，关于政策保障。

各地区各有关部门要凝聚改革合力、加强政策协同，为试验区改革提供有力有效的激励性政策保障。

实行改革授权。有关部门要针对涉及突破现有制度规定的重点改革事项，如允许符合条件的试验区开展深化农村宅基地制度改革试点、农村各类产权抵押担保融资等，通过有效路径和程序进行授权，积极创造有利条件，允许并深度指导试验区进行改革探索。

加强财力保障。有关部门要在中央预算内投资中设立城乡融合发展专项资金，支持省级人民政府发行地方政府专项债券，用于试验区内符合条件的特色小镇等城乡融合发展典型项目，分担试验区改革的前期成本。试验区所在省级人民政府要通过财政转移支付支持试验区发展。

加强金融支持。有关部门要优先支持试验区内符合条件企业发行城乡融合发展典型项目企业债券等公司信用类债券；利用城乡融合发展基金，重点引导社会资本培育一批国家城乡融合发展典型项目。有关金融机构要根据职能定位和业务范围，加大对试验区内符合条件企业的中长期贷款投放规模和力度，支持整体打包立项的城乡联动建设项目融资。

加强政策集成。有关部门要在试验区开展国家农村产业融合发展示范园、农民专业合作社质量提升整县推进试点、民营企业下乡发展试点等；支持客流有需求、财力能支撑的试验区利用既有铁路资源开行市域（郊）列车，实施市域（郊）铁路新建项目；支持试验区内符合条件的涉农企业上市挂牌融资、村镇银行设立、村级综合服务平台建设、乡村教师生活补助提标、中等职业学校建设、"特岗计划"实施等。试验区所在省级人民政府在申报以上试点及全域土地综合整治试点等时，要优先支持试验区；在分配新增建设用地指标时，要倾斜支持试验区。

第三，关于试验方式。

有关部门要明确试验区基本条件、科学选择试验对象，并建立监测评估工作机制。

作为实验对象的试验区，应具有较好的发展改革基础、较强的试验意愿和地方政策保障。应在前期已开展自发性改革探索工作，或已开展全国统筹城乡综合配套改革试验区、农村土地制度改革三项试点、农村改革试验区、农村"两权"抵押贷款试点、国家现代农业示范区、国家农村产业融合发展示范园、国家全域旅游示范区等工作。超大特大城市和Ⅰ型大城市试验范围为市郊的部分连片区县，Ⅱ型大城市和中小城市试验范围为全域。

试验区实行有进有退的管理办法，国家发展改革委会同城镇化工作暨城乡融合发展工作部际联席会议成员单位以及有关地区，按少而精原则确定试验区，并建立试验区监测评估机制，实行动态监测、年度评估、奖惩并举、有进有退。

第四，关于组织实施。

各地区各有关部门要高度重视、担起责任，纵横联动地推进试验区改革取得实质性突破。

要全面加强党的领导。确保党在试验区改革中始终总揽全局、协调各方，充分发挥城乡基层党组织的战斗堡垒作用，实现组织共建、资源共享、机制衔接、功能优化，为城乡融合发展提供坚强政治保证和组织保证。

要建立省部共担机制。国家发展改革委要依托城镇化工作暨城乡融合发展工作部际联席会议制度，统筹协调试验区重大事项。中央农办、农业农村部、公安部、自然资源部、财政部、教育部、卫生健康委、科技部、交通运输部、文化和旅游部、生态环境部、人民银行、银保监会、证监会、工商联、开发银行、农业发展银行等成员单位要分头抓好政策支持保障。试验区所在省级人民政府要成立省级城镇化工作暨城乡融合发展工作领导小组，省级有关部门和试验区所在的各地级及以上城市党委或政府主要负责同志参加，整合力量支持试验区改革探索，并以地方性法规等方式固化改革成果。

要强化试验区主体责任。省级城镇化工作暨城乡融合发展工作领导小组办公室（省级发展改革委）要指导试验区制定实施方案（含发展改革基础、试验措施、地方政策保障及城乡产业协同发展先行区等），经省级人民政府审核同意后，报备国家发展改革委。试验区所在的各地级及以上城市要分别成立由党委或政府主要负责同志任组长的城镇化工作暨城乡融合发展工作领导小组，将试验任务落实到事、责任到人，确保试验扎实落地。

第五，关于试验区设定。

目前，已确定的国家城乡融合发展试验区共有11个，其中东部地区5个、中部地区2个、西部地区3个、东北地区1个。分别是：浙江嘉湖片区、福建福州东部片区、广东广清接合片区、江苏宁锡常接合片区、山东济青局部片区、河南许昌、江西鹰潭、四川成都西部片区、重庆西部片区、陕西西咸接合片区、吉林长吉接合片区。各试验区的试验范围和试验重点分别是：

浙江嘉湖片区——试验范围：嘉兴市全域（南湖区、秀洲区、平湖市、海宁市、桐乡市、嘉善县、海盐县），湖州市全域（南浔区、吴兴区、德清县、长兴县、安吉县）。面积约10043平方公里。试验重点：建立进城落户农民依法自愿有偿转让退出农村权益制度；建立农村集体经营性建设用地入市制度；搭建城乡产业协同发展平台；建立生态产品价值实现机制；建立城乡基本公共服务均等化发展体制机制。

福建福州东部片区——试验范围：福州市仓山区、长乐区、马尾区、福清市、闽侯县、连江县、罗源县、平潭综合实验区，霞浦县。面积约8935平方公里。试验重点：建立城乡有序流动的人口迁徙制度；搭建城中村改造合作平台；搭建城乡产业协同发展平台；建立生态产品价值实现机制；建立城乡基础设施一体化发展体制机制。

广东广清接合片区——试验范围：广州市增城区、花都区、从化区，清远市清城区、清新区、佛冈县、英德市连樟样板区。面积约 9978 平方公里。试验重点：建立城乡有序流动的人口迁徙制度；建立农村集体经营性建设用地入市制度；完善农村产权抵押担保权能；搭建城中村改造合作平台；搭建城乡产业协同发展平台。

江苏宁锡常接合片区——试验范围：南京市溧水区、高淳区，宜兴市，常州市金坛区、溧阳市。面积约 6361 平方公里。试验重点：建立农村集体经营性建设用地入市制度；建立科技成果入乡转化机制；搭建城乡产业协同发展平台；建立生态产品价值实现机制；健全农民持续增收体制机制。

山东济青局部片区——试验范围：济南市历城区、长清区、市中区、章丘区、济南高新技术产业开发区，淄博市淄川区、博山区，青岛市即墨区、平度市、莱西市。面积约 12846 平方公里。试验重点：建立进城落户农民依法自愿有偿转让退出农村权益制度；建立农村集体经营性建设用地入市制度；搭建城中村改造合作平台；搭建城乡产业协同发展平台；建立生态产品价值实现机制。

河南许昌——试验范围：许昌市全域（魏都区、建安区、禹州市、长葛市、鄢陵县、襄城县）。面积约 4979 平方公里。试验重点：建立农村集体经营性建设用地入市制度；完善农村产权抵押担保权能；建立科技成果入乡转化机制；搭建城乡产业协同发展平台；建立城乡基本公共服务均等化发展体制机制。

江西鹰潭——试验范围：鹰潭市全域（月湖区、余江区、贵溪市）。面积约 3557 平方公里。试验重点：建立农村集体经营性建设用地入市制度；完善农村产权抵押担保权能；建立城乡基础设施一体化发展体制机制；建立城乡基本公共服务均等化发展体制机制；健全农民持续增收体制机制。

四川成都西部片区——试验范围：成都市温江区、郫都区、彭州市、都江堰市、崇州市、邛崃市、大邑县、蒲江县。面积约 7672 平方公里。试验重点：建立城乡有序流动的人口迁徙制度；建立农村集体经营性建设用地入市制度；完善农村产权抵押担保权能；搭建城乡产业协同发展平台；建立生态产品价值实现机制。

重庆西部片区——试验范围：重庆市荣昌区、潼南区、大足区、合川区、铜梁区、永川区、璧山区、江津区、巴南区。面积约 15323 平方公里。试验重点：建立城乡有序流动的人口迁徙制度；建立进城落户农民依法自愿有偿转让退出农村权益制度；建立农村集体经营性建设用地入市制度；搭建城中村改造合作平台；搭建城乡产业协同发展平台。

陕西西咸接合片区——试验范围：西安市高陵区、阎良区、西咸新区，富平县，咸阳市兴平市、武功县、三原县、杨凌农业高新技术产业示范区。面积约 4215 平方公里。试验重点：建立进城落户农民依法自愿有偿转让退出农村权益制度；建立农村集体经营性建设用地入市制度；建立科技成果入乡转化机制；搭建城乡产业协同发展平台；建立城乡基础设施一体化发展体制机制。

吉林长吉接合片区——试验范围：长春市九台区、双阳区、长春新区、净月高新技术产业开发区，吉林市中新食品区、船营区、昌邑区、丰满区、永吉县。面积约 11081 平方公里。试验重点：建立进城落户农民依法自愿有偿转让退出农村权益制度；建立农村集体经营性建设用地入市制度；完善农村产权抵押担保权能；搭建城乡产业协同发展平台；健全农民持续增收体制机制。

通过城乡融合发展试验区的改革试验，以缩小城乡发展差距和居民生活水平差距为目标，以协调推进乡村振兴战略和新型城镇化战略为抓手，以促进城乡生产要素双向自由流动和公共资源合理配置为关键，突出以工促农、以城带乡，破除制度弊端、补齐政策短板，坚持城乡融合发展正确方向，坚持农业农村优先发展，率先建立起城乡融合发展的体制机制和政策体系，为其他地方提供可复制和可推广的典型经验。

二、强化和落实全面推进乡村振兴的支持政策

支持政策是全面推进乡村振兴的重要保障。乡村振兴的主战场在县域尤其是在乡和村,乡村振兴的对象是数以万计的村庄,乡村振兴的主体是广大农民,乡村振兴涉及的范围广、面积大、人数多、任务重,这些特点决定了乡村振兴必须要有来自外部的强力支持,必须从财政、金融、土地、人才等方面对乡村振兴给予政策倾斜。

《乡村振兴促进法》规定,国家建立健全农业支持保护体系和实施乡村振兴战略财政投入保障制度。县级以上人民政府应当优先保障用于乡村振兴的财政投入,确保投入力度不断增强、总量持续增加、与乡村振兴目标任务相适应。国家建立健全多层次、广覆盖、可持续的农村金融服务体系,完善金融支持乡村振兴考核评估机制,促进农村普惠金融发展,鼓励金融机构依法将更多资源配置到乡村发展的重点领域和薄弱环节。政策性金融机构应当在业务范围内为乡村振兴提供信贷支持和其他金融服务,加大对乡村振兴的支持力度。商业银行应当结合自身职能定位和业务优势,创新金融产品和服务模式,扩大基础金融服务覆盖面,增加对农民和农业经营主体的信贷规模,为乡村振兴提供金融服务。农村商业银行、农村合作银行、农村信用社等农村中小金融机构应当主要为本地农业农村农民服务,当年新增可贷资金主要用于当地农业农村发展。县级以上地方人民政府应当保障乡村产业用地,建设用地指标应当向乡村发展倾斜,县域内新增耕地指标应当优先用于折抵乡村产业发展所需建设用地指标,探索灵活多样的供地新方式。应当推进节约集约用地,提高土地使用效率,依法采取措施盘活农村存量建设用地,激活农村土地资源,完善农村新增建设用地保障机制,满足乡村产业、公共服务设施和农民住宅用地合理需求。国家发展农村社会事业,促进公共教育、医疗卫生、社会保障等资源向农村倾斜,提升乡村基本公共服务水

平，逐步健全全民覆盖、普惠共享、城乡一体的基本公共服务体系，推进城乡基本公共服务均等化。

近年来，党和国家已经出台了一系列推进乡村振兴的支持政策，今后仍然会对政策进行调整完善优化，继续出台新的支持政策。要结合实际把这些政策用足、用好、用活，用政策的力量推动乡村振兴。

1. 乡村振兴的财政支持政策

乡村振兴是要花钱的，是需要大量资金投入的。实施乡村振兴战略，必须解决钱从哪里来的问题，这是全面推进乡村振兴的一个重要问题。如果钱的问题解决不好，乡村振兴就可能成为"无米之炊"。财政支持政策以及下面的金融支持政策，主要就是解决乡村振兴的外部资金投入问题。基本政策导向是，健全投入保障制度，创新投融资机制，加快形成财政优先保障、金融重点倾斜、社会积极参与的多元投入格局，确保乡村振兴投入力度不断增强、总量持续增加。综合近年来中央一号文件及乡村振兴战略规划的政策安排①，乡村振兴的财政支持政策基本体现在以下方面。

一是确保财政投入持续增长。坚持把农业农村作为一般公共预算优先保障领域，建立健全实施乡村振兴战略财政投入保障制度，公共财政更大力度向"三农"倾斜，确保财政投入与乡村振兴目标任务相适应。加大政府投资对农业绿色生产、可持续发展、农村人居环境、基本公共服务等重点领域和薄弱环节支持力度，充分发挥投资对优化供给结构的关键性作用。

---

① 《中共中央国务院关于实施乡村振兴战略的意见》，中国政府网 2018 年 2 月 4 日；《中共中央国务院关于坚持农业农村优先发展做好"三农"工作的若干意见》,，中国政府网 2019 年 2 月 19 日；《中共中央国务院关于抓好"三农"领域重点工作确保如期实现全面小康的意见》，中国政府网 2020 年 2 月 5 日；《中共中央国务院关于全面推进乡村振兴加快农业农村现代化的意见》，中国政府网 2021 年 2 月 21 日；《乡村振兴战略规划（2018—2022 年）》，中国政府网 2018 年 9 月 26 日。

充分发挥规划的引领作用，推进行业内资金整合与行业间资金统筹相互衔接配合，加快建立涉农资金统筹整合长效机制。加大成品油税费改革转移支付对农村公路养护的支持力度，农村公共基础设施管护应由政府承担的管护费用纳入政府预算，鼓励有条件的地方对农村人居环境公共设施维修养护进行补助。中央财政加大支持力度，补助中西部地区农村饮水安全工程维修养护。切实发挥全国农业信贷担保体系作用，通过财政担保费率补助和以奖代补等，加大对新型农业经营主体支持力度。加快设立国家融资担保基金，强化担保融资增信功能，引导更多金融资源支持乡村振兴。

二是可以发行乡村振兴债券。支持地方政府发行一般债券用于支持乡村振兴领域公益性项目，规范地方政府举债融资行为，有序扩大用于支持乡村振兴的专项债券发行规模。鼓励地方政府试点发行项目融资和收益自平衡的专项债券，支持符合条件、有一定收益的乡村公益性建设项目。

三是引导和撬动社会资本投向农村。充分发挥财政资金的引导作用，撬动金融和社会资本更多投向乡村振兴。优化乡村营商环境，加大农村基础设施和公用事业领域开放力度，吸引社会资本参与乡村振兴。规范有序盘活农业农村基础设施存量资产，回收资金主要用于补短板项目建设。继续深化"放管服"改革，鼓励工商资本投入农业农村，为乡村振兴提供综合性解决方案。鼓励社会资本发展休闲农业、乡村旅游、餐饮民宿、创意农业、农耕体验、康养基地等产业，充分发掘农业农村生态、文化等各类资源优势，打造一批设施完备、功能多样、服务规范的乡村休闲旅游目的地；引导社会资本发展乡村特色文化产业，推动农商文旅体融合发展，挖掘和利用农耕文化遗产资源，建设农耕主题博物馆、村史馆，传承农耕手工艺、曲艺、民俗节庆；支持社会资本参与农村资源路、产业路、旅游路和村内主干道建设，推进农村人居环境整治与发展乡村休闲旅游等有机结合。鼓励利用外资开展现代农业、产业融合、生态修复、人居环境整治和农村基础设施等建设。推广一事一议、以奖代补等方式，鼓励农民对直接受益的乡村基础设施建设投工投劳，让农民更多参与建设管护。

四是完善农业支持保护制度。按照增加总量、优化存量、提高效能原则，强化高质量绿色发展导向，加快构建新型农业补贴政策体系。按照更好发挥市场机制作用取向，完善稻谷和小麦最低收购价政策，合理调整最低收购价水平。完善玉米和大豆生产者补贴政策。落实和完善对农民直接补贴制度。完善粮食主产区利益补偿机制。支持粮改饲、粮豆轮作和畜禽水产标准化健康养殖，改革完善渔业油价补贴政策。完善农机购置补贴政策，鼓励对绿色农业发展机具、高性能机具以及保证粮食等主要农产品生产机具实行敞开补贴。深化玉米收储制度改革，完善市场化收购加补贴机制。深化棉花目标价格改革，研究完善食糖（糖料）、油料支持政策，促进价格合理形成。

五是土地出让收入优先支持乡村振兴。中共中央办公厅、国务院办公厅印发的《关于调整完善土地出让收入使用范围优先支持乡村振兴的意见》[①]，提出了土地出让收入优先支持乡村振兴的政策安排，为乡村振兴资金来源开辟了一个新的重要途径，将在筹措汇集乡村振兴资金方面发挥重要作用。《意见》提出，要按照"取之于农、主要用之于农"的要求，调整土地出让收益城乡分配格局，稳步提高土地出让收入用于农业农村比例，集中支持乡村振兴重点任务。既要在存量调整上做文章，也要在增量分配上想办法，确保土地出让收入用于支持乡村振兴的力度不断增强，为实施乡村振兴战略建立稳定可靠的资金来源。具体政策要求是：

第一，提高土地出让收入用于农业农村比例。从"十四五"第一年开始，各省（区、市）分年度稳步提高土地出让收入用于农业农村比例，到"十四五"期末，以省为单位核算，土地出让收益用于农业农村比例达到50%以上。以省为单位确定计提方式，各省（区、市）可结合本地实际，从以下两种方式中选择一种组织实施：一是按照当年土地出让收益用于农

[①] 《关于调整完善土地出让收入使用范围优先支持乡村振兴的意见》，中国政府网2020 年 9 月 23 日。

业农村的资金占比逐步达到 50% 以上计提，若计提数小于土地出让收入 8% 的，则按不低于土地出让收入 8% 计提；二是按照当年土地出让收入用于农业农村的资金占比逐步达到 10% 以上计提。严禁以已有明确用途的土地出让收入作为偿债资金来源发行地方政府专项债券。各省（区、市）可对所辖市、县设定差异化计提标准，但全省（区、市）总体上要实现土地出让收益用于农业农村比例逐步达到 50% 以上的目标要求。

第二，做好与相关政策衔接。从土地出让收益中计提的农业土地开发资金、农田水利建设资金、教育资金等，以及市、县政府缴纳的新增建设用地土地有偿使用费中，实际用于农业农村的部分，计入土地出让收入用于农业农村的支出。允许省级政府按照现行政策继续统筹土地出让收入用于支持"十三五"易地扶贫搬迁融资资金偿还。允许将已收储土地的出让收入，继续通过计提国有土地收益基金用于偿还因收储土地形成的地方政府债务，并作为土地出让成本性支出计算核定。

第三，建立市县留用为主、中央和省级适当统筹的资金调剂机制。土地出让收入用于农业农村的资金主要由市、县政府安排使用，重点向县级倾斜，赋予县级政府合理使用资金自主权。省级政府可从土地出让收入用于农业农村的资金中统筹一定比例资金，在所辖各地区间进行调剂，重点支持粮食主产和财力薄弱县（市、区、旗）乡村振兴。省级统筹办法和具体比例由各省（区、市）自主确定。中央财政继续按现行规定统筹农田水利建设资金的 20%、新增建设用地土地有偿使用费的 30%，向粮食主产区、中西部地区倾斜。

第四，加强土地出让收入用于农业农村资金的统筹使用。允许各地根据乡村振兴实际需要，打破分项计提、分散使用的管理方式，整合使用土地出让收入中用于农业农村的资金，重点用于高标准农田建设、农田水利建设、现代种业提升、农村供水保障、农村人居环境整治、农村土地综合整治、耕地及永久基本农田保护、村庄公共设施建设和管护、农村教育、农村文化和精神文明建设支出，以及与农业农村直接相关的山水林田湖草沙生态保护修复、以工代赈工程建设等。加强土地出让收入用于农业农村资金与一般公共预算支农投入之间的统筹衔接，持续加大各级财政通过原有渠道用于农业农村的支出力度，避免对一般公共预算支农投入产生挤出效应，确保对农业农村投入切实增加。

第五，加强对土地出让收入用于农业农村资金的核算。根据改革目标要求，进一步完善土地出让收入和支出核算办法，加强对土地出让收入用于农业农村支出的监督管理。规范土地出让收入管理，严禁变相减免土地出让收入，确保土地出让收入及时足额缴入国库。严格核定土地出让成本性支出，不得将与土地前期开发无关的基础设施和公益性项目建设成本纳入成本核算范围，虚增土地出让成本，缩减土地出让收益。把调整完善土地出让收入使用范围、提高用于农业农村比例情况纳入实施乡村振兴战略实绩考核，各省（区、市）党委和政府每年向党中央、国务院报告实施乡村振兴战略进展情况时，要专题报告调整完善土地出让收入使用范围、提高用于农业农村投入比例优先支持乡村振兴的情况。

2. 乡村振兴的金融支持政策

金融资金是乡村振兴的重要资金来源。金融支持乡村振兴的基本政策导向是：完善金融支农体系，增加金融支农供给，创新金融支农产品，县域金融机构将吸收的存款主要用于当地、重点支持乡村产业，实现普惠性涉农贷款增速总体高于各项贷款平均增速。综合近年来中央一号文件及乡村振兴战略规划的政策安排，乡村振兴的金融支持政策主要体现在以下方面。

一是要健全金融支农组织体系。持续深化农村金融改革，坚持农村金融改革发展的正确方向，扩大农村金融组织供给，健全适合农业农村特点的农村金融体系，制定金融机构服务乡村振兴考核评估办法，推动农村商业银行、农村合作银行、农村信用社等农村金融机构回归本源，把更多金融资源配置到乡村振兴的重点领域和薄弱环节，更好满足乡村振兴多样化金融需求。加大中国农业银行、中国邮政储蓄银行"三农"金融事业部对乡村振兴支持力度。明确国家开发银行、中国农业发展银行在乡村振兴中的职责定位，强化金融服务方式创新，加大对乡村振兴中长期信贷支持。推动农村信用社省联社改革，保持农村信用社县域法人地位和数量总体稳定，完善村镇银行准入条件，稳妥规范开展农民合作社内部信用合作试点，引导农民合作金融健康有序发展，地方法人金融机构要服务好乡村振兴。鼓励商业银行发行"三农"、小微企业等专项金融债券，鼓励证券、保险、担保、基金、期货、租赁、信托等金融资源聚焦服务乡村振兴。强化金融服务方式创新，防止脱实向虚倾向，严格管控风险，提高金融服务乡村振兴能力和水平。

二是要创新金融支农产品和服务。加快农村金融产品和服务方式创新，持续深入推进农村支付环境建设，全面激活农村金融服务链条。稳妥有序推进农村承包土地经营权、农民住房财产权、集体经营性建设用地使用权抵押贷款试点。探索县级土地储备公司参与农村承包土地经营权和农民住房财产权"两权"抵押试点工作。大力开展农户小额信用贷款、保单质押贷款和温室大棚、养殖圈舍、大型农机抵押贷款业务。鼓励开发专属金融产品支持新型农业经营主体和农村新产业新业态，增加首贷、信用贷。结合农村集体产权制度改革，探索利用量化的农村集体资产股权的融资方式。落实农户小额贷款税收优惠政策。符合条件的家庭农场等新型农业经营主体，可按规定享受现行小微企业相关贷款税收减免政策。合理设置农业贷款期限，使其与农业生产周期相匹配。提高直接融资比重，支持农业企业依托多层次资本市场发展壮大。创新服务模式，引导持牌金融机构通过互联网和移动终端提供普惠金融服务，促进金融科技与农村金融规范发展。发挥全国农业信贷担保体系作用，做大面向新型农业经营主体的担保业务。充分发挥全国信用信息共享平台和金融信用信息基础数据库的作用，探索开发新型信用类金融支农产品和服务。鼓励地方政府开展县域农户、中小企业信用等级评价，支持市县构建域内共享的涉农信用信息数据库，推动建立比较完善的新型农业经营主体信用体系，加快构建线上线下相结合、"银保担"风险共担的普惠金融服务体系，推出更多免抵押、免担保、低利率、可持续的普惠金融产品。

三是要完善金融支农激励政策。打通金融服务乡村振兴各个环节，建立县域银行业金融机构服务乡村振兴的激励约束机制。通过奖励、补贴、税收优惠等政策工具，支持"三农"金融服务。发挥再贷款、再贴现等货币政策工具的引导作用，将乡村振兴作为信贷政策结构性调整的重要方向。运用支农支小再贷款、再贴现等政策工具，实施最优惠的存款准备金率，加大对机构法人在县域、业务在县域的金融机构的支持力度。落实县域金融机构涉农贷款增量奖励政策，完善涉农贴息贷款政策，降低农户和新型农业经营主体的融资成本。健全农村金融风险缓释机制，加快完善"三农"融资担保体系。充分发挥好国家融资担保基金的作用，强化担保融资增信功能，引导更多金融资源支持乡村振兴。改进农村金融差异化监管体系，合理确定金融机构发起设立和业务拓展的准入门槛。加强对农业信贷担保放大倍数的量化考核，提高农业信贷担保规模。

四是要完善农业保险政策体系。设计多层次、可选择、不同保障水平的保险产品，积极开发适应新型农业经营主体需求的保险品种，推进稻谷、小麦、玉米完全成本保险和收入保险试点，扩大农业大灾保险试点和"保险＋期货"试点，探索对地方优势特色农产品保险实施以奖代补试点，鼓励开展天气指数保险、价格指数保险、贷款保证保险等试点。发展农产品期权期货市场，扩大"保险＋期货"试点，探索"订单农业＋保险＋期货（权）"试点。

3. 乡村振兴的用地支持政策

土地是发展乡村产业的基本要素和载体。土地资源支持乡村振兴的基本政策导向是：在坚守耕地和永久基本农田保护红线的前提下，完善农村土地利用管理政策体系，盘活存量，用好流量，辅以增量，激活农村土地资源资产，破解乡村发展用地难题，加强乡村振兴用地保障，保障乡村振兴用地需求。有序开展县域乡村闲置集体建设用地、闲置宅基地、村庄空闲地、厂矿废弃地、道路改线废弃地、农业生产与村庄建设复合用地及"四荒地"（荒山、荒沟、荒丘、荒滩）等土地综合整治，盘活建设用地重点用于乡村新产业新业态和返乡入乡创新创业。

第一，加强耕地和基本农田保护。

这是乡村振兴的用地红线要求和政策。要落实最严格的耕地和基本农田保护制度，牢牢守住耕地红线，严格控制耕地转为非耕地。永久基本农田划定以乡（镇）为单位进行，永久基本农田要落实到地块，纳入国家永久基本农田数据库严格管理。根据自然资源部、农业农村部发布的《关于加强和改进永久基本农田保护工作的通知》[①]，永久基本农田保护的政策要求主要是：

严格规范永久基本农田上农业生产活动。永久基本农田不得种植杨树、桉树、构树等林木，不得种植草坪、草皮等用于绿化装饰的植物，不得种植其他破坏耕作层的植物。本通知印发前，已经种植的，由县级自然资源主管部门和农业农村主管部门根据农业生产现状和对耕作层的影响程度组织认定，能恢复粮食作物生产的，5 年内恢复；确实不能恢复的，在核实整改工作中调出永久基本农田，并按要求补划。妥善处理好生态退耕，不得擅自将永久基本农田和已实施坡改梯耕地纳入退耕范围。

严控建设占用永久基本农田。一般建设项目不得占用永久基本农田。重大建设项目选址确实难以避让永久基本农田的，在可行性研究阶段，省

---

① 《自然资源部 农业农村部关于加强和改进永久基本农田保护工作的通知》，自然资源部网站 2021 年 1 月 29 日。

级自然资源主管部门负责组织对占用的必要性、合理性和补划方案的可行性进行严格论证，报自然资源部用地预审；农用地转用和土地征收依法报批。严禁通过擅自调整县乡土地利用总体规划，规避占用永久基本农田的审批。重大建设项目占用永久基本农田的，按照"数量不减、质量不降、布局稳定"的要求进行补划，并按照法定程序修改相应的土地利用总体规划。补划的永久基本农田必须是坡度小于 25 度的耕地，原则上与现有永久基本农田集中连片。占用城市周边永久基本农田的，原则上在城市周边范围内补划，经实地踏勘论证确实难以在城市周边补划的，按照空间由近及远、质量由高到低的要求进行补划。

临时用地一般不得占用永久基本农田。建设项目施工和地质勘查需要临时用地、选址确实难以避让永久基本农田的，在不修建永久性建（构）筑物、经复垦能恢复原种植条件的前提下，土地使用者按法定程序申请临时用地并编制土地复垦方案，经县级自然资源主管部门批准可临时占用，并在市级自然资源主管部门备案，一般不超过 2 年，同时，通过耕地耕作层土壤剥离再利用等工程技术措施，减少对耕作层的破坏。临时用地到期后土地使用者应及时复垦恢复原种植条件，县级自然资源主管部门会同农业农村等相关主管部门开展土地复垦验收，验收合格的，继续按照永久基本农田保护和管理；验收不合格的，责令土地使用者进行整改，经整改仍不合格的，按照《土地复垦条例》规定由县级自然资源主管部门使用缴纳的土地复垦费代为组织复垦，并由县级自然资源主管部门会同农业农村等相关主管部门开展土地复垦验收。

第二，优化乡村振兴用地保障机制和渠道。

挖掘用地潜力，盘活土地资源，多方面多渠道为乡村振兴提供用地保障。

2020 年中央一号文件明确提出，将农业种植养殖配建的保鲜冷藏、晾晒存贮、农机库房、分拣包装、废弃物处理、管理看护房等辅助设施用地纳入农用地管理，根据生产实际合理确定辅助设施用地规模上限；农业设施用地可以使用耕地；在符合国土空间规划前提下，通过村庄整治、土地整理等方式节余的农村集体建设用地优先用于发展乡村产业项目；新编县乡级国土空间规划应安排不少于 10% 的建设用地指标，重点保障乡村产业发展用地；省级制定土地利用年度计划时，应安排至少 5% 新增建设用地指标保障乡村重点产业和项目用地；农村集体建设用地可以通过入股、租用等方式直接用于发展乡村产业。

国家《乡村振兴战略规划》提出，统筹农业农村各项土地利用活动，乡镇土地利用总体规划可以预留一定比例的规划建设用地指标，用于农业农村发展。根据规划确定的用地结构和布局，年度土地利用计划分配中可安排一定比例新增建设用地指标专项支持农业农村发展。对于农业生产过程中所需各类生产设施和附属设施用地，以及由于农业规模经营必须兴建的配套设施，在不占用永久基本农田的前提下，纳入设施农用地管理，实行县级备案。鼓励农业生产与村庄建设用地复合利用，发展农村新产业新业态，拓展土地使用功能。在符合土地利用总体规划前提下，允许县级政府通过村土地利用规划调整优化村庄用地布局，有效利用农村零星分散的存量建设用地。对利用收储农村闲置建设用地发展农村新产业新业态的，给予新增建设用地指标奖励。

自然资源部《关于加强村庄规划促进乡村振兴的通知》提出 [1]，指导地方在村庄规划过程中，优化城乡产业用地布局，引导工业向城镇产业空间集聚，合理保障农村新产业新业态发展用地。允许在不改变县级国土空间规划主要控制指标情况下，优化调整村庄各类用地布局。各地可在乡镇国土空间规划和村庄规划中预留不超过 5% 的建设用地机动指标，支持乡村休闲旅游、农村电商、农产品加工等农村新产业新业态用地。

文化和旅游部、国家发改委、自然资源部等 17 部委发布的《关于促

---

[1] 《自然资源部关于加强村庄规划促进乡村振兴的通知》，自然资源部网站 2019 年 5 月 29 日。

进乡村旅游可持续发展的指导意见》提出 ①，鼓励各类社会主体参与生态保护修复，对集中连片开展生态修复达到一定规模的经营主体，允许在符合土地管理法律法规和土地利用总体规划、依法办理建设用地审批手续、坚持节约集约用地的前提下，利用 1%—3% 治理面积从事旅游、康养、体育、设施农业等产业开发。

第三，保障一二三产业融合发展用地。

农村一二三产业融合发展用地，是指以农业农村资源为依托，拓展农业农村功能，延伸产业链条，涵盖农产品生产、加工、流通、就地消费等环节，用于农产品加工流通、农村休闲观光旅游、电子商务等混合融合的产业用地，土地用途可确定为工业用地、商业用地、物流仓储用地等。自然资源部、国家发展改革委、农业农村部发布的《关于保障和规范农村一二三产业融合发展用地的通知》②，对保障农村一二三产业融合发展用地作出了政策安排，明确了保障农村一二三产业融合发展用地的基本途径。

一是农村产业在县域范围内统筹布局。把县域作为城乡融合发展的重要切入点，科学编制国土空间规划，因地制宜合理安排建设用地规模、结构和布局及配套公共服务设施、基础设施，引导农村产业在县域范围内统筹布局，有效保障农村产业融合发展用地需要。规模较大、工业化程度高、分散布局配套设施成本高的产业项目要进产业园区；具有一定规模的农产品加工要向县城或有条件的乡镇城镇开发边界内集聚；直接服务种植养殖业的农产品加工、电子商务、仓储保鲜冷链、产地低温直销配送等产业，原则上应集中在行政村村庄建设边界内；利用农村本地资源开展农产品初加工、发展休闲观光旅游而必需的配套设施建设，可在不占用永久基本农田和生态保护红线、不突破国土空间规划建设用地指标等约束条件、

---

① 文化和旅游部等 17 部委：《关于促进乡村旅游可持续发展的指导意见》，自然资源部网站 2019 年 5 月 20 日。

② 《自然资源部 国家发展改革委 农业农村部关于保障和规范农村一二三产业融合发展用地的通知》，自然资源部网站 2021 年 1 月 28 日。

不破坏生态环境和乡村风貌的前提下，在村庄建设边界外安排少量建设用地，实行比例和面积控制，并依法办理农用地转用审批和供地手续。具体用地准入条件、退出条件等由各省（区、市）制定，并可根据休闲观光等产业的业态特点和地方实际探索供地新方式。

二是拓展集体建设用地使用途径。农村集体经济组织兴办企业或者与其他单位、个人以土地使用权入股、联营等形式共同举办企业的，可以依据《土地管理法》规定使用规划确定的建设用地。单位或者个人也可以按照国家统一部署，通过集体经营性建设用地入市的渠道，以出让、出租等方式使用集体建设用地。

三是盘活农村存量建设用地。在充分尊重农民意愿的前提下，可依据国土空间规划，以乡镇或村为单位开展全域土地综合整治，盘活农村存量建设用地，腾挪空间用于支持农村产业融合发展和乡村振兴。探索在农民集体依法妥善处理原有用地相关权利人的利益关系后，将符合规划的存量集体建设用地，按照农村集体经营性建设用地入市。在符合国土空间规划前提下，鼓励对依法登记的宅基地等农村建设用地进行复合利用，发展乡村民宿、农产品初加工、电子商务等农村产业。

四是保障设施农业发展用地。农业生产中直接用于作物种植和畜禽水产养殖的设施用地，可按照设施农业用地管理有关规定的要求使用。对于作物种植和畜禽水产养殖设施建设对耕地耕作层造成破坏的，应认定为农业设施建设用地并加强管理。农村产业融合发展所需建设用地不符合设施农业用地要求的，应依法办理农用地转用审批手续。

五是优化用地审批和规划许可流程。在村庄建设边界外，具备必要的基础设施条件、使用规划预留建设用地指标的农村产业融合发展项目，在不占用永久基本农田、严守生态保护红线、不破坏历史风貌和影响自然环境安全的前提下，可暂不做规划调整；市县要优先安排农村产业融合发展新增建设用地计划，不足的由省（区、市）统筹解决；办理用地审批手续时，可不办理用地预审与选址意见书；除依法应当以招标拍卖挂牌等方式公开出让的土地外，可将建设用地批准和规划许可手续合并办理，核发规划许可证书，并申请办理不动产登记。

六是加强农村产业融合发展用地管理。坚决制止耕地"非农化"行为，严禁违规占用耕地进行农村产业建设，防止耕地"非粮化"，不得造成耕地污染。农村产业融合发展用地不得用于商品住宅、别墅、酒店、公寓等房地产开发，不得擅自改变用途或分割转让转租。

第四，保障设施农业发展用地。

设施农业是现代农业的重要形式和载体，发展设施农业是乡村产业振兴的重要内容。随着设施农业生产中栽培的作物种类和种植方式日益多样化，生产的组织化、规模化程度不断提高，对生产前端的农资农具存放、生产过程中的先进技术应用和智能化管理、生产后端的产品晾晒烘干和分拣包装等设施用地提出新的需求；同时，随着家庭农场、养殖小区等农业生产模式的兴起和推广，畜禽养殖的规模化比例不断提高，对养殖生产、环保及粪污处置等设施用地提出了新的需求。为了满足这些新的需求，促进设施农业发展，自然资源部、农业农村部发布的《关于设施农业用地管理有关问题的通知》[1]，对设施农业用地作出政策规定。主要是：

设施农业可以使用一般耕地。设施农业是从事农产品生产的，有别于公路、铁路等基础设施用地。因此，设施农业用地纳入农业内部结构调整范围。设施农业包括作物种植设施（含规模化大田种植配建的设施）和畜禽水产养殖设施，可以使用一般耕地，不需办理建设用地审批手续，不需落实耕地占补平衡。

设施农业可以使用永久基本农田。对于作物种植中一些设施建设破坏耕地耕作层、又难以避让永久基本农田的，养殖设施中涉及少量永久基本农田确实难以避让的，在补划同等数量、质量永久基本农田的前提下，允

---

[1] 《自然资源部 农业农村部关于设施农业用地管理有关问题的通知》，农业农村部网站 2019 年 12 月 31 日。

许使用永久基本农田。

允许设施农业建管理"看护房"。设施农业可以建管理"看护房","看护房"面积标准继续执行"大棚房"整治整改标准，即南方地区控制在"单层、15 平方米以内"，北方地区控制在"单层、22.5 平方米以内"，其中严寒地区控制在"单层、30 平方米以内"（占地面积超过 2 亩的农业大棚，看护房控制在"单层、40 平方米以内"）。

允许养殖设施建设多层建筑。从节约资源、集约经营出发，养殖设施允许建设多层建筑。但各地在实施中，建多层养殖设施一定要注意符合相关规划、建设安全和生物防疫等方面要求。

简化设施农业用地取得方式。设施农业用地不需要审批，设施农业经营者与农村集体经济组织就用地事宜协商一致后即可动工建设，由农村集体经济组织或经营者向乡镇政府备案，乡镇政府定期汇总情况后汇交至县级自然资源主管部门。涉及使用并补划永久基本农田的，须事先经县级自然资源主管部门同意后方可动工建设。

设施农业用地规模实行差别化政策。设施农业用地包括农业生产中直接用于作物种植和畜禽水产养殖的设施用地。其中，作物种植设施用地包括作物生产和为生产服务的看护房、农资农机具存放场所等，以及与生产直接关联的烘干晾晒、分拣包装、保鲜存储等设施用地；畜禽水产养殖设施用地包括养殖生产及直接关联的粪污处置、检验检疫等设施用地，不包括屠宰和肉类加工场所用地等。设施农业种类繁多，用地形态各异。从大的分类上，有作物种植类、畜禽养殖类和水产养殖类，每一类由于生产方式与自然地理条件不同，在设施兴建与用地需求上都存在很大差异。如作物种植上，有日光温室、智能温室及相关分拣包装、存储保鲜等设施，也有规模化大田种植配建的晾晒烘干、农机具存放等设施；畜禽养殖上，不仅有养殖圈舍，还有检验检疫、粪污处置、洗消转运等设施。因此，国家层面难以对各地用地情况列举式地逐一作出规定，主要是从宏观层面把握大的原则，进行宏观管控，具体要求由地方根据本地实际进行细化。国家层面不对各类设施农业用地规模作出统一规定，由各省（区、市）自然资源主管部门会同农业农村主管部门根据生产规模和建设标准合理确定，合理确定设施用地规模，体现各地差别化政策。

在发展设施农业实践中，还要特别把握好不属于设施农业用地的情形，这对于有效利用设施农业用地政策是非常重要的。实践中，不属于设施农业用地的情形是：经营性的粮食存储、加工、农资农机具存放和病死动物专业集中无害化处理厂、维修场所；以农业为依托的休闲观光度假场所、各类庄园、酒庄、农家乐；各类农业大棚、农业园区中涉及建设餐饮、住宿、会议、停车场、工厂化农产品加工、展销场所；屠宰和肉类加工场所、饲料加工厂、农副产品市场，农民合作社、农业企业等农业经营主体的办公场所、住宅等用地；集中兴建的公用设施用地，超范围和超规模的辅助设施用地等其他类型的永久性建筑。这些不属于设施农业用地的情形，需依法依规按照建设用地进行管理和使用。

第五，完善农村宅基地管理政策。

宅基地既是农民的生活资料，同时也具有一定的生产资料属性，是保障农民安居乐业和农村社会稳定的重要基础。中央农村工作领导小组办公室、农业农村部发布的《关于进一步加强农村宅基地管理的通知》[①]，进一步明确了农村宅基地的政策安排。主要是：

一是严格落实"一户一宅"规定。宅基地是农村村民用于建造住宅及其附属设施的集体建设用地，包括住房、附属用房和庭院等用地。农村村民一户只能拥有一处宅基地，面积不得超过本省、自治区、直辖市规定的标准。农村村民应严格按照批准面积和建房标准建设住宅，禁止未批先建、超面积占用宅基地。经批准易地建造住宅的，应严格按照"建

---

① 《中央农村工作领导小组办公室 农业农村部关于进一步加强农村宅基地管理的通知》，自然资源部网站 2019 年 9 月 20 日。

新拆旧"要求，将原宅基地交还村集体。农村村民出卖、出租、赠与住宅后，再申请宅基地的，不予批准。人均土地少、不能保障一户拥有一处宅基地的地区，县级人民政府在充分尊重农民意愿基础上，可以采取措施，按照省、自治区、直辖市规定的标准保障农村村民实现户有所居。宅基地的管理工作，县乡政府承担属地责任，农村村民住宅用地由乡镇政府审核批准。

二是合理安排宅基地用地。严格控制新增宅基地占用农用地，不得占用永久基本农田；涉及占用农用地的，应当依法先行办理农用地转用手续。城镇建设用地规模范围外的村庄，要通过优先安排新增建设用地计划指标、村庄整治、废旧宅基地腾退等多种方式，增加宅基地空间，满足符合宅基地分配条件农户的建房需求。城镇建设用地规模范围内，可以通过建设农民公寓、农民住宅小区等方式，满足农民居住需要。

三是鼓励盘活利用闲置宅基地和闲置住宅。探索宅基地所有权、资格权、使用权"三权"分置，落实宅基地集体所有权，保障宅基地农户资格权和农民房屋财产权，适度放活宅基地和农民房屋使用权，完善农民闲置宅基地和闲置农房政策。鼓励村集体和农民盘活利用闲置宅基地和闲置住宅，通过自主经营、合作经营、委托经营等方式，依法依规发展农家乐、民宿、乡村旅游等。城镇居民、工商资本等租赁农房居住或开展经营的，要严格遵守合同法的规定，租赁合同的期限不得超过 20 年。合同到期后，双方可以另行约定。在尊重农民意愿并符合规划的前提下，鼓励村集体积极稳妥开展闲置宅基地整治，整治出的土地优先用于满足农民新增宅基地需求、村庄建设和乡村产业发展。闲置宅基地盘活利用产生的土地增值收益要全部用于农业农村。在征得宅基地所有权人同意的前提下，鼓励农村村民在本集体经济组织内部向符合宅基地申请条件的农户转让宅基地。各地可探索通过制定宅基地转让示范合同等方式，引导规范转让行为。对进城落户的农村村民，各地可以多渠道筹集资金，探索通过多种方式鼓励其自愿有偿退出宅基地。

四是依法保护农民合法权益。充分保障宅基地农户资格权和农民房屋财产权。不得以各种名义违背农民意愿强制流转宅基地和强迫农民"上楼",不得违法收回农户合法取得的宅基地,不得以退出宅基地作为农民进城落户的条件。严格控制整村撤并,规范实施程序,加强监督管理。宅基地是农村村民的基本居住保障,严禁城镇居民到农村购买宅基地,严禁下乡利用农村宅基地建设别墅大院和私人会馆。严禁借流转之名违法违规圈占、买卖宅基地。

4. 乡村振兴的人才支持政策

人是生产力中最活跃和最根本的因素。乡村振兴,最根本的是要靠人来振兴。如果没有人,投入再多,项目再多,政策再好,乡村振兴也是难以实现的。必须在政策上强化对乡村振兴的人力和人才支持,让各类人力资源在乡村大施所能、大展才华、大显身手,为乡村振兴提供坚实的人力基础和保障。

第一,培育新型农业经营主体。

产业振兴是乡村振兴的重中之重,发展现代农业又是产业振兴的重中之重。所以,培育乡村振兴人才,首先要培育现代农业发展人才,这就是新型农业经营主体,包括专业大户、家庭农场、农民合作社、农业企业等。

中共中央办公厅、国务院办公厅发布的《关于加快构建政策体系培育新型农业经营主体的意见》[①],提出了对培育新型农业经营主体的支持政策。主要是:发挥政策对新型农业经营主体发展的引导作用,支持发展规模适度的农户家庭农场和种养大户,鼓励农民按照依法自愿有偿原则,通

---

① 中共中央办公厅、国务院办公厅:《关于加快构建政策体系培育新型农业经营主体的意见》,《中华人民共和国国务院公报》2017 年第 17 期。

过流转土地经营权，提升土地适度规模经营水平；支持新型农业经营主体带动普通农户连片种植、规模饲养，并提供专业服务和生产托管等全程化服务，提升农业服务规模水平；引导新型农业经营主体集群集聚发展，支持新型农业经营主体建设形成一批一村一品、一县一业等特色优势产业和乡村旅游基地，提高产业整体规模效益；鼓励地方将新型农业经营主体带动农户数量和成效作为相关财政支农资金和项目审批、验收的重要参考依据；允许将财政资金特别是扶贫资金量化到农村集体经济组织和农户后，以自愿入股方式投入新型农业经营主体。

要建立健全支持新型农业经营主体发展的政策体系。具体讲：第一，在财政税收政策方面，加大对新型农业经营主体发展的支持力度，针对不同主体，综合采用直接补贴、政府购买服务、定向委托、以奖代补等方式，增强补贴政策的针对性实效性；农机具购置补贴等政策要向新型农业经营主体倾斜；支持新型农业经营主体发展加工流通、直供直销、休闲农业等，实现农村一二三产业融合发展；扩大政府购买农业公益性服务机制创新试点，支持符合条件的经营性服务组织开展公益性服务；鼓励有条件的地方通过政府购买服务，支持社会化服务组织开展农林牧渔和水利等生产性服务；支持地方扩大农产品加工企业进项税额核定扣除试点行业范围，完善农产品初加工所得税优惠目录；落实农民合作社税收优惠政策；新型农业经营主体发展农产品初加工用电执行农业生产电价；推进农业水价综合改革，在完善水价形成机制的基础上，对符合条件的新型农业经营主体给予奖补。第二，在项目用地方面，新型农业经营主体所用生产设施、附属设施和配套设施用地，符合国家有关规定的，按农用地管理；各县（市、区、旗）根据实际情况，在年度建设用地指标中优先安排新型农业经营主体建设配套辅助设施，并按规定减免相关税费；对新型农业经营主体发展较快、用地集约且需求大的地区，适度增加年度新增建设用地指标；通过城乡建设用地增减挂钩节余的用地指标，优先支持新型农业经营主体开展生产经营；允许新型农业经营主体依法依规盘活现有农村集体建设用地发展新产业。第三，在基础设施建设方面，各级财政支持的各类小型项目，优先安排农村集体经济组织、农民合作组织等作为建设管护主体，强化农民参与；鼓励推广政府和社会资本合作模式，支持新型农业经营主体和工商资本投资土地整治和高标准农田建设；鼓励新型农业经营主体合建或与农村集体经济组织共建仓储烘干、晾晒场、保鲜库、农机库棚等农业设施；支持龙头企业建立与加工能力相配套的原料基地。第四，在金融信贷服务方面，加大对新型农业经营主体的信贷支持，建立健全全国农业信贷担保体系，确保对从事粮食生产和农业适度规模经营的新型农业经营主体的农业信贷担保余额不得低于总担保规模的 70%；稳步推进农村承包土地经营权和农民住房财产权抵押贷款试点，探索开展粮食生产规模经营主体营销贷款和大型农机具融资租赁试点，积极推动厂房、生产大棚、渔船、大型农机具、农田水利设施产权抵押贷款和生产订单、农业保单融资；建立新型农业经营主体生产经营直报系统，点对点对接信贷、保险和补贴等服务，对符合条件的灵活确定贷款期限，简化审批流程，对正常生产经营、信用等级高的可以实行贷款优先等措施；在粮食主产省开展适度规模经营农户大灾保险试点，调整部分财政救灾资金予以支持，提高保险覆盖面和理赔标准。

培育新型职业农民是培育新型农业经营主体的主要内容。国家《乡村振兴战略规划》提出 [1]，实施新型职业农民培育工程，全面建立职业农民制度，培养新一代爱农业、懂技术、善经营的新型职业农民，支持新型职业农民通过弹性学制参加中高等农业职业教育，引导符合条件的新型职业农民参加城镇职工养老、医疗等社会保障制度。启动家庭农场培育计划，采取优先承租流转土地、提供贴息贷款、加强技术服务等方式，鼓励有长期稳定务农意愿的小农户稳步扩大规模，培育一批规模适度、生产集约、管理先进、效益明显的农户家庭农场。鼓励各地通过发放良技良艺良法应

---

[1]　《乡村振兴战略规划（2018—2022 年）》，中国政府网 2018 年 9 月 26 日。

用补贴、支持农户家庭农场优先承担涉农建设项目等方式，引导农户家庭农场采用先进科技和生产力手段。

第二，引导支持农民工及城市人员返乡入乡。

返乡创业农民工和入乡创业城市人员，是乡村振兴人才队伍的重要组成部分。如何鼓励引导支持返乡入乡创业，国务院办公厅发布的《关于支持农民工等人员返乡创业的意见》《关于支持返乡下乡人员创业创新促进农村一二三产业融合发展的意见》以及有关部委文件，对此作出了政策安排。

国务院办公厅《关于支持农民工等人员返乡创业的意见》[①] 提出，要加强统筹谋划，健全体制机制，整合创业资源，完善扶持政策，优化创业环境，加快建立多层次多样化的返乡创业格局。在具体支持政策上：

一要降低返乡创业门槛。优化返乡创业登记方式，简化创业住所（经营场所）登记手续，推动"一址多照"、集群注册等住所登记制度改革。放宽经营范围，鼓励返乡农民工等人员投资农村基础设施和在农村兴办各类事业。对政府主导、财政支持的农村公益性工程和项目，可采取购买服务、政府与社会资本合作等方式，引导农民工等人员创设的企业和社会组织参与建设、管护和运营。对能够商业化运营的农村服务业，向社会资本全面开放。制定鼓励社会资本参与农村建设目录，探索建立乡镇政府职能转移目录，鼓励返乡创业人员参与建设或承担公共服务项目，支持返乡人员创设的企业参加政府采购。取消和下放涉及返乡创业的行政许可审批事项，全面清理并切实取消非行政许可审批事项，减少返乡创业投资项目前置审批。

二要落实定向减税和普遍性降费政策。农民工等人员返乡创业，符合政策规定条件的，可享受减征企业所得税、免征增值税、营业税、教育费

---

① 《国务院办公厅关于支持农民工等人员返乡创业的意见》，自然资源部网站 2019 年 5 月 23 日。

附加、地方教育附加、水利建设基金、文化事业建设费、残疾人就业保障金等税费减免和降低失业保险费率政策。各级财政、税务、人力资源社会保障部门要密切配合，确保优惠政策落地并落实到位。

三要加大财政支持力度。充分发挥财政资金的杠杆引导作用，加大对返乡创业的财政支持力度。对返乡农民工等人员创办的新型农业经营主体，符合农业补贴政策支持条件的，可按规定同等享受相应的政策支持。对农民工等人员返乡创办的企业，招用就业困难人员、毕业年度高校毕业生的，按规定给予社会保险补贴。对符合就业困难人员条件，从事灵活就业的，给予一定的社会保险补贴。对具备各项支农惠农资金、小微企业发展资金等其他扶持政策规定条件的，要及时纳入扶持范围，便捷申请程序，简化审批流程，建立健全政策受益人信息联网查验机制。经工商登记注册的网络商户从业人员，同等享受各项就业创业扶持政策；未经工商登记注册的网络商户从业人员，可认定为灵活就业人员，同等享受灵活就业人员扶持政策。

四要强化返乡创业金融服务。加强政府引导，运用创业投资类基金，吸引社会资本加大对农民工等人员返乡创业初创期、早中期的支持力度。在返乡创业较为集中、产业特色突出的地区，探索发行专项中小微企业集合债券、公司债券，开展股权众筹融资试点，扩大直接融资规模。进一步提高返乡创业的金融可获得性，加快发展村镇银行、农村信用社等中小金融机构和小额贷款公司等机构，完善返乡创业信用评价机制，扩大抵押物范围，鼓励银行业金融机构开发符合农民工等人员返乡创业需求特点的金融产品和金融服务，加大对返乡创业的信贷支持和服务力度。大力发展农村普惠金融，引导加大涉农资金投放，运用金融服务"三农"发展的相关政策措施，支持农民工等人员返乡创业。落实创业担保贷款政策，优化贷款审批流程，对符合条件的返乡创业人员，可按规定给予创业担保贷款，财政部门按规定安排贷款贴息所需资金。

五要完善返乡创业园支持政策。农民工返乡创业园的建设资金由建设方自筹；以土地租赁方式进行农民工返乡创业园建设的，形成的固定资产归建设方所有；物业经营收益按相关各方合约分配。对整合发展农民工返乡创业园，地方政府可在不增加财政预算支出总规模、不改变专项资金用途前提下，合理调整支出结构，安排相应的财政引导资金，以投资补助、贷款贴息等恰当方式给予政策支持。鼓励银行业金融机构在有效防范风险的基础上，积极创新金融产品和服务方式，加大对农民工返乡创业园区基础设施建设和产业集群发展等方面的金融支持。有关方面可安排相应项目给予对口支持，帮助返乡创业园完善水、电、交通、物流、通信、宽带网络等基础设施。适当放宽返乡创业园用电用水用地标准，吸引更多返乡人员入园创业。

六要完善基本公共服务。统筹考虑社保、住房、教育、医疗等公共服务制度改革，及时将返乡创业农民工等人员纳入公共服务范围。依托基层就业和社会保障服务平台，做好返乡人员创业服务、社保关系转移接续等工作，确保其各项社保关系顺畅转移接入。及时将电子商务等新兴业态创业人员纳入社保覆盖范围。探索完善返乡创业人员社会兜底保障机制，降低创业风险。深化农村社区建设试点，提升农村社区支持返乡创业和吸纳就业的能力，逐步建立城乡社区农民工服务衔接机制。

国务院办公厅《关于支持返乡下乡人员创业创新促进农村一二三产业融合发展的意见》[①] 提出，鼓励和引导返乡下乡人员利用新理念、新技术和新渠道，开发农业农村资源，发展优势特色产业，繁荣农村经济，重点发展规模种养业、特色农业、设施农业、林下经济、庭院经济等农业生产经营模式，烘干、贮藏、保鲜、净化、分等分级、包装等农产品加工业，农资配送、耕地修复治理、病虫害防治、农机作业服务、农产品流通、农业废弃物处理、农业信息咨询等生产性服务业，休闲农业和乡村旅游、民

---

① 《国务院办公厅关于支持返乡下乡人员创业创新促进农村一二三产业融合发展的意见》，自然资源部网站 2019 年 5 月 23 日。

族风情旅游、传统手工艺、文化创意、养生养老、中央厨房、农村绿化美化、农村物业管理等生活性服务业，以及其他新产业新业态新模式。鼓励和引导返乡下乡人员按照法律法规和政策规定，通过承包、租赁、入股、合作等多种形式，创办领办家庭农场林场、农民合作社、农业企业、农业社会化服务组织等新型农业经营主体；通过聘用管理技术人才组建创业团队，与其他经营主体合作组建现代企业、企业集团或产业联盟，共同开辟创业空间；通过发展农村电商平台，利用互联网思维和技术，实施"互联网+"现代农业行动，开展网上创业；通过发展合作制、股份合作制、股份制等形式，培育产权清晰、利益共享、机制灵活的创业创新共同体。鼓励和引导返乡下乡人员按照全产业链、全价值链的现代产业组织方式开展创业创新，建立合理稳定的利益联结机制，推进农村一二三产业融合发展，让农民分享二三产业增值收益；以农牧（农林、农渔）结合、循环发展为导向，发展优质高效绿色农业；实行产加销一体化运作，延长农业产业链条；推进农业与旅游、教育、文化、健康养老等产业深度融合，提升农业价值链；引导返乡下乡人员创业创新向特色小城镇和产业园区等集中，培育产业集群和产业融合先导区。支持返乡下乡人员创业的具体政策措施是：

简化市场准入。县级人民政府要设立"绿色通道"，为返乡下乡人员创业创新提供便利服务，对进入创业园区的，提供有针对性的创业辅导、政策咨询、集中办理证照等服务。对返乡下乡人员创业创新免收登记类、证照类等行政事业性收费，减少返乡创业投资项目前置审批。

改善金融服务。采取财政贴息、融资担保、扩大抵押物范围等综合措施，解决返乡下乡人员创业创新融资难问题。稳妥有序推进农村承包土地的经营权抵押贷款试点，有效盘活农村资源、资金和资产；鼓励银行业金融机构开发符合返乡下乡人员创业创新需求的信贷产品和服务模式，探索权属清晰的包括农业设施、农机具在内的动产和不动产抵押贷款业务，提升返乡下乡人员金融服务可获得性。

加大财政支持力度。加快将现有财政政策措施向返乡下乡人员创业创新拓展，将符合条件的返乡下乡人员创业创新项目纳入强农惠农富农政策范围。新型职业农民培育、农村一二三产业融合发展、农业生产全程社会化服务、农产品加工、农村信息化建设等各类财政支农项目和产业基金，要将符合条件的返乡下乡人员纳入扶持范围，采取以奖代补、先建后补、政府购买服务等方式予以积极支持。大学生、留学回国人员、科技人员、青年、妇女等人员创业的财政支持政策，要向返乡下乡人员创业创新延伸覆盖。把返乡下乡人员开展农业适度规模经营所需贷款纳入全国农业信贷担保体系。切实落实好定向减税和普遍性降费政策。鼓励返乡创业人员参与建设或承担公共服务项目，支持返乡人员创设的企业参加政府采购。落实定向减税和普遍性降费政策。农民工等人员返乡创业，符合政策规定条件的，可享受减征企业所得税、免征增值税、营业税、教育费附加、地方教育附加、水利建设基金、文化事业建设费、残疾人就业保障金等税费减免和降低失业保险费率政策。

落实用地用电支持措施。支持返乡下乡人员按照相关用地政策，开展设施农业建设和经营。鼓励返乡下乡人员依法以入股、合作、租赁等形式使用农村集体土地发展农业产业，依法使用农村集体建设用地开展创业创新。支持返乡下乡人员依托自有和闲置农房院落发展农家乐。允许返乡下乡人员和当地农民合作改建自住房。县级人民政府可在年度建设用地指标中，单列一定比例专门用于返乡下乡人员建设农业配套辅助设施。城乡建设用地增减挂钩政策腾退出的建设用地指标，以及通过农村闲置宅基地整理新增的耕地和建设用地，重点支持返乡下乡人员创业创新。支持返乡下乡人员与农村集体经济组织共建农业物流仓储等设施。鼓励利用"四荒地"（荒山、荒沟、荒丘、荒滩）和厂矿废弃地、砖瓦窑废弃地、道路改线废弃地、闲置校舍、村庄空闲地等用于返乡下乡人员创业创新。农林牧渔业产品初加工项目，在确定土地出让底价时，可按不低于所在地土地等别相对应全国工业用地出让最低价标准的 70% 执行。返乡下乡人员发展农业、林木培育和种植、畜牧业、渔业生产、农业排灌用电以及农业服务业中的农产品初加工用电，包括对各种农产品进行脱水、凝固、去籽、净化、分类、晒干、剥皮、初烤、沤软或大批包装以供应初级市场的用电，均执行农业生产电价。

完善社会保障政策。返乡下乡人员可在创业地按相关规定参加各项社会保险，有条件的地方要将其纳入住房公积金缴存范围，按规定将其子女纳入城镇（城乡）居民基本医疗保险参保范围。对返乡下乡创业创新的就业困难人员、离校未就业高校毕业生以灵活就业方式参加社会保险的，可按规定给予一定社会保险补贴。对返乡下乡人员初始创业失败后生活困难的，可按规定享受社会救助。持有居住证的返乡下乡人员的子女可在创业地接受义务教育，依地方相关规定接受普惠性学前教育。

农业农村部、科技部、财政部、人力资源和社会保障部、自然资源部、商务部、银保监会等七部门发布的《关于推进返乡入乡创业园建设提升农村创业创新水平的意见》[①]提出，要以培育初创型和成长型企业为重点，推进要素集聚、政策集成、服务集合，高质量建设一批县域返乡入乡创业园，重点是"四个一批"：新建一批返乡入乡创业园，利用现有涉农资金项目构建多位一体、上下游产业衔接的创业格局；提升改造一批返乡入乡创业园，依托现有创业园改造配套设施，集成实训功能，增强服务功能；拓展一批返乡入乡创业园，依托现有产业园区，配置现代产业要素，嫁接成熟生产技术，匹配优秀管理人才，引入金融资本和风投创投；整合一批返乡入乡创业园，依托现有大型企业和知名村镇挖掘现有设施潜力，集中提供公共服务，支持返乡入乡创业创新。到 2025 年，在全国县域建设 1500 个功能全、服务优、覆盖面广、承载力强、孵化率高的返乡入乡创业园，吸引 300 万返乡入乡人员创业，带动 2000 万

---

① 《农业农村部、科技部、财政部、人力资源社会保障部、自然资源部、商务部、中国银保监会关于推进返乡入乡创业园建设提升农村创业创新水平的意见》，农业农村部网站 2020 年 11 月 10 日。

农民工就地就近就业。要强化财政、金融和用地扶持，对首次创业、正常经营 1 年以上的返乡入乡创业人员，可给予一次性创业补贴；落实税费减免，对厂房租金、房租物业费、卫生费、管理费等给予一定额度减免；创新金融保险，设立信用园区，形成支持白名单，逐步取消反担保，建立绿色通道，做到应贷尽贷快贷；引导资本投入，支持返乡入乡创业企业通过发行创业创新公司债券、县城新型城镇化建设专项企业债券等方式，实现债权融资；保障园区用地，依法依规改造利用盘活工厂、公用设施等闲置房产、空闲土地，为返乡入乡创业人员提供低成本生产和办公场地。

人力资源和社会保障部发布的《关于做好当前农民工就业创业工作的意见》[1]提出，对符合条件的返乡入乡创业农民工，按规定给予税费减免、创业补贴、创业担保贷款及贴息等创业扶持政策，对其中首次创业且正常经营 1 年以上的，按规定给予一次性创业补贴，正常经营 6 个月以上的可先行申领补贴资金的 50%。政府投资开发的孵化基地等创业载体，可安排一定比例的场地，免费向返乡入乡创业农民工提供。

国家《乡村振兴战略规划》提出，建立健全激励机制，研究制定完善相关政策措施和管理办法，鼓励社会人才投身乡村建设。以乡情乡愁为纽带，引导和支持企业家、党政干部、专家学者、医生教师、规划师、建筑师、律师、技能人才等，通过下乡担任志愿者、投资兴业、行医办学、捐资捐物、法律服务等方式服务乡村振兴事业，允许符合要求的公职人员回乡任职。落实和完善融资贷款、配套设施建设补助、税费减免等扶持政策，引导工商资本积极投入乡村振兴事业。深入推进大学生村官工作，因地制宜实施"三支一扶"、高校毕业生基层成长等计划，开展乡村振兴"巾帼行动"、青春建功行动。建立城乡、区域、校地之间人才培养合作与

---

[1] 《人力资源和社会保障部关于做好当前农民工就业创业工作的意见》，农业农村部网站 2020 年 8 月 10 日。

交流机制，全面建立城市医生、教师、科技、文化人员等定期服务乡村机制。

第三，促进小农户和现代农业发展有机衔接。

小农户是我国农业生产的重要主体，也是乡村振兴的重要主体。应该看到，发展多种形式适度规模经营，培育新型农业经营主体，是建设现代农业的前进方向和必由之路。但也要看到，我国人多地少，各地农业资源禀赋条件差异很大，很多丘陵山区地块零散，不是短时间内能全面实行规模化经营，也不是所有地方都能实现集中连片规模经营。今后一个时期，小农户家庭经营将是我国农业的主要经营方式。因此，全面推进乡村振兴，必须正确处理好发展适度规模经营和扶持小农户的关系。既要把准发展适度规模经营是农业现代化必由之路的前进方向，发挥其在现代农业建设中的引领作用，也要认清小农户家庭经营很长一段时间内是我国农业基本经营形态的国情农情，在鼓励发展多种形式适度规模经营的同时，完善针对小农户的扶持政策，加强面向小农户的社会化服务，把小农户引入现代农业发展轨道。中共中央办公厅、国务院办公厅印发的《关于促进小农户和现代农业发展有机衔接的意见》[1]，对促进小农户和现代农业发展有机衔接作出了政策安排。

促进小农户和现代农业发展有机衔接，政策的主要着力点是：第一，实施小农户能力提升工程。新型职业农民培育工程和新型农业经营主体培育工程要将小农户作为重点培训对象，帮助小农户发展成为新型职业农民。鼓励各地通过补贴学费等方式，引导各类社会组织向小农户提供技术培训。第二，改善小农户生产基础设施。鼓励各地通过以奖代补、先建后补等方式，支持村集体组织小农户开展农业基础设施建设和管护。支持各地重点建设小农户急需的通田到地末级灌溉渠道、通村组道路、机耕生产

---

[1] 中共中央办公厅、国务院办公厅：《关于促进小农户和现代农业发展有机衔接的意见》，中国政府网 2019 年 2 月 21 日。

道路、村内道路、农业面源污染治理等设施，合理配置集中仓储、集中烘干、集中育秧等公用设施。第三，提高小农户组织化程度。支持小农户通过联户经营、联耕联种、组建合伙农场等方式联合开展生产，共同购置农机、农资，接受统耕统收、统防统治、统销统结等服务，降低生产经营成本。支持小农户在发展休闲农业、开展产品营销等过程中共享市场资源，实现互补互利。引导同一区域同一产业的小农户依法组建产业协会、联合会，共同对接市场，提升市场竞争能力。支持农村集体经济组织和合作经济组织利用土地资源、整合涉农项目资金、提供社会化服务等，引领带动小农户发展现代农业。第四，创新合作社组织小农户机制。鼓励小农户利用实物、土地经营权、林权等作价出资办社入社，盘活农户资源要素。财政补助资金形成的资产，可以量化到小农户，再作为入社或入股的股份。支持合作社根据小农户生产发展需要，加强农产品初加工、仓储物流、市场营销等关键环节建设，积极发展农户＋合作社、农户＋合作社＋工厂或公司等模式。第五，发挥龙头企业对小农户带动作用。完善农业产业化带农惠农机制，支持龙头企业通过订单收购、保底分红、二次返利、股份合作、吸纳就业、村企对接等多种形式带动小农户共同发展。鼓励龙头企业通过公司＋农户、公司＋农民合作社＋农户等方式，延长产业链、保障供应链、完善利益链，将小农户纳入现代农业产业体系。鼓励小农户以土地经营权、林权等入股龙头企业并采取特殊保护，探索实行农民负盈不负亏的分配机制。鼓励和支持发展农业产业化联合体，通过统一生产、统一营销、信息互通、技术共享、品牌共创、融资担保等方式，与小农户形成稳定利益共同体。

促进小农户和现代农业发展有机衔接，要着力完善小农户扶持政策。扶持小农户的具体政策主要包括：

一是稳定完善小农户土地政策。保持土地承包关系稳定并长久不变，衔接落实好第二轮土地承包到期后再延长三十年的政策。在有条件的村组，结合高标准农田建设等，引导小农户自愿通过村组内互换并地、土地承包权退出等方式，促进土地小块并大块，引导逐步形成一户一块田。落实农村承包地所有权、承包权、经营权"三权"分置办法，保护小农户土地承包权益，及时调处流转纠纷，鼓励小农户参与土地资源配置并分享土地规模经营收益。

二是强化小农户财政支持政策。对新型农业经营主体的评优创先、政策扶持、项目倾斜等，要与带动小农生产挂钩，把带动小农户数量和成效作为重要依据。充分发挥财政杠杆作用，鼓励各地采取贴息、奖补、风险补偿等方式，撬动社会资本投入农业农村，带动小农户发展现代农业。对于财政支农项目投入形成的资产，鼓励具备条件的地方折股量化给小农户，让小农户享受分红收益。

三是健全针对小农户的补贴机制。稳定现有对小农生产的普惠性补贴政策，创新补贴形式，提高补贴效率。完善粮食等重要农产品生产者补贴制度。鼓励各地对小农户参与生态保护实行补偿，支持小农户参与耕地草原森林河流湖泊休养生息等，对发展绿色生态循环农业、保护农业资源环境的小农户给予合理补偿。健全小农户生产技术装备补贴机制，按规定加大对丘陵山区小型农机具购置补贴力度。鼓励各地对小农户托管土地给予费用补贴。

四是提升金融服务小农户水平。发展农村普惠金融，探索完善无抵押、无担保的小农户小额信用贷款政策，不断提升小农户贷款覆盖面，切实加大对小农户生产发展的信贷支持。支持农村商业银行、农村合作银行、村镇银行等农村中小金融机构立足县域，加大服务小农户力度。支持农村合作金融规范发展，扶持农村资金互助组织，通过试点稳妥开展农民合作社内部信用合作。鼓励产业链金融、互联网金融在依法合规前提下为小农户提供金融服务。鼓励发展为小农户服务的小额贷款机构，开发专门的信贷产品。加大支农再贷款支持力度，引导金融机构增加小农户信贷投放。鼓励银行业金融机构在风险可控和商业可持续的前提下扩大农业农村贷款抵押物范围，提高小农户融资能力。

五是拓宽小农户农业保险覆盖面。发展与小农户生产关系密切的农作物保险、主要畜产品保险、重要"菜篮子"品种保险和森林保险，鼓励发展农业互助保险，加大针对小农户农业保险保费补贴力度。

三、加强和改善党对乡村振兴工作的全面领导

加强党对"三农"工作的全面领导，为全面推进乡村振兴提供坚强领导核心和政治保障。

党的全面领导是亿万农民翻身得解放和走上富裕路的根本保障。新民主主义革命时期，我们党领导中国人民走出了一条农村包围城市的革命道路，亿万农民翻身得解放，中国人民从此站了起来。社会主义革命和建设时期，我们党领导农民开展互助合作，发展集体经济，大兴农田水利，大办农村教育和合作医疗，极大改变了农村贫穷落后的面貌。改革开放以来，我们党领导农民率先在农村发起改革，推行家庭联产承包责任制，兴办乡镇企业，鼓励农民进城务工，统筹城乡经济社会发展，农业农村发生了翻天覆地的变化。党的十八大以来，以习近平同志为核心的党中央坚持把解决好"三农"问题作为全党工作重中之重，不断加强和改善党对"三农"工作的领导，持续奏响重农强农富农的最强音。

党的全面领导是全面推进乡村振兴的根本保障。乡村振兴是国家战略、国家大事、国家行动，要确保乡村振兴战略有效实施，实现全国一盘棋，步调一致，必须加强党的全面领导；乡村振兴目标宏伟、内容庞杂、任务艰巨，要确保凝聚社会力量，形成强大合力，如期完成目标任务，必须加强党的全面领导；乡村振兴范围广大、人数众多、情形复杂，要确保战胜困难挑战，不落下一个村庄，不落下一个农户，必须加强党的全面领导。各级党委和政府要提高对实施乡村振兴战略重大意义的认识，真正把实施乡村振兴战略摆在优先位置，把党管农村工作的要求落

到实处。

加强党对乡村振兴的全面领导，要完善党的农村工作领导体制机制。健全党委统一领导、政府负责、党委农村工作部门统筹协调的农村工作领导体制。建立实施乡村振兴战略领导责任制，实行中央统筹、省负总责、市县抓落实的工作机制。将脱贫攻坚工作中形成的组织推动、要素保障、政策支持、协作帮扶、考核督导等工作机制，根据实际需要运用到推进乡村振兴，建立健全上下贯通、精准施策、一抓到底的乡村振兴工作体系。各级党委和政府要坚持工业农业一起抓、城市农村一起抓，把农业农村优先发展原则体现到各个方面。各部门要按照职责，加强工作指导，强化资源要素支持和制度供给，做好协同配合，形成乡村振兴工作合力。

加强党对乡村振兴的全面领导，要强化五级书记抓乡村振兴的工作机制。全面推进乡村振兴，党政一把手是第一责任人，五级书记抓乡村振兴。强化地方各级党委和政府在实施乡村振兴战略中的主体责任，推动各级领导干部主动担当作为。省、市、县级党委要定期研究乡村振兴工作，坚持乡村振兴重大事项、重要问题、重要工作由党组织讨论决定的机制。建立乡村振兴联系点制度，省、市、县级党委和政府负责同志都要确定联系点。县委书记要当好乡村振兴"一线总指挥"，下大力气抓好乡村振兴工作。

加强党对乡村振兴的全面领导，要加强乡村振兴干部队伍建设。加快建设政治过硬、本领过硬、作风过硬的乡村振兴干部队伍，把懂农业、爱农村、爱农民作为基本要求，加强"三农"工作干部队伍培养、配备、管理、使用。各级党委和政府主要领导干部要懂"三农"工作、会抓"三农"工作，分管领导要真正成为"三农"工作行家里手。制定并实施培训计划，全面提升"三农"干部队伍能力和水平。拓宽县级"三农"工作部门和乡镇干部来源渠道。把到农村一线工作锻炼作为培养干部的重要途径，注重提拔使用实绩优秀的干部，形成人才向农村基层一线流动的用人导向。选派优秀干部到乡村振兴一线岗位，把乡村振兴作为培养锻炼干部的广阔舞台，对在艰苦地区、关键岗位工作表现突出的干部优先重用。

加强党对乡村振兴的全面领导，要健全乡村振兴考核落实机制。各省（区、市）党委和政府每年向党中央、国务院报告实施乡村振兴战略进展情况。对市县党政领导班子和领导干部开展乡村振兴实绩考核，纳入党政领导班子和领导干部综合考核评价内容，加强考核结果应用，注重提拔使用乡村振兴实绩突出的市县党政领导干部。对考核排名落后、履职不力的市县党委和政府主要负责同志进行约谈，建立常态化约谈机制。强化乡村振兴督查，创新完善督查方式，及时发现和解决存在的问题，推动政策举措落实落地。

总之，全面推进乡村振兴的蓝图已经绘就，目标已经确立，任务已经明确，行动已经展开。让我们更加紧密地团结在以习近平同志为核心的党中央周围，以习近平新时代中国特色社会主义思想为指导，在以习近平同志为核心的党中央的坚强领导下，奋发图强，全力拼搏，锐意进取，不断取得全面推进乡村振兴的新胜利，为实现中华民族伟大复兴的中国梦交上乡村振兴的辉煌答卷。

后　记

经过编写组全体同志的共同努力，《全面推进乡村振兴——理论与实践》，在《乡村振兴促进法》实施之际，终于完稿并与社会见面了。

参加本书编写的同志都是中共党员。今年适逢伟大的中国共产党百年华诞，大家有一个小小心愿——把本书作为献给党百年华诞的礼物。每每想到这点，大家的心情就十分激动。

本书是集体劳动和精心合作的结晶。由北京师范大学张琦教授担任主编。张琦教授长期担任北京师范大学中国扶贫研究院院长和北京师范大学中国乡村振兴与发展研究中心主任，在扶贫脱贫和乡村振兴理论及政策研究领域形成了许多学术成果，获得了原国务院扶贫办授予的"全国脱贫攻坚创新奖"，获得了党和国家领导人2021年2月在人民大会堂主持授予的"全国脱贫攻坚先进个人"称号，现致力于乡村振兴理论和实践问题研究。

国家检察官学院政治与检察理论综合教研部主任王艳敏教授，是基层党建及社会治理研究领域的著名专家，在《中央党校学报》、《人民日报》（理论版）等报刊上发表了数十篇学术论文，参与并承担了本书的编写工作，为本书的形成作出了积极贡献。

在本书提纲设计和撰写成稿过程中，著名三农问题理论和政策专家冯海发教授提出了许多宝贵意见和建议，付出了不少辛劳，为本书的顺利成稿贡献了重要力量。范存会研究员以及农业农村部信息中心副主任、博士生导师王文生研究员等多位专家，从多个方面对本书的成稿作出了贡献。许多单位及领导和专家都关心和支持本书的编写工作，从重要文献和政策文件的收集整理到典型案例的选编，多方面给予了大力指导、帮助和支持。在此表示衷心感谢！

限于理论及政策水平，尽管编写组成员尽了百分之百的努力，但本书中的不足甚至舛误之处仍在所难免，我们期望得到更多的指导和批评指正。

编　者

2021 年 8 月于北京

责任编辑：杨瑞勇

封面设计：姚　菲

责任校对：吕　飞

图书在版编目（CIP）数据

全面推进乡村振兴：理论与实践／北京师范大学中国乡村振兴与发展研究中心，
　北京师范大学中国扶贫研究院 编 . — 北京：人民出版社，2021.9

ISBN 978 - 7 - 01 - 023747 - 3

I.①全… II.①北…②北… III.①农村 - 社会主义建设 - 研究 - 中国

　IV.① F320.3

中国版本图书馆 CIP 数据核字（2021）第 184745 号

全面推进乡村振兴

QUANMIAN TUIJIN XIANGCUN ZHENXING

——理论与实践

北京师范大学中国乡村振兴与发展研究中心
北京师范大学中国扶贫研究院　编

人民出版社 出版发行

（100706　北京市东城区隆福寺街 99 号）

北京汇林印务有限公司印刷　新华书店经销

2021 年 9 月第 1 版　2021 年 9 月北京第 1 次印刷

开本：710 毫米 ×1000 毫米 1/16　印张：25

字数：346 千字

ISBN 978 - 7 - 01 - 023747 - 3　定价：68.00 元

邮购地址 100706　北京市东城区隆福寺街 99 号

人民东方图书销售中心　电话（010）65250042　65289539